Marcel Proust
und die Medizin

Marcel Proust

und die Medizin

Sechzehnte Publikation der
Marcel Proust Gesellschaft
Insel Verlag

Marcel Proust und die Medizin
Beiträge des Symposions der Marcel Proust Gesellschaft in Lübeck im Mai 2012
In Zusammenarbeit mit Cornelius Borck herausgegeben von Marc Föcking

Insel Verlag Berlin 2014
Satz: Satz-Offizin Hümmer GmbH, Waldbüttelbrunn
Druck: Druckhaus Nomos, Sinzheim
Printed in Germany
ISBN 978-3-458-17590-2

Inhalt

Grußwort des Präsidenten der Marcel Proust Gesellschaft

Zur Eröffnung des Symposions »Prousts *Recherche* und die Medizin«, Lübeck
Die Gemeinnützige, 3.-5. Mai 2012

Reiner Speck

Wie kaum ein anderes Stück Weltliteratur ist Marcel Prousts Roman *Auf der Suche nach der verlorenen Zeit* mit Krankheit und Tod verbunden. Am Anfang des Romans steht das Bett als verheißungsvoller Rückzugsort für Traum, Pollution und die Hoffnung, es als Kranker schließlich doch nach langer schlafloser Nacht wieder verlassen zu können; am Ende ist es ein Totenbett, und es wird Ort einer künstlerischen Resurrektion.

Jeder Proust-Leser weiß um das Asthma des Autors von *A la Recherche du temps perdu*. Spätestens mit seinem Tod am 18. November 1922, der Folge einer chronischen Krankheit und zugleich Katharsis einer Leidensgeschichte um der Vollendung eines Kunstwerkes willen war, geht eine Proust-Lektüre immer auch mit der Reflexion von Leiden und Sterben einher. Und die unser Lesen zuweilen begleitenden Exegeten haben schon früh erkannt, dass die *Recherche* eine breitangelegte Pathographie ist, die – exemplarisch an der Krankengeschichte einiger Protagonisten orientiert – eine durchlebte, eine vergangene, eine verlorene, immer aber eine durchlittene Zeit, das heißt unser Leben schlechthin, widerspiegelt.

Des Autors mittlerweile sprichwörtlich gewordenes *univers médical* entstand aus der eigenen Leidenserfahrung und der eines ärztlichen Elternhauses. Dies wurde in zahlreichen Biographien und Interpretationen abgehandelt – ebenso oft gründlich untermauert wie in Frage gestellt. Bezogen auf die bei Proust überall aufscheinende Ärztesatire warnte Hans Robert Jauß gar davor, diese nur in Zusammenhang mit der leidvollen Biographie und der von Medizinern dominierten Familien zu lesen. Die medizinischen Kenntnisse des Autors wurden mit Recht von Walter Benjamin als »Wissen eines Gelehrten« gelobt.

Bei dieser offensichtlichen Dominanz des Medizinischen im Werk von Proust ist es umso erstaunlicher, dass die Marcel Proust Gesellschaft im

Lauf ihres 30-jährigen Bestehens dieses erst jetzt zum Thema eines Symposions macht. Schon im ersten Band ihrer seit 1982 regelmäßig erscheinenden Publikationen konnte man einen breitgefächerten Aufsatz finden, der den damaligen Stand der Forschung vorwiegend somatopathologisch und protagonistenbezogen abhandelte. Danach wurden immer wieder vielbeachtete Beiträge u. a. von Michael Maar oder Ursula Link-Heer verfasst. Letzterer erscheinen Krankheit und Schreiben als eine Symbiose, und der *furor poeticus* habe ihrer Meinung nach bei Proust schließlich die Gestalt des Asthmas und der Neurasthenie angenommen. Nicht zu verkennen ist freilich auch, dass sich Sichtweisen und Interpretationen im Lauf einer nunmehr hundertjährigen Exegese – *Du Coté de chez Swann* erschien 1913 – mehr und mehr vom somatopathologischen Aspekt zum psychopathologischen gewandelt haben.

Waren erste Deutungsversuche noch damit befasst, gewisse familiär verbreitete Attitüden auch in Marcel Prousts Stil nachzuweisen oder den Einfluss des Asthmas auf sein Werk aufzuzeigen, so ist seit Jahren eine zunehmende Verlagerung des forschenden Interesses auf eine psychoanalytisch orientierte Methodik festzustellen. Dabei ist die Literatur zu Proust – wie Jean-Yves Tadié, selbst Bruder eines Arztes, kritisch anmerkte – voll von »wohlfeilen Freudianismen«. In der allgemeinen Aufmerksamkeit scheint das Asthma zugunsten der Eifersucht verdrängt worden zu sein. Und vielleicht gilt diese schon bald als eine Krankheit, für deren Behandlung eines Tages psychiatrische Diagnoseschlüssel und therapeutische Leitlinien erstellt werden. Aus diesem vermeintlichen Reduktionismus kann uns ein neuer Forschungszweig hinausführen: Zum ersten Mal werden Sichtweisen und Ergebnisse aus Neurobiologie und Hirnforschung auf die Deutung der großen Geheimnisse und Phänomene, die uns *Auf der Suche nach der verlorenen Zeit* liefert, angewendet. Das verspricht Weiterführung und Präzision – auch was das »Medizinische in der *Recherche*« betrifft.

Und so war es seitens der Organisatoren eine kluge Entscheidung, den Blick in das »univers médical de Marcel Proust« nur auf seinen Roman zu fokussieren und die sich vor allem in der *Correspondance* offenbarende Eigenanamnese unberücksichtigt zu lassen. Die brieflichen Kommentare zu seinen Befindlichkeitsstörungen – Luftnot, chronische Müdigkeit und Idiosynkrasien – kondensierten, wie wir aus Paul Morands »Ode an Marcel Proust« wissen, jahrelang an den korkgetäfelten Wänden seines Zimmers, freilich nicht ohne die Blätter seiner Manuskripte zu imbibieren.

»Die Krankheit hatte mir, als sie mich wie ein strenger geistlicher Ratgeber der Welt absterben ließ, einen Dienst erwiesen« – schrieb Proust am Ende in einer epikritischen Würdigung seines leidvollen Lebens. Einen ebenso großen Dienst erweisen die Organisatoren und Referenten dieses Symposions der deutschen und der internationalen Leserschaft. Dafür dankt herzlich im Namen der Proustianer der Arzt und Präsident der Marcel Proust Gesellschaft

Reiner Speck

paru si antipathique et impertinent, le premier jour, mais qui
m'avait pris estime, donnait des ordres
pour qu'on ne fit pas de bruit à mon étage et lui-

Aus dem jüngst in die Bibliotheca Proustiana Reiner Speck gelangten Placard No. 24. Darauf hat Proust beim zweiten Korrekturgang den Druckfahnen zahlreiche Textstellen hinzugefügt, u. a. diese Passage über die Begegnung mit einem Arzt aus Balbec. In der von Luzius Keller revidierten »Frankfurter Ausgabe« heißt es auf Seite 398 von *Im Schatten junger Mädchenblüte*: »Als der Arzt aus Balbec, konsultiert wegen eines Fieberanfalls, den ich gehabt hatte, feststellte, daß ich nicht den ganzen Tag bei großer Hitze am Strand in der Sonne verbringen dürfe, und zu meinem Gebrauch ein paar Rezepte ausgestellt hatte, nahm meine Großmutter die Rezepte mit jenem Anschein von Ehrfurcht entgegen, in dem ich sofort ihren festen Entschluß erkannte, keines davon ausführen zu lassen; im hygienischen Bereich aber beherzigte sie seinen Ratschlag und nahm das Anerbieten von Madame de Villeparisis an, gemeinsame Spazierfahrten mit ihr in ihrem Wagen zu machen.«

Einleitung
Prousts *Recherche* und die Medizin

Marc Föcking/Cornelius Borck

Marcel Proust war Sohn und Bruder von – prominenten – Ärzten: Sein Vater Adrien Proust (1834-1903) war einer der wichtigsten Hygieniker seiner Zeit, ist aber auch durch sein 1897 erschienenes Buch zur Modekrankheit der Neurasthenie (*L'hygiène du neurasthénique*) und durch seine Studien zur Hirnforschung (*De l'aphasie*, 1871) hervorgetreten. Adriens jüngerer Sohn, der Urologe Robert Proust, stand eher im Schatten des Vaters und seines stetig an literarischer Prominenz gewinnenden Bruders Marcel. Da Proust zeit seines Lebens an schweren wie auch an eingebildeten Krankheiten von Asthma bis Neurasthenie litt und er die medizinischen Größen Frankreichs auf der Suche nach Heilung aufsuchte, hatte er als Sohn, Bruder und Patient an der von Konzepten, Möglichkeiten, Verheißungen und Enttäuschungen der Medizin gesättigten Kultur der *belle époque* regen Anteil.

Vor allem aber als Schriftsteller: Die *Recherche* bietet das narrativisierte medizinische Wissen einer Epoche, die den positivistischen Erkenntnis- und Therapieoptimismus der zweiten Hälfte des 19. Jahrhunderts ebenso hinter sich gelassen hat wie deren somatisch-organologische Orientierung. Stattdessen stellt sie – vor und zeitgleich mit Freud – durch die französische experimentelle Psychologie der 1880er und 1890er Jahre ein Modell des Bewusstseins bereit, dessen Vielschichtigkeit dem Individuum das Vertrauen in die Beherrschbarkeit des eigenen psychischen Selbst nimmt. Kombiniert mit der psychiatrischen Zivilisationskritik an einer nervenzehrenden Moderne und den neuen Forschungen zur Psychosomatik um 1900, steht dem aufgeklärten Patienten Proust ein Wissen zur Verfügung, in dem das Individuum Resonanzkörper der modernen Gesellschaft wie diese Ansammlung von (psycho-)pathologischen Individuen ist. Was Proust aber aus der abgelegten Wissenschaftskultur der zweiten Hälfte des 19. Jahrhunderts übernimmt, ist der Flaubert'sche »coup d'œil médical« auf die psychophysischen Details, der die Zeichen der Oberfläche auf die pathologischen Prozesse der Tiefe zurückzuführen sucht, ohne aber diesen Blick an eine distanzierte, ›gesunde‹ Position des Arztes binden zu können. Der »coup d'œil médical« ist bei Proust stets affiziert von den physischen, mehr noch psychischen Prozessen, die er beobachtet, er ist der des Arztes und des Patienten zugleich. Dank der besonderen Luzidität, die aus dieser doppelten Perspektive entspringt, gelingt es Proust, das medizinische Wissen seiner Zeit zu sprengen und vortheoretisch-narrativ in Bereiche vorzudringen, die erst die modernen Neurowissenschaften experimentell erforschen werden.

Die biographischen, pathologischen, epistemologischen und ästhetischen Aspekte des Themas »Prousts *Recherche* und die Medizin« sind also stets als interagierende zu denken, wenn sie sich auch heuristisch trennen lassen. Das zeitgenössische medizinische Wissen ist unübersehbar in die *Recherche* eingegangen, und zwar weit über das für den Patienten Proust unmittelbar bedeutsame Wissen um asthmatische Erkrankungen hinaus. Die Sexualpathologie Richard v. Krafft-Ebings ist ebenso präsent wie die Theorien zu Neurasthenie und Psychasthenie etwa Charles Beards, Jean-Martin Charcots, Pierre Janets, Adrien Prousts, Paul Dubois' oder Paul-Auguste Solliers. Prousts medizinisches Wissen umfasst ebenso die Theorien zur Aboulie Théodule Ribots (*Les maladies de la volonté*, 1883) wie die zur multiplen Persönlichkeit bei Alfred Binet (*Les altérations de la personnalité*, 1892), zur Hysterie, zu Phänomenen der Erinnerung und zur Hypnose (Paul-Auguste Sollier, *Les troubles de la mémoire*, 1892).

Prousts erzählte Medizin aber verändert und filtert dieses Wissen. Es schlägt sich nieder in den Ärztesatiren der *Recherche* in der Tradition von Molière bis Balzac und Flaubert, prägt Erzählungen physischer Krankheit und Tod wie Marcels Asthmaanfälle, des Sterbens der Großmutter oder Bergottes und die sexueller, psychopathologischer Orientierung etwa Swanns und Odettes oder der Homosexualität Charlus' und Saint-Loups. Nicht weniger markant gestaltet Proust narrativ die Physiologie und Pathologie des Schlafes. Das alles ›geschieht‹ nicht einfach, vielmehr reflektiert Proust sein medizinisches Erzählen, wenn er die *Recherche* als »théorie de la mémoire et de la connaissance« (Brief an Louis de Robert, Juli 1913) bezeichnet und seinen Erzähler »comme un chirurgien qui, sous le poli d'un ventre de femme, verrait le mal interne qui le ronge«, gestaltet: »J'avais beau dîner en ville, je ne voyais pas les convives, parce que, quand je croyais les regarder, je les radiographiais.«

Aber dieses Erzählen weist über den engeren zeitlichen Horizont Prousts hinaus: Die modernen Neurowissenschaften haben in den letzten Jahren Proust zunehmend als Referenzautor für die sog. »Proustian memory« oder den »Proustian effect« identifiziert. Am MIT Picower Institute of Learning and Memory im Cambridge, MA, wurde jüngst erforscht, wie die Erinnerung an ein scheinbar irrelevantes Detail, das normalerweise nur seinen Platz im Kurzzeitgedächtnis hat, sich an eine Langzeiterinnerung koppeln kann, »if two synapses on a single dendritic arbor are stimulated within an hour and a half of each other«, so die Forschergruppe um Arvind Govindarajan 2011. Schon 2007 ist Proust beim Wissenschaftsjournalisten Jonah Lehrer zum »neuroscientist« *avant la lettre* avanciert. Hier stellt sich die Frage, was die vortheoretischen und vorempirischen Passagen der *Recherche* tatsächlich zur gegenwärtigen neurowissenschaftlichen Forschung zum Gedächtnis beitragen.

Diesen und anderen Fragen nach dem Ort der *Recherche* im medizinischen Universum der *belle époque* wie in dem der heutigen Neurowissenschaften gehen die Beiträge nach, die aus dem im Mai 2012 in Lübeck abgehaltenen Symposion »Prousts *Recherche* und die Medizin« hervorgegangen sind. Wir danken allen, die zum Gelingen dieses Symposions und des vorliegenden Bandes beigetragen haben, vor allem aber der Marcel Proust Gesellschaft und ihrem Präsidenten Dr. Reiner Speck. Catharina Meier, Katinka Nagy, Marlitt Niesmak und Aminah Salaho gebührt besonderer Dank für die Redaktion der Beiträge.

Adrien Proust und Paul Sollier: die unsichtbaren Mediziner der *Recherche*

Edward Bizub

Im folgenden Aufsatz werde ich versuchen, die Bedeutung zweier verschiedener, aber konvergenter medizinischer Phänomene darzulegen, die mit der Konzeption von Prousts Roman verbunden sind: auf der einen Seite die unterschiedlichen Fälle von Bewusstseinsspaltung oder *dédoublement de la personnalité*, auch bekannt als ›Somnambulismus‹, und auf der anderen Seite die in Frankreich am Ende des 19. und zu Beginn des 20. Jahrhunderts praktizierte psychotherapeutische Methode.[1] Jedes dieser Phänomene ist mit einem bestimmten Mediziner verknüpft: Die Bewusstseinsspaltung gehört zum Forschungsbereich des Vaters des Schriftstellers, wohingegen Prousts Psychotherapieerfahrungen von seiner Kur bei Paul Sollier, in dessen Sanatorium in Boulogne-sur-Seine zwischen 1905 und 1906, stammen. In der *Recherche*, wie wir sie kennen, sind diese beiden Mediziner unsichtbar geworden. Jedoch behauptet Proust selbst, dass ein großes Kunstwerk nach dem beurteilt werden kann, was weggelassen wurde, da, seiner Ansicht nach, die wichtigsten Elemente der Schöpfung von einem Schleier des Schweigens bedeckt werden sollten.[2]

Um eine Vorstellung von dem zu vermitteln, was im abschließenden Werk zum Schweigen gebracht wurde, habe ich drei besondere Episoden aus dem letzten Band von Prousts Roman, *Le Temps retrouvé*, ausgewählt: 1. den Pastiche des *Journals* der Brüder Goncourt[3]; 2. die Funktionsweise der unwillkürlichen Erinnerung, wie sie in der Bibliothek des Hotel des Guermantes[4] beschrieben wird; und 3. den Fehltritt des Protagonisten, der das Wiedererwachen Venedigs hervorruft.[5] Ich werde ebenfalls auf den Philosophen Théodule Ribot eingehen, der im letzten Viertel des 19. und zu Beginn des 20. Jahrhunderts eine dominante Position in Frankreich innehatte, da er nicht nur eine wesentliche Verbindung zwischen den beiden Medizinern liefert und mit ihnen ihren Mangel an Sichtbarkeit im Roman teilt, sondern gleichfalls eine Vermittlungsinstanz zwischen der französischen Experimentalpsychologie und der Forschung deutscher Gelehrter in derselben Disziplin ist.

Die erste Episode bezieht sich auf einen Text, den Proust für seinen Roman erschaffen hat und als eine dem *Journal des Goncourt*[6] entnommene Passage bezeichnet. Obwohl dieser fiktionale Text demnach als Pastiche angesehen werden muss, wird er im Roman nicht als solcher bezeichnet. Seine Lektüre durch den Protagonisten ist buchstäblich ein Schlüsselmoment in der Erzählung. Ihr folgt unmittelbar der bewusste Rückzug des Protagonisten aus der Gesellschaft, um sich einer Kur in einem *maison de santé* zu unterziehen; mit anderen Worten, in einem Sanatorium wie dem, in welchem sich Proust seiner eigenen Isolationskur unterzogen hat. Wenn wir entdecken, dass diese Periode in der Chronologie der Erzählung ungefähr zwanzig Lebensjahre des Protagonisten umfasst, können wir in der Tat von einem weißen, einem ›blinden Fleck‹ in der Geschichte sprechen. Wir können sogar von einem Abgrund des Schweigens reden, und, wenn wir uns an Prousts Lobpreisung großer Schriftsteller entsinnen, die den wesentlichen Bestandteil ihrer Schöpfung durch Schweigen verbergen, könnte aus den zwanzig Jahren seiner Abwesenheit gefolgert werden, dass sie den Kern des Schöpfungsprozesses mit der psychotherapeutischen Kur in Verbindung bringen.

Wenn diese plötzliche Abkehr sowohl von der Welt als auch vom prüfenden Blick des Lesers mit einer Lücke in der Erzählung und sogar mit einem Abgrund, der blindlings überquert werden muss, verglichen werden kann, können wir den Text, der kurz vor dieser langen Abwesenheit in der Geschichte kommt, als ›Rand‹ des Abgrunds ansehen, der, vielleicht durch eine kausale Verbindung oder geheime Rhetorik, andeutet, warum es sich um das Schweigen einer besonderen Heilkur handelt. Wenn wir die Nebeneinanderstellung des Pseudotagebuchs und der darauffolgenden Lücke als Andeutung dessen anerkennen, was auf dem Spiel steht, müssen wir uns sodann dem Inhalt des Tagebuchs und der Reaktion des Protagonisten darauf zuwenden, um die verschlüsselte Botschaft zu dechiffrieren.

Der Protagonist macht deutlich, dass die Kur, der er im Begriff ist sich zu unterziehen, mit der Desillusionierung über sein literarisches Talent verknüpft ist. Allerdings verleiht er dieser Überlegung eine unerwartete Wendung, indem er verkündet, dass die gesamte Literatur möglicherweise nichts als Schwindel ist und daher nichts mit wahrer Inspiration zu tun hat. Er argumentiert folgendermaßen: Warum gehe ich nicht in die Isolation, wenn mein Verweilen in der Welt nichts mit der Berufung eines Schriftstellers zu tun hat, da die Beobachtung, welche ich bis jetzt als essentiell für die literarische Inspiration erachtet habe, nicht zu einem großen Kunstwerk beiträgt und gewiss nichts dafür tun kann, ein Talent zu erschaffen, wo keines ist? Dies ist der Hintergrund, der als Folie für die Szene dient, in der er das Tagebuch lediglich liest, um sich einzuschläfern, bevor er sich von der Welt zurückzieht.

Jedoch entfacht der Text des Tagebuchs ein unerwartetes Feuer, etwas, das tatsächlich einer Instanz literarischer Inspiration ähnelt, deren Erklärung dem Helden gänzlich versagt bleibt. So gibt es, in gewisser Weise, eine Aufforderung an den Leser, das Geheimnis hinter diesem beinahe ekstatischen Erlebnis zu enthüllen, noch bevor er die Gedächtnis- und Wissenstheorie versteht, auf welcher der Roman basiert. Das einzige uns zur Verfügung stehende Material, um die Euphorie zu verstehen, welche den Protagonisten in diesem Moment überkommt, ist der von Proust erschaffene Pastiche, dessen Ziel es ist, genau dieses Erlebnis in seinem Helden hervorzurufen.

In dem Tagebuch erzählt Edmond de Goncourt von einem bei den Verdurins verbrachten Abend, denselben Verdurins, mit denen der Leser seit dem Beginn des Romans vertraut ist, da Swann ein regelmäßiger Gast in ihrem Salon ist. Während des Abends wird eine seltsame Geschichte von einem Feuer erzählt, das im Haus der Verdurins ausbrach und großen Schaden verursachte. Die *weiße* Perlenhalskette der Frau des Hauses verfärbte sich vollkommen *schwarz* – »le collier de perles noires«[7] –, aber sogar noch verstörender war, dass ihr Hausdiener, durch den Vorfall traumatisiert, plötzlich zu einer vollkommen anderen Person wurde. Die Geschichte geht weiter: Doktor Cottard kommentiert die veränderte Verfassung des Hausdieners: Seine Handschrift hatte sich vollkommen gewandelt, und sein Benehmen veranlasste einen zu glauben, dass er zu einem entsetzlichen »Trunkenbold« geworden war – »si abominablement pochard«[8] –, so dass Madame Verdurin ihn entlassen musste.

In diesem Pastiche geht Cottard einen Schritt weiter. Er vergleicht die Verwandlung des Hausdieners mit dem vor kurzem entdeckten medizinischen Phänomen der Bewusstseinsspaltung: »de véritables dédoublements de la personnalité«[9]. Er bezieht sich auf ein Experiment, das er selbst durchgeführt hat, bei dem man, wie er sagt, nur die Schläfen eines Patienten berühren muss, um in ihm ein ›zweites Leben‹ zu wecken – »une seconde vie« –, in dem Letzterer nichts von seinem vorherigen Leben erinnert. Aber die Verwandlung ist noch radikaler als das, da Cottard erläutert, dass die Persönlichkeit in diesem zweiten Leben diametral entgegengesetzt zu der des Normalzustands des Patienten war. Vor dem Experiment ein »honnête homme«, wurde sein Patient in der Folge mehrere Male wegen Diebstahls verhaftet, den er in seinem ›zweiten Zustand‹ begangen hatte, in dem er zu einem »Schurken« wurde, »un abominable gredin«.

Cottard ist offensichtlich ein Experte auf dem Gebiet der Experimente in Bezug auf die Untersuchungen der Persönlichkeitsspaltung, die in der medizinischen Forschung nach der Enthüllung des Falls von Félida durch Azam populär geworden waren. Alfred Binet widmete diesen Phänomenen ein Buch, *Les Altérations de la personnalité* (1892), in dem die prominentesten Fälle detailliert wiedergegeben und analysiert werden, unter ihnen Adrien Prousts Beobachtung von Emile X. Für diejenigen, die mit dem Fall vertraut sind, ist die Ähnlichkeit zwischen Cottards Patient und Emile X. frappierend. Ich werde nicht auf die Einzelheiten dieses Falls eingehen, den ich an anderer Stelle analysiert habe.[10] Mit anderen Worten ist in diesen erfundenen Text insgeheim die getarnte Präsenz von Prousts Vater eingebettet, der Hypnose bei seinem Patienten anwandte. Dieser Fall, der zu jener Zeit wohlbekannt war und als ein Beispiel des Wiedererwachens eines »hellwachen Schläfers« (»dormeur éveillé«[11]) angesehen wurde, trug zu Freuds Initiation in das Unbewusste bei, da Letzterer Binets Buch zitiert und die Bedeutung anerkennt, welche die darin analysierten ›klassischen Fälle von Bewusstseinsspaltung‹ für seine Hysterie-Studien hatten. Prousts und Freuds Konzept des Unbewussten haben demzufolge einen gemeinsamen Ursprung.

Danach ist es möglich, die Reaktion des Protagonisten auf seine Lektüre aus einer anderen Perspektive zu erfassen. Beim Weglegen des Tagebuchs überkommt ihn ein unerwartetes Hochgefühl. Er entdeckt in sich selbst eine »intermittierende Persönlichkeit«, »un personnage intermittent«, die plötzlich zum Leben erwacht. Die Erfahrung, die er beschreibt, ist eine frühe Version des endgültigen ›Wiedererwachens‹ eines ›anderen Selbst‹ – zwanzig Jahre später –, wenn der Protagonist versehentlich über die Pflastersteine des Hofes vor dem Hotel des Guermantes stolpert. Zu diesem Zeitpunkt der Geschichte, nach dem Lesen des Tagebuchs, hat der Protagonist die Bedeutung dieser merkwürdigen und plötzlichen Freude noch nicht entschlüsselt. Jedoch erkennt der Leser, der etwas von der ›Gedächtnis- und Wissenstheorie‹[12] weiß, auf welcher der Roman basiert, die Wichtigkeit dieses Ereignisses. Es ist die Erfahrung – aber noch nicht das Verstehen – unwillkürlicher Erinnerung, die, in Prousts Vorstellung, das Kennzeichen von Kreativität ist.

Der Protagonist hat das Geheimnis der Kreativität und auch die Bedeutung seines »besonderen Vergnügens« (»plaisir spécifique«) noch nicht entdeckt, obwohl er erkannt hat, dass das Objekt[13], das dieses Vergnügen verursacht hat, etwas mit einem anderen gemeinsam zu haben scheint (»le point qui était commun à un être et à un autre«[14]). Dennoch erkennt er, dass bloße Beobachtung diesen Eindruck nicht erzeugen kann, und so zieht er sich zu Recht aus der Gesellschaft zurück, um während seiner Kur in das Reich der Stille einzutauchen, ohne wirklich zu wissen warum. Proust scheint hier anzudeuten, dass die notwendige Verfassung des Protagonisten, um das wahre Geheimnis der Kreativität zu entdecken, durch einen psychotherapeutischen Dialog entstehen muss, in Isolation von der Welt, unter dem Mantel des Schweigens.

Was ist die Verbindung zwischen dem ›Wiedererwachen‹ einer zweiten Persönlichkeit und dem »moi profond«, das Prousts Roman zu entdecken versucht? Wir wissen, dass nach Prousts Auffassung ein verborgenes Selbst der wahre Schöpfer ist und mit der ›zweiten Persönlichkeit‹ korrespondiert, welcher der Autor begegnen muss, um seine Berufung zu sichern. Der ästhetische Grundsatz des Autors ist in der Tat, dass ein geniales Buch das »Produkt« eines anderen Selbst ist: »un livre est le produit d'un autre moi«.[15]

Wir können die Einbeziehung des Falls von Bewusstseinsspaltung in den Text, den Proust für seinen Protagonisten vorbereitet hat, um ihn auf die Fährte seines verborgenen Selbst zu bringen, nun als *mise en abyme* betrachten, das heißt als einen Text, der in einen anderen Text eingebettet ist, wobei letzterer (die Erzählung des Protagonisten) in gewisser Weise ein Spiegelbild oder eine Replik des ersteren ist (das Pseudo-Tagebuch, welches das Erwachen eines zweiten Selbst durch Hypnose enthält). Dadurch können wir das Rätsel der Episode von Doktor Cottards medizinischer Erfahrung und der begeisterten Reaktion des Protagonisten besser entschlüsseln und folgende Hypothese verfolgen: Der von Doktor Cottard beschriebene Akt der Hypnose reflektiert – oder vielmehr reproduziert – den von Prousts Vater praktizierten, der das andere Selbst von Emile X. heraufbeschworen hat.

Aus dieser Hypothese können wir zwei Schlussfolgerungen ziehen. Erstens, dass der im Text eingebettete Text auf den Protagonisten einwirkt. Die *personnage intermittent* ist nichts anderes als das Äquivalent der zweiten Persönlichkeit, von der Cottard behauptet, dass er sie in seinem medizinischen Experiment zum Leben erweckt hat, und damit das flüchtige Erscheinen des *moi profond*, welches der Protagonist noch nicht identifiziert oder erkannt hat. Die Funktion des Schweigens der Kur wird sein, sich weiter in dieses Phänomen zu vertiefen. Mit anderen Worten können wir davon sprechen, dass der eingebettete Text zu einer Art ›Performanz‹ anstiftet: Die Beschreibung des Akts der Hypnose hypnotisiert den Leser selbst (in diesem Fall den Protagonisten). Wenn wir die Tatsache berücksichtigen, dass die Beschreibung von Doktor Cottards außerordentlichem Talent eine einfache Tarnung der hypnotischen Kraft von Adrien Proust ist, können wir in dem Labyrinth dieser Episode die Ironie des väterlichen Prestiges gegenüber dem fiktiven Charakter im Roman und, vielleicht, gegenüber seinem Sohn, dem Schriftsteller selbst, sehen.

Die zweite Schlussfolgerung, die wir ziehen können, betrifft die Natur des ›anderen Selbst‹. Letzteres wird offensichtlich als Krimineller dargestellt. Aber es ist diese kriminelle Persönlichkeit, die, durch das Phänomen der *mise an abyme*, eindeutig mit der intermittierenden Persönlichkeit assoziiert wird, die als Resultat dieses hypnotischen Textes lebendig wird. Einmal mehr gibt uns Proust einen Hinweis auf seine Intention, da Madame Cottard eine Parallele zwischen der zweiten Persönlichkeit, die ihr Mann während eines Experiments erweckt hat, und einem Vorfall in einem literarischen Text eines Autor, der umgehend als Stevenson identifiziert wird, zieht. Letzterer, einer von Prousts Lieblingsautoren, erinnert in diesem sehr geheimen und verschlüsselten Text an die Geschichte von Doktor Jekyll und Mister Hyde. Dies lässt uns glauben, dass das ›andere Selbst‹ des Protagonisten eine grenzüberschreitende Gestalt ist. Dies ist vielleicht der Grund, warum es ihm so schwerfällt, diese verborgene Komponente seines Selbst zu erkennen, und er die Stille des Sanatoriums braucht, um das *moi profond* ans Licht zu bringen, das tiefgründige Selbst, dessen Schicksal es ist, der Autor des zukünftigen kreativen Schaffens des Protagonisten zu werden. Der Dichter ist eine Art Mr. Hyde, und dies wird explizit von Proust in einem wenig bekannten, übereilt verfassten Text[16] bestätigt, der sich auf die Vorstellung des schöpferischen Akts bezieht.[17]

Unwillkürliche Erinnerung … und der schöne Ringer

Die zweite relevante Passage der *Temps retrouvé* ist der Moment, in dem der Protagonist, nachdem er über die Pflastersteine des Hofes des Hotel des Guermantes gestolpert ist, die Wahrheit herausfindet, nach der er so lange gesucht hat. Das Rätsel der unwillkürlichen Erinnerung wird endlich enthüllt.[18] In diesem Abschnitt ruft das schrille Geräusch der Hauptwasserleitung die Schreie – »les cris« (vielleicht die Pfeifen oder die Nebelhörner) – der Yachten vor der Küste bei Balbec während des Sommers ins Gedächtnis und erinnern den Protagonisten an die Momente, in denen er hoffte, Albertine zu treffen. Die Beschreibung des Mechanismus, der dem Phänomen der unwillkürlichen Erinnerung zugrunde liegt, bildet das Herzstück dessen, was Proust die *Gedächtnis- und Wissenstheorie* nennt, auf welcher der Roman basiert.

Ein Aspekt der Enthüllung, der das Geheimnis literarischen Schaffens enthält und gleichzeitig aufgedeckt wird, ist die Macht der Metapher in Bezug auf das Entdecken der gemeinsamen Essenz zweier Objekte, »leur essence commune«[19], in dem sie eine Verbindung durch Analogie erschafft, »le miracle d'une analogie«[20]. Indem es diese verborgene Beziehung begreift, erfreut sich das ›andere Selbst‹ an der Essenz, die diese beiden verschiedenen Objekte miteinander verbindet, und entdeckt so das geheime ›Sein‹, das sie teilen. Da Proust darauf erpicht ist, die Mechanismen dieser Entdeckung im Geist seines Protagonisten vorzuführen, erläutert er, wie die Erfahrung unwillkürlicher Erinnerung die Essenz extrahiert, die durch die unwillkürliche Erinnerung enthüllt wird … durch eine *Metapher*. Die in diesem Moment der Wahrheit gewählte Metapher ist die eines Ringkampfes. Mit dieser Metapher führt Proust indes einen sehr aufschlussreichen Aspekt seiner Konzeption der unwillkürlichen Erinnerung ein: die entscheidende, aber unsichtbare Gegenwart des Eros.

Der Protagonist besteht darauf, dass seine Reaktion nicht das bloße ›Echo‹ oder ›Duplikat‹ eines früheren Gefühls ist: Sie ist das Gefühl selbst. Er fährt damit fort, zu erklären, wie die beiden Vorfälle, die jeweils die Gegenwart und die Vergangenheit umfassen, mit zwei bestimmten Orten verknüpft sind. Das körperliche Gefühl, das beiden gemeinsam ist, versucht, den früheren Ort »wieder zu erschaffen« – »recréer«[21] –, obwohl der gegenwärtige mit seiner ganzen Kraft Widerstand leistet, da er der »immigration« des Normandie-Strandes in das Hotel des Guermantes massiven Widerstand entgegensetzt. Der Protagonist erschließt nun diese Erfahrung, um ein Gesetz zu begründen, das die Mechanismen aller Instanzen der unwillkürlichen Erinnerung zusammenfasst, indem er das Besondere in das Allgemeine eingliedert oder, eher durch einen Induktionsprozess, zuletzt das *Gesetz* entdeckt, welches das Geräusch der Hauptwasserleitung enthüllt hat.

Er vergleicht die beiden Vorfälle – auf der einen Seite das Geräusch der Hauptwasserleitung und auf der anderen das Pfeifen der Boote – mit zwei Ringern. Die Metapher ist merkwürdig, aber ziemlich signifikant. Während er auf die »grundlegende« Metapher eines Ringkampfes zurückgreift, führt Proust eine erotische Komponente ein. Auf höchst seltsame Weise beschreibt er den Kampf zwischen den beiden Orten als Szene eines »accouplement«: »le lieu lointain engendré autour de la sensation commune s'était accouplé un instant, comme un lutteur, au lieu actuel«.[22] Der ferne Ort wird für einen Moment eins mit dem gegenwärtigen Schauplatz, auf die Weise, wie ein Ringer mit seinem Gegner in einer Art Sperrgriff eins wird, ein Ausdruck zweier Kräfte, die sich zu neutralisieren scheinen. Aber das Verb »s'accoupler« ist im Französischen natürlich äußerst zweideutig. Es kann mit ›ein Paar bilden‹ bzw. ›zusammengehören‹ übersetzt werden, aber ebenso mit ›sich paaren‹ (sprich: einen Sexualpartner suchen) oder mit ›kopulieren‹. Folglich können wir von einer amourösen Umarmung zwischen zwei Ringern sprechen, einer Umarmung, die einer Neutralisierung zweier entgegengesetzter Kräfte entspricht. Dieser ästhetische Moment im Text ist bedeutsam, da der Protagonist fortfährt, den gerade entdeckten Mechanismus auf alle anderen ›Wiederauferstehungen‹ anzuwenden: jene, die mit Combray, Venedig und Balbec verknüpfte Augenblicke zu neuem Leben erweckt haben.

Auch wenn das erotische Element eindeutig Proust'scher Natur ist, greift das Bild des Kampfes auf die Theorie des Unbewussten zurück, wie sie am Ende des 19. Jahrhunderts konzipiert wurde. Wir haben hier ein klassisches Beispiel, wie Proust seine Poesie – oder seine persönliche Rhetorik – auf eine wohlbekannte wissenschaftliche Theorie der Zeit überträgt, die in positivistischer Forschung wurzelt, welche auf medizinischem Experimentieren basiert. Für diejenigen, welche die Schriften Théodule Ribots kennen, ist die unmittelbare Quelle eindeutig. Proust hat 1904 die *Maladies de la volonté* des Letzteren mit großer Aufmerksamkeit gelesen und die dort angebotene Beschreibung entliehen, um seine eigene »maladie« zu erklären. Ich habe an anderer Stelle[23] argumentiert, dass Prousts ästhetische Theorie eine solch offensichtliche Konvergenz mit derjenigen aufweist, die in Ribots *Essai sur l'imagination créatrice*[24] dargelegt wird, dass das Erlebnis, das in *Le Temps retrouvé* beschrieben wird, eine reine Umsetzung von Ribots Analyse des schöpferischen Akts zu sein scheint, wie er sie in seinem Essay beschreibt. Das soll nicht heißen, dass Proust selbst nicht fest an den Wahrheitsgehalt dieser Erfahrung glaubte, den zu erforschen er in seiner Kur ermutigt wurde, wie wir weiter unten sehen werden.

Ribots Theorie kreativer Inspiration basiert auf dem Phänomen des *Somnambulismus*. Durch die medizinischen Experimente seiner Zeit beeinflusst, zieht er eine Parallele zwischen der Imagination des Künstlers und dem zweiten Zustand (»la condition seconde«) von Félida.[25] Der letztere Fall wurde zum Paradigma aller anderen, die darauf folgten, einschließlich Adrien Prousts Beobachtung und Fallstudie von Emile X., und diente dazu, die Vorstellung des Unbewussten zu definieren. Tatsächlich liegt Ribots Theorie des Unbewussten das Konzept der *Bewusstseinsschwelle* zugrunde. Dieses Konzept bringt uns zu einem von Ribots früheren Werken zurück, zu *La Psychologie allemande contemporaine*, zuerst 1879 publiziert, welches das Fundament der Theorie definiert, die der französischen Experimentalpsychologie zugrunde liegt, da wir dort die Hauptvoraussetzung alles Kommenden finden. Die Beschreibung dieser *Schwelle* ist der offensichtliche Ursprung des Bilds vom Ringkampf als Metapher für die Funktionsweise der unwillkürlichen Erinnerung.

In diesem frühen Werk erklärt Ribot die von Johann Friedrich Herbart in dem 1824-25 publizierten Text *Psychologie als Wissenschaft, neu gegründet auf Erfahrung, Metaphysik und Mathematik* dargelegte Theorie, in welcher der Letztere die Möglichkeit ins Auge fasst, Darstellungen in Bezug auf Kraft zu interpretieren.[26] Eine Darstellung kann das Erscheinen einer anderen derart durchkreuzen, dass beide Bilder in reziproke Oppositionen gesperrt werden. Mit anderen Worten bieten beide um die Vorherrschaft kämpfenden Darstellungen ihre maximale Kraft auf, um anerkannt zu werden. Jede Darstellung kann auf diese Weise zutage treten oder aus dem Bewusstsein vertrieben werden, während der Kampf von der einen oder der anderen Kraft dominiert wird. Herbart zufolge gibt es aber einen Punkt, an dem beide Kräfte bewegungsunfähig sind. Letzterer spricht von »arrêt« (Stopp oder Sperre) und verwendet den Ausdruck *Hemmung*. Hier führt Proust die Metapher des Sich-Paarens oder der Kopulation ein. An dieser Stelle befindet sich die Bewusstseinsschwelle. Es ist die Stelle des Übergangs zwischen Bewusstsein und dem Unbewussten.

Nebenbei bemerkt: Es wurde oft gesagt, dass die Psychoanalyse einen Eröffnungsschritt macht, wenn Freud beginnt, das substantivierte Adjektiv, *das Unbewusste*, zu verwenden, um das Objekt seiner Untersuchung zu beschreiben. Jedoch ist der entsprechende französische Ausdruck »l'inconscient« bereits 1879 in Gebrauch, und es scheint, dass er in der folgenden Dekade immer breiteren Kreisen zugänglich gemacht wurde. Man sollte nicht vergessen, dass Freud in den 1880er Jahren die Ärzte frequentierte, die mit der Bewusstseinsspaltung und den Wiedererweckungen eines anderen Selbst arbeiteten, Experimente, die am Ende des Jahrzehnts allgemein bekannt waren. Die Ärzte, die diese ›Beobachtungen‹ durchgeführt haben, wussten alle von Ribots Arbeit, aus dem einfachen Grund, dass der Lehrstuhl der Experimentalpsychologie am Collège de France 1888 ausdrücklich für Ribot geschaffen wurde. Er wurde in der Tat aufgrund der jüngsten Entdeckungen in Bezug auf die Existenz des Unbewussten eingerichtet, die auf Experimenten basierten, mit denen das Erscheinen eines anderen Selbst hervorgerufen wurde. Adrien Prousts ›Beobachtungen‹ legten genau in dem Jahr ein solches ›anderes Selbst‹ nahe.

Ribot legt Herbarts Theorie dar, der zufolge die Ausgrenzung einer der Darstellungen, die derart in den Untergrund des Bewusstseins gezwungen wird, wie folgt erklärt wird:

> Je nomme seuil de la conscience ces limites qu'une représentation semble franchir, lorsqu'elle passe de l'arrêt complet à un état de représentation réelle.[27]

> Ich nenne die Grenzen, die eine Darstellung zu überwinden scheint, wenn sie von einem Zustand absoluter Bewegungsunfähigkeit in den einer wirklichen oder eigentlichen Darstellung übergeht, Schwelle des Bewusstseins.

Doch zurück zu den zwei Ringern in Prousts Formulierung des Gesetzes unwillkürlicher Erinnerung. In dem Paarungsprozess, den der Autor als Metapher für den Kampf der Ringer verwendet, räumt der Protagonist ein, dass der Wettkampf immer ein ungleicher war und zugunsten des gegenwärtigen Ortes und Augenblicks ausfiel: »Toujours le lieu actuel avait été vainqueur; toujours c'était le vaincu qui m'avait paru le plus beau.«[28] Der gegenwärtige Ort hat stets triumphiert, obwohl der besiegte ihm immer als der schönere erschienen war. Doch wie müssen wir uns »den schöneren« vorstellen, wenn wir die Anspielung auf den Ringer beibehalten?

Der Besiegte, der Ort – oder der Ringer – war so schön, dass der Protagonist, wenn er ihm begegnete, in einen Zustand der Ekstase fiel: »si beau que j'étais resté en extase«.[29] Während dieser flüchtigen Augenblicke des Wiedererwachens versucht der Protagonist, den Ort der Anwesenheit des Ringers wiederzufinden, unterdrückt von der dominanten und dominierenden Kraft. Proust nennt diesen Prozess des Abtauchens des schönen Ortes oder des schönen Ringers unter die Bewusstseinsschwelle »refoulement«, »Verdrängung«. Der schöne Ort oder der attraktive Ringer versucht, die Barriere der Schwelle zu durchbrechen und der Verdrängung zu entfliehen, die ihn zurückdrängt: Er wird »refoulé«.[30] Ribots Vokabular wird von Proust voll und ganz übernommen. Jedoch ruft die kühne Rückkehr des besiegten Ortes in Prousts Fall eine Art »Performanz« hervor, eine körperliche Reaktion, da der Protagonist zugibt, dass sein ungehindertes Erscheinen ihn in Ohnmacht fallen lassen würde: »Je crois que j'aurais perdu connaissance«.[31] Er nimmt die Form einer »vision ineffable«[32] an. Betrachtet Proust die Ekstase, die durch die Vision des schönen Ringers hervorgerufen wird, als Symptom seines grenzüberschreitenden ›anderen Selbst‹?

Das verborgene Gedächtnis des Körpers und die glänzenden Steine

Die dritte Passage, die ich untersuchen werde, ist der Höhepunkt des Romans, wenn der Protagonist auf den unebenen Pflastersteinen im Hof des Hotel des Guermantes stolpert.[33] In genau dem Moment erhebt sich eine Stimme, die ihn lockt, die ihn einlädt, das Rätsel zu finden, von dem wir wissen, dass es mit dem schönen Platz verbunden ist, an dem der schöne Ringer – der gefesselte ist zum fesselnden geworden – verweilt. Er muss jedoch, wie Ödipus vor der Sphinx, das Rätsel aufdecken, welches das Geheimnis löst: »Saisis-moi au passage si tu en as la force, et tâche à résoudre l'énigme de bonheur que je te propose«.[34] Wieder einmal ist es eine Frage der Kraft: »Fang mich, wenn ich vorbeigehe, und, wenn du die Kraft dazu besitzt, versuche das Rätsel des Glücks zu lösen, das ich dir anbiete.« Der schöne und schwer fassbare Ringer scheint einfach und bescheiden zu sagen: »Ich bin dein, wenn du weißt, wie du mich vom Fliehen abhalten kannst.« Eine bloße Neuformulierung allen Versprechens vergänglichen Vergnügens: *Carpe diem*. Aber der *Tag*, den der Protagonist zurückgewinnen oder erobern muss, ist in einer vergessenen Vergangenheit vergraben, in einer Erfahrung, die in sein Unbewusstes hinabgestoßen wurde.

Warum offenbart sich dieses Rätsel in genau dem Moment, in dem der Protagonist stolpert? Welche ist die Lücke, durch die der gewöhnlich bezwungene Ringer es schafft, sich zu äußern und sich Gehör zu verschaffen? Für die Antwort müssen wir uns Prousts Psychotherapie zuwenden. Bis vor kurzem gab es einen merkwürdigen Mangel an Interesse an dieser Kur.[35] Doktor Paul Sollier äußert ausdrücklich sein Festhalten an der, wie er sie nennt, »école de Herbart« und folgt demnach den Grundlagen von Ribots Theorie des Unbewussten. Er hält nicht nur an Ribots Theorie fest, sondern untermauert bereits 1892 ihre direkte Verbindung zur abgespaltenen Persönlichkeit in den zu der Zeit durchgeführten Experimenten, indem er nicht nur explizit auf Félida Bezug nimmt, sondern auch auf Adrien Prousts Beobachtung von Emile X.[36] Er verknüpft seine therapeutische Methode auf diese Weise mit der seines Vorgängers (des Vaters des Autors), der versuchte, das ›andere Selbst‹ seines Patienten durch Hypnose zu enthüllen. Genau wie Adrien Proust wendet Sollier Hypnose an, um das Wiedererwachen dieser anderen Persönlichkeit, die als der unbewusste Teil des Patienten bestimmt wurde, hervorzurufen.

Darüber hinaus ist die Fähigkeit des Patienten, hypnotisiert zu werden – und dies ist nicht nur nach Auffassung von Adrien Proust und Sollier wahr, sondern auch nach der von Charcot –, ein zwingender Beweis dafür, dass der Patient unter Hysterie leidet. Im Fall von Proust können wir sicher sein, dass Doktor Sollier den niedergeschlagenen Schriftsteller als von Hysterie betroffen betrachtet hat, da er ziemlich deutlich äußert, dass seine therapeutische Behandlung – es ist die Bedingung *sine qua non*, um in seine Einrichtung aufgenommen zu werden – exklusiv hysterischen Patienten vorbehalten ist. Proust musste folglich dieser Diagnose zustimmen, um Zugang zu Solliers Betreuung zu erhalten.

Um den »hellwachen Schläfer« wiederzubeleben, praktiziert Sollier, was er die *Regression der Persönlichkeit* nennt. Wie bewirkt er diese Regression[37]? Seine Methode beinhaltet die Stimulation des Körpers und seiner Sensibilität. Er nutzt, was zu der Zeit Zönästhesie genannt wurde, ein aus dem Griechischen entlehntes Wort, das ein allgemeines körperliches Gefühl bezeichnet. Sollier billigte die Unterbringung des Unbewussten in physischen Wahrnehmungen voll und ganz und warf Freud vor, diesen wesentlichen Aspekt zu übersehen. Mit anderen Worten gibt es für Ersteren eine körperliche Fähigkeit, bestimmte Emotionen zu empfangen und zu speichern, gewöhnlich jene, die durch Schock oder Traumatisierung hervorgerufen wurden, und sie in einem Teil der Psyche zu verbergen, der mit einer bestimmten körperlichen Reaktion verbunden ist. Diese heftige Reaktion bildet einen Komplex, von dem der Patient nichts weiß, da er vom Wachbewusstsein getrennt ist. Der *Körper* ist der natürliche Sitz des Unbewussten.

Wenn der »wachende Schläfer« am Beginn des Romans von Gedächtnis spricht, bezieht er sich nicht auf das seines Verstandes, sondern auf das seines Körpers. Sein Körper orientiert ihn in der Zeit und weckt Erinnerungen; Rippen, Knie, Schultern rufen eine Erfahrung aus der Vergangenheit ab. »Sa mémoire [offensichtlich sein Körpergedächtnis], la mémoire de ses côtes, de ses genoux, de ses épaules lui présentait successivement plusieurs des chambres où il avait dormi ...«.[38] Es ist die vergessene Erfahrung seines Körpers, die lebendig wird und in seine flüchtigen Gedanken eindringt, bevor sie zum dissoziativen Komplex zurückkehrt. Im Fall der oben untersuchten Hauptwasserleitung droht der durch die Erfahrung hervorgerufene physische Stimulus zu verschwinden und die Vorstellung seines ursprünglichen Standorts – oder die des Ringers, der ihn bewacht – zum Rückzug zu veranlassen, bevor sie vom Protagonisten auf halbem Weg zwischen Wachen und Schlaf erkannt und eingefangen werden kann.

Doktor Sollier, ein Anhänger der Schule Herbarts, nimmt die von Ribot geäußerte Theorie, die auf der Hypothese des deutschen Philosophen beruht, als eigene an: »L'événement interne n'est jamais séparé de ses conditions ou de ses effets physiques.«[39] Herbart wünschte sich tatsächlich, der Theorie der subjektiven Formen der Intuition eine physiologische Basis zu verleihen. Wir mögen uns an Freuds anfängliche Hoffnung erinnern, die physiologische Basis aufzudecken, die das Funktionieren der Psyche erklärt. An einem Punkt in seiner frühen Karriere hat er Wilhelm Fließ gestanden, dass er den Wunsch aufrechterhalten hat, zu seinen biologischen Forschungen zurückzukehren.[40]

Proust war ziemlich vertraut mit Solliers Verfahren, bevor er seine Kur in Angriff nahm. Er hatte darüber in einem Buch gelesen, Camus' und Pagniez' *Isolement et Psychothérapie. Traitement de l'hystérie et de la neurasthénie*[41], das im Vorwort seiner Übersetzung von Ruskins *Sesame and Lilies* zitiert wird. In diesem Vorwort zitiert Proust auch Ribots Werk, welches die verschiedenen Leiden des Willens ausführlich erläutert: *Les Maladies de la volonté*.[42] In diesem Vorwort behauptet Proust ebenfalls, dass ein Schriftsteller, der seine Willenskraft und damit seine schöpferische Fähigkeit verloren hat, seinen Weg durch die Intervention eines Vermittlers – »une intervention étrangère« – finden muss, der in der Lage ist, ihm seine Stimme wiederzugeben, ihn aus einer spirituellen Depression herauszuziehen und auf ihn eine *starke* und *helfende* Hand anzuwenden: »une main puissante et secourable«.[43] Er schließt, dass dies tatsächlich die Rolle der Psychotherapie ist. Proust schrieb dieses Vorwort, kurz bevor er unter die Obhut von Doktor Sollier kam.

Folglich wusste er bereits aufgrund der Lektüre von Camus' und Pagniez' Buch über Sollier, dass Letzterer seine *mächtige* Hand leiht, um vergessene Momente ›wiederauferstehen‹ zu lassen, welche die nachfolgende Krankheit des Patienten verursacht haben. Sollier hatte die Angewohnheit, sich über seine Patienten zu beugen, sie aufzufordern, ihr Sinnesgedächtnis zu stimulieren, und darum zu bitten, zu *fühlen*, so viel wie möglich zu fühlen. Dieses erneuerte und gesteigerte *Gefühl* wurde durch die intensive Konzentration des Patienten auf die spezifische Körperregion bemüht, welche die ursprüngliche, traumatische Empfindung in sich verschlossen und so einen abgebrochenen psychologischen *Komplex* erschaffen hat, der dazu bestimmt ist, im Unbewussten zu verbleiben. Sollier würde, wie Camus und Pagniez berichteten, seinen Patienten sagen: »Sentez, sentez plus, sentez mieux encore; continuez, faites bien attention.« »Fühlen Sie, fühlen Sie mehr, fühlen sie noch besser; machen Sie weiter, passen Sie gut auf«.

1913, als der erste Band der *Recherche* erschien, wurde Proust nach der Inspiration gefragt, die seinen Roman diktiert hat. Er antwortete unerschrocken, dass ihm seine Sensibilität (»ma sensibilité«) selbst die winzigsten Bestandteile seines Werks geliefert habe. Es ist nicht schwer, diese Sensibilität angesichts der starken Hand zu interpretieren, die sie bemüht und sein vergessenes Selbst befreit hat. Eine Sensibilität, die auf Solliers Beschwörung angesprochen hat: »Sentez, sentez plus, sentez mieux encore.« Wie Proust sagt, wurden diese Elemente, die er wiederauferstehen ließ, indem er in die Tiefen seines Unbewussten getaucht ist (die Vorstellung des Tauchens ist von Proust), tief in ihm selbst entdeckt: »Je les ai d'abord aperçus au fond de moi-même«.[44] Man darf wohl annehmen, dass er sie dank der »helfenden Hand« von Doktor Sollier entdeckt hat. Eine Hand, die über dem Roman schwebt, aber unsichtbar bleibt.

Wir können uns vorstellen, dass die *starke* Hand des Psychotherapeuten ebenfalls dazu benutzt wurde, Proust zu hypnotisieren. Wir erinnern uns daran, wie Doktor Cottard behauptete, in der Lage zu sein, die Schläfen seines Patienten zu berühren, um ihn in ein anderes Leben einzuführen. Was wir ganz sicher wissen ist, dass, als Proust die Szene des Wiedererwachens des tiefen Selbst in der *Temps retrouvé* in einem seiner Notizbücher vorbereitet, er jenes ein wenig wundersame Ereignis mit einer Hypnoseszene vergleicht.

Wir erinnern uns, dass Adrien Proust das ›andere Selbst‹ den hellwachen Schläfer nannte und dass er den *Schlafwandler*, wie Sollier, durch Hypnose heraufbeschwor. Théodule Ribot geht einen Schritt weiter in Bezug darauf, das medizinische Experiment mit der Quelle schöpferischer Imagination zu verbinden, da er den durch den Hypnotiseur erweckten Somnambulen mit einem Künstler im Moment seiner Inspiration vergleicht. »L'inspiré ressemble à un dormeur éveillé«.[45] Der inspirierte Künstler ähnelt dem hellwachen Schläfer. Proust befürwortet – und legitimiert – Ribots Analogie. Er benutzt sie, um die Offenbarung seines Protagonisten zu rechtfertigen, jene eines tiefen Selbst, das im Unbewussten des Letzteren residiert und in der Lage ist, durch eine Stimulation der Sinne erweckt zu werden und entsprechend auf das Ansehen eines Hypnotiseurs zu reagieren. Der Autor beschreibt die Erleuchtung seines Protagonisten als ein »trompe-l'œil«[46] der Vergangenheit, das sein »wahres Selbst« – »vrai moi«[47] – wiederbelebt. Dieses Selbst wird als eine Person dargestellt, die in eine andere Dimension, der Zeit entzogen, versetzt wurde: »l'homme affranchi de l'ordre du temps«.[48] Dies kann nur durch ein Wunder geschehen, dank eines »miracle d'une analogie«.[49] Und so wählt Proust, in diesem wundersamen Moment, wieder einmal eine aufschlussreiche Analogie – oder ist es eine Metapher? –, um das aus den Tiefen herbeigezauberte, wahre Selbst zu evozieren: In einem seiner vorbereitenden Notizbücher vergleicht er das »trompe-l'œil« – welches das Wunder seiner literarischen ›Berufung‹ begleitet und legitimiert – mit der Vision, die der Hypnotiseur heraufbeschwört, der seinen Patienten bewusst in eine andere Dimension versetzt, indem er ihn dazu bringt, sich auf ein glänzendes Objekt zu konzentrieren: »un point trop brillant qu'un hypnotiseur vous fait fixer«.

Können wir vermuten, dass Prousts eigenes Erlebnis des Wiedererwachens Venedigs mit einer solchen Erfahrung verbunden ist? Als er diese Szene in seinen ersten Entwürfen vorbereitet, gibt er sich in der Tat Mühe, die Pflastersteine als »glänzend« zu beschreiben und auf diese Weise eine implizite Analogie herzustellen, die es uns ermöglicht, uns ihre hypnotische Macht über ihn vorzustellen: »les pavés inégaux et brillants«.[50] Nun können wir die Konvergenz der beiden essentiellen Bestandteile von Solliers Kur besser verstehen: auf der einen Seite die Regression der Persönlichkeit aufgrund einer Stimulation der Sinne und der physischen Organe, die eine intensive Emotion gefangen gehalten haben, und auf der anderen Seite der Einsatz von Hypnose, um dieses Wiedererwachen herbeizuführen und damit die Quelle der Emotion ausfindig zu machen. Am Ausgangspunkt dieser entscheidenden Textstelle betont Proust nicht nur das physische Gefühl seines Protagonisten – »la sensation du pied« –, als er über die Pflastersteine im Hof stolpert, sondern auch die hypnotische Wirkung der Steine. Das Unbewusste überwindet die Barriere der Bewusstseinsschwelle und gestattet dem schönen Ringer ausnahmsweise, einmal zu erscheinen und seine unterdrückte Kraft zu demonstrieren. Wie eine göttliche Epiphanie.

Bedarf es noch mehr Belegen für die Verbindung zwischen dem kreativen Akt und der Gedächtnis- und Bewusstseinstheorie, von der Proust behauptet, auf ihr seine *Kathedrale* errichtet zu haben, so brauchen wir nur das allererste von Prousts Notizbüchern aufzuschlagen, in dem er den Höhepunkt seines Romans skizziert. 1908 – sein Roman wird Ende 1913 erscheinen – erklärt er in hastig hingekritzelten Notizen ziemlich deutlich, dass das Wiedererwachen Venedigs und die Pflastersteine, die diesen ekstatischen Moment verursachen und auf die er mit Freuden »tritt« – »Pavés foulés avec joie«[51] –, auf unbestreitbare Weise mit seiner psychotherapeutischen Kur verknüpft sind. Unmittelbar vor der Anmerkung über die durch die unebenen Steine und ihre hypnotische Wirkung überbrachte Botschaft, dieser Behauptung eines grundlegenden Ereignisses, das die Offenbarung des Romans ausmacht, notiert er einen Eigennamen, der seine Konzeption des Funktionierens unwillkürlicher Erinnerung zusammenfasst und vielleicht die Quelle seiner kreativen Inspiration erhellt. Der Name ist einfach geschrieben, ohne irgendeine Erklärung: »Sollier«.

»Longtemps, je me suis couché de bonne heure«.[52] Dieser Satz ist der erste Schritt in dem Prozess, der zu der Entdeckung des *moi profond* führt. Und es gibt Grund zu glauben, dass es eine direkte Verbindung zwischen ihm und Prousts Kur gibt. Eine unsichtbare Verbindung, welche die Stimme des Psychotherapeuten zum Schweigen bringt.[53] Die Ärzte, die zu Prousts Vorstellung eines *autre moi* beigetragen haben, bleiben unsichtbar und bestätigen so den festen Glauben des Autors, dass das Kennzeichen eines großen Werks die Tatsache ist, dass seine wichtigsten Bestandteile in Schweigen gehüllt wurden. Wir können nun besser verstehen, warum der ganze Tenor von Prousts Theorie in einem sehr kurzen Satz zusammengefasst werden kann, der sein Manifest zu sein scheint: »Un livre est le produit d'un autre moi«. Dies könnte die Entdeckung sein, für die Prousts Protagonist etwa zwanzig Jahre brauchte, um sie zu verstehen, und die in der edlen Atmosphäre des Schweigens *leuchtet* und im Glanz all dessen *glänzt*, was ungesagt bleibt. Die ›mächtige Hand‹ verschwindet. Ein Buch – ein wirklich kreatives – ist das Produkt eines anderen Selbst.

Aus dem Englischen übersetzt von Catharina Meier

Anmerkungen

1 Ich habe dieses Phänomen in zwei separaten Teilen meines *Proust et le moi divisé*, Genf 2006, analysiert: »Sous le signe de Félida« und »La dépression spirituelle«.

2 In einer Fußnote seiner Übersetzung von *Sésame et les lys* behauptet Proust, dass das, was in einem »schönen Buch verschwiegen wird« (»ce qui est tu dans un beau livre«), seine »edle Atmosphäre des Schweigens« erschafft, die mit dem »Glanz all dessen leuchtet, was ungesagt bleibt«, John Ruskin, *Sésame et le Lys*, précédé de *Sur la lecture*, introduction d'Antoine Compagnon, Bruxelles 1987, S. 135n.

3 *RTP* IV, S. 287-296 – *SvZ* VII, S. 24-36.

4 *RTP* IV, S. 453.

5 *RTP* IV, S. 455.

6 *RTP* IV, S. 287-296 – *SvZ* VII, S. 24-36.

7 *RTP* IV, S. 293 – *SvZ* VII, S. 33 »das Kollier aus schwarzen Perlen«.

8 *RTP* IV, S. 294 – *SvZ* VII, S. 34 »ein grauenerregender Trinker«.

9 *RTP* IV, S. 294 – *SvZ* VII, S. 34 »regelrechte Persönlichkeitsspaltungen«.

10 Siehe Bizub, *Proust et le moi divisé*, Kapitel IV. Dieser Fall ist detailliert analysiert worden von Ursula Link-Heer, »Multiple Personalities and Pastiches: Proust père et fils«, in: *SubStance*, vol. 28, n° 1, Issue 88: Special Issue: Literary History (1999), S. 17-28. Andere Aspekte untersuchen Hector Pérez Rincón und Arlette Yunes, »Un descubrimiento sorprendente«, in: *Salud mental*, 34 (2011), S. 545-546, Thomas Klinkert, »Fiction et savoir. La dimension épistémologique du texte littéraire au XXe siècle (Marcel Proust)«, in: *Epistémocritique*, 10 (2012); ders., *Epistemologische Fiktionen. Zur Interferenz von Literatur und Wissenschaft seit der Aufklärung*, Berlin/New York 2010, und Catherine Bouchara et al., »Un premier schéma de l'inconscient par Charcot dès 1892/A drawing of the unconscious by Charcot from 1892«, in: *Psychiatrie, Sciences humaines, Neuroscience* 8 (2010), S. 163-169.

11 Adrien Prousts Analyse seiner Beobachtung von Emile X. wurde unter dem Titel »Cas curieux d'automatisme ambulatoire chez un hystérique« in: *La Tribune médicale* n° 13 (1890), S. 202-203, veröffentlicht. Er stellt hier im Vergleich zu anderen berühmten Fällen wie dem von Félida und dem des von Alfred Maury beobachteten *sergeant de Bazeilles* ein klassisches Beispiel eines »dormeur éveillé« vor. Für diese beiden Fälle siehe Kapitel 1 und 3 meines *Proust et le moi divisé* (2006). Adrien Proust verwendet den Ausdruck »dormeur éveillé«, um die ›zweite Persönlichkeit‹ eines Patienten zu bezeichnen, die durch Hypnose wiederbelebt wurde.

12 Proust schrieb kurz vor dem 2. Juli 1913 an Louis de Robert und setzte ihn davon in Kenntnis, dass sein Roman auf einer Gedächtnis- und Wissenstheorie, »une théorie de la mémoire et de la connaissance«, basierte.

13 Was für ein Objekt? Ein ›Objekt‹ in dem Text, den er gerade gelesen hat, aber Proust spezifiziert es nicht. Wir nehmen an, dass es etwas mit dem Fall des durch Cottard beschriebenen »dédoublement de la personnalité« zu tun hat.
14 *RTP* IV, S. 297 – *SvZ* VII, S. 38, »das, was einem Wesen und einem anderen gemeinsam ist«.
15 *CSB*, S. 221.
16 Ebda., S. 419-420.
17 Ich habe die merkwürdige Konvergenz zwischen Dr. Prousts Beobachtung von Émile X. und Prousts Konzeption eines poetischen ›Selbst‹ in dem Kapitel »Le dormeur éveillé et Mr. Hyde« in *Proust et le moi divisé* analysiert.
18 *RTP* IV, S. 453 – *SvZ* VII, S. 270ff.
19 *RTP* IV, S. 468 – *SvZ* VII, S. 305: »die den Empfindungen der Vergangenheit und Gegenwart gemeinsame Essenz zuträgt«.
20 *RTP* IV, S. 450 – *SvZ* VII, S. 265: »das Wunder einer Analogie«.
21 *RTP* IV S. 453 – *SvZ* VII, S. 270: »um sich herum den alten Ort zu schaffen«.
22 *RTP* IV, S. 453 – *SvZ* VII, S. 270: »Immer hielt sich bei diesen Wiederauferstehungen der ferne Ort, der um die gemeinsame Empfindung aufwuchs, mit dem gegenwärtigen einen Augenblick lang wie ein Ringkämpfer eng umschlungen.«
23 Edward Bizub, »Proust et Ribot. L'Imagination créatrice«, in: *Bulletin Marcel Proust* 58 (2008), S. 49-56.
24 Théodule Ribot, *Essai sur l'imagination créatrice*, Paris 1900.
25 Ebd., S. 202.
26 Théodule Ribot, *La Psychologie allemande contemporaine*, Paris 1879, S. 17.
27 Ebd., S. 17.
28 *RTP* IV, S. 453 – *SvZ* VII, S. 270: »Immer war der gegenwärtige Ort als Sieger hervorgegangen, immer jedoch war der Besiegte mir als der Schönere erschienen [...]«.
29 *RTP* IV, S. 453 – *SvZ* VII, S. 270: »so schön, daß ich [...] in Verzückung verfallen war«.
30 *RTP* IV, S. 453 – *SvZ* VII, S. 270: »die mich überfluteten und wieder zurückwichen«.
31 *RTP* IV, S. 453 – *SvZ* VII, S. 270: »wäre mir, glaube ich, das Bewußtsein geschwunde«.
32 *RTP* IV, S. 454 – *SvZ* VII, S. 271: »unaussprechlichen Vision«.
33 *RTP* IV, S. 455 – *SvZ* VII, S. 272f.
34 *RTP* IV, S. 446 – *SvZ* VII, S. 259: »Hasche mich, wenn du die Kraft in dir hast, und versuche das Rätsel des Glücks, das ich dir aufgebe, zu lösen.«
35 Julien Bogousslavsky hat mir, in einer auf den 1. Januar 2007 datierten schriftlichen Kommunikation, das Verdienst zugeschrieben, Paul Sollier vor dem Vergessen gerettet zu haben, nicht nur auf dem Gebiet der Proust-Forschung, sondern auch im Bereich der französischen Medizin- und Psychiatriegeschichte. Siehe auch Julien Bogousslavsky, »Marcel Proust's Lifelong Tour of the Parisian Neurological Intelligentsia: From Brissaud and Dejerine to Sollier and Babinski«, in: *European Neurology* 57 (2007), S. 129-136, und ders., *La mémoire de Proust*, Vevey 2009.
36 Paul Sollier, *Les Troubles de la mémoire*, Paris 1892, S. 199.

37 Wir sollten uns erinnern, dass Freud die Wichtigkeit, die er dem Konzept der Regression und Involution verliehen hat, 1907 in einem Brief an Abraham erläutert hat. Es ist folglich interessant festzustellen, dass dies dieselben *beiden Wörter* sind, die er in seinem persönlichen Exemplar von Solliers *Le Problème de la mémoire* unterstrichen hatte, das sieben Jahre zuvor veröffentlicht wurde, siehe dazu: Frank Sulloway, *Freud biologiste de l'esprit*, Paris 1998, S. 258 und 259n.

38 *RTP* I, S. 6 – *SvZ* I, S. 11: »das Gedächtnis seiner Rippen, seiner Knie, seiner Schultern, zeigte ihm nacheinander mehrere Zimmer, in denen er geschlafen hatte«.

39 Ribot, *La Psychologie allemande contemporaine*, S. xviii. (»Das innere Ereignis ist nie getrennt von den Bedingungen seiner Erschaffung oder seinen physischen Auswirkungen.«)

40 Sulloway, *Freud biologiste de l'esprit*, S. 13.

41 Jean Camus und Philippe Pagniez, *Isolement et Psychothérapie. Traitement de l'hystérie et de la neurasthénie*, Paris 1904.

42 *CSB*, S. 179n.

43 *CSB*, S. 178.

44 Ebda., S. 559.

45 Théodule Ribot, *Essai sur l'imagination créatrice*, Paris 1900.

46 *RTP* IV, S. 452.

47 *RTP* IV, S. 451 – *SvZ* VII, S. 267: »wahres Ich«.

48 *RTP* IV, S. 451 – *SvZ* VII, S. 267: »den von der Ordnung der Zeit befreiten Menschen«.

49 *RTP* IV, S. 450 – *SvZ* VII, S. 265 »das Wunder einer Analogie«.

50 *CSB*, S. 212.

51 Marcel Proust, *Carnets*, édition établie et présentée par Florence Callu et Antoine Compagnon, Paris, 2002, S. 51.

52 *SvZ* I, S. 7: »Lange Zeit bin ich früh schlafen gegangen.«

53 Ich habe in *Proust et le moi divisé* angedeutet, dass die Kur des Protagonisten, zumindest vorübergehend (dies kann durch frühe Skizzen der Eröffnungsszene untermauert werden), das ursprüngliche Gerüst der Geschichte war. Der erste Satz, »Longtemps, je me suis couché de bonne heure« hätte auf diese Weise als Erklärung gedient, die den Beginn der Kur markiert und die im Sinne einer nachvollziehbaren Chronologie eine Phase des Schweigens von um die zwanzig Jahren in die Erzählung einführen sollte.

Marcel Proust und die Psychotherapie seiner Zeit

Dagmar Wieser

»Hélas! je ne savais pas que [...] mon manque de volonté, ma santé délicate, l'incertitude qu'ils projetaient sur mon avenir, préoccupaient ma grand-mère.«[1] Von Anfang an ist ›Marcels‹ Gesundheit gefährdet: Der Knabe ist von zarter Konstitution und kränkelt an sogenannter »Willensschwäche«. Diese steht im Brennpunkt familiärer Spannungen. Der Vater hat mit der Großmutter »unaufhörliche Diskussionen«, weil er den Knaben bei Regen in sein Zimmer schickt, sie aber findet: »Ce n'est pas comme cela que vous le rendrez robuste et énergique, [...] surtout ce petit qui a tant besoin de prendre des forces et de la volonté«. Die dem Knaben angediehene Erziehung verfolgt ein klares Ziel: »diminuer ma sensibilité nerveuse et fortifier ma volonté«.[2]

»Willensschwäche ist die große Krankheit unserer Zeit«, schreibt 1903 der Pariser Neuropathologe Paul-Émile Lévy.[3] Das Wort ist längst in die Alltagssprache eingegangen. Willensschwäche (Abulie), Überempfindlichkeit (Hyperästhesie) und Affektlabilität gelten als typische Anzeichen für Neurasthenie. Diese wird definiert als »eine Krankheit des Nervensystems ohne ersichtliche organische Schädigung«. So Gilbert Ballet und Adrien Proust auf Seite 1 ihres Lehrwerks *L'Hygiène du neurasthénique* (1897). Als Krankheitsursache vermuten Ballet und Proust eine »gestörte Energiezufuhr der Nervenelemente«.[4] Diese verursache »mannigfaltige funktionale Störungen«, welche aber »meist subjektiver Art sind«, so eben das »Erlahmen des Willens«.[5] Es sei »das Verdienst von Beard aus New York«, die Neurasthenie »aus dem Begriffschaos der ehemaligen *Nervosität* herausgelöst« zu haben. Willensschwäche gilt als Symptom einer – epidemischen – Reizüberflutung, welcher der erwerbstätige Mensch in der modernen Industriegesellschaft ausgesetzt ist. Willensschwäche ist eine Zivilisationskrankheit. Gerade deshalb musste sie den Sozialhygieniker Adrien Proust interessieren (zum beruflichen mag sich familiäres Interesse gesellt haben). Auf G. Beards *American nervousness* (1869/1881) antwortete Théodule Ribot mit *Les Maladies de la volonté* (1883). Dieses »bewundernswerte Buch« wird Marcel Proust im Vorwort seiner Übersetzung von Ruskins *Sesame and Lilies* erwähnen. Er entnimmt Ribot das Beispiel Coleridges, eines Falls krankhafter Schreibhemmung.[6] »Willensschwäche« (frz. »épuisement nerveux«, engl. »nervous exhaustion«) lebt heute noch fort im bildlichen Reden vom *Erschöpften Selbst*.[7]

Vom literarischen Standpunkt aus muss das medizinische Reden über Neurasthenie besonders interessieren. Weist doch der damalige medizinische Diskurs dem Vorstellungsleben eine entscheidende Rolle zu. Dieses dient quasi als Platzhalter für jene organische Schädigung, welche der Neurasthenie nicht nachgewiesen werden konnte. Ursula Link-Heer erinnert daran: »Dass somatische Substrate bei zahlreichen nervösen Störungen nicht ›gefunden‹ werden konnten, dass es also Neurosen *sine materia* zu geben schien, zu deren berühmtestem Fall die Hysterie wurde, war das Skandalon, das vom positivistischen Szientismus fortführte und [...] in spekulative Gedankengebäude am Phantasma einmündete [...]«.[8] Man darf wohl sagen, das Phantasma war der Nervenheilkunst des 19. Jahrhunderts, was die bildgebenden Verfahren der heutigen Neurologie sind. Nämlich ein Anzeiger für pathologische Formationen. Beide kann man beobachten, aber beide bedürfen der Interpretation. Stellvertretend sei hier Jules Dejerine zitiert, einer der führenden – und von Proust gelesenen – Pariser Neurologen. Dejerine schreibt 1886:

> Haupt- und Ausgangspunkt der Geisteskrankheiten ist ein mehr oder weniger betontes Erschlaffen des Ich. Die Gedanken- und Gefühlsverbindungen, die es konstituieren, reagieren nur noch schwach auf neue Impulse. [...] das Ich, d. h. die Gesamtheit der Ideen, die der Mensch seiner Erziehung verdankt und die ihm seine Umgebung mehr oder weniger aufdrängt, hat sich in seiner Natur so gut wie völlig verändert.[9]

Glaubt man Dejerine, so versagt das geschwächte »Ich« in seiner Rolle, die Dynamik der Vorstellungen zu regulieren. Da die Vorstellungen aber körperliche Prozesse innervieren, wirken sie im Entgleisungsfalle pathogen. – Was Dejerine den »Willen« oder das »Ich« nennt, entspricht *avant l'heure* jener Instanz des psychischen »Apparats«, der Freud die Aufgabe der Affektsteuerung zuschreiben wird. Nur dass Freud nicht ein *Zuviel*, sondern ein *Zuwenig* an (erlaubten) Vorstellungen beobachtet. Nicht die ausgelebten, ausgesprochenen oder zumindest halbbewussten Vorstellungen machen krank, sondern die vom »Ich« zu leistende Verdrängung.

Mit der (vermeintlichen) Häufung von Nervenschwäche wurde der

Ruf nach einer genuin »psychischen« Behandlung laut. So setzte sich gegen 1880 eine rein *psychische Therapie* als Spezialdisziplin von der somatischen Heilkunde ab.[10] Sie verstand sich ganz offen als eine Kunst der »psychischen Beeinflussung«: »Krankheiten, die in der Vorstellung bestehen oder durch Vorstellungen in ihren Hauptsymptomen wesentlich beeinflusst werden, sind eben nur durch psychische Beeinflussung zu heilen; die Waffe, die die Wunden schlug, hilft zur Genesung«, verkündete 1891 Ottomar Rosenbach in *Grundlagen, Aufgaben und Grenzen der Therapie*.[11]

Bald schon traten zwei sich chronologisch überlappende Verfahren zueinander in Konkurrenz: die unbewusste Einflussnahme mittels Verbalsuggestion einerseits (Liébault, Bernheim) und die sogenannte Persuasionstherapie andererseits, welche auf rationale Argumentation setzte (Dejerine, Dubois). Liébault und Bernheim bemühten sich, mit verbalen Mitteln (anfangs noch mithilfe der Hypnose) beim Kranken einen »besonderen psychischen Zustand [...] hervorzurufen und die so künstlich herbeigeführte Steigerung der Suggerierbarkeit zu Zwecken der Heilung oder Linderung von Leiden auszubeuten«.[12] Kritik an diesem Verfahren entstand angesichts seines manipulatorischen Gestus und wegen seiner fraglichen Nachhaltigkeit. Diese Mängel behauptete die Persuasionsmethode zu beheben: »Ohne zu Künsteleien oder Lügen Zuflucht zu nehmen, und indem man bei sich selbst die Absicht hegt, die Wahrheit zu sagen, muss man dem Kranken die Überzeugung von seiner Heilbarkeit förmlich einzuimpfen wissen«, schrieb 1904 der – ebenfalls von Proust gelesene – Berner Neuropathologe Paul Dubois.[13] Er wollte dem Patienten »seinen Illogismus, seine erhöhte Suggestibilität nachweisen und in den täglichen Gesprächen mit ihm seine angeborene Geistesanlage modifizieren«. Bei hartnäckigen Leiden empfahl Dubois einen unterstützenden Klinikaufenthalt, wo der Arzt in der Lage war, »den beständigen moralischen Einfluss mit einer physikalischen Behandlung zu verbinden«. Darunter hatte man die »*Weir Mitchell'sche* Kur« zu verstehen, »die bekanntlich in *Bettruhe, Isolierung, Überernährung* und verschiedenen anderen, weniger wichtigen Maßnahmen besteht«. Nach Freud (dessen Theorien er ablehnte) war Dubois vor dem Krieg einer der meistgesuchten Nervenärzte Europas.[14] Während aber Dubois bald auf Massagen, Bäder, Elektrotherapie etc. verzichtete, erklärte Paul Sollier (1861-1933) – Prousts künftiger Therapeut – diese für unverzichtbar.[15] Heute werden sowohl Dubois als auch Sollier gewürdigt als verkannte Vorgänger der Verhaltenstherapie. Dubois wurde allerdings schon zu Lebzeiten ein gewisses Theoriedefizit vorgeworfen. Sollier gilt heute in Fachkreisen als weitsichtiger Neuropsychologe *avant la lettre*.[16]

Das suggestive Vorgehen schloss das persuasive nicht aus. Dies sieht man bei Adrien Proust und Gilbert Ballet. Auch für sie war der »sokratische Dialog« (Dubois) Teil eines ganzheitlichen Therapieprogramms: »eine gute körperliche und geistige Disziplin, ein wohl durchdachtes Ernährungsprogramm, Ratschläge und suggestive Ermunterungen vermögen gewöhnlich für den Neurastheniker mehr als eine reich bestückte Apotheke«.[17]

Sowohl das hypnotisch-suggestive also auch das kognitive Therapieverfahren waren in Privatpraxen entwickelt worden: Die moderne ärztliche Psychotherapie darf »nicht als Ableger oder sogar ambulante Psychiatrie begriffen werden«. Erst die Privatpraxis, so Christina Schröder, »verlieh den angehenden Psychotherapeuten die nötige ökonomische Sicherheit, indem sie den Bedürfnissen von Patienten nach einer kultivierten individuellen psychosozialen Betreuung Raum und Zeit gewährte«.[18] Genau diese subjektbezogene Funktion des Arztes gelangt in der *Recherche* zur Darstellung. Medizin wird hier ambulant betrieben anlässlich von Hausbesuchen oder in Privatpraxen; auch gestorben und geboren wird zuhause. Am Rande erwähnt werden in *Le Temps retrouvé* zwei private Kurhäuser; weitgehend ausgeblendet bleibt die öffentliche Anstaltsmedizin. Ärztliches Handeln zeigt sich in der *Recherche* vor allem als ein sprachliches. Zwar ist Cottard ein »großer Kliniker«: Seine Anweisungen beruhen auf einer verlässlichen organischen Abklärung. Doch auch Cottard bedient sich der Verbalsuggestion, setzt Mimik und Gestik ein. Ob hypnotisch-suggestiv oder rational persuasiv: beide therapeutischen Verfahren verweist Proust ins Reich der Situationskomik.

Edward Bizub hat gezeigt, wie die Experimentalpsychologie Kaution wurde für Prousts Auffassung vom »geteilten Ich«.[19] Bizub hat die medizinhistorischen Quellen des »anderen Ichs« aufgedeckt und dessen erzählerische Umsetzung im Roman sichtbar gemacht. Der vorliegende Aufsatz will die komische Verstrickung des »sozialen Ichs« mit der damaligen Lehre über Psychohygiene aufzeigen. Von dieser ist auch die Wahrnehmungs- und Sprachphilosophie des Erzählers betroffen: »Nous n'avons de l'univers que des visions informes, fragmentées et que nous complétons par des associations d'idées arbitraires, créatrices de dangereuses suggestions«.[20] Der Lehre von den »Suggestionen«, welche den Menschen (autohypnotisch) umtreiben, verdankt Proust also die perspektivische Färbung seiner Wahrnehmungsphilosophie. Als Schriftsteller illustriert er jene »dangereuses suggestions« mit Humor. Sein Roman schafft eine paradoxale Synthese von Bejahung und Distanz.

Psychagogik in Combray

Zuerst zur Hypnose. Ihr goldenes Zeitalter lag in den 1880er Jahren.[21] Genau dann lässt Proust Hypnose geschehen. Nur entkleidet er sie ihrer medizinischen Aura, indem er sie zurückführt auf ihr äußerlich theatralisches Gebaren. So pflegt der Großvater bei Tisch seine (zwischendurch) gehörlosen Schwägerinnen in der Art eines Hypnotiseurs wachzurütteln:

> Si alors mon grand-père avait besoin d'attirer l'attention des deux sœurs, il fallait qu'il eût recours à ces avertissements physiques dont usent les médecins aliénistes à l'égard de certains maniaques de la distraction: coups frappés à plusieurs reprises sur un verre avec la lame d'un couteau, coïncidant avec une brusque interpellation de la voix et du regard, moyens violents que ces psychiatres transportent souvent dans les rapports courants avec des gens bien portants, soit par habitude professionnelle, soit qu'ils croient tout le monde un peu fou.[22]

In denselben Jahren siedelt Proust eine weitere Hypnoseszene an, die er aber viele hundert Seiten später erzählt. Auch hier wird die Hypnose aus dem wissenschaftlichen Umfeld herausgelöst und in die – diesmal mondäne – Konversation eingebettet (der Arzt erscheint als Privatmann). Zwar wird nicht bei Tisch hypnotisiert, doch wird die Bernheim'sche Methode zum Gegenstand von Klatsch:

> Cottard nous dit avoir assisté à de véritables dédoublements de la personnalité, nous citant ce cas d'un de ses malades qu'il s'offre aimablement à m'amener chez moi et à qui il suffirait qu'il touche les tempes pour l'éveiller à une seconde vie, vie pendant laquelle il ne se rappellerait rien de la première, si bien que très honnête homme dans celle-là, il y aurait été plusieurs fois arrêté pour des vols commis dans l'autre [...].[23]

Dass Cottards Fallgeschichte dem Lehrbuch Gilbert Ballets und Adrien Prousts entsprungen ist, hat Edward Bizub nachgewiesen.[24] Natürlich ist es *auch* Charcot, dem Proust hier einen fiktiven Namen verleiht. Schon jetzt lässt sich von der Proust'schen Therapieparodie sagen, dass eine historische Person (Bernheim, Charcot …) in eine Vielfalt fiktiver Figuren eingekleidet wird (Proust verfährt wie der Traum und weiß das auch). Umgekehrt trifft zu, was er selber von seiner Figurenzeichnung sagt: »il n'est pas un nom de personnage inventé sous lequel [le littérateur] ne puisse mettre soixante noms de personnages vus«.[25]

Cottard erbietet sich, gleichsam als Impresario Émile X. in kleinem Kreise vorzuführen. Damit degradiert er das hypnotische Prozedere zum Objekt allgemeiner Schaulust. Gleichzeitig kehrt er die soziale Frage unter den Teppich: Émile X., ein junger Rechtsanwalt, führte – unbewusst – ein Doppelleben als Kleinkrimineller. Nun lässt sich die Gastgeberin, Mme Verdurin, selber gerne als »hypernervöse[s] Wesen« feiern.[26] Ihre Nervosität ist hysterischer Art. Sie äußert sich in der Darstellung von Wortinhalten: »Mme Verdurin […] avait l'habitude de prendre au propre les expressions figurées des émotions qu'elle éprouvait – le docteur Cottard (un jeune débutant à cette époque) dut un jour [lui] remettre [l]a mâchoire qu'elle avait décrochée pour avoir trop ri«.[27] Cottard seinerseits neigt dazu, Redensarten stets wörtlich zu nehmen; der übertragene Sinn bleibt ihm verschlossen: »Pour les locutions, il était insatiable de renseignements«.[28] Mme Verdurin sucht also in Cottard (nebst ihrem Ehemann) jenen ärztlichen Impresario, als der er sich anbietet. Denselben Starkult lässt sich Mme de Guermantes durch ihren Ehemann zukommen, wie Livio Belloï gezeigt hat.[29] Was Mme Verdurin betrifft, so macht sie ihren Hang zur unbewussten Inszenierung zum Motor der Anziehungskraft ihres Salons. Damit nimmt Proust eine moderne Auffassung von Hysterie vorweg. Diese wird nicht mehr als nosologische Einheit gedacht, sondern als (universale) Lösungsstrategie für innere Konflikte – eben durch somatische Konversion. Diese Pseudolösung geht einher mit einem »Sich-Hinein-Steigern in eine anscheinend erlebnisreiche, künstlich aufgeblähte Lebensart, um eine dahintersteckende Leere oder Depressivität zu kompensieren«.[30]

Nun zur rationalen Psychotherapie. Sie ist in der *Recherche* gegenwärtig durch das Thema der »Willenserziehung«. Erinnern wir uns: Dejerine beklagt die Unfähigkeit, das Erlebte mithilfe hergebrachter – d. h. anerzogener – Begriffe zu verarbeiten. Da das Denken und das Fühlen erziehbar und sozial prägbar sind, muss hier die Kur einsetzen. Sie zielt darauf ab, den alles regulierenden Willen zu stärken. Dies vermag die so genannte »Willensgymnastik«, auch »psychische Gymnastik« genannt. »Der Kranke, welcher ein Spielball seiner Gemütsbewegungen ist, muss lernen, seinen Willen zu gebrauchen, um diese im Zaun zu halten, *i. e.*

Selbstbeherrschung zu üben«, schreibt Leopold Löwenfeld in seinem *Lehrbuch der gesamten Psychotherapie*.[31] Mit Freud könnte man sagen, das »Ich« werde in seiner Aufgabe der Triebabwehr bekräftigt. Dieser Therapieansatz ist eng verwandt mit Dubois' Persuasionstherapie: »Der Zweck der Behandlung soll darin gipfeln, dem Kranken die verloren gegangene Herrschaft über sich selber wiederzugeben; das Mittel aber, um dahin zu gelangen, heißt Willenserziehung, oder, genauer ausgedrückt, Bildung der Vernunft.«[32] Willensgymnastik ist der Weltanschauung des viktorianischen Bürgertums entsprungen. Sie zielt darauf ab, Leistungsfähigkeit, Selbstdisziplin und Affektbeherrschung wiederherzustellen. Sie steht im Dienste der noch jungen Dritten Republik und ihres autoritären Erziehungsstils. Christina Schröder bemerkt dazu:

> Trotz des rationalen Gewandes und seiner subjektgerechten Qualität erhielt der Willensbegriff auf diese Weise mystische Züge, die dem bürgerlichen Ideal und der Sehnsucht nach einer unerschöpflichen Kraft für die persönliche Lebensbewältigung entsprachen. Indizien solcher Allmachtsphantasien der Willensbeherrschung durchziehen auch die ärztlichen Schriften zur Diätetik der Seele.[33]

Eine solche Schrift tritt uns idealtypisch entgegen in Paul-Émile Lévys *Éducation rationnelle de la volonté* (1899). Das Werk wurde mehrmals aufgelegt und 1903 ins Deutsche übersetzt unter dem Titel *Die natürliche Willensbildung. Eine praktische Anleitung zur geistigen Heilkunde und zur Selbsterziehung*. Die Leserschaft wird angehalten, ihr Vorstellungsleben in bewusster Weise zu regulieren; praktische Maßnahmen fördern die Herausbildung gesunder Gewohnheiten wie z. B. frühes Schlafengehen.[34] Dass der viel gepriesene Akt der Selbsterziehung ein Potential an Komik hat, zeigt Proust in *Combray*. Vom Gespenst der »Willensschwäche«, welche den Menschen zum »Spielball seiner Gemütsbewegungen« macht (Löwenfeld), zeugt das skurrile Portrait von Swanns Vater, »homme excellent mais singulier, chez qui, paraît-il, un rien suffisait parfois pour interrompre les élans du cœur, changer le cours de la pensée«.[35] Auch Swann *junior* ist nicht frei von Manien und Ticks; bei ihm lässt sich aber eine spontane Heilung beobachten: »Il fait aussi moins souvent ce geste qu'il a tout à fait comme son père de s'essuyer les yeux et de se passer la main sur le front«.[36] Ob der angeborene Tick vererbt ist, bleibt offen. Da er in die Jugendzeit Swanns fällt, könnte er ein (abgeschwächtes) Tourette-Syndrom anzeigen. Gilles de la Tourette hatte 1895 das in der

Folgezeit nach ihm genannte Syndrom an der Salpêtrière beobachtet. Er beschrieb eine motorische und sprachliche Auffälligkeit, die oft mit dem Erwachsenwerden verschwindet.[37] Gut möglich, dass Proust mit diesem Syndrom vertraut war. Denn Tourette war zu trauriger Berühmtheit gelangt. Er war wegen einer Hirnkrankheit syphilitischen Ursprungs im Mai 1901 im Hôpital de Cery (Lausanne) interniert worden, wo er 1904 verstarb. Über den verrückten Psychiater berichtete G. Montorgueil (d. h. Octave Lebesgue) am 14. Juli 1901 in *L'Éclair*. Prousts eigene Adoleszenz stand unter dem Zeichen des Kampfes gegen einen Tick, dessen Repression zur Familiensache wurde: »Ich habe mich bei Tisch sehr gut gehalten und habe kein einziges Mal einen wütenden Blick von Großvater gekreuzt. Nur eine kleine Bemerkung, weil ich mir die Augen mit meinem Taschentuch *rieb*«, schrieb der Siebzehnjährige an seine Mutter.[38]

Kein Wunder, dass ›Marcel‹ von den beiden Swann fasziniert ist. Er selber neigt zu »Vergehen«, die man aufgrund eines »nervösen Impulses« begeht.[39] Da er sich dessen bewusst ist, versucht er, seine nervösen Eingebungen im Keim zu ersticken. Den so bedeutsamen Moment des Gutenachtkusses hält er gedanklich fest, um sich bei Bedarf daran zu erinnern. Er geht dabei vor »wie gewisse von einer Manie besessene Personen, die sich bemühen, wenn sie eine Tür schließen, an nichts anderes zu denken, um, wenn wieder die krankhafte Ungewißheit über sie kommt, ihr triumphierend die Erinnerung an den Augenblick, wo sie sie geschlossen haben, entgegensetzen zu können«. Dieses Szenario war in der therapeutischen Literatur gut bekannt: Das Zaudern galt als Ausdruck einer störenden »Kontrastvorstellung«, welche wiederum einem heimtückischen »Gegenwillen« entsprang. Diesem sollte der Arzt eine »Heilsuggestion« entgegenstellen (man sprach auch von »Gegensuggestion«). Eine solche Willens-Dramaturgie tritt uns noch in einem vor-analytischen Aufsatz von Freud entgegen: »Bei der Neurasthenie wird die krankhaft gesteigerte Kontrastvorstellung mit der Willensvorstellung zu einem Bewusstseinsakt verknüpft, sie zieht sich von letzterer ab und erzeugt die auffällige Willensschwäche der Neurastheniker, die ihnen selbst bewusst ist.«[40] Für Freud ging es aber schon bald nicht mehr darum, den Kranken durch Hypnose oder Persuasion eine Korrektur ihrer Vorstellungsinhalte aufzuzwingen. Vielmehr machte er die Entdeckung, »eine Kontrastvorstellung werde nicht in dem Bewusstseinsteil aufbewahrt, welcher die Handlungskontrolle beherrscht, und trage eine affektive Besetzung«. Diese affektive Note werden wir anhand der Proust'schen Reminiszenzen wiederfinden.

Bekanntlich bleibt es in *Combray* nicht beim inneren Kampf. Der Knabe scheitert offenkundig an einer Tendenz, welche die Schule von Nancy das »sogenannte ideoplastische Vermögen ungehemmter Vorstellungen« nannte. Nämlich das Vermögen, »sich in einen realen Impuls zu verwandeln (von Bernheim mit dem Begriff Psychodynamik umschrieben)«.[41] Diese Psychodynamik legt Proust der berühmten Gute-Nacht-Szene zugrunde. Indem er den verzweifelten Versuch der Willenszügelung nachzeichnet, verleiht er der Szene eine dramatische Spannung. Diese kippt in dem Moment, wo der Knabe zum Befreiungsschlag ansetzt. Trotz tausend guten Vorsätzen wird er seinem *Gegenwillen* freien Lauf lassen:

> [...] les battements de mon cœur, de minute en minute devenaient plus douloureux parce que j'augmentais mon agitation en me prêchant un calme qui était l'acceptation de mon infortune. Tout à coup mon anxiété tomba, une félicité m'envahit comme quand un médicament puissant commence à agir et nous enlève une douleur: je venais de prendre la résolution de ne plus essayer de m'endormir sans avoir revu maman, de l'embrasser coûte que coûte [...].[42]

Noch der junge Erwachsene ringt mit einem dunklen *Gegenwillen*. Davon zeugt sein betont selbstsicheres Auftreten im Hause der Prinzessin von Guermantes: »[...] je dus pour plaider en tous cas ma bonne foi et comme si je n'étais tourmenté d'aucun doute, m'avancer vers la princesse d'un air résolu«.[43] Hinter seinem resoluten Auftreten verbirgt sich ein »qualvolles Zögern«, eine lähmende »Ungewißheit«. Der junge Mann trägt ein Gebilde völlig unangebrachter *Kontrastvorstellungen* mit sich herum. Kern der störenden Fantasien: die adlige Gesellschaft könnte ihn zurückweisen, sein Eindringen käme dem unfreiwilligen *coming out* eines Homosexuellen gleich (der Herzog von Châtellerault, ebenfalls geladen, erkennt im Türsteher einen Liebhaber wieder). An die gesellschaftliche Anekdote schließt der Erzähler eine Fallgeschichte an. Er vergleicht den (vermeintlichen) Eindringling mit einer älteren Dame, welche von der fixen Idee gepeinigt wurde, sich plötzlich auf dem Schoße eines Fremden wiederzufinden. Die Phobie verschwand schlagartig, als »[...] Huxley, um sie zu heilen, sie nötigte, wieder auf eine Soiree zu gehen«. Die persuasive Psychotherapie wird hier zur Verhaltenstherapie gesteigert.

Mit dieser und ähnlichen Anekdoten gibt Proust die Selbsterziehung dem Schmunzeln seiner Leser preis. Das Lachen – über den Kranken, nicht nur über den Arzt! – hebt den Roman deutlich von den früheren Schriften ab. Wie Michael R. Finn gezeigt hat, geistert dort die Figur des »willensschwachen« Künstlers herum.[44] Der Roman vom gelähmten Genie musste also ein Erziehungsroman werden, damit die Proust'sche Abrechnung mit der Medizin ihre (Selbst-)Verlachung entfalten konnte. Daher auch das zirkuläre Vorgehen, was die Textsorten betrifft: Erst nachdem er seine medizinischen Lektüren hinter sich gelassen hatte zugunsten des literarischen Werks, konnte Proust seine medizinischen Quellen einfließen lassen in Form von erzählten Fallgeschichten.[45]

Zahlreiche Ratgeber machten die Willenserziehung nicht nur zu einem ärztlichen, sondern auch zu einem pädagogischen Auftrag. So z. B. C. Pellmanns *Nervosität und Erziehung* (1888 in Bonn erschienen). Oder Alfred Binets *La Suggestibilité* (1900). Von diesem pädagogischen Impuls zeugt in *Combray* das Reden der Eltern und der Großmutter. Der Sohn des Hauses wird nach strengen Prinzipien erzogen; Reisen, Theater, Besuche, Freundschaften und Spielen auf den schlecht beleumdeten Champs-Elysées sind nur in genau kontrolliertem Maße erlaubt:

> Mon père me refusait constamment des permissions qui m'avaient été consenties dans les pactes plus larges octroyés par ma mère et ma grand-mère parce qu'il ne se souciait pas des ›principes‹ et qu'il n'y avait avec lui de ›Droit des gens‹. Pour une raison toute contingente, ou même sans raison, il me supprimait au dernier moment telle promenade si habituelle, si consacrée, qu'on ne pouvait m'en priver sans parjure [...].[46]

Während Mutter und Großmutter konsequent die eingeschlagene Linie verfolgen, erzieht der Vater pragmatisch und situationsgebunden. Er braucht jene Willenskrücke nicht, welche die Mutter dem Sohne darreicht. Achselzuckend schleudert er Sohn und Gattin entgegen: »ich bin nicht so nervös wie ihr«, greift gleichzeitig zu einem »rosa und violetten Kaschmirschal, den er sich, seitdem er an Neuralgien litt, um den Kopf zu binden pflegte«.[47] An dem Abend, wo sich das Kind beharrlich weigert, ohne die Mutter schlafen zu gehen, wird die Willensschwäche zum ersten Mal als Krankheit bezeichnet. »So wurde zum ersten Mal meine Traurigkeit nicht mehr als etwas Strafbares angesehen, sondern als ein ungewolltes Übel, das man offiziell als einen nervösen Zustand anerkannte, für den ich nicht verantwortlich sei«. In Einklang mit der therapeutischen Ratgeberliteratur ihrer Zeit beharren die Eltern auf körperlicher Ertüchtigung. Frische Luft, reichliches Essen, genügend Bewegung und regelmäßige Bettruhe sind angesagt. Das ärztliche Hygieneprogramm benützt Proust als erzählerisches Rückgrat für *Combray II*.

Wie sehr der Proust'sche Roman durchdrungen ist vom Zeitgeist der »Willenserziehung«, lässt ein Brief der Mutter an den Halbwüchsigen erahnen:

> Ich bestehe unbedingt auf *Ruhe*, Diät, Stunden der Einsamkeit, der Weigerung, an Ausflügen teilzunehmen, usw. [...] Könntest du nicht auch, mein Lieber, [...] mir schreiben
> aufgestanden um
> ins Bett gegangen um
> im Freien gewesen – –
> Ruhestunden – –
> usw.
> die Statistik hätte für mich ihre Aussagekraft und du hättest in wenigen Zeilen deine Pflicht getan.[48]

Zur körperlichen Fitness tragen im Roman auch die beiden Großtanten bei. Sie schwärmen für eine »junge schwedische Lehrerin«, welche »über das Genossenschaftswesen in den skandinavischen Ländern«[49] Bescheid weiß. Als sozial engagierte Schwedin könnte die junge Lehrerin auch vom Schulsport berichten. Dessen Einrichtung in Deutschland und Frankreich ging auf die Initiative von Pehr Henrik Ling (1776-1839) zurück. Intellektuelle und Schulkinder sollten durch muskuläre Verbrennung ihr Hirn ›entlüften‹. Das Ministerium für Erziehung und Kunst (!) gab 1892 ein *Manuel d'exercices gymnastiques et de jeux scolaires* heraus. Es empfahl zwanzig bis dreißig Minuten »Schwedischer Gymnastik« pro Tag, damit der Rücken gerade bleibe und die Zwerchfellatmung eingeübt werde.[50] »Halte dich gerade!« ist denn auch ein Lieblingsspruch des Vaters. Er wird ›Marcel‹ in vorgerücktem Alter schmerzlich wieder einfallen: »Je collectionnerais pour les romans les reliures d'autrefois, celles du temps où je lus mes premiers romans et qui entendaient tant de fois papa me dire. ›Tiens-toi droit!‹«[51] Die unwillkürliche Erinnerung vereinigt das Bild der lesenden Mutter mit dem des auf Haltung bedachten Vaters.

Rationale Psychotherapie geschieht noch am Bett der todgeweihten Großmutter. Du Boulbon (man merke den Anklang an Dubois) redet der folgsamen Kranken ein, ihr Leiden sei nervlich bedingt, also weitgehend imaginär. »Supportez d'être appelée une nerveuse. Vous appartenez à cette famille magnifique et lamentable qui est le sel de la terre.«[52] Eine Fehldiagnose, stirbt die Patientin doch alsbald an Nierenversagen. Der *faux pas médical* war auch ein Ausrutscher in der Konversation – genauso wie Cottards Kalauer »olé, olé« (eine Anspielung auf die Weir-Mitchell-Kur, *Milchkur, cure au lait*). Hier nimmt die Parodie der Persuasionsmethode satirische Schärfe an. Ihre Virulenz erhellt sich auf dem Hintergrund eines Briefes an Gaston Gallimard, geschrieben zwischen dem 4. und 8. November 1916.

Der Brief an Gallimard über die Schutzneurose

Cher ami,
[...] Mon avis est en effet qu'un médecin doit être entièrement *convainquant* [*sic*] et j'a vu, sous l'action de cette *conviction* inculquée, disparaître comme par enchantement des maux qui paraissaient pourtant purement physiques et contre lesquels des médecins instruits et soigneux (notamment mon père, je me souviens) s'étaient heurtés sans résultat. Je me rappelle mon père me disant d'un de ses malades: »Mais comment veux-tu que le guérisseur que tu lui conseilles puisse quelque chose puisque il y a telle chose physique etc.« (je vous donnerai les exemples de vive voix). Et les deux malades furent guéris, l'un en deux mois, l'autre en vingt minutes. Mais cher ami je crois aussi qu'il ne faut voir un médecin *convainquant* que après s'être assuré que l'énergie, l'insouci de la santé, que vous donnera sa *conviction*, ne sont pas choses dangereuses, c'est-à-dire si organiquement on n'a pas quelque chose pour quoi les ménagements etc. soient nécessaires. Je vais vous en donner un exemple. Je me reprocherai toujours d'avoir recommandé Dubois (de Berne) homme admirable d'ailleurs, à un homme d'une cinquantaine d'années, martyrisé depuis dix ans par une dyspepsie qui l'empêchait de rien digérer, se traduisant par une dilatation rebelle dont tous les spécialistes de l'estomac (et mon père également) s'étaient occupés sans résultat. Un verre d'eau restait quinze heures dans l'estomac etc. Or j'avais reconnu que cette dyspepsie était nerveuse. J'envoyai ce malade à Dubois qui lui parla à peu près un quart d'heure. Dès le soir même le malade digérait le homard, la salade russe etc. Dès qu'il sentait une hésitation devant un dîner trop lourd, il écrivait (de Paris) à Dubois (à Berne) qui d'un mot dissipait ses craintes. Malheu-

reusement, ce que j'ignorais, ce malade était albuminurique. Son régime nouveau fut supporté admirablement par son estomac mais non par ses reins. Il est mort d'urémie un peu plus tard, sans qu'on sache trop s'il aurait pu s'y soustraire en continuant à se croire malade de l'estomac et en ne mangeant rien. C'est ce que j'appelle dans Swann, ou plutôt dans la suite, la névrose protectrice. Il me semble donc nécessaire qu'avant de se livrer à un médecin *convainquant* on se fasse examiner par un médecin très éclairé et qui n'ait pas l'idée préconçue que tout est nerveux.[53]

Der unglücklich Geheilte war niemand anderes als Georges-Denis Weil, Prousts Onkel mütterlicherseits. Die von Proust erwähnten Briefe sind in Dubois' Nachlass im medizinhistorischen Archiv der Universität Bern leider nicht mehr zu finden. Auch von einer Antwort Dubois' an G. Weil gibt es keine Spur. Aus Prousts Umkreis ist einzig von Fernand Gregh ein undatierter Brief vorhanden. Gregh beklagt sich über seine »fatigue nerveuse« und wünscht, erneut von Dubois in die Kur genommen zu werden. Der undatierte Brief muss also *nach* Greghs erster Berner Kur vom Sommer 1903 entstanden sein.[54] Vielleicht 1909, denn am 18. oder 19. Februar 1909 schreibt Proust wiederum an Gregh: »Si j'allais mieux je te demanderais peut-être un rendez-vous pour parler de Dubois qui pourrait peut-être quelque chose pour divers phénomènes consécutifs à mon état profond auquel il ne peut rien.«[55] Diese Argumentation ist nicht neu.

Bereits im Frühjahr 1903 wandte Proust sich brieflich an Fernand Gregh, um Dubois' Adresse ausfindig zu machen. Diese brauchte er nicht für sich selbst, sondern eben für »einen Onkel, äußerst neurasthenisch«, aber auch »sehr magenkrank, nicht nur nervös«.[56] Dass eine somatische Krankheit den Nutzen einer noch so hilfreichen Psychotherapie relativiert, ist Prousts Hauptargument gegen Dubois. Am 13. November desselben Jahres schrieb er an Gregh:

Mon oncle est allé voir le docteur Dubois qui lui a dit: ›Je ne puis rien vous faire, vous n'avez rien‹. Mon oncle a été *persuadé* et en somme cela a plutôt amélioré son état. En somme M. France dans son admirable discours sur Renan avait tort de dire que nous n'avons pas de prophètes en Occident. En voilà un.[57]

Mit seiner Wortwahl spielt Proust auf die *Persuasionsmethode* an. Zwar anerkennt er Dubois' Überzeugungskraft, spielt aber seine Kompetenz als Gastroenterologe herunter (Dubois geht vor wie ein »Prophet«, nicht wie ein Kliniker). Dasselbe Argumentationsmuster liegt dem Brief an Gallimard zugrunde. Dubois erscheint als charismatischer Überzeugungskünstler (»überzeugender Arzt« wird adverbialisch aufgeweicht zu »gänzlich überzeugender Arzt«). Völlig seiner wissenschaftlichen Identität entblößt wird Dubois, wo er vom Vater als »Heiler« bezeichnet wird. Gut möglich, dass Proust seine Argumentation dem schon zitierten Aufsatz Solliers verdankt. Sollier schreibt in ironischer Zuspitzung:

> Da alle neuropathologischen Störungen psychischen Ursprungs sind, also einer Auto-Suggestion entspringen, bringt die Gegensuggestion sie wieder zum Verschwinden. Alles gibt ihr nach, selbst organische Affektionen, welche ja zum Teil von der hypnotischen Suggestion herrühren.[58]

Im selben Aufsatz vergleicht Sollier das suggestive Verfahren mit einer »Magie«, ja mit dem »Prozedere der Thaumaturgen – Jahrmarktheiler oder Religionsgründer«. Wir kennen diese Ausdrücke bereits aus Prousts Brief an Gallimard und aus der *Guermantes*-Szene zwischen Du Boulbon und der Großmutter. Folgt man Marcel Proust (bzw. Paul Sollier), so würde man Gaston Gallimard gerne eine Kur in Bern empfehlen – wäre nicht Dubois' gefährliche Blindheit somatogener Krankheit gegenüber. Das ist nun eine böse Unterstellung. Dubois schreibt nämlich zum Vorgehen des psychotherapeutisch tätigen Arztes:

> Seine Prognose kann sich nur auf eine nach allen klinischen Regeln ausgeführte Untersuchung stützen. Er muss gleich am Anfang die Differentialdiagnose stellen zwischen Organaffektionen und den Psychoneurosen, welche bekanntlich jene so leicht vortäuschen können.[59]

Dass Neurosen gerne somatische Krankheiten nachmachen (aber nicht vortäuschen!), legt Proust ebenfalls Du Boulbon in den Mund:

> Le nervosisme est un pasticheur de génie. Il n'y a pas de maladie qu'il ne contrefasse à merveille. Il imite à s'y méprendre la dilatation des dyspeptiques, les nausées de la grossesse, l'arythmie du cardiaque, la fébricité du tuberculeux. Capable de tromper le médecin, comment ne tromperait-il pas le malade?[60]

Warum aber unterstellt Proust Dubois klinischen Dilettantismus? Wohl um die Idee der »Schutzneurose« aufrechtzuerhalten. Diesen Begriff wendet er in leicht abgewandelter Form auf Charlus an. Kurze Zeit nach seiner Verstoßung aus dem Salon Verdurin erkrankt der Baron an einer Lungenentzündung. »Y eut-il simplement métastase physique, et le remplacement par un mal différent de la névrose qui l'avait jusque-là fait s'oublier jusque dans des orgies de colère?«[61] Die Lungenentzündung als Metastase einer krankhaften Wut – auch der Körper hat seine Metaphern! Damit legt Proust nahe, dass somatische Krankheit Symptomwert haben kann: Sie ist Zeichen für ein anderes (unter Umständen psychisches) Leiden. Insofern hat sie eine Schutzfunktion: Sie bewahrt jenes andere vor dem Vergessen. Diese *Bedeutungsdimension* ist es, die Proust sich nicht ausreden lassen will. Deshalb sträubt er sich auch gegen die Elimination des Bedeutungsträgers (die Dyspepsie des Onkels oder sein eigenes verkehrtes Schlafmuster, sein Asthma, seine Medikamentensucht ...). Wohl weiß er, dass die Wahl des Zeichens etwas Beliebiges hat: Das Symptom kann vom Magen zu den Nieren wandern. Sein Anlass scheint zufällig, seine Bedeutung nicht.

Im September 1905 bricht Proust in Begleitung seiner Mutter nach Évian auf mit dem festen Vorsatz, Dubois in Bern aufzusuchen (oder auch H.-A. Widmer in Montreux). Die Mutter wird – wie man weiß – von ihrem Nierenleiden eingeholt und vom jüngeren Sohn nach Paris heimgeführt. Sie stirbt am 26. September mit nur 56 Jahren. Am 8. oder 9. November 1905 gibt Proust Mme Straus ein plastisches Bild seiner Trauerarbeit: Aus jeder kleinsten Erinnerung (knarrendes Parkett vor dem Schlafzimmer der Mutter) wird Besetzungsenergie abgezogen. In diesem Zusammenhang schreibt er: »J'aurais tant voulu vous parler de Dubois. Peut'être [*sic*] pourrait-il quelque chose pour vous. Mais il est bien absolu, bien peu médecin.«[62] »Absolut« ist Dubois in seinem Verzicht auf jegliche medikamentöse und körperliche Behandlung. Wieder spielt Proust den somatischen gegen den psychischen Aspekt der Krankheit aus. Vielleicht paraphrasiert er wiederum Sollier, welcher der Dubois'schen Methode ihren »Absolutismus, ihre Ausschließlichkeit« vorwirft.[63]

Ähnlich abschätzig äußert sich Proust jedoch über Sollier selber. Nun ist es seine philosophische Bildung, die er dem Arzt entgegenhalten kann. Ein »leonardeskes Lächeln, voll intellektuellen Stolzes« sei ihm übers Gesicht gehuscht, als Sollier ihn zu Beginn seiner Kur auf Bergson angesprochen habe.[64] Ein Lächeln der Überlegenheit also. Warum? Solliers Schriften verwerfen Bergsons betont idealistischen Zugang zum Thema »Gedächtnis«, wie E. Bizub gezeigt hat. Weder Anatomie noch Emotion spielen bei Bergson eine Rolle.[65] »Dies hat dem Erfolg meiner psychotherapeutischen Behandlung nicht gerade Vorschub geleistet«, erklärt Proust. Die Kur in Boulogne-sur-Seine mache ihn aufs äußerste leiden, ließ er bereits Anfang Dezember 1905 verlauten. [66]

Falsch verbunden

Ob Briefe oder Roman: Proust gibt die Willenserziehung der (Tragi-)Komik preis. Dass mentales Training aber dem Schöpfungsakt zugutekommen kann, wird im – alles umstürzenden – *Temps retrouvé* ersichtlich. Natürlich hat die Art und Weise, wie ›Marcel‹ sein Stolpern auf dem Vorplatz des neuen Palais Guermantes, dann den Widerhall von Löffelklappern mental festhalten und ergründen will, etwas unfreiwillig Komisches. Ihm selbst ist bewusst, dass er die zahlreiche Schar der »*wattmen*« zum Lachen reizt.[67] Seine Tapsigkeit – gepaart mit edler Gesinnung – lässt an die Komik eines Buster Keaton denken.

Die »Proust'sche Parodie kann einen Glauben des Autors verbergen«, bemerkt E. Bizub.[68] Er zeigt, dass die zahlreichen medizinischen Lektüren vor 1905 eine propädeutische Funktion innehatten. Sie machten *Sésame et les lys* zu einem »Wendepunkt«. Von nun an dient Proust die psychotherapeutische Kur als Vorbild für sein Schreiben: Dieses verlangt nach Isolation, Liegekur, Selbstvertiefung (ja sogar, meint E. Bizub, nach Unterwerfung unter den Willen des Arztes). Proust benützt also »dieselben Methoden« in derselben Absicht: »die Suche nach dem andern Ich«.

Wie aber lässt sich dies vereinbaren mit Prousts hartnäckiger Ambivalenz gegenüber Sollier, Dubois, Dejerine? Offensichtlich ist die – noch 1916 brieflich geäußerte – Feindseligkeit Zeichen einer leidenschaftlichen »Mésalliance«. Mit diesem Bild umschreibt Freud im Jahre 1895 *jegliche* Arzt-Patienten-Beziehung. Freud ist bereits seit neun Jahren in eigener Praxis tätig. Auch er kombiniert bis anhin die »psychische Behandlung« mit der (abgewandelten) Weir-Mitchell'schen Kur. Aber er hat nunmehr erkannt, dass ihm gegenüber geäußerte Anfeindungen, Forderungen, Desiderata ... Neuauflagen eines aus dem Bewusstsein verbannten Wunsches darstellen. Der eigentliche Adressat der Klagen und Ansprüche seiner Patienten ist nicht er selber: Er hat nur denselben

Affekt ausgelöst wie irgendein unbekannter Vorgänger. Eine solche Verwechslung sei aber kein Störfall, sondern geradezu der Motor der therapeutischen Beziehung:

> [...] bei dieser Mesalliance – die ich falsche Verknüpfung heiße – wacht derselbe Affekt auf, der seinerzeit die Kranke zur Verweisung dieses unerlaubten Wunsches gedrängt hat. Nun ich das einmal erfahren habe, kann ich von jeder ähnlichen Inanspruchnahme meiner Person voraussetzen, es sei wieder eine Übertragung und falsche Verknüpfung vorgefallen. Die Kranke fällt merkwürdigerweise der Täuschung jedes neue Mal zum Opfer.[69]

Die fantasierende Übertragung gleicht einer telefonischen Falschverbindung. Dieses Bild ist Proust nicht fremd. Nicht dass er Freud gelesen hätte. Aber auch er war Zeuge der Erfindung des Telefons und von dessen Störanfälligkeit. Er schildert dies anhand von ›Marcels‹ Aufenthalt im Städtchen Doncières. Überraschend ans Telefon gerufen, erwartet ›Marcel‹, seine Großmutter am Apparat zu haben. Zunächst hört er nur fremdes Geschwätz. Dann dringt die geliebte Stimme zu ihm durch – allerdings in seltsamer Verfremdung. Sie klingt »sanft«, »traurig«, wie »am Zerbrechen«. Hauptgrund der Verfremdung: Die »aufgeschlagene Partitur ihres Gesichts«[70] steht nicht zur Verfügung. Mit einem Schlage wird der junge Mann seiner jahrelangen Aggressivität gegenüber der Großmutter gewahr. Reuig eilt er heim – und findet die Großmutter von Krankheit gezeichnet. Die telefonische Übertragung hat Unbewusstes sichtbar gemacht – gerade weil die Adressatin unsichtbar wurde.

Das Bild der telefonischen (oder ehelichen) »Mésalliance« gerät Freud zur Metapher für den Übertragungsprozess. Dasselbe Bild gerät uns – im Lichte der Doncières-Episode – zum Ausdruck der Ambivalenz, welche Proust gegenüber seinen Ärzten an den Tag legt. Diese Ambivalenz erscheint uns nun als Schattenseite eines weitreichenden Übertragungsprozesses. Zwar ist die Feindseligkeit Ausdruck eines »Widerstandes«, welcher zum frühzeitigen Abbruch der Kur führte (Proust verweilte in Solliers Sanatorium von 6. Dezember 1905 bis vor dem 25. Januar 1906). Doch die fantasierende Übertragung ging weiter, wie es noch 1916 der Brief an Gallimard nahelegt (und wie es vor allem die »résurrections de la mémoire« zeigen – davon später). Zwar gab es in Prousts Leben keinen Wilhelm Fließ, wie Jean-Yves Tadié treffend feststellt.[71] Doch dürften die über Dritte (und Lektüren) oder persönlich belangten Ärzte für

Proust eine ähnliche Funktion eingenommen haben: Sie trugen den Prozess der Selbstvertiefung mit; sie förderten das Alleinsein; sie lieferten eine Begrifflichkeit, die im Werk ästhetisch fruchtbar wurde, und mussten (im Falle Dejerines und Solliers) einen plötzlichen Bruch hinnehmen.

Worin sich Proust insbesondere von Sollier anregen ließ, dürfte das *Setting* oder der *Rahmen* der Therapie gewesen sein. Dieser Rahmen lässt die »Partitur« des Gesichts verblassen. Sollier trat schon vor Antritt der Kur zurück hinter einen »Sollier bernois«, d. h. hinter eine abstrakte Therapeutenfigur.[72] Diese wiederum war zunächst eng an die Person der Mutter gekoppelt: Proust hatte in den Kuraufenthalt ja nur eingewilligt, um die verstorbene Mutter zufriedenzustellen (der Vater war wohl ebenfalls gemeint).[73] Die *Gegen Sainte-Beuve*-Skizzen nahmen eine nur noch gedachte Mutter zur Adressatin. Die Feindseligkeit gegenüber Sollier hatte sich zu diesem Zeitpunkt verlagert auf die Polemik *gegen* Sainte-Beuve, geführt im Namen des (von Sollier aktivierten) »anderen Ichs«. Beinahe gleichzeitig verabschiedete das *Carnet* von 1908 die Mutter als Empfängerin des *Romans*: »Würde sie mein Buch verstehen? Nein«.[74] Die Mutter verschwand in dem Maße, wie der Schreibprozess fortschritt. Sie machte einem namenlosen Adressaten Platz: dem Publikum.

Die Autor-Leser-Beziehung – Neuauflage der therapeutischen »Mésalliance«? Manches spricht dafür. Nicht nur, dass Proust das Schreiben erst in der Isolation gelang, sondern auch, dass er vom Roman aussagt, er rufe so viele verschiedene Lektüren hervor, wie er Fantasien erwecke. Der Roman sei »eine Art von optischem Instrument«[75]. Das Buch ist ein *Spiegel*: Es weist die Lesenden auf sich selbst zurück. Dasselbe fordert Freud vom Therapeuten: »Der Arzt soll undurchsichtig für den Analysierten sein und wie eine Spiegelplatte nichts anderes zeigen, als was ihm gezeigt wird«.[76]

Dies wiederum erhellt einen seltsamen Nebensatz in Prousts Argumentation: »In Wirklichkeit ist jeder Leser, *wenn er liest*, eigentlich ein Leser seiner selbst.« Der *wenn*-Satz macht den Prozess der Übertragung greifbar: Nur im Moment des Lesens befindet man sich in einem besonderen psychischen Zustand – eben dem der unbewussten Übertragung (auf das Buch, dessen Figuren und den Autor). Vom Schriftsteller aus gesehen heißt dies: Die fantasierende Übertragung auf den Leser ist eine Metapher für die therapeutische Beziehung. Der Text der *Recherche* ist Prousts – metaphorischer – Kommentar zu seiner Kur bei Sollier.

Dieser Befund kann sich auf ein Bindeglied zwischen Roman und Kuraufenthalt stützen. Es sind die »résurrections de la mémoire«. Eine ganze

Kaskade solcher »Proust-Phänomene« registriert formelhaft das *Carnet* von 1908. Gemeint ist »die Evokation einer lang zurückreichenden autobiographischen und insbesondere emotionalen Erinnerung durch einen sinnlichen Stimulus«:[77]

> Baldwin-Treppe, Potocka, Momente, wo man die Wirklichkeit wahrhaftig sieht mit Begeisterung, der Gewohnheit entledigt, Neuheit, Taumel, Erinnerung. Pfeifen des Zuges, welches die Landschaft nahe der Felswand im Mondschein umschreibt in der nächtlichen Kälte bei Illiers, Versailles, St Germain, Sollier. Aussteigen aus dem Zug. Mit Freude beschrittene Pflastersteine. Mondbeglänzte Pflastersteine Félicies.[78]

Proust datiert eine der »résurrections« zurück auf seinen Aufenthalt bei Sollier. Hier liegt unzweifelhaft das Vorbild für die Erfindung der Erinnerungsfragmente im *Gegen-Sainte-Beuve*. Diese wiederum sind Vorläufer der fiktiven Madeleine-Szene und weiterer in *Le Temps retrouvé* geschilderter »unwillkürlicher« Erinnerungen. In deren erzählerischer Gestaltung wird sich Proust von Nerval, Baudelaire, Chateaubriand leiten lassen. Besagte Schlüsselszenen stellen den Roman – über das *Carnet* von 1908 – in die Kontinuität der fantasierenden Übertragung auf Sollier. Anders als die Briefe sind aber die »résurrections« – als Bausteine des Romans – nicht mehr Ausdruck einer Übertragung auf den Arzt. Die Kur hat Proust nicht nur in seiner Tendenz bestärkt, fantasierende Übertragungen zu entwickeln. Er kann diese auch als etwas Fiktives behandeln. Genau so verfährt der psychoanalytisch denkende Therapeut:

> Man hält die Liebesübertragung fest, behandelt sie aber als etwas Unreales, als eine Situation, die in der Kur durchgemacht, auf ihre unbewußten Ursprünge zurückgeleitet werden soll und dazu verhelfen muß, das Verborgenste des Liebeslebens der Kranken dem Bewußtsein und damit der Beherrschung zuzuführen.[79]

In ähnlicher Weise bezeichnet Proust den entstehenden Roman als etwas »Unreales«. Er notiert im *Carnet* 1 von 1908:

> Im ersten Teil den gegensätzlichen Standpunkt der intelligenten Leute und der Künstler Sylvie – Baudelaire zeigen und sagen, dass die Leute von Welt genau das idiotisch finden werden, was ich machen wollte, indem ich mir immer was Irrationales zum Gegenstand nahm.[80]

Das »Irrationale«, welches Proust meint, verweist auf Baudelaire und Nerval. Beide feiert er in *Le Temps retrouvé* als Erinnerungskünstler. Bezeichnenderweise unterschlägt er aber, dass beide an der Beziehung zum Leser litten.[81] Man denke an Nervals todbringende Traumgesichte, welche er in *Aurélia* dem Leser mitzuteilen versucht – ein Werk, das Proust systematisch zugunsten von *Sylvie* unterschlägt! Man denke auch an Baudelaires berühmten Ausspruch: »Endlich! Die Tyrannei des menschlichen Gesichts ist weg und ich werde nur noch durch mich selber leiden.«[82] Der Dichter, welcher den Blick von der Außenwelt abwendet, tritt in ein Zwiegespräch mit sich selbst. Dieses ist ebenso leidvoll wie schöpferisch. Das Prosagedicht endet mit dem Wunsch, den es gerade erfüllt hat: »Gott und Herr! Gewähre mir die Gnade, ein paar schöne Verse hervorzubringen [...]!«[83] Auch die *Recherche* endet mit der Verheißung eines Buchs. Proust nennt es »das innere Buch der unbekannten Zeichen«[84], welche es zu lesen und zu *übertragen* gilt. Anders als *Jean Santeuil* ist die *Recherche* also keine verkappte Autobiographie und kein Bekenntnisroman. Sie ist ein Transportmittel für Fantasien, die Proust auch als solche behandelt.

In diesem Sinn darf man annehmen, dass Proust die Hypnose und die Persuasionstherapie in derselben Weise hinter sich gelassen hat wie Freud. Nämlich durch die *praktische* Fruchtbarmachung der Übertragung. Der Streit zwischen Suggestivtherapie und rationaler Therapie hatte »die Psychoanalyse innerhalb der klinischen und ambulanten Medizin bis ungefähr 1910 an den Rand des Geschehens« gedrängt.[85] Aus dieser Randstellung trat Freud heraus, als er erkannte, dass sowohl Bernheim als auch Dubois blind waren für den Prozess der Übertragung. Er liquidierte die vermeintliche Antithese zwischen Hypnose und Persuasion hegelianisch: Er hob beide auf im Begriff der Übertragung.[86] Dass diese Aufhebung *historisch* nur vorläufig sein konnte, haben Gladys Swain und Marcel Gauchet in einem grundlegenden Aufsatz zur Geschichte der Psychotherapie gezeigt.[87] Nicht nur stellte sich nach Freud zunehmend das praktische Problem der unendlichen Analysen, sondern es wurden auch auf theoretischer Ebene vorödipale Konflikte als Ursprung psychischer Leiden ausgemacht. Weder Praxis noch Theorie vermochten also die Abhängigkeit vom Therapeuten zu eliminieren. *Chassez le naturel* ... Dass die Unauflösbarkeit der Übertragung einen Zusammenhang haben könnte mit dem Prozess des *unendlichen Schreibens* bei Marcel Proust, kann hier nur angetönt werden.

Welche Art der Übertragung mag sich zwischen Proust und Sollier abgespielt haben? Seltsamerweise bejaht Proust im Vorwort zu *Sésame et les lys* die Idee der helfenden Hand von oben, Arzt oder Gott:

> Et une déchéance organique qui finirait par devenir l'équivalent des maladies qu'il n'a pas serait la conséquence irrémédiable de l'inertie de sa volonté, si l'impulsion qu'il ne peut trouver en lui-même ne lui venait de dehors, d'un médecin qui voudra pour lui, jusqu'au jour où seront peu à peu rééduqués ses divers vouloirs organiques.[88]

Was Proust hier beschwört, ist jene Vaterübertragung, die – so Christian Müller – (unerkannter) Motor für Dubois' Therapie-Erfolge war.[89] Denn Dubois, selbst früh vaterlos geworden, muss im sokratischen Gespräch »wie ein Hilfs-Ich funktioniert« haben: ein »Ich«, das bei jeder Triebregung wieder auf den Plan gerufen werden musste (so erging es Fernand Gregh). Prousts »leonardeskes« Lächeln über Sollier stellt demnach eine ›perverse‹ Spielart der Vaterübertragung dar. Es ist das Lächeln eines Künstlers, der – homosexuell wie Leonardo – sich über die ärztliche und väterliche Autorität hinwegsetzt. Eben der Homosexualität galt das Forschungsinteresse Solliers; Robert Proust forschte zum Hermaphroditismus. Dass Leonardo seine Homosexualität künstlerisch sublimiert hatte, konnte Proust bei Maurice Barrès lesen: »bei Leonardo wie bei Goethe bleiben diese gefährlichen Neigungen rein intellektuell«, schrieb Barrès in einer polemischen Schrift mit dem Titel *Trois stations de psychothérapie*.[90]

Um von der Willensschwäche befreit zu werden, brauchten die Proust'schen Vorstellungen nicht zurechtgebogen zu werden. Kein »Gegenwillen«, keine »conviction inculquée« konnte Heilung bringen. Es war die erzwungene Wahl eines spezifischen *Settings*, welche eine kreative Renaissance zustande brachte (somatisch blieb Prousts Neurose weiterhin ›produktiv‹). Der isolierende Rahmen erlaubte ein Verweilen bei »kleinen Begebenheiten«. Ein solches Verweilen attestiert das *Carnet* von 1908: »Interesse für kleine Begebenheiten des Regiments, bei Sollier etc.«[91]. Gewiss zählen die unwillkürlichen Erinnerungen zu jenen »kleinen Begebenheiten«, welche »bei Sollier« zur Sprache kommen durften. Nicht umsonst hat Sollier der Gedankenassoziation und ihrer philosophischen Tradition ein Buch gewidmet.[92] Ganz allgemein muss betont werden, dass das (mehr oder weniger freie) Assoziieren Teil sowohl der hypnotisch-suggestiven wie der rationalen Therapie war. Es scheint geradezu eine Lehrmeinung an der Salpêtrière gewesen zu sein, dass hysterische

Anfälle Reminiszenzen enthielten (Freud und Breuer schrieben 1893, »der Hysterische leide größtenteils unter Reminiszenzen«).[93] Also drängte es sich auf, Assoziationen als ein heuristisches Instrument einzusetzen. Dennoch scheint man der subjektiven Anamnese nur einen beschränkten Wahrheitsgehalt zugebilligt zu haben. Dubois z. B. forderte zwar eine Assoziationsarbeit und ließ diese den Weg der Erinnerung gehen. Aber er nutzte das Vorgefundene nicht dialektisch. Er stellte ihm – von vorneherein – das (bessere) Wissen des Arztes entgegen:

> Helft ihm [= dem Kranken] aber den rechten Weg wiederfinden und seine Gedanken richtig ausdrücken. Zeigt ihm ein rasches Verständnis für seine Bekenntnisse, um ihm seine Irrtümer, seine Vorurteile aufzudecken, ihn mit dem Finger auf die Eigenheiten seines Wesens hinzuweisen und ihm die Rolle begreiflich zu machen, welche dieselben bei der Entstehung oder Entwicklung seiner Krankheit gespielt haben. Befragt ihn über seine erste Kindheit, und er wird euch daraus Episoden erzählen, welche seine angeborene Impressionabilität, seine gesteigerte Emotivität erweisen. Verfolgt die von dem Kranken angedeutete Fährte weiter und lasst ihn selbst konstatieren, dass er schon recht lange vor dem gegenwärtigen Anfall »nervös« war.[94]

Dubois' Denkweg ist zirkulär: der Erwachsene leidet, weil das Kind neurotisch war, und zwar von Geburt an. Dieser Logik (sie bestimmt die Vererbungslehre Zolas) können weder Proust noch Freud etwas abgewinnen. Proust isoliert (wie Freud 1892/93) den Anteil des Affekts – »ein unerhörtes Glücksgefühl« –, macht ihn an einem Sinneseindruck fest und benutzt beide als ›elektrische‹ Leiter auf eine Vorstellung hin: »das Bild, die visuelle Erinnerung«[95]. Völlig zu Recht bemerkt aber E. Bizub, dass Proust in der *Recherche* die enge Beziehung der »résurrections« zum ursprünglichen Rahmen ihres Entstehens, d. h. zum Kuraufenthalt, unterschlägt.[96] Proust schreibt in *Le Temps retrouvé:* »La nouvelle maison de santé dans laquelle je me retirai ne me guérit pas plus que la première; et beaucoup d'années passèrent avant que je la quittasse.«[97] Nur den »résurrections« soll ›Marcel‹ seine Wiedergeburt verdanken!

Was aber stellt Proust im Roman an die Stelle jener Kur, die ihm als Schriftsteller Heilung brachte? – Es sind Halbschlafzustände. Diese werden einem »Ich« unbestimmten Alters zugeschrieben, von dem man keine näheren biographischen Angaben besitzt. Der wohl schon reife Mann erinnert sich an sein bestes Mannesalter: Er hatte damals die Gewohnheit, sich früh schlafen zu legen. Durchschlafen konnte er allerdings nicht. Um Mitternacht erwachte er häufig; unwillkürlich fiel ihm das eine oder andere längst verblichene Jugenderlebnis ein. So werden die Halbschlafzustände zum erzählerischen Ausgangspunkt von Kindheitserlebnissen. Diese erweisen sich als der Kontext, welchem manch leidvolle Vorstellung entsprang. Der »dormeur éveillé« bietet Proust somit eine Warte, von der aus er das kindliche Vorstellungsleben rekonstruieren kann – in metaphorischer Weiterführung der bei Sollier beschrittenen Denkwege.[98]

Bezieht man sich auf das Vorbild der rationalen Psychotherapie, so wären die in der Exposition geschilderten Halbschlaffantasien der Angelpunkt für eine vom Arzt zu implantierende (Gegen-)Persuasion. Diese Aufgabe wurde prompt von der Literaturkritik übernommen. Proust »verliert sich in endlosen Träumereien«, schrieb am 10. Dezember 1913 Paul Souday in *Le Temps*. Proust sei »ein Nervöser, ein Sinnesmensch und ein Träumer«. Er »wird ein köstlicher *fantaisiste* werden, ein bisschen weiblich und auch ein außerordentlicher Künstler, aber es wird schwierig sein, ihn als Denker ernst zu nehmen«. Souday hätte sich »etwas mehr Ordnung, Kürze und Sittsamkeit des Stils« gewünscht. Denn eigentlich erzähle Proust ja nur »seine Kindheitserinnerungen«: Ein chronologisches Vorgehen wäre angebracht gewesen.[99]

Was Souday als ungeordnet empfand, erweist sich auf den zweiten Blick als wohlgeordnet. Dieser zweite Blick ist nun kein historischer mehr. Das für Proust verfügbare medizinisch-psychologische Wissen kann uns hier nicht mehr leitendes Instrument des Verstehens sein. Es ist der komparatistische Blick, der in Prousts Ouvertüre eine inhaltliche Konvergenz erkennt mit den von Freud 1914 so genannten »Urfantasien«.[100]

Dass der Patient, dem Freud seine Einsicht in die kindlichen »Urfantasien« verdankt, eigentlich zu Dubois wollte, sei hier nur am Rande vermerkt.[101] Dass dieser Patient später den Übernamen »Wolfsmann« erhielt, geht auf einen Wolfstraum aus seiner Kindheit zurück (er hat nichts zu tun mit den so genannten Wolfskindern). Dass auch Proust den Spitznamen des »petit loup« trug, ist ein hübscher Zufall der Sprache. Der Spitzname findet sich zuhauf in der (frühen) Korrespondenz mit der Mutter.[102] Er hat sich in den Essay *Gegen Sainte-Beuve* hinübergerettet, wo er ebenfalls der Mutter in den Mund gelegt wird. Noch in der *Recherche* wird der junge Mann – wiederum von der Mutter – in einem Atemzug als »grand loup« und »pauvre petit« angesprochen.[103] Das Wort zeugt von der »Eigentümlichkeit des ›zärtlichen Schimpfen‹, die so viele

Personen im Umgang mit ihren Kindern zeigen«, wie Freud es im *Wolfsmann* erwähnt.[104] Das zärtliche Schimpfen mit Kleinkindern verweist auf deren *Wolfshunger*, auf das Saugen an der unverzichtbaren Mutterbrust. Zurück also zur Ouvertüre.

Urfantasien als Grammatik des Romans

Als erste Kindheitserinnerung wird eine Angstfantasie genannt. Es ist die ständige Angst des Knaben, vom »Großonkel« an den Locken gezogen zu werden. In dem Moment, wo der »dormeur éveillé« davon träumt, sind die Locken natürlich längst der Schere zum Opfer gefallen: Aus dem Kleinkind ist ein Junge geworden und aus dem Jungen ein träumender Mann. Doch eben die Zäsur des Haareschneidens ist im Traum nicht mehr (oder noch nicht) gegenwärtig. Der Halbschlaf hat zurückgeführt auf ein frühes Organisationsniveau der Psyche, eine »für immer vergangene Zeit meines frühesten Lebens«.[105] Diese Frühzeit vermag der Traum aus der Innensicht heraus zu vergegenwärtigen: eben aus der kindlichen Angst heraus. Man weiß aus den Entwürfen, dass der Peiniger ebenso gut ein Pfarrer oder ein Großvater hätte sein können, das Haare-Reißen ein bloßes Kitzeln. So liest man in *Jean Santeuil:*

> Car son oncle, par plaisanterie, chatouillait volontiers Jean, supplice qui lui était si atroce qu'il trouvait la mort préférable à une vie où on peut être placé sans défense, même une fois par semaine, à côté d'une personne qui vous chatouille, d'autant qu'il avait sur le chatouillement, parce que sa mère le craignait pour Jean à cause de sa nervosité, des idées obscures qui en faisaient quelque chose peut-être d'obscène et certainement de cruel.[106]

Die Nervosität entspringt der Unlust, sich dem Onkel zu fügen. Vielleicht aber auch der allzu großen Lust, sich ihm hinzugeben wie eine Frau. Kitzeln gehört für Albertine zum erotischen Ritual; Jean beunruhigt die Mutter wegen seiner »Kleinmädchengewohnheiten«.[107]

An genannte Angstfantasie schließt *Unterwegs zu Swann* eine Lustfantasie an, welche nun nicht mehr dem Kinde, sondern dem zumindest halbwüchsigen Manne zugeschrieben wird. Dieser war zuweilen in den Genuss eines erotischen Traums gekommen – allerdings nur unter der Bedingung einer gewissen Schieflage seines Oberschenkels (»une mauvaise position de ma cuisse«). Im so entstandenen Traum war jeweils ein Mädchen seinen Gliedmaßen entsprungen, etwa wie Dionysos dem Schenkel des Jupiter oder – so heißt es im Text – wie »Eva einer Rippe des Adam«. Doch anders als Adam hatte sich der jugendliche Träumer niemals mit der »Tochter seines Traums« vereinigen können: Frühzeitiges Aufwachen hinderte ihn daran. Der Traum war eine Kopfgeburt gewesen: Er hatte eine Parthenogenese vorgespiegelt und somit die Geschlechterdifferenz unterschlagen (*sine matre creata* ...). Unterschwellig wird eine Entwertung der weiblichen Anatomie und des Geburtsgeschehens hörbar: »une mauvaise position de ma cuisse« enthält einen Anklang an *fausse couche* (*Fehlgeburt*).

Was dann im Text folgt, sind allgemeine Betrachtungen zu den Bedingungen des Erinnerns, sowohl im Traum als außerhalb des Traums. Dadurch kommt die Rede auf verschiedene Schlafzimmer, insbesondere auf ein Kinderzimmer, an welches sich eine zwiespältige Erinnerung knüpft. Es ist die Erinnerung an ein Kinderspiel, welches die Legende der heiligen Genoveva von Brabant zum Gegenstand hatte. Das Spiel bestand darin, besagte Legende mithilfe einer Zauberlaterne nachzuerzählen, und zwar so, dass sich der Knabe mit dem grausamen Golo identifizierte. Dieses Spiel aber war nur der Auftakt zu einem weit realeren Unglück, nämlich dem berühmten Zu-Bett-geh-Drama. Eines Abends erfrechte sich der Knabe, das nächtliche Beisammensein seiner Eltern zu hintertreiben. Im Treppenhaus warf er sich zwischen Mutter und Vater. Unter Tränen erreichte er, dass die Mutter bei ihm im Zimmer nächtige. Ein harmloser Vorfall – als traumatisch erinnert, vielleicht weil er die Genoveva-Fantasie wahr machte.

Dass dem so sein könnte, legt die berühmte Madeleine-Episode nahe, die bekanntlich den Abschluss des Vorspanns bildet. Viele Jahre später wird der – nunmehr – Erwachsene ein Madeleine-Gebäck kosten. Anhand dieses banalen »stofflichen Gegenstand[es]«[108] fällt ihm ein, dass er schon als Kind jeweils am Sonntag ein solches Gebäck zu essen bekam. Es wurde ihm damals von seiner Tante angeboten. Diese völlig harmlose Szene wird – wie jeder weiß – im Moment der Erinnerung erotisch aufgeladen. Die Beschreibung suggeriert, dass der Erwachsene beim Anblick des muschelförmigen Gebäcks erotische Assoziationen entfaltet. Er scheint diese auf das Bild der Leonie zurückzuprojizieren. Als Auslöser der Überblendung fungiert der Gleichklang der Namen: das Sandtörtchen, welches sich das Kind und später der reife Mann munden lassen, trägt denselben Namen wie die Mutter in *François le Champi*. Diesen

Roman hatte *Maman* in jener Nacht vorgelesen, wo der Knabe sie dem Vater abspenstig gemacht hatte. Die Madeleine-Szene liest sich somit wie eine Umkehrung der Zu-Bett-geh-Szene: Die Zurückweisung durch die Eltern wird korrigiert durch die »Verführung«, welche dem Kind von Seiten der Leonie widerfährt. Das Kind ist unschuldig; es ist passiv Verführter. »D'où avait pu me venir cette puissante joie?«[109] Die Freude entspringt der erinnernden Fantasie, welche das Selbstbild nachträglich korrigiert.

Haareschneiden, Kinderkriegen und Verführung: Dies sind die Traum- und Erinnerungsfragmente, welche Proust im Vorspann aneinanderreiht. Wie schon angedeutet, entsprechen diese Inhalte weitgehend den von Freud 1914 so genannten »Urfantasien«. Mit diesem Begriff bezeichnet Freud ein Grundmuster des kindlichen Fantasierens. Er meint damit ein höchst privates Kopfkino – nicht unbedingt Beobachtungen –, mit dessen Hilfe sich das Kind die Verschiedenheit der Geschlechter sowie seine eigene Herkunft zu erklären versucht. Thematisch gesprochen handelt es sich um Kastrations- und Verführungsfantasien. Diese fügen sich zusammen zu einer – wie auch immer gestalteten – Vorstellung der geschlechtlichen Vereinigung der Eltern oder irgendwelcher Ersatzfiguren, der so genannten »Urszene«.

Entwicklungspsychologisch gesprochen haben »Urfantasien« eine ordnende Funktion. Sie entstehen, sobald das Kind begreift, dass es von den Eltern als Paar ausgeschlossen ist (wie dies beim Proust'schen Zu-Bett-geh-Drama der Fall ist). Seine Zurückweisung bewältigt es mithilfe der kompensatorischen Fantasie. Nun hatte es bisher vor allem mit einem Objekt zu tun: nämlich der Mutter, dem Primärobjekt, das bald gut, bald böse war (etwa wie Odette in den Augen Swanns). Im Stadium der Urfantasien hat das Kind nun zwei Objekte einzubeziehen, welche geschlechtlich verschieden sind. In diesem Dreieck wird es verschiedene Allianzen und Identifikationen durchspielen. Es erfindet sich selbst als geschlechtlich bestimmtes Subjekt, autonom nicht nur gegenüber einem »Du«, sondern auch gegenüber einem Dritten.[110]

Nehmen wir also an, in *Combray I* begegnete uns tatsächlich eine Ausformung dessen, was Freud »Urfantasien« nennt. Aber, wird man einwenden, in *Combray I* ist doch vor allem von Swann die Rede! Nun, gerade die Besuche Swanns sind es, welche die »Urszene« des Romans ausmachen – nicht nur im erzählerischen, sondern auch im Freud'schen Sinne. Wenn Swann zu Besuch kommt, wird das Kind bekanntlich ins Bett geschickt. Die Großen bleiben unter sich und machen Konversation. Was das Kind davon mitkriegt, sind ein paar Wortfetzen: »granité«, »rince-bouche«[111], Wörter des Genusses, die auch den Übersetzern Prousts viel zu denken gegeben haben. Das Kind also lauscht und spioniert. Und was es nicht erlauschen kann, das reimt es sich in seiner Fantasie zusammen. Es fantasiert die Abendgesellschaft als jenes »unbegreifliche, höllische Fest«, wo sich die Mutter »unbekannten Vergnügungen« hingibt.[112]

Konversation ist nicht nur die Urszene des kindlichen Imaginierens. Sie ist auch jenes reale Fest, in welches sich der Knabe verbotenerweise hineindrängt. Er setzt dem *tête-à-tête* der Eltern ein Ende, die gerade noch von Swann sprachen, von seinem Tick und vom Ehebruch seiner Frau (sie wissen nicht, wie sehr sie ihn verkennen):

> Hé bien! si tu veux, nous allons monter nous coucher. – Si tu veux, mon ami, bien que je n'aie pas l'ombre de sommeil; [...] la pauvre Françoise m'a attendue, je vais lui demander de dégrafer mon corsage pendant que tu vas te déshabiller.[113]

Wider Erwarten wird *Maman* beim Knaben nächtigen. Dessen Freude aber ist nicht ungetrübt. Ein Kratzer bleibt am Selbstbild wie auch am Bilde *Mamans* haften: Der Vater hat den Knaben als Rivalen nicht ernst genommen.

Das hier entfaltete Erzählschema – der Prozess des Eindringens – wird Proust in immer neuen Variationen auffächern. Dies gilt sowohl für die Lebensgeschichte ›Marcels‹ als auch für die Erotik und die Soziologie des Romans allgemein. Zur Erotik sei hier nur gesagt, dass sie im Wesentlichen auf Einmischung beruht. ›Marcel‹ liebt immer dort, wo er vor verschlossenen Türen steht: bei der Mutter, bei der adligen Mme de Guermantes und bei Albertine. Die »petite bande«, welcher Albertine angehört, bildet insofern eine geschlossene Gesellschaft, als sie der Homosexualität verdächtigt wird. Davon zeugt noch das Gedicht von Mallarmé, aus dem ›Marcel‹ in einem vorgegebenen Abschiedsbrief an Albertine zitiert: »M'introduire dans ton histoire«.[114]

Auch die Proust'sche Soziologie kreist um die Frage des Ausgeschlossen-Seins. *En être* (»dabei sein«) ist ihr Schlüsselwort. Der gesellschaftliche Prozess beruht nicht etwa auf Konflikt und Klassenkampf, sondern auf Imitation der Oberen (in diesem Punkt lehnt sich Proust an Gabriel Tarde an). Die unteren Klassen sind schleichende Eindringlinge wie das Kind im Treppenhaus-Drama. Auch ›Marcel‹ wird eifrig ›antichambrieren‹ und dabei viel Zeit verlieren.

Nicht nur auf inhaltlicher Ebene bildet der Vorspann so etwas wie eine Grammatik des Proust'schen Romans. Dasselbe lässt sich auf ästhetischer Ebene beobachten. Nämlich daran, dass die Proust'schen Figuren seltsam unscharf bleiben. Trotz fortschreitender Zeit reifen sie charakterlich nicht und lassen sich sozial nie endgültig festlegen, wie es normalerweise in einem Bildungsroman geschieht. Darüber hinaus sind sie höchst unbeständig. Sie wirken bald anziehend, bald abstoßend. Die Lesenden werden in ihrem Identifikationsbedürfnis einem regelrechten Wechselbad ausgesetzt. Dies verweist auf die von Freud beschriebene Plastizität der Urfantasien. Das Kind kann in seiner Imagination bald Täter, bald Opfer, bald Verführer oder Verführter sein. Auch kann es sämtliche Rollen mit immer neuen Namen belegen.

Mit diesen summarischen Hinweisen sei erhärtet, dass der Vorspann eine Schablone zum Verständnis des Romans insgesamt bietet. Enthält *Combray II* den Roman einer wohlbehüteten Kindheit, so macht *Combray I* diese durchsichtig auf das frühe Fantasieren des Kindes hin (der von Mme de Guermantes schwärmende Knabe war einmal ein aufsässiges Kleinkind). Der Wachträumer aber – welcher das kindliche Fantasieren wieder ans Licht bringt – ist nichts anderes als ein Hüter der kindlichen Vorgeschichte. Diese endet mit der ödipalen Verdrängung, das heißt mit *Combray I*. Nun beginnt die »puberté du chagrin«[115]: ein Aufblühen der Trennungsangst. Eigentlich ist es ein Weiterblühen, geht doch die Kindheitsneurose direkt über in eine Erwachsenenneurose. Umso ausgedehnter wird die Latenzzeit der dichterischen Berufung sein. Im Banne der mütterlichen Konversation ist keine Autorschaft möglich.

Mit *Combray II* gewinnt die *Belle Époque* an atmosphärischer Dichte. Sie ist, wie wir gesehen haben, auf den (vergessenen) Subtext der Urfantasien eingeschrieben. Von diesen vermutet Freud, sie entsprächen einer allgemein menschlichen Ordnungstätigkeit. Dies könnte erklären, warum die *Recherche du temps perdu* einen außerordentlich festen Platz im allgemeinen kulturellen Gedächtnis erobert hat. Ja, sie ist selber zum Gedächtnisträger geworden – eben was die *Belle Époque* betrifft (welcher Proust im Übrigen ein gutes Stück französischer Kulturgeschichte eingeschrieben hat).

Die Frage, ob Urszenen allgemein menschlich – das heißt: phylogenetisch mitgebracht – sind, veranlasst Freud im letzten (nachträglich verfassten) Kapitel seiner Studie zum *Wolfsmann* zu einer ›Kant'schen‹ Spekulation. Gibt es so etwas wie Universalien der Imagination? Wenn ja: Wie werden sie von Generation zu Generation weitergegeben? Geschieht dies (peri)genetisch oder durch Erziehung? Welche Rolle kommt dem Traum(schlaf) als Erinnerungsträger zu? – Diese Fragen berühren auch die *Recherche*. Denn Proust stellt den anonymen »dormeur éveillé« – der die strukturgebenden Urfantasien ans Licht bringt – in eine Reihe mit dem »Höhlenmenschen«. Ferner erwähnt er die Kategorien Kants in einem Aufsatz zu Flaubert, einem großen Schilderer (weiblicher) Vorstellungskrankheiten. Flauberts Kunstprinzip – »une illusion à décrire«[116] – illustriert Proust anhand von Elstir. Dessen Wandmalereien nehmen sich im Halbdunkel des Ateliers wie Höhlenmalereien aus. Sie erinnern an Projektionen einer »Laterna magica«: Stoff genug für weitere Untersuchungen zu Proust und der Vererbung wie auch der Physiologie des Schlafs.

Anmerkungen

1 *RTP* I, S. 12 – *SvZ* I, S. 20: »Ich wußte nicht [...], daß [...] meine Willensschwäche, meine zarte Gesundheit sowie die Ungewißheit, mit der sie meine Zukunft überschatteten, meine Großmutter [...] mit Besorgnis erfüllten«. *RTP* I, S. 11 – *SvZ* I, S. 18: »Auf diese Weise wird er nie robust und energisch werden, [...] gerade dieser Kleine, der es so nötig hätte, zu Kräften zu kommen und seinen Willen zu stählen«.

2 *RTP* I, S. 37 – *SvZ* I, S. 56: »meine nervöse Empfindlichkeit zu mindern und meinen Willen zu festigen«.

3 P.-É. Lévy, *Die natürliche Willensbildung. Eine praktische Anleitung zur geistigen Heilkunde und zur Selbsterziehung*, Vorwort von H. Bernheim, Leipzig, 1903, S. 97. Original: *L'Éducation rationnelle de la volonté. Son emploi thérapeutique*, préface par le prof. Bernheim, Paris, 1899.

4 Gilbert Ballet/Adrien Proust *L'Hygiène du neurasthénique*, Paris, Masson, 1897, S. 2.

5 Ebenda, S. 170 (»affaissement de la volonté«).

6 Marcel Proust, *Sur la lecture. Tage des Lesens*, hg. von J. Ritte und R. Speck, Frankfurt a. M., 2004, S. 148, Anm. 7; John Ruskin, *Sésame et les lys*. Traduction et Notes de Marcel Proust. Précédé de *Sur la lecture* de Marcel Proust. Edition établie par Antoine Compagnon, Bruxelles 1987, S. 70, Anm. 9.

7 Alain Ehrenberg, *Das erschöpfte Selbst. Depression und Gesellschaft in der Gegenwart*, Frankfurt a. M. 2004. Original: *La Fatigue d'être soi*, Paris 1998.

8 Ursula Link-Heer, »Nervosität und Moderne«, in: G. von Graevenitz (Hg.), *Konzepte der Moderne*, Stuttgart, 1999, S. 102-119 (S. 106).

9 J. Dejerine, *L'Hérédité dans les maladies du système nerveux*, Paris, 1886, S. 36-37 (hier übersetzt von D. W.) – Dejerine lässt seinen Namen ohne Akzent drucken.

10 Siehe dazu Christina Schröder, *Der Fachstreit um das Seelenheil. Psychotherapiegeschichte zwischen 1880 und 1932*, Bern/Frankfurt a. M., 1995, S. 17 und S. 31.

11 Ottomar Rosenbach, *Grundlagen, Aufgaben und Grenzen der Therapie,* Wien, 1891, S. 32.

12 H. Bernheim, *De la suggestion et de ses applications à la thérapeutique,* Paris, 1886, übersetzt von S. Freud unter *Die Suggestion und ihre Heilwirkung,* Leipzig/Wien, 1888, Kap. II.1, S. 186.

13 Paul Dubois, *Die Psychoneurosen und ihre seelische Behandlung,* Vorrede von J. Dejerine, Bern, 1905, S. 221-222 (S. 224 und S. 218 für die folgenden Zitate)/*Les Psychonévroses et leur traitement moral,* préface du docteur Dejerine, Paris, 1904, S. 27 und 273. – Paul Dubois (1848-1918) verbrachte seine Gymnasialzeit – bereits vaterlos – in Genf, wo er sich mit Dejerine befreundete. Er ließ sich 1876 in Bern als Internist nieder. Über die Elektrotherapie, die Hypnose und die »Mastkur« von Weir-Mitchell fand er zur Psychotherapie. Siehe Christian Müller, *Paul Dubois (1848-1918). Ein vergessener Pionier der Psychotherapie,* Basel, 2001, S. 64 und S. 60.

14 Siehe Edward Shorter, »Private Clinics in Central Europe 1850-1933«, in: *Social History of Medicine* 3/2 (1990), S. 159-195 (S. 193).

15 Siehe Paul Sollier, »Les idées actuelles sur la psychothérapie« (Vortrag von Januar 1905), in: *Archives générales de médecine,* 82/1 (1905), S. 463-475 (S. 475).

16 Siehe Julien Bogousslavsky/Olivier Walusinski: »À la recherche du neuropsychiatre perdu: Paul Sollier (1861-1933)«, in: *Revue neurologique* 164 (2008), S. 239-247.

17 Ballet /Proust *L'Hygiène du neurasthénique,* S. X.

18 Schröder, *Der Fachstreit über das Seelenheil,* S. 49.

19 Edward Bizub, *Proust et le moi divisé. La* Recherch*e: creuset de la psychologie expérimentale (1874-1914),* Genf 2006.

20 *RTP* IV, S. 154 – *SvZ* VI, S. 237: »Wir besitzen von der Welt nur formlose, fragmentarische Vorstellungen, die wir durch willkürliche, gefährliche Suggestionen bewirkende Gedankenassoziationen vervollständigen«.

21 Schröder, *Der Fachstreit über das Seelenheil,* S. 25.

22 *RTP* I, S. 21 – *SvZ* I, S. 34: »Wenn dann mein Großvater aus irgendeinem Grund die Aufmerksamkeit der beiden Schwestern auf sich lenken wollte, so musste er zu jener Art von physischen Signalen Zuflucht nehmen, wie Irrenärzte sie bei gewissen Fällen krankhafter Geistesabwesenheit anwenden: mehrmaliges Anschlagen eines Glases mit einer Messerklinge unter gleichzeitigem schroffen Anruf durch Stimme und Blick, Gewaltmittel, die diese Psychiater auch oft in ihren Verkehr mit gesunden Menschen übernehmen, entweder aus professioneller Gewohnheit oder weil sie alle Menschen für ein wenig verrückt halten.«

23 *RTP* IV, S. 294 – *SvZ* VII, S. 34-35: »[...] er habe regelrechte Persönlichkeitsspaltungen miterlebt, wofür er als Beispiel den Fall eines seiner Patienten anführt, den er liebenswürdigerweise zu präsentieren mir sich erbietet, eines Mannes, den er seinen Worten nach nur an den Schläfen zu berühren braucht, um ihn zu einem zweiten Leben zu erwecken, in dem dieser sich an keine Einzelheiten des ersten erinnern kann, so daß er, der in jenem ein durchaus ehrenwerter Bürger, bereits mehrere Male bei Diebstählen angetroffen wurde [...].«

24 Bizub, *Proust et le moi divisé,* S. 126, für Émile X. und S. 39 für die »kulturelle Mode« der Inszenierung von Somnambulismus unter ärztlicher Leitung.

25 *RTP* IV, S. 478 – *SvZ* VII, S. 307: »jedem einzelnen seiner erfundenen Personen

könnte [der Literat] sechzig Namen von Personen unterlegen, die er selbst gesehen«.

26 *RTP* IV, S. 293 – *SvZ* VII, S. 33.

27 *RTP* I, S. 186 – *SvZ* I S. 275 f.: Mme Verdurin »hatte sich angewöhnt, den figürlichen Ausdruck für ihre Gemütsbewegungen wörtlich zu nehmen – [so dass ihr] Doktor Cottard (damals noch ein junger Debütant) eines Tages den Kiefer wieder einrichten musste, den sie sich durch zu starkes Lachen ausgerenkt hatte«.

28 *RTP* I, S. 197 – *SvZ* I, S. 292: »Bei Redensarten war er unermüdlich auf Belehrung erpicht«.

29 L. Belloï, *La Scène proustienne. Proust, Goffman et le théâtre du monde*, Paris, 1993, S. 32.

30 Stavros Mentzos, »Einleitung« zu J. Breuer/S. Freud, *Studien über Hysterie*, Frankfurt/M., 2011 (1991), S. 14.

31 Leopold Löwenfeld, *Lehrbuch der gesamten Psychotherapie*, Wiesbaden, 1897, S. 121.

32 Dubois, *Die Psychoneurosen*, 3. Vorlesung, S. 29; ders., *Les Psychonévroses*, 3e leçon, S. 29.

33 Schröder, *Der Fachstreit über das Seelenheil*, S. 71.

34 Lévy, *L'Éducation rationnelle de la volonté*, S. 169.

35 *RTP* I, S. 14 – *SvZ* I, S. 23: »eines trefflichen, aber merkwürdigen Mannes bei dem zuweilen offensichtlich eine Kleinigkeit genügt hatte, um die Regungen seines Herzens zu unterbrechen oder seinen Gedanken eine andere Richtung zu geben«.

36 *RTP* I, S. 34 – *SvZ* I, S. 52: »Er macht jetzt auch viel seltener die Geste, die sein Vater schon an sich hatte, nämlich die Augen zu reiben und sich mit der Hand über die Stirn zu fahren«. Weitere Belege siehe *SvZ* I, S. 352 (*RTP* 1, S. 238), SvZ *I*, S. 389 (*RTP* I, S. 264), *SvZ* I, S. 429 (*RTP* 1, S. 291).

37 Gilles de la Tourette, »Étude sur une affection nerveuse caractérisée par de l'incoordination motrice accompagnée d'écholalie et de coprolalie (jumping, latah, myriachit)«, in: *Archives de neurologie*, 9 (1885), S. 19-42.

38 Brief vom 5. Sept. 1888, Hervorhebung durch Proust. *Correspondance avec sa mère*, hg. von Ph. Kolb, Paris 1953, S. 6 (deutsch D. W.).

39 *RTP* I, S. 33 – *SvZ* I, S. 50: »fautes«, »impulsion nerveuse«.

40 Sigmund Freud, »Ein Fall von hypnotischer Heilung nebst Bemerkungen über die Entstehung des hysterischen ›Gegenwillens‹«, in: *Zeitschrift für Hypnotismus* 1 (1892/1893), S. 102-107 und S. 123-129 (Zitat S. 123). Laut Schröder verdankt Freud solche Kausalketten der Psychologie Herbarts, siehe Schröder, *Der Fachstreit um das Seelenheil*, S. 109, auch für folgendes Zitat). Dieselben Kausalketten waren Proust vertraut *via* Ribot und Sollier, siehe Bizub, *Proust et le moi divisé*, S. 247).

41 Schröder, *Der Fachstreit über das Seelenheil*, S. 22-23. »Toute idée suggérée et acceptée tend à se faire acte«, schreibt Bernheim in *Hypnotisme, suggestion, psychothérapie. Études nouvelles*, Paris, 1891, S. 31.

42 *RTP* I, S. 32 – *SvZ* I, S. 49: »[...] die Schläge meines Herzens wurden von Minute zu Minute schmerzhafter, denn ich steigerte meine Aufregung noch dadurch, daß ich mich zu einer Ruhe ermahnte, die der Hinnahme meines trüben Geschicks gleichkam. Plötzlich aber fiel alle Beängstigung von mir ab, und ein Glücksgefühl

überkam mich, wie wenn ein starkes Medikament zu wirken beginnt und der Schmerz uns mit einem Male verläßt: Ich hatte den Entschluß gefaßt, ich wolle nicht länger versuchen einzuschlafen, ohne Mama wiedergesehen zu haben, sondern sie um jeden Preis küssen.«

43 *RTP* III, S. 38 – *SvZ* IV, S. 60: »ich mußte, um auf alle Fälle meinen guten Glauben zu bekunden, mit entschlossener Miene, als sei ich von keinerlei Zweifeln heimgesucht, auf die Fürstin zugehen«.

44 Michael R. Finn, *Proust, the Body and Literary Form*, Cambridge 1999, S. 42 ff.: »Writing and volition«.

45 Der Fallgeschichte als Textsorte ist der Schweizer Psychiater Christian Müller nachgegangen: »Krankengeschichten und ihre Historie«, in: ders., *Wer hat die Geisteskranken von ihren Ketten befreit? Skizzen zur Psychiatriegeschichte*, Bonn 1998, S. 207-221. Müller widmet auch Gilles de la Tourette eine Vignette (»Der geisteskranke Psychiater«, S. 169-170).

46 *RTP* I, S. 35 – *SvZ* I, S. 54: »Meinem Vater kam es nicht darauf an, mir sonst erlaubte Dinge vorzuenthalten, die in den großzügigeren Abkommen, die meine Mutter und meine Großmutter durchgesetzt hatte, ausdrücklich festgelegt waren, denn er gab nichts auf ›Prinzipien‹ und kannte kein ›Völkerrecht‹. Aus irgendeinem ganz nebensächlichen oder sogar aus überhaupt keinem Grund untersagte er im letzten Augenblick irgendeinen gewohnten oder geheiligten Spaziergang, den man mir, ohne meineidig zu werden, nicht entziehen konnte [...]«.

47 *RTP* I, S. 36 – *SvZ* I, S. 55.

48 Brief von September 1889, Hervorhebung durch Jeanne Proust. *Correspondance avec sa mère*, S. 12-13, übersetzt von D. W.

49 *RTP* I, S. 24 – *SvZ* I, S. 38.

50 Siehe Gérard Seignan: »L'hygiène sociale au XIXe siècle: une physiologie morale«, in: *Revue d'histoire du XIXe siècle* 40 (2010/2011), S. 113-130, S. 122.

51 *RTP* IV, S. 465 – *SvZ* VII, S. 289: »Romane würde ich in Einbänden von ehemals sammeln, denjenigen aus der Zeit, in der ich meine ersten Romane las, die damals oft mit angehört hatten, wie Papa zu mir sagte: ›Halte dich gerade!‹«

52 *RTP* II, S. 601 – *SvZ* III, S. 427: »Nehmen Sie ruhig auf sich, als nervös bezeichnet zu werden. Sie gehören der großartigen und beklagenswerten Familie an, die das Salz der Erde ist.«

53 *Corr.* XIX, S. 756-7: »Lieber Freund, [...] Meine Meinung ist in der Tat, dass ein Arzt gänzlich *überzeugend* sein muss, und ich habe unter der Wirkung einer eingeflößten *Überzeugung* Leiden wie durch Zauber verschwinden sehen, die doch rein körperlich schienen und an denen sich gut unterrichtete und gewissenhafte Ärzte (besonders mein Vater, ich erinnere mich) erfolglos abgemüht hatten. Ich erinnere mich, wie mir mein Vater von einem dieser Kranken sagte: ›Aber wie soll denn der Heiler, den du ihm empfiehlst, etwas ausrichten können, wenn er doch diese und jene körperliche Sache hat, usw.‹ (ich werde Ihnen die Beispiele mündlich geben). Und die beiden Patienten wurden geheilt – einer in zwei Monaten, der andere in zwanzig Minuten –. Aber, lieber Freund, ich glaube auch, dass man einen *überzeugenden Arzt* nur aufsuchen soll, nachdem man sich vergewissert hat, dass die Energie, die Unbekümmertheit gegenüber der eigenen Gesundheit, welche Ihnen seine *Überzeugung* einflößen wird, nicht gefährlich sind, das heißt, ob man organisch

nichts hat, was nach Schonung usw. verlangt. Ich werde Ihnen ein Beispiel geben. Ich werde mir ewig vorwerfen, Dubois (aus Bern) – ein im Übrigen bewundernswerter Mensch – einem Mann in den Fünfzigern empfohlen zu haben, der seit zehn Jahren von Magenbeschwerden gequält wurde, die ihn hinderten, das Geringste zu verdauen, und sich in einer hartnäckigen Magenblähung äußerten, deren sich alle Magenspezialisten (mein Vater auch) vergeblich angenommen hatten. Ein Glas Wasser blieb ihm fünfzehn Stunden auf dem Magen liegen usw. Nun, ich hatte erkannt, dass seine Verdauungsbeschwerden nervöser Natur waren. Ich habe den Kranken zu Dubois gesandt, der etwa eine Viertelstunde mit ihm gesprochen hat. Vom selben Abend an konnte er Hummer, russischen Salat usw. verdauen. Jedes Mal wenn ihn die Aussicht auf ein schweres Abendessen zögern ließ, schrieb er ⟨aus Paris⟩ an Dubois ⟨in Bern⟩, der mit einem Wort seine Befürchtungen zerstreute. Was ich leider nicht wusste, war, dass dieser Kranke zu viel Eiweiß im Urin hatte. Seine neuen Ernährungsgewohnheiten vertrug sein Magen bestens, seine Nieren aber nicht. Er ist etwas später an Harnvergiftung gestorben; schwer zu sagen, ob er diese hätte vermeiden können, wenn er sich weiterhin magenkrank geglaubt und nichts gegessen hätte. Das ist es, was ich in Swann oder wohl eher in der Fortsetzung eine Schutzneurose nenne. Bevor man sich also einem *überzeugenden Arzt* anvertraut, sollte man sich meiner Meinung nach durch einen gut orientierten Arzt untersuchen lassen, der nicht von vorneherein annimmt, alles sei nervlich bedingt.« (n° 413, Übersetzung und Hervorhebungen durch D. W.)

54 Gregh (1873-1960) ist ein Schul- und Studienfreund, Mitbegründer der Zeitschrift *Le Banquet*, Partisan von Dreyfus. Er wird sich einen Namen machen als (spät-)symbolistischer Dichter und Dramaturg. Unsterblich geworden als Mitglied der *Académie française*. Zur Kur bei Dubois siehe Greghs Memoiren: *L'Âge d'or, souvenirs d'enfance et de jeunesse*, Paris, 1947, S. 304-306.

55 *Corr.* IX, S. 70: »Wenn es mir besser ginge, würde ich dich um ein Treffen ersuchen, damit wir über Dubois sprechen können, der vielleicht etwas gegen diverse Folgeerscheinungen meines tieferen Zustandes machen könnte, gegen den er nichts ausrichten kann« (n° 34).

56 *Corr.* III, S. 356 (n° 203, Frühling [?] 1903).

57 *Corr.* III, S. 437-438: »Mein Onkel hat Dubois aufgesucht, der ihm gesagt hat: ›Ich kann Ihnen nichts machen, Sie haben nichts‹. Mein Onkel hat sich *überzeugen* lassen und alles in allem hat dies seinen Zustand eher verbessert. Alles in allem hat M. France in seinem wunderbaren Vortrag über Renan unrecht zu sagen, wir hätten keine Propheten mehr im Abendland. Hier haben wir einen« (n° 254, Hervorhebung durch D. W.)

58 Sollier, »Les idées actuelles sur la psychothérapie«, S. 467 und 468 (Deutsch von D. W.).

59 Dubois, *Die Psychoneurosen*, 18. Vorlesung, S. 218, Dubois, *Les Psychonévroses*, 18e leçon, S. 260.

60 *RTP* II, S. 601 – *SvZ* III, S. 428: »Nervenleiden machen die genialsten Pastiches. Es gibt keine Krankheit, die sie nicht zu kopieren verstehen. Sie ahmen täuschend den Blähungszustand der Dyspepsie, die Übelkeit der Schwangerschaft, die Arhythmie des kranken Herzens, das Fieber der Tuberkulose nach. Wie aber sollten sie, da sie sogar den Arzt irrezuführen vermögen, nicht den Kranken täuschen?«

61 *RTP* III, S. 826 – *SvZ* V, S. 462: »Handelte es sich hier einfach um eine körperliche Metastase, ersetzte ein anderes Leiden den neurotischen Zustand, in dem er sich bis dahin zu wahren Orgien des Zorns hatte hinreißen lassen?«

62 *Corr.* V, S. 360: »Ich hätte so gern mit Ihnen über Dubois gesprochen. Vielleicht kann er Ihnen helfen. Aber er ist sehr absolut, sehr wenig Arzt« (n° 189).

63 Sollier, »Les idées actuelles sur la psychothérapie«, S. 464-5.

64 Brief an G. de Lauris von Ende April 1908, *Corr.*, VIII, S. 107: »sourire vincien, d'orgueil intellectuel« (n° 51).

65 Bizub, *Proust et le moi divisé*, S. 184.

66 *Corr.* V, S. 377 (n° 202).

67 Vgl. *RTP* IV, S. 445-446 – *SvZ* VII, S. 259.

68 Bizub, *Proust et le moi divisé*, S. 177 und S. 166-170 für das Folgende.

69 Freud, »Zur Psychotherapie der Hysterie«, in: J. Breuer/S. Freud, *Studien über Hysterie*, Leipzig/Wien, 1895, S. 267, (Frankfurt/M., 1991, S. 320). Der zitierte Aufsatz ist von Freud allein signiert. 1912 wird Freud hinzufügen, der Analytiker sei dem »Receiver« vergleichbar, der Schallwellen in elektrische Impulse verwandle, *et vice versa*. Er übersetzt bewusst Mitgeteiltes in unbewusst Gesagtes und teilt dieses dem Analysanden in annehmbaren Worten mit (»Ratschläge für den Arzt bei der psychoanalytischen Behandlung« (1912), *Ergänzungsband* zu Sigmund Freud, *Studienausgabe in zehn Bänden mit einem Ergänzungsband*, hg. von Alexander Mitscherlich, James Strachey und Angela Richards, Frankfurt/M, 1997[5] (1975), S. 175-6.

70 *RTP* II, S. 433 – *SvZ* III, S. 185: »la partition ouverte de son visage«.

71 J.-Y. Tadié, *Le Lac inconnu. Entre Proust et Freud*, Paris, 2012, S. 115.

72 Vom »Sollier bernois« spricht Proust in einem Brief an E. de Clermont-Tonnerre vom 1. März 1905 (*Corr.* V, S. 57, n° 23). Er assoziiert den Namen Solliers mit dem Wirkungsort von Dubois und schafft so eine Arztchimäre.

73 Vgl. *Corr.* V, n° 198, an Mme Straus vom 1. Dezember 1905 und *Corr.* V, n° 202 Anfang Dezember 1905, an Francis de Croisset.

74 *Carnet* de 1908, f° 4, F. Callu/A. Compagnon (Hg.), Marcel Proust, *Carnets*, Paris, 2002, S. 36 (hier übersetzt von D. W.).

75 *RTP* IV, S. 489-490 – *SvZ* VII, S. 323-324: »une espèce d'instrument optique«.

76 Freud, »Ratschläge für den Arzt bei der psychoanalytischen Behandlung«, S. 178.

77 Achim Peters und Andreas Günther, »Quartette – Beziehungsmuster bei Proust, Racine und Goethe«, in: *Proustiana* XXVI, Frankfurt/M., 2010, S. 75-94. Die Autoren verweisen auf S. Chu und J. J. Downes, »Long live Proust: the odour-cued autobiographical memory bump«, in: *Cognition* 15/ 2 (2000), S. 41-50.

78 *Carnet* 1, f° 11v°, in: Proust, *Carnets*, S. 51.

79 Sigmund Freud, »Bemerkungen über die Übertragungsliebe« (1915), in: ders., *Studienausgabe, Ergänzungsband*, S. 226.

80 *Carnet* 1, f° 37 in: Proust, *Carnets*, S. 95: »⟨Dans⟩ la dernière partie montrer le p[t] de vue opposé des gens intelligents et des artistes Sylvie – Baudelaire et indiquer que les gens du monde trouveront bête précisément ce que j'ai voulu faire en ayant toujours de l'irrationnel comme objet«.

81 Die sozialen Gründe der Entzweiung von literarischer Öffentlichkeit und –

nunmehr – hoher Literatur im 19. Jahrhundert erläutert Alain Vaillant, *La Crise de la littérature. Romantisme et modernité*, Grenoble, 2005.

82 »Enfin! la tyrannie de la face humaine a disparu, et je ne souffrirai plus que par moi-même«. (»À une heure du matin«), Charles Baudelaire, *Petits poèmes en prose*, in: ders., *Œuvres complètes*, hg. von Claude Pichois, Paris 1976, Bd.I, S. 287.

83 »Seigneur Dieu! accordez-moi la grâce de produire quelques beaux vers [...]«, ebenda.

84 *RTP* IV, S. 458 – *SvZ* VII, S. 277: »le livre intérieur de signes inconnus«.

85 Schröder, *Der Fachstreit über das Seelenheil*, S. 66.

86 Vgl. dazu Nicolas Despland: »Suggestion, persuasion et transfert à l'aube de la psychothérapie«, in: *Psychothérapies* 28 (2008), S. 155-164.

87 Gladys Swain/Marcel Gauchet: »Du traitement moral. Remarques sur la formation de l'idée contemporaine de psychothérapie«, in: *Confrontations psychiatriques* 26 (1986), S. 19-40 (besonders S. 38).

88 Proust, »Sur la lecture«, in: John Ruskin, *Sésame et le Lys*, S. 70; Proust, *Tage des Lesens*, S. 148: »Ein organischer Verfall, der schließlich das Äquivalent der Krankheiten sein würde, die er nicht hat, wäre die unheilbare Folge der Trägheit seines Willens, wenn der Antrieb, den er in sich selbst nicht finden kann, nicht von außen käme, von einem Arzt, der für ihn will, und zwar bis zu dem Tag, da seine verschiedenen organischen Willenskräfte wieder eingeübt sind.«

89 Müller, *Paul Dubois*, S. 104 und S. 175.

90 Maurice Barrès, *Trois stations de psychothérapie*, Paris, Didier, 1891, S. 9.

91 *Carnet* 1, f° 5, in: Proust, *Carnets*, S. 39: »Intérêt pour petits événements du régiment, chez Sollier etc.«

92 Paul Sollier, *Essai critique et théorique sur l'association en psychologie*, Paris 1905. Leider nur wenig über Solliers Vorgehen in der Therapie erfährt man bei Pascal Le Malefan: »La psychothérapie naissante au sanatorium du Dr Sollier (1861-1933). À propos de Cam. S., délirante spirite«, in: *Bulletin de psychologie* 64 (2011), S. 559-571.

93 »Über den psychischen Mechanismus hysterischer Phänomene« (1893), in: Breuer/Freud, *Studien über Hysterie*, 1895, S. 12 (1991, S. 31).

94 Dubois, *Die Psychoneurosen [...]*, 19. Vorlesung, S. 232-233; Dubois, *Les Psychonévroses [...]*, 19ᵉ leçon, S. 283.

95 *RTP* I, S. 45 – *SvZ* I, S. 67 und 69: »l'image, le souvenir visuel«.

96 Bizub, *Proust et le moi divisé*, S. 23.

97 *RTP* IV, S. 433 – *SvZ* VII, S. 240: »Das neue Sanatorium, in das ich mich zurückzog, brachte mir so wenig Heilung wie das frühere; viele Jahre aber vergingen, bis ich es verließ.«

98 Luzius Keller ist neben andern »Genetikern« einer der wenigen, die den Halbschlaffantasien einen Aufsatz gewidmet haben: »Rädergeratter und Glockengebimmel. Zu einer Halbschlafphantasie Marcel Prousts«, in: R. Paulin/H. Pfotenhauer (Hg.), *Die Halbschlafbilder in der Literatur, den Künsten und den Wissenschaften*, Würzburg, 2011, S. 183-195.

99 Paul Souday, *Proust*, Paris 1927, S. 13.

100 Siehe Sigmund Freud, »Aus der Geschichte einer infantilen Neurose [Der Wolfsmann]« (1914/1918), in: ders., *Studienausgabe*, Bd. VIII, 1969.

101 Siehe dazu Muriel Gardiner (Hg.), *Die Erinnerungen des Wolfsmannes*, Frankfurt a. M., 1972, S. 106.
102 Siehe z. B. die Briefe der Mutter vom 5., 6. und 7. September 1888 und vom 1. Semester 1890 (*Correspondance avec sa mère*, S. 7, 8, 9, 18, 20).
103 Vgl. »Projets de préface«, *CSB*, S. 217 – *GSG*, S. 64 und 65 (»Textfolge aus dem 2. Cahier«). *RTP* II, S. 9 und S. 545; *RTP* III, S. 514.
104 Freud, »Aus der Geschichte einer infantilen Neurose [Der Wolfsmann]«, S. 152.
105 *RTP* I, S. 4 – *SvZ* I, S. 9: »un âge à jamais révolu de ma vie primitive«.
106 *JS*, S. 348-349 – *JSdt* S. 258: »Zum Spaß nämlich kitzelte der Onkel gern seinen Neffen Jean und bereitete ihm damit eine so grausame Pein, daß er den Tod einem Leben vorgezogen hätte, in dem es möglich war, daß man – und sei es auch nur einmal in der Woche – wehrlos neben einer Person saß, die einen kitzelte, zumal er in betreff des Kitzelns, weil seine Mutter es für Jean seiner Nervosität wegen fürchtete, dunkle Vorstellungen hegte, durch die es etwas Obszönes, bestimmt aber etwas Grausames bekam.«
107 *JSdt*, S. 37 – *JS*, S. 202: »habitudes de petite fille«.
108 *RTP* I, S. 44: »quelque objet matériel« – *SvZ* I, S. 66.
109 *RTP* I, S. 44 – *SvZ*, S. 67: »Woher strömte diese mächtige Freude mir zu?«
110 Siehe dazu Michèle Perron-Borelli, *Les Fantasmes*, Paris 2001.
111 *RTP* I, S. 29 – *SvZ* 1, S. 45: »granito«, »Mundspülschälchen«.
112 *RTP* I, S. 31: »fête inconcevable, infernale,«, »goûter des plaisirs inconnus« – *SvZ* I, S. 47.
113 *RTP* I, S. 34 – *SvZ* I, S. 52-53: »›Was meinst du, wenn es dir recht ist, gehen wir jetzt schlafen.‹ ›Wenn du willst, mein Lieber, obwohl ich sagen muß, ich bin noch gar nicht müde, [...] wenn die arme Françoise schon aufgeblieben ist, dann will ich sie doch bitten, mir das Mieder aufzuhaken, während du dich ausziehst.‹«
114 *RTP* IV, S. 39 – *SvZ* VI, S. 63-64. Wörtlich übersetzt hieße das Gedicht Mallarmés: »Mich in deine Geschichte hineindrängen«.
115 *RTP* I, S. 38 – *SvZ* I, S. 57: »Pubertät des Kummers«.
116 *CSB*, S. 224 – *GSG*, S. 27: »eine zu beschreibende Illusion«.

Emotionale Erinnerung als narrative Matrix in *A la recherche du temps perdu*: Prousts Antizipation neurowissenschaftlicher Erkenntnisse

Inge Crosman Wimmers

> Exister pour nous, c'est sentir; notre sensibilité est incontestablement antérieure à notre intelligence.
>
> *J.-J. Rousseau*

Gleich zu Beginn von Prousts Roman macht der Erzähler den Leser auf die Art des Gedächtnisses aufmerksam, welches den Kern der Geschichte bildet und seine *mise en intrigue* formen wird. Zunächst widmet er die ersten Seiten der, wie er es nennt, »mémoire du corps«, dem Kögergedächtnis, das einsetzt, wenn eine Unterbrechung seines Schlafs ihn in einen Zustand äußerster Verwirrung darüber versetzt, wer er ist und wo er sich befindet, eine beunruhigende Orientierungslosigkeit, von der er sich Schritt für Schritt zu lösen vermag: »Mon corps, trop engourdi pour remuer, cherchait, d'après la forme de sa fatigue, à repérer la position de ses membres pour en induire la direction du mur, la place des meubles, pour reconstruire et pour nommer la demeure où il se trouvait«.[1] Der Erzähler betont daraufhin die Tatsache, dass es der Erinnerungsprozess des Körpers ist, der ihn aus völliger Finsternis befreit, wenn verschiedene Räume anfangen, Form anzunehmen:

> Sa mémoire, la mémoire de ses côtes, de ses genoux, de ses épaules, lui présentait successivement plusieurs des chambres où il avait dormi, tandis qu'autour de lui les murs invisibles changeant de place selon la forme de la pièce imaginée, tourbillonnaient dans les ténèbres. Et avant même que ma pensée, qui hésitait au seuil des temps et des formes, eût identifié le logis en rapprochant les circonstances, lui – mon corps, – se rappelait pour chacun le genre du lit, la place des portes, la prise de jour des fenêtres, l'existence d'un couloir, avec la pensée que j'avais en m'y endormant et que je retrouvais au réveil.[2]

Es ist die spontane, instinktive Erinnerung des Körpers, welche die Arbeit erledigt, bevor ein zögerlicher mentaler Prozess irgendwelche Anhaltspunkte hervorbringt. Gleichfalls bemerkenswert ist der Umfang der wiederauflebenden Bilder, welche die Vergangenheit wieder wach werden lassen und die vollständige Wirkung der Erinnerung entfalten. Es scheint, als ob Erfahrungen, die am gleichen Ort und zur gleichen Zeit gemacht wurden, zusammen heraufbeschworen werden. Auf die flüchtigen viszeralen Evokationen des Körpers folgt eine bewusster ausgerichtete Erinnerung an das Leben, das mit jedem erinnerten Ort assoziiert wird:

> le branle était donné à ma mémoire; généralement je ne cherchais pas à me rendormir toute de suite; je passais la plus grande partie de la nuit à me rappeler notre vie d'autrefois, à Combray chez ma grand-tante, à Balbec, à Paris, à Doncières, à Venise, ailleurs encore, à me rappeler les lieux, les personnes que j'y avais connues, ce que j'avais vu d'elles, ce qu'on m'en avait raconté.[3]

Vom Standpunkt einer retrospektiven Lektüre von Prousts Roman aus ist es ziemlich offenkundig, dass die hier erwähnten Orte die wichtigen Episoden, die eine nach der anderen aufgenommen werden, antizipieren. So legt die körperliche Erinnerung der verschiedenen Räume den Grundstein für die folgende Erzählung.

Nachdem er diese geographischen und narrativen Meilensteine erwähnt hat, nimmt der Erzähler unmittelbar seine Kindheitserinnerungen von Combray auf, gibt sich jedoch Mühe hervorzuheben, dass sich nur der erste Abschnitt, der sich auf das *drame du coucher* konzentriert, direkt auf die nächtlichen Evokationen des Raumes bezieht, den er einst dort bewohnt hat. Wäre da nicht eine zweite, weitreichendere unwillkürliche Erinnerung, ausgelöst durch die mit Tee getränkte Madeleine, wäre diese Kindheitsgeschichte erheblich kürzer ausgefallen, beschränkt auf, wie der Erzähler umgehend betont, »le drame de mon déshabillage; comme si Combray n'avait consisté qu'en deux étages reliés par un mince escalier, et comme s'il n'y avait jamais été que sept heures du soir«.[4]

Während die körperliche Erinnerung unmittelbar und mühelos war, braucht das Madeleine-Erlebnis einige Zeit, um sich zu entfalten, was offensichtlich ist, sobald der Erzähler uns Schritt für Schritt durch diesen Prozess führt. Obwohl der erste Kontakt mit der Vergangenheit angenehm ist und ihn mit Freude erfüllt, hat er keine Ahnung, wohin es ihn verschlagen hat: »Mais à l'instant même où la gorgée mêlée des miettes du gâteau toucha mon palais, je tressaillis, attentif à ce qui se passait d'extraordinaire en moi. Un plaisir délicieux m'avait envahi, isolé, sans la notion de sa cause«.[5] Dann wendet er sich nach innen, appelliert an seinen Verstand und lässt seine Gedanken mehrmals zum entscheidenden Sinneseindruck zurückkehren, dem Moment, in dem er zum ersten Mal eine in Tee eingetauchte Madeleine probiert hat, während er sich die ganze Zeit fragt, ob eine Verbindung hergestellt wird: »Arrivera-t-il jusqu'à la surface de ma claire conscience, ce souvenir, l'instant ancien que l'attraction d'un instant identique est venue de si loin solliciter, émouvoir, soulever tout au fond de moi?«[6] Indem er diese Frage stellt, lenkt er die Aufmerksamkeit auf die Tatsache, dass eine auf *Ähnlichkeit* basierende Assoziation den Erinnerungsprozess in Gang gesetzt hat.

Als er endlich die Verbindung zu Tante Léonies Zimmer herstellt, wo er zum ersten Mal die in Tee getränkte Madeleine bekam, taucht der Rest seiner Kindheitserinnerungen auf: »tout Combray et ses environs, tout cela qui prend forme et solidité, est sorti, ville et jardins, de ma tasse de thé«.[7] Ohne Erklärung oder Aufschub nimmt der Erzähler daraufhin unmittelbar die zweite, weit längere Erzählung von *Combray* auf. Eine weitere Assoziation ist offensichtlich ins Spiel gekommen, die Verbindung durch *Kontiguität*, die ein ganzes eng verbundenes Erfahrungsnetzwerk evoziert, einen kontextgetriebenen Erinnerungsprozess, der die sich rasch ausweitende Erzählung nähren wird. Wie Gérard Genette es so treffend in seinem Essay mit dem Titel »Métonymie chez Proust« formuliert hat: »sans métonymie pas d'enchaînement de souvenirs, pas d'*histoire*, pas de roman«.[8]

So erscheint die Dynamik der affektiven oder unwillkürlichen Erinnerung als zweistufiger Prozess: Zunächst stellt eine analogiebasierte Assoziation die Verbindung zwischen einem gegenwärtigen Moment und einer ähnlichen Erfahrung aus der Vergangenheit her, gefolgt von einer kontiguitätsgetriebenen Assoziation, wo alles, was sich auf die gleiche Zeit und den gleichen Ort bezieht, gleichzeitig erinnert wird; mit anderen Worten bereichert ein dicht verknüpftes Netzwerk aus Eindrücken, Emotionen und Gedanken den ersten Kontakt mit der Vergangenheit.

Die Schlüsselfunktion der Kontiguität im kontextuellen Gedächtnis ist der zentrale Gegenstand jüngster neurowissenschaftlicher Studien gewesen. So hat beispielsweise 2011 eine Gruppe von Forschern der University of Pennsylvania durch die Nutzung von Elektroden, die in das Gehirn von Epilepsiepatienten implantiert wurden, überzeugende Beweise für den »Kontiguitätseffekt« im Schläfenlappen entdeckt. Beim Lesen einer Rezension dieser Studie wurde meine Aufmerksamkeit auf die folgende Passage gelenkt, die mir wie ein Déjà-vu vorkam: »The new study suggests that memory is like a streaming video that is bookmarked, both consciously and subconsciously, by facts, scenes, characters and thoughts«.[9] Wo war ich schon einmal auf das gleiche oder ein ähnliches Bild gestoßen? Dann erinnerte ich mich. Es war in den sechziger Jahren, in einem Graduiertenseminar über Proust an der Columbia University, wo wir in das Werk eines Neurowissenschaftlers namens Wilder Penfield eingeführt wurden, der ebenfalls Elektroden am Schläfenlappen einer Epilepsiepatientin angebracht hatte. Erstaunt über die Fülle und Detailliertheit ihrer Erinnerung, griff er auf eindringliche Bilder zurück, um seine Ergebnisse als »a continuous film strip« und »a sequence on a wire recorder« zu beschreiben.[10]

Penfield verweist scharfsinnig darauf, dass

> the temporal lobe cortex, on stimulation, yields two types of response which are psychical rather than sensory or motor. The two forms are (1) a flashback of past experience and (2) a signaling of interpretation of the present experience. The two types of response would seem to form parts of one subconscious process, the process of comparing present experience with past similar experiences.[11]

Nach Ansicht von Penfield sind die erzeugten Gefühle »reliable signals that can rise into consciousness only after a comparison is made between past records and the present experience«. Er setzt seine Argumentation fort, indem er zwei relevante Fragen stellt, nämlich »How else could the sudden awareness that this has happened before come to us with true meaning? Or how else could we know that this or that brings danger before we have had ›time to think‹?«[12]

Die Fragen erwägend, die Penfield hier aufwirft, werde ich Proust heranziehen und mich einem höchst aufschlussreichen Beispiel der ersten Seiten von *Albertine disparue* zuwenden. Dort beschreibt der Erzähler seine unmittelbare Reaktion auf die bestürzende Nachricht, dass Albertine ihn verlassen hat. Er beginnt damit, unsere Aufmerksamkeit auf die besondere Beschaffenheit dieser niederschmetternden Erfahrung zu lenken, indem er die mächtige Wirkung des durch die unwillkürliche Erinnerung gewonnenen emotionalen Einblicks hervorhebt:

> Pour se représenter une situation inconnue l'imagination emprunte des éléments connus et à cause de cela ne se la représente pas. Mais la sensibilité, même la plus physique, reçoit comme le sillon de la foudre, la signature originale et longtemps indélébile de l'événement nouveau. Et j'osais à peine me dire que, si j'avais prévu ce départ, j'aurais peut-être été incapable de me le représenter dans son horreur, et même Albertine me l'annonçant, moi la menaçant, la suppliant, de l'empêcher! Que le désir de Venise était loin de moi maintenant! Comme autrefois à Combray celui de connaître Mme de Guermantes, quand venait l'heure où je ne tenais plus qu'à une seule chose, avoir maman dans ma chambre. Et c'étaient bien en effet toutes les inquiétudes éprouvées depuis mon enfance qui, à l'appel de l'angoisse nouvelle, avaient accouru la renforcer, s'amalgamer à elle en une masse homogène qui m'étouffait.[13]

Die unmittelbare Reaktion, der er blitzartig unterliegt, wird seiner *sensibilité* zugeschrieben, die ihn augenblicklich mit einer ähnlichen Erfahrung aus seiner Kindheit in Combray in Verbindung setzt. Demnach hat eine emotionale Analogie, ohne die Intervention von Verstand oder Gedanken, die unbewusst bekannte Angst der Trennung in den Vordergrund gerückt, insbesondere das *drame du coucher,* das wir als Leser dank der detaillierten Beschreibung des Erzählers genau mitverfolgt haben.[14] Gleichermaßen bedeutsam ist die Tatsache, dass die gegenwärtige Seelenqual alle bisher in seinem Leben durchlittenen wachruft. Der Akzent liegt hier nicht auf dem weitreichenden Erinnerungsprozess, sondern auf dem sich steigernden Schmerz, den er mit sich bringt und so den Protagonisten unerträglichem Leid unterwirft, wie das treffende Bild einer ständig wachsenden Masse so effektiv vermittelt: »une masse homogène qui m'étouffait«.

Gleich im nächsten Satz wird uns explizit berichtet, wie der Trennungsschmerz dadurch intensiviert wird: »Certes, ce coup physique au cœur que donne une telle séparation et qui, par cette terrible puissance d'enregistrement qu'a le corps, fait de la douleur quelque chose de contemporain à toutes les époques de notre vie où nous avons souffert«.[15] Durch diesen dem Körper zugeschriebenen Effekt der Überlagerung wird nichts Geringeres als ein emotionales Modell oder Paradigma erschaffen, in diesem Fall die Trennungsangst des Protagonisten, die in seinem innersten Sein verwurzelt ist und für die fesselndste Vorwärtsbewegung der Erzählung sorgt. Ich frage mich, ob die heutige Neurowissenschaft mit ihren weiterentwickelten Abbildungstechniken in der Lage ist, solche emotionalen Modelle zu lokalisieren. Befinden sie sich in der Amygdala – dem emotionalen Gehirn? Mit welchen anderen Netzwerken sind sie verknüpft?

In seiner innovativen Studie mit dem Titel *The Emotional Brain* macht der Neurowissenschaftler Joseph LeDoux eine nützliche Unterscheidung zwischen »emotional memory«, das heißt einer impliziten, angstbedingten Erinnerung, und »memory of an emotion« – einer expliziten, deklarativen Erinnerung.[16] Er betont wiederholt »the memory-enhancing effects of emotional arousal«[17] und führt das Konzept eines emotionalen Unterbewusstseins ein[18]: »the emotional unconscious is where much of the emotional action is in the brain«.[19]

Ein Vergleich zwischen dem Dilemma des Proust'schen Protagonisten in *Albertine disparue* und einem zentralen Abschnitt von LeDoux' Darstellung der komplexen emotionalen Verarbeitung liefert einige interessante Parallelen. Der Neurowissenschaftler würde die Reaktion der Romanfigur auf die Nachricht, dass Albertine ihn verlässt, folgendermaßen interpretieren: »If the stimulus is meaningful, say dangerous, then the amygdala is brought into the act.«[20] LeDoux zufolge ist der Cortex nicht in der Lage, die Gefahr der neuralen Botschaft, die er erhält, genau zu bestimmen; sobald sich jedoch die Amygdala einschaltet, wird alles klar:

> The combination of nonspecific cortical arousal and specific information provided by direct projections from the amygdala to the cortex allows the establishment of a working memory that says that something important is going on and that it involves the fear system of the brain. These representations converge in working memory with the representations from specialized short-term memory buffers and with representations from long-term memory triggered by current stimuli and by amygdala processing. The continued driving of the amygdala by the dangerous stimulus keeps arousal systems active, which keeps the amygdala and cortical networks actively engaged in the situation as well. Cognitive inference and decision making processes controlled by the working memory executive become actively focused on the emotionally arousing situation, trying to figure out what is going on and what should be done about it. All other inputs that are vying for the attention of working memory are blocked out.[21]

Und so geschieht es, dass kein bewusstes Denken eingreift, als Prousts Protagonist plötzlich mit seinem schlimmsten Feind, der Trennungsangst, konfrontiert wird; es ist die Amygdala, die den Schmerz aus verschiedenen Phasen seines Lebens zurückbringt – ein unerträglicher Schmerz aufgrund seiner kumulativen Einwirkung. Die körperliche Resonanz hat begonnen; dies sind, wie LeDoux es darlegen würde, die viszeralen Reaktionen, die von dem autonomen Nervensystem und den Stresshormonen ausgehen.[22] LeDoux' Erörterung der »cognitive inferences and decision making processes« kommt auch in dem zur Diskussion stehenden Proust'schen Erzählsegment ins Spiel. Gleich zu Beginn von *Albertine disparue* gibt es eine aufschlussreiche Textstelle; sie beginnt mit der Darstellung der plötzlichen Einsicht des Protagonisten, die er gerade durch diese schmerzvolle Erfahrung gewonnen hat: »Ainsi ce que j'avais cru n'être rien pour moi, c'était tout simplement toute ma vie! Comme on s'ignore.«[23] Ebenso bemerkenswert ist seine unmittelbare Reaktion auf diese erste Erkenntnis. Sie verdient eine genauere Lektüre:

> Il fallait faire cesser immédiatement ma souffrance; tendre pour moi-même comme ma mère pour ma grand-mère mourante, je me disais, avec cette même bonne volonté qu'on a de ne pas laisser souffrir ce qu'on aime: ›Aie une seconde de patience, on va te trouver un remède, sois tranquille, on ne va pas te laisser souffrir comme cela.‹ Ce fut dans cet ordre d'idées que mon instinct de conservation chercha pour les mettre sur ma blessure ouverte les premiers calmants: ›Tout cela n'a aucune importance parce que je vais la faire revenir tout de suite. Je vais examiner les moyens, mais de toute façon elle sera ici ce soir. Par conséquent inutile de me tracasser.‹[24]

Dies ist eine komplexe Passage, die einer eingehenderen Analyse wert ist. Man bemerkt zunächst, dass der Protagonist, ohne zu zögern und zu überlegen, sich buchstäblich selbst bemuttert, indem er sich mit einer beruhigenden Bemerkung seiner Mutter tröstet, welche diese einst am Krankenbett seiner leidenden Großmutter gemacht hat – eine Bemerkung, die auch wir Leser bezeugen können: »›Non ma petite Maman, nous ne te laisserons pas souffrir comme ça, on va trouver quelque chose, prends patience une seconde‹.«[25] Diese Art des mütterlichen Diskurses ist Teil der liebevollen Beziehung zwischen Mutter, Großmutter und deren Enkel. Er ist auch eng verbunden mit den wiederholten Anfällen von Trennungsangst des Protagonisten, während deren er sich nach mütterlicher Beschwichtigung sehnt. In einem Krisenmoment treten solche beruhigenden Worte sofort in den Vordergrund. LeDoux hat eine neurowissenschaftliche Erklärung für ein derartiges Verhalten, indem er darauf hinweist, dass die Amygdala sich bestens als Auslösevorrichtung für Überlebensreaktionen eignet. Oder, in seinen Worten: »Stimulus situations are rigidly coupled to specific kinds of responses through the learning and memory functions of this brain region. It is wired so as to preempt the need for thinking about what to do«.[26] So kann, anatomisch gesehen, das emotionale System unabhängig agieren, bevor das denkende Gehirn die Nervensignale vollständig verarbeitet hat.

Es ist bemerkenswert, dass Proust seinen Erzähler vor hundert Jahren mit derselben Einsicht ausgestattet hat, wie aus dem Abschnitt aus *Albertine disparue* ersichtlich wird. Überdies generalisiert er die gerade gesammelte Erkenntnis und erhebt sie zu einer Wahrheitsäußerung:

> [L]'intelligence n'est pas l'instrument le plus subtil, le plus puissant, le plus approprié pour saisir le vrai [...]. C'est la vie qui, peu à peu, cas par cas, nous permet de remarquer que ce qui est le plus important pour notre cœur, ou pour notre esprit, ne nous est pas appris par le raisonnement, mais par des puissances autres.[27]

Der Verstand wird so durch ›andere Kräfte‹ ersetzt, oder in den Worten Pascals aus den *Pensées*, »le cœur a ses raisons, que la raison ne connaît point«.[28] Es ist erstaunlich, dass Proust ohne den Einsatz von Abbildungstechniken oder Elektroden so eine scharfsinnige Einsicht in die Mechanismen des emotionalen Gedächtnisses hatte und damit heutige Forschungsarbeiten in der Verhaltens- und Neurowissenschaft vorwegnahm. Durch die wiederholte Konzentration auf die Trennungsangst des Protagonisten führt uns der Erzähler rund dreitausend Seiten lang durch Zeit und Raum, während deren wir an der zunehmenden Einwirkung dessen teilhaben, was sich als emotionales Paradigma herausstellen wird.[29] Auf fesselnde Art und Weise bezieht er uns emotional ein, indem er Gefühle durch konkrete Bilder und dramatische Szenarien greifbar macht, etwas, das eine abstrakte wissenschaftliche Theorie nicht vermag.

Was für das Innenleben von Prousts Protagonist wesentlich ist, hat Auswirkungen auf die Materialauswahl und Organisation des Erzählers und erklärt, zumindest zum Teil, seine Präferenz eines Erzählens, das sich auf retrospektive Assoziationen anstatt auf einen linearen Verlauf gründet. Durch die Wiederholung ähnlicher Ereignisse wird uns sein permanentes Selbst mit seinem emotionalen und psychologischen Aufbau bewusstgemacht. Während sich der Roman entfaltet, ist das ausgeprägte Gespür des Erzählers für kontiguitätsbasierte Assoziationen besonders offensichtlich. Wir waren bereits Zeugen, als das Kontiguitätsprinzip bei den Evokationen von Combray am Werke war. Gleichsam charakteristisch ist die Beschreibung der beiden Spazierwege, welche gewöhnlich von der Familie des Protagonisten genommen werden und den Leser erst auf den einen Weg führen – den Méséglise oder Swanns Weg – und dann auf den anderen, den Weg der Guermantes.[30] Es gibt keinen Überblick aus einer allwissenden Perspektive, sondern vielmehr eine Schilderung, die sich entschieden auf die persönliche Erfahrung gründet. Man beobachte, wie der Erzähler die Aufmerksamkeit auf diese Tendenz in der folgenden Passage lenkt, wo das Bild des *vase clos* uns die geistige Spaltung des Protagonisten einschärft, während es uns zur gleichen Zeit auf seine Erzähltechnik aufmerksam macht:

> [J]e leur donnais, en les concevant ainsi comme deux entités, cette cohésion, cette unité qui n'appartiennent qu'aux créations de notre esprit [...] Mais surtout je mettais entre eux, bien plus que leurs distances kilométriques la distance qu'il y avait entre les deux parties de mon cerveau où je pensais à eux, une de ces distances dans l'esprit qui ne font pas qu'éloigner, qui séparent et mettent dans un autre plan. Et cette démarcation était rendue plus absolue encore parce que cette habitude que nous avions de n'aller jamais vers les deux côtés un même jour, dans une seule promenade, mais une fois du côté de Méséglise, une fois du côté de Guermantes, les enfermait pour ainsi dire loin l'un de l'autre, inconnaissables l'un à l'autre, dans les vases clos et sans communication entre eux, d'après-midi différents.[31]

Was folgt, ist eine detaillierte Beschreibung jedes Spaziergangs. Das Bild des *vase clos* in dem zur Diskussion stehenden Textabschnitt ist eine konzeptuelle Metapher, die Proust wiederholt verwendet, um eine zentrale Botschaft zu unterstreichen, nämlich, dass Erfahrungen, die an einem bestimmten Ort und zu einer bestimmten Zeit gemacht wurden, unweigerlich zusammen erinnert werden.[32] Neurowissenschaftler mögen wissen, wie und wo genau dies im Gehirn passiert, indem sie sich Nervenzellen anschauen, mit ihren Hirnzellen, Axonen und Dendriten, und die Aktivität in den angrenzenden Synapsen beobachten – den Räumen zwischen den Nervenzellen, wo die Neurotransmitter freigesetzt werden. Wie LeDoux es so treffend ausdrückt, »cells that fire together wire together«.[33]

Dennoch ist es der Romancier, der uns eine überzeugendere Darstellung davon bieten kann, wie dies passiert, wie es sich einprägt und welche Bedeutung einer solchen Lebenserfahrung zugeschrieben werden kann. Es gibt eine fesselnde frühe Passage in *Combray*, wo der Erzähler die unauslöschliche Beschaffenheit simultaner Eindrücke, Gedanken und Beschäftigungen hervorhebt. Er führt das Bild eines Kristallgefäßes ein – an die *vases clos* des vorangegangenen Beispiels erinnernd –, um die Tatsache zu betonen, dass diese einzigartige Erfahrung in ihrer Ganzheit bewahrt wird. Nach einer detaillierten Beschreibung der angenehmen Lesestunden, die er als Junge im Garten von Combray genossen hat, beschließt er diesen Abschnitt mit einer lyrischen Beschwörung sonniger Sonntagnachmittage. Der plötzliche Wechsel des Tonfalls am Ende der Passage lenkt die Aufmerksamkeit des Lesers auf seine Bedeutung:

> Beaux après-midi du dimanche sous le marronnier du jardin de Combray, soigneusement vidés par moi des incidents médiocres de mon existence personnelle que j'y avais remplacés par une vie d'aventures et d'aspirations étranges au sein d'un pays arrosé d'eaux vives, vous m'évoquez encore cette vie quand je pense à vous et vous la contenez en effet pour l'avoir peu à peu contournée et enclose – tandis que je progressais dans ma lecture et que tombait la chaleur du jour – dans le cristal successif, lentement changeant et traversé de feuillages, de vos heures silencieuses, sonores, odorantes et limpides.[34]

In dieser erstaunlichen Textstelle wird die Dynamik von Assoziationen, die sich auf Kontiguität gründen, durch die syntaktische Reihung der Adjektive, die jedes Substantiv näher bestimmen, veranschaulicht. Dass sich jedes dieser Attribute auf einen bestimmten Sinneseindruck bezieht, der mit der Leseerfahrung des Protagonisten assoziiert wird, ist durch den vorangehenden Kontext offensichtlich. Beispielsweise erinnern uns die Adjektive, die »cristal« näher bestimmen (»successif, lentement changeant et traversé de feuillages«), daran, dass die Zeit vergeht und sich die Dinge mit ihr allmählich verändern. Die folgenden vier Adjektive, die »heures« näher bestimmen, sind metonymische Attribute, da jedes von ihnen einen bestimmten Aspekt der Erfahrung hervorhebt: »silencieuses« greift auf die stille Umgebung zurück, während »sonores« auf das akustische Eindringen der Glockenschläge hinweist, die jede Stunde markieren;[35] »odorantes« bezieht sich auf den duftenden Kastanienbaum, unter dem das Lesen stattfindet, und »limpides« spielt auf die besondere Atmosphäre mit einem klarem blauen Himmel und mit sonnigem Wetter an. Doch jedes Bestimmungswort erinnert nicht nur an ein hervorstechendes Merkmal der zuvor beschriebenen Szenerie, sondern ihre syntaktische Reihung und Koordination veranschaulicht auch ihren engen konzeptionellen Zusammenhang. So werden die Leseerfahrung des kleinen Jungen und die Gedanken und Sehnsüchte, welche diese wachruft, immer mit eben jener Umgebung assoziiert werden, in der sie sich vollzogen hat – ein eng verknüpftes Netzwerk, eingefangen durch die metonymischen Metaphern, welche die simultanen Eindrücke des Protagonisten verschlüsseln.[36] Das Bild eines Kristallgefäßes hebt das Konzept der totalen Erhaltung durch Einschließung hervor.[37]

Nun gibt es wissenschaftliche Beweise für die komplexen Assoziationen, die Proust so überzeugend beschreibt. In *The Emotional Brain* legt Joseph LeDoux dar, wie der Input jeder der Hauptsinnesmodi im Übergangscortex – der Hauptverbindung zwischen Hippocampus und dem Neocortex – miteinander vermischt wird.[38] Seine Erklärung deckt sich mit der Beschreibung von Prousts Erzähler, wie die verschiedenen Sinneseindrücke, Gedanken und Beschäftigungen, die mit lesend verbrachten sonnigen Sonntagnachmittagen assoziiert werden, für immer in seinem Langzeitgedächtnis bewahrt werden. LeDoux hebt wie Proust die Simultanität hervor und führt uns vom Wahrnehmenden zum Konzeptionellen, wie er in dieser Passage darlegt:

> This means that in the transition circuits we can begin to form representations of the world that are no longer just visual or auditory or olfactory, but that include all of these at once. We begin to leave the purely perceptual and enter the conceptual domain of the brain. The transition region then sends these conceptual representations to the hippocampus, where even more complex representations are created.[39]

Es ist nicht ohne Bedeutung, dass der Proust'sche Erzähler sich die verschiedenen affektbasierten Erinnerungen und Eindrücke am Ende des Romans nochmals ins Gedächtnis ruft, wo er ihre gemeinsame Funktion betont, ihn seiner Bestimmung zugeführt zu haben: dem Schreiben eines Buches. Was er erneut auf diesen letzten Seiten betrachtet, sind die fesselndsten Reminiszenzen, die er im Laufe seines Lebens erlebt hat. Anschließend fügt er fünf solcher Erfahrungen hinzu, so wie sie sich bei der Matinée der Guermantes ereignen, angefangen mit den unebenen Pflastersteinen im Hof, die ihn an Venedig erinnern, gefolgt von dem Geräusch eines an einen Teller schlagenden Löffels, das ihm eine Begebenheit in einem Zug ins Gedächtnis zurückruft. Als er eine gestärkte Serviette berührt, assoziiert er sie sogleich mit ähnlich gestärkten Handtüchern in Balbec. Balbec kommt erneut in den Sinn, als der schrille Ton einer Wasserleitung die auf das Meer hinaussegelnden Ausflugsboote heraufbeschwört.

Seine fünfte und letzte Erfahrung unwillkürlicher Erinnerung ist die komplexeste und hat eine zusätzliche Bedeutung. In dem Augenblick, in dem er in der Bibliothek des Fürsten auf ein Exemplar von *François le Champi* stößt, wird er von einem schmerzvollen Eindruck überwältigt, der eine Erinnerung auslöst, die ihn in sein Kinderschlafzimmer in Combray transportiert, wo seine Mutter ihm in einer schlaflosen Nacht dieses Buch vorlas:

> si je reprends dans la bibliothèque *François le Champi*, immédiatement en moi un enfant se lève qui prend ma place, qui seul a le droit de lire ce titre: *François le Champi*, et qui le lit comme il le lut alors, avec la même impression du temps qu'il faisait dans le jardin, les mêmes rêves qu'il formait alors sur les pays et sur la vie, la même angoisse du lendemain.[40]

Die Anspielung durch »angoisse« auf die damalige Trennungsangst erklärt, warum diese letzte Erinnerung als unglücklich empfunden wird, nicht erfreulich wie die vorangegangenen. Dennoch erkennt der Erzähler sie bald als positiv an, da sie auch zum zu schreibenden Werk beitragen wird. Sie eignet sich bestens für die Entfaltung der Erzählung, wie er in einer an die Madeleine-Episode erinnernden Passage hervorhebt: »et voici que mille riens de Combray, et que je n'apercevais plus depuis longtemps, sautaient légèrement d'eux-mêmes et venaient à la queue leu leu se suspendre au bec aimanté, en une chaîne interminable et tremblante de souvenirs.«[41] Die Möglichkeit der Textausweitung, die mit dieser letzten Erinnerung verknüpft ist, ist immens. Sie ist eng verbunden mit der ersten Erfahrung von Trennungsangst und, durch Assoziation, mit all dem Leid, das Albertine hervorgerufen hat. Dieses emotionale Modell, zusammengehalten durch ein eng gewebtes Netzwerk, das den Protagonisten, seine Mutter, seine Großmutter und Albertine mit einschließt, ist der Hauptantrieb, der den Text in Bewegung setzen wird.[42]

Das Hauptaugenmerk des Buches, wie uns der Erzähler nun mitteilt, wird auf dem Tiefempfundenen liegen, »notre vraie vie, la réalité telle que nous l'avons sentie«.[43] Es wird Erfahrungen unwillkürlicher Erinnerung, sowohl glücklicher als auch unglücklicher, ebenso wie die Art »obskurer Eindrücke« umfassen, welche die Martinville-Türme hervorrufen. Der Schwerpunkt wird zweifellos auf dem Affekt liegen, und sein Stil wird mit den privilegierten, assoziationsbasierten Erfahrungen harmonieren, die seinem Leben Sinn gegeben haben: »Même, ainsi que la vie, quand en rapprochant une qualité commune à deux sensations, il [l'écrivain] dégagera leur essence commune en les réunissant l'une et l'autre pour les soustraire aux contingences du temps, dans une métaphore«.[44]

Die Metapher wird folglich seinen Stil formen; das heißt ›Metapher‹ sowohl im rhetorischen Sinn als Sprachfigur als auch allgemein als jede bedeutungsvolle Assoziation, die durch seinen stets wachsamen Protagonisten und Erzähler wahrgenommen und übersetzt wird. Wenn er beispielsweise auf den letzten Seiten von *Le Temps retrouvé* an die kleine Gartenglocke erinnert wird, stellt er eine metonymische Verbindung zum *drame du coucher* her. So erinnert er uns genau am Schluss des Romans, den wir gerade zu Ende gelesen haben, nicht nur an seinen Anfang, sondern verspricht uns, den Zyklus erneut zu beginnen, da die kleine Glocke einer der Wegweiser ist, denen er zu folgen gedenkt: »La date à laquelle j'entendais le bruit de la sonnette du jardin de Combray, si distant et pourtant intérieur, était un point de repère.«[45]

Wenn der Erzähler am Ende des Romans festzustellen versucht, warum diese zufälligen Eindrücke ihm so viel Freude oder Schmerz bereiten, weist er auf ihre eigentliche Bedeutung hin: »au vrai, l'être qui alors goûtait en moi cette impression la goûtait en ce qu'elle avait de commun dans un jour ancien et maintenant, dans ce qu'elle avait d'extra-temporel.«[46] Was er zurückgewonnen hat, ist nicht bloß ein Moment der Vergangenheit, sondern vielmehr »das wahre Selbst« (»le vrai moi«). Er schließt, indem er hervorhebt, dass die Erfahrungen, die wirklich zählen, die rein subjektiven sind. Sie werden den Kern des zu schreibenden Buches ausmachen und ihm helfen, das ›Reale‹ neu zu bestimmen; eine Realität, die tief in der persönlichen Geschichte verwurzelt ist.

Aus dem Englischen übersetzt von Catharina Meier

Anmerkungen

1 *RTP* I S. 6 – *SvZ* I, S. 11: »Noch zu benommen vom Schlaf, um sich zu rühren, suchte mein Körper nach der Art seiner Müdigkeit die Stellung seiner Glieder auszumachen, um daraus die Richtung der Wand, den Platz der Möbel abzuleiten, um die Wohnung, in der er sich befand, im Geiste wiederherzustellen und zu benennen.«

2 *RTP* I, S. 6 – *SvZ* I, S. 11: »Sein Gedächtnis, das Gedächtnis seiner Rippen, seiner Knie, seiner Schultern, zeigte ihm nacheinander mehrere Zimmer, in denen er geschlafen hatte, während rings um ihn her die unsichtbaren Wände je nach der Form des vorgestellten Raums ihre Lage änderten und sich wirbelnd in der Finsternis drehten. Und bevor noch mein Denken, das an der Schwelle der Zeiten und Formen zögerte, die Umstände zusammengebracht und damit die Räumlichkeiten bestimmt hatte, erinnerte er – mein Körper – sich von einer jeden an die Art des Bettes, die Lage der Türen, die Fensteröffnungen, das Vorhandensein eines Flurs, zusammen mit dem Gedanken, den ich dort beim Einschlafen hatte und beim Erwachen wiederfand.« Vgl. *Esquisses I-IV* (*RTP* I, S. 634-58), wo das Körpergedächtnis, das sich an die einst vom Protagonisten bewohnten Räume erinnert, einige Male erwähnt wird. Besonders bemerkenswert ist die folgende Passage, in welcher der Protagonist betont, wie wertvoll solche Reminiszenzen sind: »celles [chambres] dont mon esprit n'avait plus le souvenir, qui sans cette réminiscence inattendue de mon corps fussent restées perdues pour lui jusqu'à ma mort, et avec elles le souvenir des êtres qui y était lié et qui avec leur image m'avait été brusquement et à jamais rendu« (*RTP* I, S. 657-58).

3 *RTP* I, S. 9 – *SvZ* I, S. 15: »[...] mein Gedächtnis war in Bewegung geraten; meist versuchte ich nicht, gleich wieder einzuschlafen; ich verbrachte den größten Teil der Nacht damit, an unser Leben von früher zurückzudenken, in Combray bei meiner Großtante, in Balbec, in Paris, in Doncières, in Venedig und anderswo, mir die Stätten in Erinnerung zu rufen, die Menschen, die ich dort gekannt, was ich von ihnen gesehen und was man mir von ihnen erzählt hatte.«

4 *RTP* I, S. 43 – *SvZ* I, S. 65: »[...] das Drama meines abendlichen Entkleidens; es war, als habe ganz Combray nur aus zwei durch eine schmale Treppe verbundenen Stockwerken bestanden und als sei es dort immer und ewig sieben Uhr abends gewesen.«

5 *RTP* I, S. 44 – *SvZ* I, S. 67: »In der Sekunde nun, da dieser mit den Gebäckkrümeln gemischte Schluck Tee meinen Gaumen berührte, zuckte ich zusammen und war wie gebannt durch etwas Ungewöhnliches, das sich in mir vollzog. Ein unerhörtes Glücksgefühl, das ganz für sich allein bestand und dessen Grund mir unbekannt blieb, hatte mich durchströmt.«

6 *RTP* I, S. 46 – *SvZ* I, S. 69: »Wird sie bis an die Oberfläche meines klaren Bewußtseins gelangen, diese Erinnerung, jener Augenblick von einst, der nun plötzlich durch die Anziehungskraft eines identischen Augenblicks von so weit her in meinem Innersten erregt, bewegt und emporgehoben wird?«

7 *RTP* I, S. 47 – *SvZ* I, S. 71: »[...] ganz Combray und seine Umgebung, all das, was nun Form und Festigkeit annahm, Stadt und Gärten, stieg auf aus meiner Tasse Tee«. Es ist interessant in diesem Kontext zu bemerken, dass Proust Geruch und

Geschmack als getreueste Hüter der Vergangenheit auswählt und daran festhält, nachdem alles andere verschwunden ist. So nahm er vorweg, was die Neurowissenschaftler heute wissen, nämlich, dass die olfaktorischen Eindrücke der Amygdala am nächsten sind und eine Verbindung mit dem Hippocampus herstellen, wo die Langzeiterinnerungen gespeichert werden. Vgl. Jonah Lehrers Erklärung der Madeleine-Episode in *Proust Was a Neuroscientist*, New York/Boston 2007, S. 93-95, wo er die rätselhafte Funktionsweise der CPEB-Proteine vorstellt und hervorhebt.

8 Gérard Génette, *Figures III*, Paris 1972, S. 63. Die neue Pléiade-Ausgabe der *Recherche* enthält zwei frühere Versionen der Madeleine-Episode; siehe *Esquisses XIII* und *XIV*, *RTP* I, S. 695-702. In *Esquisse XIV* kennzeichnet Proust die Erfahrung unwillkürlicher Erinnerung als »réelle«, »à la fois dans le passé et dans le présent«, und fügt hinzu, dass diese »minute extratemporelle« uns ermöglicht, mit unserem wahren Selbst, »notre vrai moi« (*RTP* I, S. 701), in Verbindung zu treten – eine wichtige Erkenntnis, die er entschied, zurückzustellen, um sie später in *Le Temps retrouvé* zu integrieren.

9 *The New York Times*, 5. Juli 2011, S. D4, über einen in den *Proceedings oft he National Academy of Sciences* veröffentlichten Artikel mit dem Titel: »Oscillatory Patterns in Temporal Lobe Reveal Context Reinstatement during Memory Search« von Jeremy R. Manning u. a. (8. Juni 2011). Man beachte besonders die folgende Feststellung in »Oscillatory Patterns«: »According to this view, the unique quality of episodic memory is that in remembering an episode, we partially recover its associated mental context, and that this context information conveys some sense of when the experience took place, in terms of its relative position along our autobiographical time line« (S. 1). Die Verfasser schließen, indem sie den »Kontiguitätseffekt« erweitern: »This retrieved context, in turn, activates other memories that were associated with similar contexts, producing the contiguity effect seen in recall tasks« (S. 4). Forscher am MIT, welche die Nervenaktivität für kontextgetriebene Assoziationen genau untersucht haben, haben festgestellt, wo solche Aktivität entsteht, und folgern, dass »dendritic branches rather than individual synapses are the primary functional units for long-term memory storage« (Arvind Govindarajan u. a., in: *Neuron* 69 (2011), S. 132).

10 Siehe Justin O'Brien, »Notes, Documents, and Critical Comment: Proust Confirmed by Neurosurgery«, in: *PMLA* 85/ 2 (1970), S. 296, wo er Penfields Studien bespricht.

11 Wilder Penfield, »Some Mechanisms of Consciousness Discovered during Electrical Stimulation of the Brain«, in: *Procedures of the National Academy of Sciences* 44 (1958), S. 51-66, S. 63.

12 Ebenda.

13 *RTP* IV, S. 8 – *SvZ* VI, S. 15 f.: »Um sich eine unbekannte Situation vorzustellen, bedient sich die Einbildungskraft bekannter Elemente und stellt sich diese Situation eben deswegen nicht vor. Das Empfindungsvermögen aber, selbst das rein physische, bleibt wie von der Spur des Blitzes von der unverwechselbaren und lange Zeit unauslöschlichen Signatur des neuen Ereignisses gezeichnet. Und ich wagte mir kaum zu sagen, ich wäre vielleicht, hätte ich dieses Fortgehen vorausgesehen, unfähig gewesen, es mir in seiner Entsetzlichkeit vorzustellen, ja sogar,

hätte Albertine es mir angekündigt und hätte ich ihr gedroht, sie angefleht, unfähig gewesen, es zu verhindern. Wie fern lag mir jetzt das Verlangen nach Venedig! Genauso wie früher in Combray dasjenige, Madame de Guermantes kennenzulernen, wenn die Stunde kam, zu der ich nur noch eine einzige Sache ersehnte: Mama bei mir im Zimmer zu haben! Tatsächlich waren alle seit meinen Kindertagen erlebten Formen der Unruhe auf den Appell der neuen Angst hin herbeigeeilt, um sie zu verstärken und mit ihr zu einer homogenen Masse zu verschmelzen, die mich erstickte.«

14 Siehe *RTP* I, S. 13 und 27-36 – *SvZ* I, 21-22 und 41-55 (*Combray*). Zu den hervorstechendsten späteren Erlebnissen zählt die mit der Großmutter des Protagonisten assoziierte Episode im Hotel in Balbec.

15 *RTP* IV, S. 8 – *SvZ* VI, S. 16: »Gewiß, diesen physischen Stich ins Herz, den eine solche Trennung einem versetzt und der infolge der erschreckenden Registrierfähigkeit des Körpers aus dem Schmerz etwas macht, was allen von Leiden erfüllten Epochen unseres Lebens zeitlich zugehört.«

16 Joseph LeDoux, *The Emotional Brain: The Mysterious Underpinnings of Emotional Life*, New York 1996, S. 182.

17 Ebenda, S. 207

18 vgl. ebenda, S. 54-64

19 Ebenda, S. 64

20 Ebenda, S. 290

21 Ebenda, S. 291

22 Ebenda, S. 291

23 *RTP* IV, S. 3: »Was ich also als ganz belanglos angesehen hatte, war doch einfach mein ganzes Leben! Wie man sich täuschen kann« (in *SvZ* nicht übersetzt, meine Übersetzung).

24 *RTP* IV, S. 3 – *SvZ* VI, S. 7f.: »[...] es mußte ihm auf der Stelle Einhalt geboten werden; zartfühlend gegenüber mir selbst, wie es Mama gegenüber meiner sterbenden Großmutter gewesen war, sagte ich mir in jener guten Absicht, jemand, den man liebt, nicht leiden zu lassen: Habe nur eine Sekunde Geduld, wir finden dir ein Mittel, sei ganz ruhig, wir werden dich nicht derart leiden lassen. [...] suchte mein Selbsterhaltungstrieb in ebendiesem Gedankengang die ersten Linderungsmittel für meine frische Wunde: Das alles hat überhaupt nichts zu bedeuten, da ich sie alsbald dazu bewegen werde zurückzukehren. Ich will mir gleich überlegen, mit welchen Mitteln, aber auf jeden Fall ist sie heute abend hier. Unnötig also, sich zu beunruhigen.«

25 *RTP* II, S. 619 – *SvZ* III, S. 454: »›Nein, Mamachen, wir werden dich nicht so leiden lassen, wir werden schon etwas finden, gedulde dich noch einen Augenblick.‹«

26 LeDoux, *The Emotional Brain*, S. 224.

27 *RTP* IV, S. 7 – *SvZ* VI, S. 14: »Daß [...] der Verstand nicht das subtilste, machtvollste, geeignetste Instrument für die Erfassung der Wahrheit ist [...]. Das Leben selbst führt uns nach und nach, von Fall zu Fall, zu der Wahrnehmung, daß alles das, was uns für unser Herz oder für unseren Geist das Allerwichtigste ist, uns nicht durch vernunftmäßige Überlegung zuteil wird, sondern durch andere Mächte.«

28 Blaise Pascal, *Pensées*, hg. von Léon Brunschvicg, Paris 1976, S. 127.

29 Siehe Inge Crosman Wimmers, *Proust and Emotion: The Importance of Affect in ›A la recherche du temps perdu‹*, Toronto 2003, S. 87-89, für eine detailliertere Erörterung solcher Modelle.

30 *RTP* I, S. 133 – SvZ I, S. 197-198; *RTP* I, S. 163-181.

31 *RTP* I, S. 133 – *SvZ* I, S. 197-198: »[...] gab ich beiden, indem ich sie als zwei Wesenheiten begriff, jenen inneren Zusammenhang und jene Einheit, die nur den Schöpfungen unseres Geistes eigen ist [...] Vor allem aber legte ich zwischen sie weit mehr als die in Kilometern ausdrückbare Entfernung jene andere, die zwischen den beiden Teilen meines Gehirns bestand, in denen ich an sie dachte, eine jener Distanzen im geistigen Bereich, die die Dinge nicht nur auseinanderhalten, sondern wirklich trennen und auf verschiedene Ebenen verweisen. Diese Absonderung wurde dadurch noch endgültiger, daß wir die Gewohnheit hatten, niemals am gleichen Tag auf einem einzigen Spaziergang nach beiden Seiten zu gehen, sondern vielmehr einmal nach Méséglise zu und einmal in Richtung Guermantes; dadurch wurden die beiden Gegenden weit voneinander, unerkennbar füreinander in die undurchlässigen, verbindungslosen Gefäße verschiedener Nachmittage eingeschlossen.«

32 Um das gleiche Konzept hervorzuheben, benutzt Proust auch die Metapher »réseau« (Netz, Netzwerk). Siehe beispielsweise den Erzählabschnitt in *A l'ombre des jeunes filles en fleurs*, wo eine Kutschfahrt durch die Wälder nahe Balbec von dem Erzähler als »cadre d'existence« bezeichnet wird, der später durch ähnliche Erlebnisse heraufbeschworen und verstärkt werden wird. Dies ist auch eine unwillkürliche Erinnerung, insofern, als sie einen ganzen Daseinszustand wachruft, während sie ihm das Vergnügen des Wiedererkennens hinzufügt: »Mais elle [la route du bois] devint pour moi dans la suite une cause de joies en restant dans ma mémoire comme une *amorce* où toutes les routes semblables sur lesquelles je passerais plus tard au cours d'une promenade ou d'un voyage *s'embrancheraient* aussitôt sans solution de continuité et pourraient, grâce à elle, communiquer immédiatement avec mon cœur« (*RTP* II, S. 80 (meine Hervorhebung) – *SvZ* IV, S. 422: »Doch in der Folge wurde sie für mich zu einem Freudenquell, da sie in meinem Gedächtnis eine Art von erstem Teilstück bildete, an das sich alle ähnlichen Straßen, auf die ich später im Laufe einer Spazierfahrt oder Reise geriet, augenblicklich und lückenlos anschließen und dank ihrer Hilfe unmittelbar die Verbindung mit meinem Herzen schaffen würden.«

33 LeDoux, *The Emotional Brain*, S. 214.

34 *RTP* I, S. 87 – *SvZ* I, S. 130: »Schöne Sonntagnachmittage unter dem Kastanienbaum im Garten von Combray, aus denen ich für meinen Gebrauch so sorgfältig alle mittelmäßigen Züge meiner persönlichen Existenz herausgenommen und durch ein Leben reich an Abenteuern und voll merkwürdiger Unternehmungen inmitten einer von lebendigen Wassern durchströmten Landschaft ersetzt hatte, ihr macht noch einmal diese Vergangenheit lebendig für mich, wenn ich an euch denke, und ihr enthaltet sie ja auch wirklich, da ihr sie – während ich in meiner Lektüre fortfuhr und die Hitze des Tages langsam ermattete – nach und nach umfaßt und in das ständig fortschreitende, langsam sich wandelnde, laubdurchzitterte Kristall eurer schweigenden, klingenden, duftenden, durchscheinenden Stunden eingeschlossen habt.«

35 Ein paar Zeilen vor der zur Diskussion stehenden Passage spielt der Erzähler auf seine Wahrnehmung des Vergehens von Zeit an, indem er ein weiteres eindrucksvolles Bild einführt: Mit jedem stündlichen Glockenschlag malt er sich einen goldenen, in den blauen Himmel eingeschriebenen Punkt aus. Das durch diese synästhetische Erfahrung heraufbeschworene Bild nimmt eine konkrete Form an, wenn wir bemerken, dass hinzukommende »goldene Punkte« einem feststehenden Muster folgen: »ce petit arc bleu qui était compris entre leurs deux marques d'or« (*RTP* I, S. 86); »in dem durchmessenen kleinen blauen Bogen zwischen den beiden goldenen Markierungen« (*SvZ* I, S. 129). Da aufeinanderfolgende Stunden eine Reihe von blauen Bögen und goldenen Punkten hinzufügen, die jeweils für sechzig Minuten stehen, nimmt so ein Teil eines Zifferblatts allmählich Gestalt am Himmel an. Es scheint, dass das Bewusstsein des Jungen für das Vergehen der Zeit zuerst durch eine synästhetische Vorstellung erfasst wird, bevor interpretierendes Denken einsetzt.

36 Im Vorwort zu seiner Übersetzung von Ruskins *Sésame et les Lys* von 1905 hebt Proust die untilgbare Verbindung zwischen der Lektüre und dem Ort, an dem sie sich vollzogen hat, hervor: »Il n'y a peut-être pas de jours de notre enfance que nous ayons si pleinement vécus que ceux que nous avons cru laisser sans les vivre, ceux que nous avons passés avec un livre préféré.« Lesen, fährt er fort, prägt uns »un souvenir tellement doux« ein, »que, s'il nous arrive encore aujourd'hui de feuilleter ces livres d'autrefois, ce n'est plus que comme les seuls calendriers que nous ayons gardés des jours enfuis, et avec l'espoir de voir reflétés sur leurs pages les demeures et les étangs qui n'existent plus«, *CSB*, S. 160.

37 Der Erzähler greift abermals auf dasselbe Bild in einer Schlüsselpassage von *Le Temps retrouvé* zurück, wo er die Eigenart unwillkürlicher Erinnerung erörtert: »Une heure n'est pas qu'une heure, c'est *un vase* rempli de parfums, de sons, de projets et de climats. Ce que nous appelons la réalité est un certain rapport entre ces sensations et ces souvenirs qui nous entourent simultanément« (*RTP* I, S. 467-68); »Eine Stunde ist nicht nur eine Stunde; sie ist ein mit Düften, mit Tönen, mit Plänen und Klimaten angefülltes Gefäß. Was wir die Wirklichkeit nennen, ist eine bestimmte Verbindung zwischen diesen Empfindungen und Erinnerungen, die uns gleichzeitig umgeben« (*SvZ* VII, S. 292). Siehe *RTP* IV, S. 448-49, für eine ähnliche Äußerung: »[...] le geste, l'acte le plus simple reste enfermé comme dans mille *vases clos* dont chacun serait rempli de choses d'une couleur, d'une odeur, d'une température absolument différentes; sans compter que ces vases, disposés sur toute la hauteur de nos années pendant lesquelles nous n'avons cessé de changer, fût-ce seulement de rêve et de pensée, sont situés à des altitudes bien diverses, et nous donnent la sensation d'atmosphères singulièrement variées« (meine Hervorhebung). »[...] die einfachste Bewegung, die einfachste Handlung wie in tausend undurchlässigen Gefäßen gefangen bleibt, von denen jedes mit Dingen gänzlich unterschiedlicher Farbe, Geruchsbeschaffenheit und Temperatur gefüllt wäre; ganz zu schweigen davon, daß diese über die ganze Höhe unserer Jahre verteilten Gefäße (Jahre, in denen wir uns unaufhörlich gewandelt haben, und wäre es auch nur in Träumen und Gedanken) sich in ganz verschiedenen Höhenanlagen befinden und uns das Gefühl von erstaunlich unterschiedlichen Atmosphären vermitteln.« (*SvZ* VII, S. 263).

38 Vgl. LeDoux, *The Emotional Brain*, S. 198.

39 Ebenda S. 198. Ich frage mich, ob Neurowissenschaftler mit ihren weiterentwickelten Abbildungsverfahren in der Lage sind, zwischen verschiedenen Arten der Erinnerung zu differenzieren, wie Proust dies so sorgfältig tut, indem er uns zunächst in die intuitive Erinnerung des Körpers einführt, gefolgt von den glücklichen Reminiszenzen unwillkürlicher Erinnerung und den mit einer affektiven Veranlagung verbundenen, unglücklichen Erinnerungen, einschließlich der »intermittences du cœur«.

40 *RTP* IV, S. 464 – *SvZ* VII, S. 283: »[...] wenn ich selbst nur in Gedanken ›François le Champi‹ aus dem Bücherschrank nehme, so ersteht auf der Stelle in mir ein Kind, das meinen Platz einnimmt und allein das Recht hat, den Titel ›François le Champi‹ zu lesen, das ihn liest, wie es ihn damals las, mit den gleichen Eindrücken vom Wetter draußen im Garten, den gleichen Träumen, die es damals von den Ländern und vom Leben hegte, der gleichen Angst vor dem morgigen Tag.«

41 *RTP* IV, S. 463 – *SvZ* VII, S. 282: »[...] und nun ergab es sich, daß tausend Nichtigkeiten aus Combray, die ich seit langem schon nicht mehr wahrgenommen hatte, von selbst aufflatterten und sich eine nach der andern in einer unendlich langen, flimmernden Kette von Erinnerungen an die magnetisch gewordene Federspitze hefteten.«

42 Für eine Erörterung solcher Modelle siehe Inge Crosman Wimmers, »Proustian Ethics: A Maternal Paradigm«, in: *Sites: Contemporary French and Francophone Studies* 9 (2005), S. 151-163.

43 *RTP* IV S. 459. Siehe auch *RTP* IV, S. 457: »faire sortir de la pénombre ce que j'avais senti, de le convertir en un équivalent spirituel«; *SvZ* VII, S. 274: »aus dem Halbdunkel hervortreten zu lassen und in ein spirituales Äquivalent umzusetzen versuchte, was ich empfunden hatte«. *RTP* IV, S. 458: »seule l'impression [...] est un critérium de vérité«; *SvZ* VII S. 276: »Nur der Eindruck [...] ist ein Kriterium der Wahrheit«. *RTP* IV, S. 485-486: »ce qu'il s'agit de faire sortir, d'amener à la lumière, ce sont nos sentiments, nos passions«; *SvZ* VII S. 318: »[...] was man hervorheben und ans Licht bringen muß, sind unsere Gefühle, unsere Leidenschaften [...]«.

44 *RTP* IV, S. 468 – *SvZ* VII S. 292: »[...] wenn er, wie das Leben es tut, in zwei Empfindungen etwas Gemeinsames aufzeigt und so ihre gemeinsame Essenz freilegt, wenn er, um sie den Zufälligkeiten der Zeit zu entziehen, die eine mit der anderen vereint: in einer Metapher.« Vgl. früher in *Le Temps retrouvé*, wo der Erzähler von einem »miracle d'une analogie« spricht, wenn er seine Erfahrungen unwillkürlicher Erinnerung beschreibt (*RTP* IV, S. 450): »Cet être-là n'était jamais venu à moi, ne s'était jamais manifesté, qu'en dehors de l'action, de la jouissance immédiate, chaque fois que le miracle d'une analogie m'avait fait échapper au présent. Seul, il avait le pouvoir de me faire retrouver les jours anciens, le temps perdu, devant quoi les efforts de ma mémoire et de mon intelligence échouaient toujours«; *SvZ* VII, S. 265-266: »Dieses Wesen hatte mich immer nur außerhalb des Handelns und unmittelbaren Genießens aufgesucht, es hatte sich immer dann manifestiert, wenn das Wunder einer Analogie mich der Gegenwart enthob. Als einziges hatte es die Macht, mich die früheren Tage, die verlorene Zeit, wiederfinden zu lassen, während die Bemühungen meines Gedächtnisses und meines Ver-

standes dabei immer scheiterten. [...] Nur außerhalb des Handelns und unmittelbaren Genießens war dieses Wesen zu mir gekommen, hatte es sich manifestiert, sooft das Wunder einer Analogie mich der Gegenwart enthob. Es hatte als einziges die Macht, mich zu den alten Tagen, der verloren Zeit wieder hinfinden zu lassen, während gerade das den Bemühungen meines Gedächtnisses und Verstandes immer wieder mißlang.« Für eine Erörterung von Prousts Auffassung einer Metapher siehe Crosman Wimmers, *Proust and Emotion*, S. 134-137.

45 *RTP* IV S. 624 – *SvZ* VII, S. 527: »Das Datum, zu dem ich das Geräusch des Glöckchens an der Gartenpforte in Combray gehört hatte, jenen Klang, der jetzt so fern und dennoch in mich eingebettet war, bildete einen Markstein [...].«

46 *RTP* VI, S. 450 – *SvZ* VII, S. 265: »in Tat und Wahrheit war es so: Das Wesen, das dann in mir diesen beglückenden Eindruck empfand, empfand ihn darin, was dieser zu einem früheren Zeitpunkt und jetzt an Gemeinsamem hatte, darin, was er an Außerzeitlichem hatte.«

Das Proust-Phänomen: Die emotionale Erinnerung, der Energiestoffwechsel und die moderne Hirnforschung

Achim Peters

Was verbindet meine persönliche Begeisterung beim Lesen von Marcel Prousts *Recherche* mit meinem täglichen Erleben als Internist und Hirnforscher? Ich möchte in diesem Zusammenhang folgende Fragen stellen und Antworten dazu skizzieren: Wie sind Stressreaktionen des menschlichen Organismus mit dem emotionalen Lernen verknüpft? Wie hängt die Energieversorgung unseres Gehirns mit dem Stresssystem zusammen? Warum werden bei dauerhaften, stressvollen, emotionalen Belastungen die einen Menschen depressiv, die anderen Menschen dick? Wie funktioniert die emotionale Erinnerung aus Sicht der modernen Hirnforschung? Wie lässt sich die *mémoire involontaire* in Marcel Prousts *Recherche* auf neurobiologische Vorgänge des emotionalen Lernens abbilden? Welche Wege findet Proust bzw. sein Ich-Erzähler in der *Recherche*, um sich vor der Depression zu schützen?

Die Selfish-Brain-Theorie

Wir alle kennen Bilder von verhungernden Kleinkindern, z. B. in Afrika, Bilder, in denen sie uns aus riesigen Augenhöhlen anstarren, Bilder von ausgezehrten, kleinen Körpern. Diese Bilder haben sich in unser emotionales Gedächtnis eingebrannt. Sie weisen aber noch auf eine besondere Tatsache bei den Kindern hin, nämlich, dass ihr Kopf bzw. ihr Gehirn normal groß ist, während ihr Körper in erschreckendem Maße geschrumpft ist. Diese Beobachtung, dass bei verhungernden Menschen das Gehirn das einzige Organ ist, welches nicht abnimmt, hat bereits Marie Krieger in ihrer Dissertation 1921 gezeigt.[1] Alle Organe wie Herz, Leber, Niere, nehmen bei verhungerten Menschen 40 % an Masse ab, das Hirn jedoch nur 1 % oder gar nicht. Dieser heute immer wieder mit modernen Messmethoden reproduzierte Befund zeigt die Priorität des Gehirns im menschlichen Energiestoffwechsel. In Krisenzeiten verhält sich das Gehirn somit »egoistisch«, indem es den anderen Organen die Energie wegnimmt. Diese früher vernachlässigte Eigenschaft des Gehirns hat der Theorie vom egoistischen Gehirn (*selfish brain*) ihren Namen gegeben.

Wie gelingt es dem Gehirn, einem vergleichsweise kleinen Organ, dass es unter Ruhebedingungen zwei Drittel der zirkulierenden Glukose – seines Hauptbrennstoffs – aufnimmt, unter Stressbedingungen sogar mehr als 90 %? Diese Funktion übernimmt im menschlichen Organismus das Stresssystem. Wenn wir beispielsweise einen Vortrag halten, sind wir wacher, reagieren schneller, unser Gehirn verbraucht dann in der Aufregung mehr Energie, es aktiviert das Stresssystem (das sympathische Nervensystem und das Hypothalamus-Nebennierenrindensystem), die Stresshormone Adrenalin und Kortisol werden ins Blut abgegeben, und deren Aufgabe ist es, Energie aus den Körperdepots dem Gehirn zur Verfügung zu stellen. Wir können die Aktivierung des Stresssystems wahrnehmen, unser Herz schlägt schneller, wir zittern, die Hände werden kalt. Das egoistische Gehirn versorgt sich auf diese Art und Weise aus den Körperdepots, um vorrangig seinen eigenen hohen Energiebedarf zu decken.

Als ich 1987 in Toronto als Post-doc-Stipendiat der *Deutschen Forschungsgemeinschaft* an einem Problem zur Optimierung der Stoffwechseleinstellung bei Menschen mit Diabetes arbeitete, hatte ich ein Forschererlebnis, an das ich mich heute noch sehr genau erinnere. Ich ging an einem Morgen im Mai durch die Straßen von Toronto zur Arbeit und blieb an einer Verkehrsampel stehen. Der Strom der Fahrzeuge bewegte sich mal von rechts nach links, dann von vorn nach hinten. Während ich dies beobachtete und die Ampel mehrfach von Rot auf Grün umspringen sah, kam mir eine Idee: Wie wäre es, wenn ein Stoffwechselweg ins Gehirn führt, der andere Weg in den Körper und ein Ampelschalter im menschlichen Organismus diesen Energiefluss kontrolliert? Sehr aufgeregt durch diese Vorstellung im Büro angekommen, entdeckte ich in einem Buch die regeltheoretische Darstellung einer Ampelschaltung, und tatsächlich war dieses Konzept dazu geeignet, mein damaliges Forschungsproblem zur Diabetes-Behandlung zu lösen.

1998, als ich schon an der Universität zu Lübeck tätig war, hatte ich ein anderes Forschungsproblem vorliegen: Es ging um die Entstehung von sogenanntem »Übergewicht«. Die zahlreichen Befunde der von vielen Forschern zusammengetragenen Forschungsergebnisse passten zunächst nicht zusammen. Da erinnerte ich mich an die Idee von der Ampelschaltung in Toronto, und als ich das Buch mit der Ampelschaltung wieder hervorholte, wurde mir klar, dass im menschlichen Energiestoffwechsel eine Ampel das entscheidende Element war. Tatsächlich war kurz zuvor im Wissenschaftsmagazin ›Nature‹ die Entdeckung des Ampelschalters im Gehirn veröffentlicht worden.[2] Diese Idee war die Geburtsstunde der *Selfish Brain*-Theorie.[3]

In den nachfolgenden Jahren diskutierte ich mit den internationalen ›Leaders of the field‹ der Wissenschaftsgebiete Emotionales Lernen, Gedächtnis, Diabetes und Gewichtsregulation, Stress und der Neurobiologie, ob aus ihrer Sicht die Forschungsergebnisse zu dem Konzept des egoistischen Gehirns passten. Diese Experten bestätigten mir, dass sie keine Widersprüche zu den ihnen bekannten Datensätzen sähen und dass das neue Konzept sogar Daten erklären könne, die bisher als nicht verstanden angesehen wurden. Daraufhin baute ich ein Netzwerk von Wissenschaftlern dieser hier genannten Wissenschaftsdisziplinen auf, und im Jahr 2004 hat die *Deutsche Forschungsgemeinschaft* an der Universität zu Lübeck eine Forschergruppe zum egoistischen Gehirn eingerichtet.

Ein vielleicht in diesem Kontext ungewöhnlich anmutender Wissenschaftsbereich gehörte ebenfalls dazu: die Mathematik, und hier ging es u.a. um Themen wie Logistik, so wie sie in den Wirtschaftswissenschaften seit Jahrzehnten beforscht werden. Zusammen mit dem Mathematiker Professor Dirk Langemann arbeitete ich daran, den menschlichen Energiestoffwechsel in Form einer Lieferkette darzustellen.[4] Lieferketten sind aus der Ökonomie und Logistik seit 1940 bekannt und theoretisch mit Differentialgleichungen beschrieben worden. Wir haben nun diese Expertise auf den Bereich der Neurobiologie und des Energiestoffwechsels übertragen. In Lieferketten (z. B. bei der Herstellung von Fahrzeugen in Fabriken) können Produktionsstaus entstehen, die den Verkehrsstaus ähnlich sind. Hier lernte ich meine erste Lektion zur Entstehung von Staus: Fährt man beispielsweise an das Stauende auf einer Autobahn heran, und der Wagen kommt zum Stoppen, so ist es selbstverständlich, dass man die Stauursache vor sich in Fahrtrichtung sucht. Niemand kommt auf den Gedanken, die Stauursache im Kofferraum oder auf dem Rücksitz zu vermuten. Dies scheint auf den ersten Blick trivial, jedoch in der Medizin kommt es tatsächlich vor, dass die Stauursache, z. B. beim so genannten »Übergewicht«, welches einen Energiestau darstellt, in der Leber, dem Pankreas, in den Muskeln oder im Fettgewebe gesucht wird. Das sind jedoch Bereiche, die selbst im Stau liegen. Stattdessen ist es erfolgversprechender die Stauursache dort zu ver-

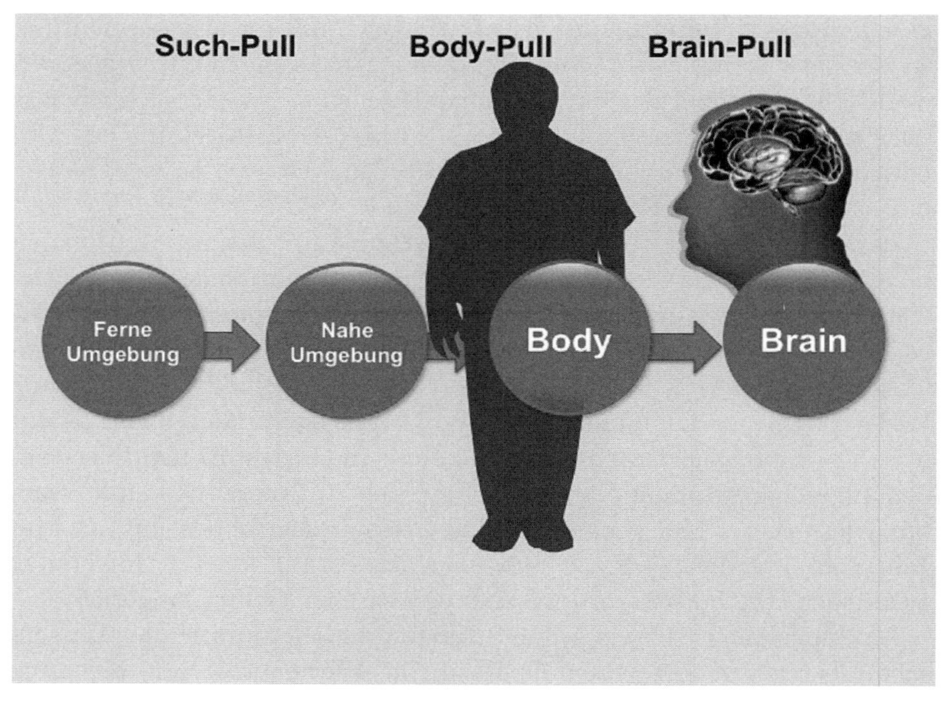

Abb. 1: Die Lieferkette des menschlichen Gehirns

muten, wo die Energie hinfließt. Diese fließt, wie wir heute wissen, vorrangig zum menschlichen Gehirn. Deshalb ist es naheliegend, die Ursache der Energieakkumulation, die im Körper stattfindet, auf dem Weg vom Körper zum Gehirn zu suchen.

Die Lieferkette des Gehirns hat verschiedene Stationen. Die Nahrung gelangt aus der fernen Umgebung (z. B. dem Markt) in die nahe Umgebung (Tisch), von dort in den Körper und schließlich ins Gehirn.[5] [Abb. 1] Weil das Gehirn das einzige Organ ist, das im Hungerzustand nicht abnimmt, erscheint es gerechtfertigt, es in der Lieferkette in die Position des Endverbrauchers zu setzen. Während die Energie zum Endverbraucher hin fließt, gibt es auch einen Informationsfluss, der in der Lieferkette rückwärts gerichtet ist, vom Gehirn weg. Diese Informationen enthalten »Anforderungssignale«. Das wichtigste Anforderungssignal in der Lieferkette des menschlichen Gehirns ist der sog. »Brain-Pull«. Das ist die Kraft, mit der das Gehirn bei Bedarf Energie aus den Körperdepots anfordert. Da das Gehirn im Stress mehr Energie verbraucht und im Tiefschlaf weniger, reguliert es mit dem Brain-Pull die Deckung seines Energiebedarfs. Es ist unser Stresssystem mit den Stresshormonen Adrenalin und Kortisol, welches diese Brain-Pull-Funktion ausführt. Sobald der Energiegehalt im Körper, z. B. im Blut oder in den Speichergeweben Leber- bzw. Fettgewebe, absinkt, tritt der Body-Pull in Kraft. Das ist die Kraft, mit der der Körper zu seiner Bedarfsdeckung Energie aus der Umgebung anfordert. Der Body-Pull entspricht der Nahrungsaufnahme. Wenn die Energievorräte in der nahen Umgebung (z. B. im Kühlschrank) abnehmen, tritt der Such-Pull in Kraft, und wir explorieren nach neuen, weiter entfernt gelegenen Nahrungsquellen.

Was passiert, wenn der Brain-Pull auf Veränderungen im zerebralen Energiegehalt geringer reagiert? Solch eine Verminderung der Reaktivität des Stresssystems kommt bei etwa der Hälfte der Menschen vor, die unter Dauerstress-Belastungen leiden. Eine verminderte Reaktivität des Brain-Pull bedeutet gewissermaßen einen Versorgungsengpass des Gehirns. Ähnlich wie im Straßenverkehr kommt es bei einem Engpass in der Lieferkette des Gehirns zu einer Staubildung. Sie breitet sich retrograd vom Engpass gesehen aus, und die Energie staut sich damit im Körper. Der Mensch muss mehr Nahrung aufnehmen, um das Gehirn ausreichend zu versorgen. Die überschüssige Energie akkumuliert in den Körperspeichern, das nennen die Ärzte »Übergewicht« oder »Adipositas«. Wenn sich die Energie im Blutkreislauf in Form von Glukose staut, so nennen sie das »Typ 2 Diabetes mellitus«. Formal sind sog. Übergewicht und Typ 2 Diabetes als Staus in der Lieferkette des Gehirns anzusehen.

Chronischer, psychosozialer Stress, psychosoziale Belastungen sind die Hauptursache dafür, dass viele Menschen an Gewicht zunehmen. Die Ursachen für psychosozialen Stress können u. a. sein: Armut, Einsamkeit, Arbeitslosigkeit oder familiäre Konflikte. Eine alleinerziehende Mutter in Geldsorgen hat beispielsweise erheblichen psychosozialen Stress. Diskriminierung und Ausgrenzung gehören ebenfalls zu den stärksten psychosozialen Stressfaktoren. Zu Lebzeiten Marcel Prousts stellte die Diskriminierung von Homosexuellen sicherlich einen außerordentlich starken psychosozialen Stressor dar. Etwa die Hälfte der Menschen reagiert auf derartige psychosoziale Belastungen mit einer Verminderung der Reaktivität ihres Stresssystems. Man nennt diese Form der Anpassung an Dauerstress »Habituation«. Diese Menschen werden auf diese Weise stresstoleranter. Die Nebenwirkung dieses körpereigenen Schutzmechanismus ist allerdings wie oben gezeigt eine Gewichtszunahme. Die andere Hälfte der Menschen reagiert auf psychosoziale Dauerbelastung nicht mit einer Absenkung der Reaktivität des Stresssystems. Ihr Stresssystem bleibt hochreaktiv. Diese Menschen haben dann die negativen Folgen einer dauerhaften Überaktivierung des Stresssystems mit der vermehrten Ausschüttung des Stresshormons Kortisol zu tragen. Zu den negativen Wirkungen einer Dauerstressreaktion gehören Depression, Gedächtnisverlust und Alzheimersche Erkrankung, Arteriosklerose, Schlaganfall, Herzinfarkt und erhöhte Sterblichkeit.[6] Vor diesem Hintergrund ist zu verstehen, dass Menschen, die das Ansprechen ihres Stresssystems bei Dauerbelastungen herunterfahren können, sich vor der Entstehung einer Depression und einem erhöhten Sterberisiko schützen können. Allerdings trägt die Kosten für diese Schutzfunktion nicht ihr Gehirn, sondern ihr Körper in Form von Gewichtszunahme. Daher ist auch zu verstehen, dass eine Beschränkung des Nahrungsangebotes wie z. B. durch Diäten einen unzulässigen Eingriff in die Selbstregulation des menschlichen Organismus darstellt. Diese Einsicht hat bereits Marcel Proust vor über hundert Jahren geäußert: »Les erreurs des médecins sont innombrables. Ils pèchent d'habitude par optimisme quant au régime, par péssimisme quant au dénouement.«[7]

Die Neurobiologie des emotionalen Gedächtnisses

Um zu verstehen, was hinter der *mémoire involontaire* bei Proust steht, ist es hilfreich, sich zu vergegenwärtigen, wie die moderne Neurobiologie die Akquisition und Konsolidierung von emotionalem Gedächtnis beschreibt. Ich möchte dies am Beispiel der sog. Furchtkonditionierung erläutern: Ein Mensch wird von einem weißen Spitz gebissen. [Abb. 2a]

Der Hund ist in dieser Situation der Stressor, die Bissverletzung löst eine starke emotionale Reaktion hervor, die durch Angst und Schmerz gekennzeichnet ist. Die verschiedenen Sinneseindrücke gelangen zur Amygdala, dem sog. Mandelkern. Dies ist die Region im Gehirn, in der emotionales Gedächtnis kodiert wird. Die Nervenzellen der Amygdala werden durch die Stimuli aktiviert. Die Aktivierung der Amygdala führt zu Veränderungen im Hirnstamm, die mit einer Steigerung der Wachheit einhergehen; das bedeutet eine Steigerung des zerebralen Energiebedarfs. Deshalb aktiviert die Amygdala zeitgleich das Stresssystem. Die Stresshormone Adrenalin und Kortisol werden ins Blut abgegeben, und zur Deckung des erhöhten Energiebedarfs im Gehirn wird Energie aus den Körperdepots angefordert. In dieser stressvollen Situation lernt

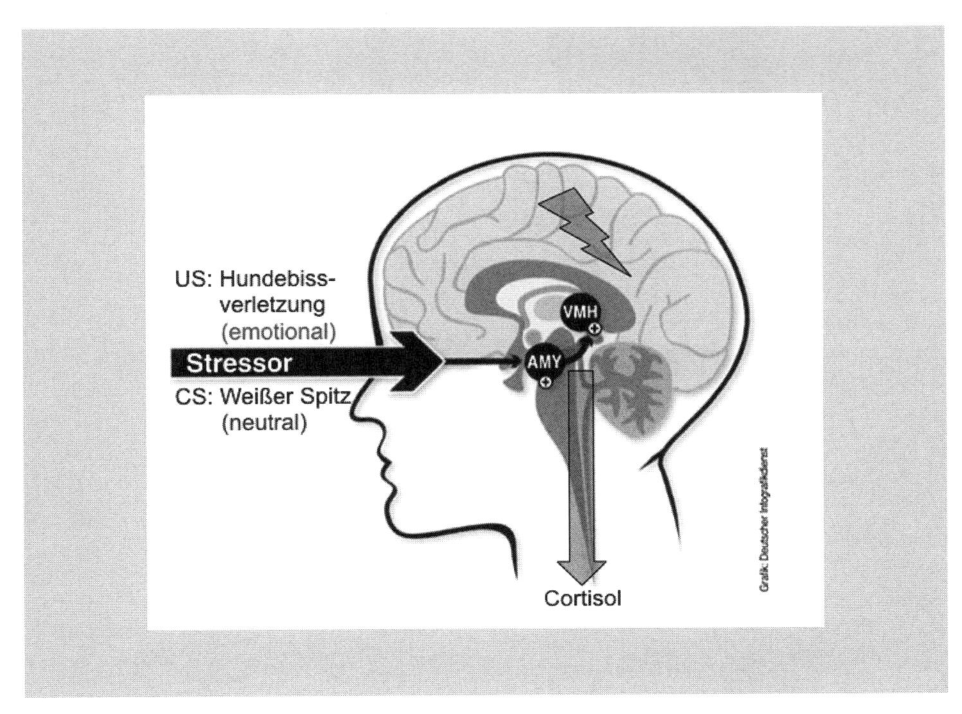

Abb. 2a: Furchtlernen – Acquisition

der Mensch nun, dass ihn ein weißer Spitz gebissen hat, was für weitere Begegnungen mit weißen Spitzen von Bedeutung ist. Die emotional aversiv erlebte Hundebissverletzung bezeichnet man im Rahmen der Furchtkonditionierung als ›unkonditionierten Stimulus‹ (US). Den weißen Spitz, an sich ein neutraler Reiz, bezeichnet man im gleichen Kontext als ›konditionierten Stimulus‹ (CS). Unkonditionierter und konditionierter Stimulus werden in der Amygdala verknüpft und im emotionalen Gedächtnis gespeichert.[8] Das führt dazu, dass eine Wiederbegegnung mit einem weißen Spitz, also die alleinige Präsentation des an sich neutralen Stimulus, auch ohne Biss zu einer Steigerung des Energiebedarfs im Gehirn und zu einer Aktivierung des Stresssystems führt [Abb. 2b]. Es sei an dieser Stelle noch einmal bemerkt, dass chronischer Stress durch Daueraktivierung der Amygdala ein erhebliches Risiko in sich birgt, eine typische Depression zu entwickeln.

Können wir aversive, emotionale Erlebnisse wieder vergessen? Diese Fragestellung ist in den letzten Jahren in der Neurobiologie intensiv beforscht worden. Eine wesentliche Rolle spielt darin der Vorgang der

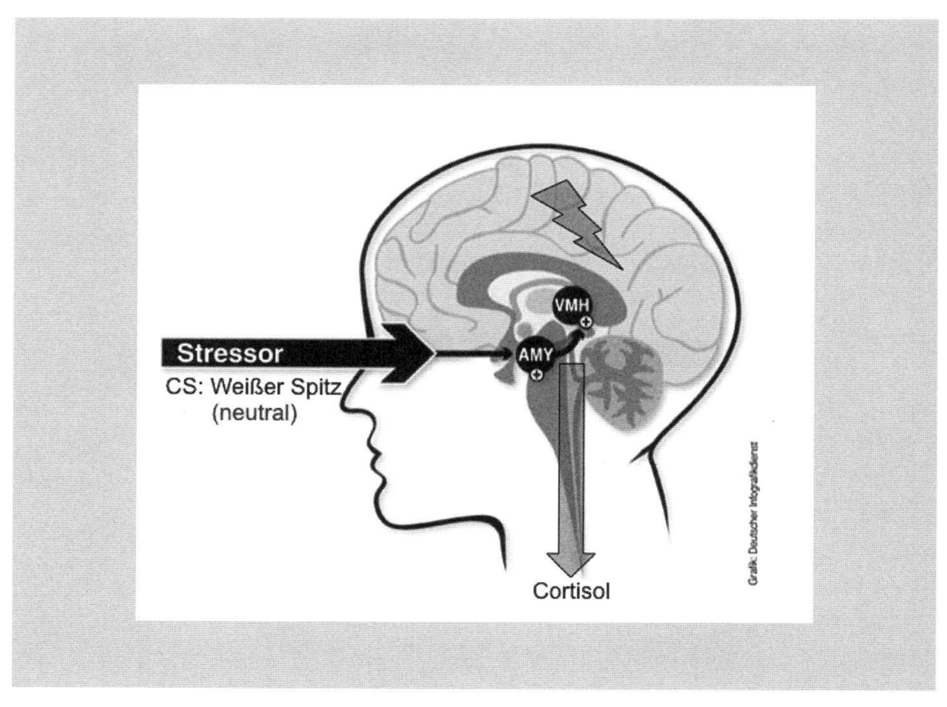

Abb. 2b: Furchtkonditionierung – Recall

›Furchtextinktion‹ [Abb. 2c]. Erfolgt nach dem ersten Bisserlebnis durch den weißen Spitz eine mehrfache Begegnung mit weißen Spitzen, ohne dass diese beißen, so wird auch dieses Ausbleiben gelernt. Eine zentrale Bedeutung hat hierbei der präfrontale Cortex. Die Begegnung mit dem weißen Spitz (konditionierter Stimulus) führt zu einer Erregung von Nervenzellen im präfrontalen Cortex, die ihrerseits wieder zur Amygdala projizieren und verhindern, dass dort genau die Nervenzellen aktiviert werden, die gelernt haben, dass ein weißer Spitz mit dem Bisserlebnis assoziiert ist. Die Amygdala erreicht damit die Information den weißen Spitz betreffend auf zwei Bahnen, erstens direkt, was bei der Furchtkonditionierung gelernt worden ist, und zweitens indirekt über den präfrontalen Cortex. Der präfrontale Cortex übt hier hemmende Funktion auf die Amygdala aus. Das bedeutet, dass nach zahlreichen, harmlosen Begegnungen mit weißen Spitzen die Inhalte an das erste aversive Bisserlebnis zwar noch gespeichert sind, aber eine Reaktion der Amygdala über den Furchtextinktionspfad verhindert wird. Menschen, bei denen die Furchtextinktion stattgefunden hat, reagieren also dann bei einer

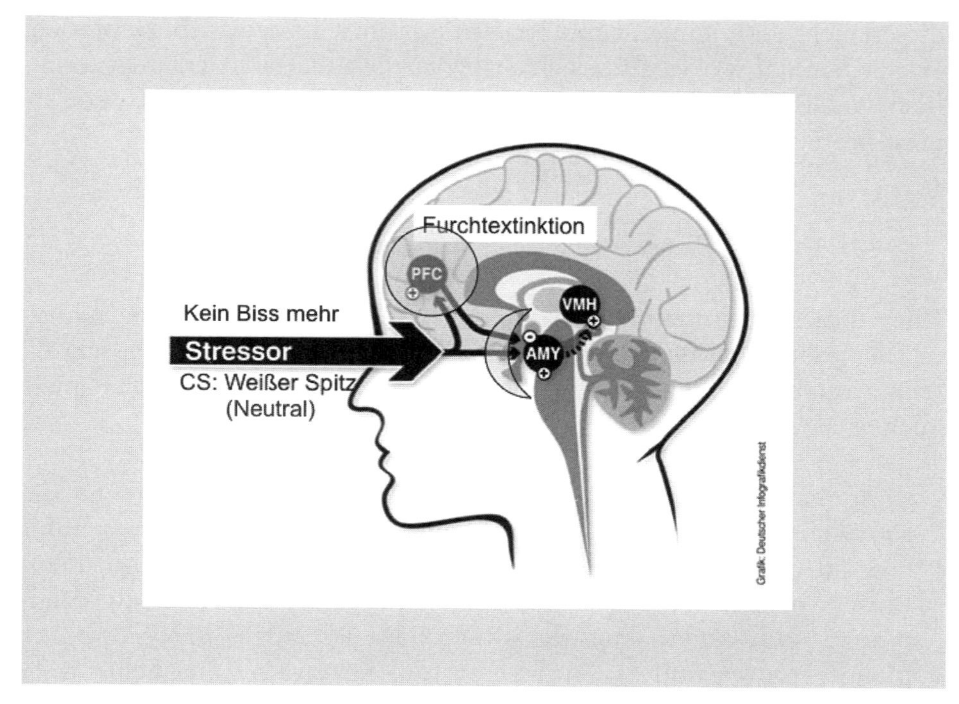

Abb. 2c: Furchtextinktion: neue Neuronenpfade gegen die Furcht

Begegnung mit einem weißen Spitz nicht mehr mit einer Aktivierung des Stresssystems.

Auch bei chronischen psychosozialen Dauerbelastungen spielen die Pfade der Furchtextinktion eine wichtige Rolle. Bei etwa der Hälfte der Menschen kommt es bei Dauerstress zu einer Verstärkung der bestehenden Extinktionspfade. Das führt dazu, dass, obwohl die Stressoren weiterhin bestehen (Einsamkeit, Diskriminierung), es bei diesen Menschen nicht mehr zu einer Aktivierung der Amygdala kommt und damit keine aversive emotionale Reaktion mehr hervorgerufen wird. Auf diese Weise sind diese Menschen dann weniger gefährdet, eine Depression zu entwickeln. Allerdings hat diese körpereigene Schutzfunktion einen Preis: Dadurch, dass das Stresssystem nicht mehr empfindlich auf Stressreize anspricht, ist die Energieversorgung des Gehirns beeinträchtigt. Es kommt zu einem Versorgungsengpass, und der Mensch muss mehr essen, um sein Gehirn zu versorgen. Im Rahmen dessen nimmt er dann an Gewicht zu. Für denjenigen, der also an Dauerstressbelastungen leidet und diesen nicht entkommen kann, ist es besser, dick als depressiv zu werden. Wieder einmal war es Marcel Proust, der diese Einsicht vorweggenommen hat: »Il y a des maux dont il ne faut pas chercher à guérir parce qu'ils nous protègent seuls contre de plus graves.«[9]

Prousts Madeleine-Episode aus neurobiologischer Sicht

Eines dieser ›ernsteren‹ Leiden, vor denen sich der Mensch durch Inkaufnahme anderer Leiden selbst schützt, ist die Depression oder – wie sie früher oft bezeichnet wurde – die Melancholie. Die Melancholie spielt auch in Marcel Prousts Recherche eine wesentliche Rolle:

> C'est ainsi que, pendant longtemps, quand, réveillé la nuit, je me ressouvenais de Combray, je n'en revis jamais que cette sorte de pan lumineux, découpé au milieu d'instinctes ténèbres, pareil à ceux que l'embrasement d'un feu de Bengale ou quelque projection électrique éclairent et sectionnent dans un édifice dont les autres parties restent plongées dans la nuit: [...] en un mot, toujours vu à la même heure, isolé de tout ce qu'il pouvait y avoir autour, se détachant seul sur l'obscurité, le décor strictement nécessaire (...) au drame de mon déshabillage; comme si Combray n'avait consisté qu'en deux étages reliés par un mince escalier et comme s'il n'y avait jamais été que sept heures du soir.[10]

Offenbar erinnert sich Prousts Ich-Erzähler in seiner melancholischen Stimmungslage nur noch an dunkle, farblose Bilder im Kontext des Dramas des Zubettgehens. Wie gelingt es nun, Prousts Ich-Erzähler und Proust selbst, sich vor der Melancholie zu schützen?

Betrachten wir vor diesem Hintergrund die zentrale Madeleine-Episode der *Recherche*. Sie stellt offenbar einen Wendepunkt dar, indem aus den melancholisch getönten, dunklen Erinnerungsbildern eine lebendige, farbenreiche Erinnerung wird, die durch eine euphorische Stimmung getönt ist. Im Folgenden betrachte ich vier Schlüsselszenen im Kontext der Madeleine-Episode und suche in diesen Szenen nach dem konditionierten und unkonditionierten Stimulus, um Prousts *mémoire involontaire* auf die modernen, neurobiologischen Korrelate des emotionalen Lernens abzubilden. Mit anderen Worten suche ich in einer Menge von assoziierten, dichterischen Elementen, die mit der Madeleine-Episode in Beziehung stehen, nach denjenigen, die die formalen Kriterien eines unkonditionierten und eines konditionierten Stimulus erfüllen. Bei diesem Vorgehen spielt die Methodik, mit der die Szenen und Details ausgewählt und in Betracht gezogen werden, eine untergeordnete Rolle. Stattdessen geht es hier vorrangig um die Zuordnung von dichterisch-kompositorischen Elementen in der *Recherche* zu den formalen Kriterien eines neurobiologischen emotionalen Lernprozesses. Die im Folgenden verwendeten Jahreszahlen sind frei gewählt und sollen einzig die Sequenz der Szenen auf einer Zeitskala ordnen.

Die erste Szene (1890) ist die »süße Nacht mit Maman«, in welcher es dem Ich-Erzähler gelingt, die Mutter dazu zu bringen, die ganze Nacht bei ihm zu verbringen und ihm aus *François le Champi* von George Sand vorzulesen.

Die zweite Szene (1881) betrifft die »Maiandacht in Combray«, in welcher der Ich-Erzähler das erste Mal den Weißdorn lieben lernt. Der »Weißdorn« steht hier als Metapher für die »Mädchenblüte«. In dieser Maiandacht begegnet der Ich-Erzähler Mademoiselle Vinteuil, und er assoziiert mit diesem »sommersprossigen rotblonden Mädchen« sehr eng die Weißdorn-Mädchenblüte. Nach dem Verlassen der Kirche macht der Ich-Erzähler einen Nachtspaziergang mit seinen Eltern unter den stark duftenden Linden der Avenue de la Gare, bei dem er den gerade erlebten Moment noch einmal Revue passieren lässt.

Die dritte Szene (1892) beschreibt die »frühe Madeleine-Episode« mit dem Morgenkuss, den der Ich-Erzähler seiner Tante Léonie am Ostermorgen in Combray gibt. Dem Ich-Erzähler fällt die Aufgabe zu, die Lindenblüten für den Lindenblütentee vorzubereiten, und danach gibt ihm seine Tante eine Madeleine mit Lindenblütentee.

Die vierte Szene (1919) beschreibt die »späte Madeleine-Episode«, sie findet in einem längeren Zeitabstand zur frühen statt. An einem kalten Wintertag in Paris kommt der Ich-Erzähler nach Hause und bekommt von seiner Mutter eine Madeleine und eine Tasse Lindenblütentee angeboten, woraufhin er sich, plötzlich von einem starken Glücksgefühl erfüllt, an seine Kindheit in Combray in den schönsten Farben und Einzelheiten erinnert.

Betrachten wir die Madeleine und die Tasse Lindenblütentee als konditionierte Stimuli, die an sich neutral sind, und suchen wir nach emotionalen Erzähl-Elementen in der *Recherche*, die durch sinnliche Wahrnehmung mit der Madeleine und der Tasse Tee assoziiert sind. Dabei fokussieren wir auf alle fünf Sinnesmodalitäten: taktil, auditiv, visuell, gustatorisch und olfaktorisch [Abb. 3]

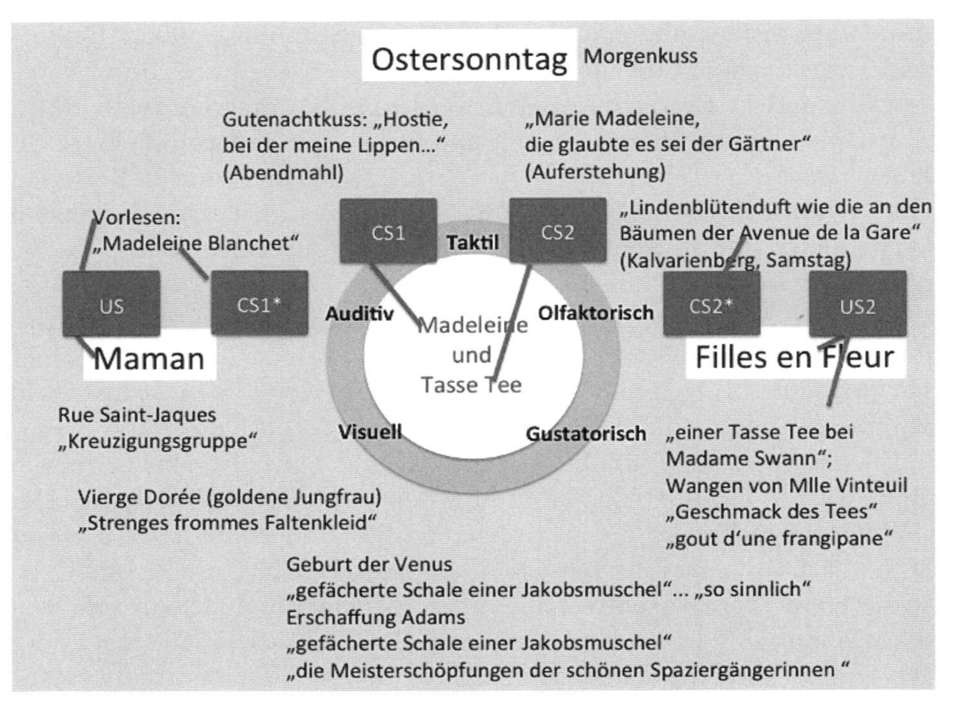

Abb. 3: Madeleine und Tasse Tee (konditionierte Stimuli, CS) sowie taktil, auditiv, visuell, gustatorisch und olfaktorisch ausgelöste emotionale Episoden (unkonditionierte Stimuli, US) in der *Recherche*

Was die Berührung angeht, so könnte der Leser sich an die Gutenachtkuss-Szenen des Ich-Erzählers mit seiner Mutter erinnern:

> »Embrasse-moi une fois encore«, mais je savais qu'aussitôt elle aurait son visage fâché, […] Or la voir fâchée détruisait tout le calme qu'elle m'avait apporté un instant avant, quand elle avait penché vers mon lit sa figure aimante, et me l'avait tendue comme une hostie pour une communion de paix où mes lèvres puiseraient sa présence réelle et le pouvoir de m'endormir. [11]

Auf der metaphorischen Ebene entsteht hier die Assoziation zur Hostie, so dass Madeleine und Tee mit Brot und Wein des Abendmahles in Zusammenhang gebracht werden.

Suchen wir nach Szenen, in denen die Madeleine auditiv assoziiert wird, so fällt einem die süße Nacht mit Maman ein, denn im vorgelesenen Buch *François le Champi* ist die weibliche Hauptfigur die Müllerin Madeleine Blanchet. Indem die Mutter des Ich-Erzählers das Buch vorliest, wird dieser den Namen »Madeleine« oft gehört und mit dem Erlebnis der süßen Nacht assoziiert haben:

> [...] elle fournissait toute la tendresse naturelle, toute l'ample douceur qu'elles réclamaient à ces phrases [...] Elle retrouvait pour les attaquer dans le ton qu'il faut, l'accent cordial qui leur préexiste et les dicta, mais que les mots n'indiquent pas; grâce à lui elle amortissait au passage toute crudité dans les temps des verbes, donnait à l'imparfait et au passé défini la douceur qu'il y a dans la bonté, la mélancolie qu'il y a dans la tendresse, dirigeait la phrase qui finissait vers celle qui allait commencer, tantôt pressant, tantôt ralentissant la marche des syllabes pour les faire entrer, quoique leurs quantités fussent différentes, dans un rythme uniforme, elle insufflait à cette prose si commune une sorte de vie sentimentale et continue.[12]

Betrachten wir nun visuelle Assoziationen zwischen Madeleine und Szenen aus der Recherche, so kommt einem die Form der Madeleine als Jakobsmuschel und das Motiv des Jakobswegs in den Sinn: »Son appartement particulier donnait sur la rue Saint-Jacques [...] qui, unie, grisâtre, avec les trois hautes marches de grès presque devant chaque porte, semblait comme un défilé pratiqué par un tailleur d'images gothiques à même la pierre où il eût sculpté une crèche ou un calvaire.«[13]

Ebenfalls visuell assoziiert ist die Form der Madeleine, die an ein »strenges, frommes Faltenkleid« erinnert. Dazu fallen dem Leser »Wallfahrten« ein zu verschiedenen Kathedralen, unter anderem die zur Kathedrale von Amiens (Wallfahrt zur Goldenen Jungfrau). Hier heißt es in *Nachgeahmtes und Vermischtes*: »Redevenue maternelle, comme le sculpteur d'Amiens l'a représentée, tenant dans ses bras la divine enfance, elle dût être comme la nourrice que laisse seule rester à son chevet celui qu'elle a longtemps.«[14] Betrachtet man die bildnerische Darstellung der Goldenen Jungfrau im Südportal genauer, so fällt ihr Gewand auf, welches Falten wirft, die muschelartig angeordnet sind, und hinter dem Kopf der Goldenen Jungfrau befindet sich als Ornamentik das Muschelmotiv.

Außerdem visuell assoziiert wird die Form der Madeleine mit der gefächerten Schale einer Jakobsmuschel, die »so sinnlich wirkt«: »Elle envoya chercher un de ces gâteaux courts et dodus appelés Petites Madeleines qui semblent avoir été moulés dans la valve rainurée d'une coquille de

Saint-Jacques.«[15] Und weiter: »[…] celle aussi du petit coquillage de pâtisserie, si grassement sensuel sous son plissage sévère et dévot«.[16] Damit wird die Madeleine in einen erotischen Kontext gesetzt, der sich beispielsweise in ähnlicher Weise in den Gemälden Botticellis, *Geburt der Venus*, und Redons, *Geburt der Venus*, wiederfindet.

Auch Michelangelo Buonarrotis Gemälde *Die Erschaffung Adams* enthält das Muschelmotiv. Gottvater sitzt, umgeben von Putten, in einer durch ein rotes Tuch gebildeten Muschelformation. Das Tuch ist mit einer doppelten Omega-Falte auf diese Weise muschelförmig figuriert. Was bei den genauen anatomischen Kenntnissen Michelangelos nicht verwundert, ist, dass die Tuchformation sehr genau die Form eines menschlichen Gehirns darstellt. Ob Michelangelo mit der Fingerberührung Gottes und Adams einen ›synaptischen Spalt‹ (die Kontaktstelle zwischen zwei Nervenzellen) im Sinn gehabt hat, bleibt offen. Proust greift in der *Recherche* Michelangelos Motiv von der Erschaffung Adams auf. Er ersetzt in seiner Sichtweise jedoch den männlichen Adam durch eine Frau. So sinniert der Ich-Erzähler bei seinem sentimentalen und nostalgischen Spaziergang im Bois de Boulogne 1913:

> Car les arbres continuaient à vivre de leur vie propre et, quand ils n'avaient plus de feuilles, elle brillait mieux sur le fourreau de velours vert qui enveloppait leurs troncs ou dans l'émail blanc des sphères de gui qui étaient semées au faîte des peupliers, rondes comme le soleil et la lune dans la Création de Michel-Ange. […] On sentait que le Bois n'était pas qu'un bois, qu'il répondait à une destination étrangère à la vie de ses arbres; l'exaltation que j'éprouvais n'était pas causée que par l'admiration de l'automne, mais par un désir. Grande source d'une joie que l'âme ressent d'abord sans en reconnaître la cause, sans comprendre que rien au dehors ne la motive. Ainsi regardais-je les arbres avec une tendresse insatisfaite qui les dépassait et se portait à mon insu vers ce chef-d'oeuvre des belles promeneuses qu'ils enferment chaque jour pendant quelques heures.[17]

Bei Prousts Meisterschöpfung der schönen Spaziergängerin handelt es sich um niemand anderen als um Madame Swann. Als Jugendlicher hat der Ich-Erzähler nicht nur Wallfahrten in den Bois de Boulogne gemacht, um die schöne Spaziergängerin zu sehen, sondern auch Wallfahrten zum Hause der Swanns, mit dem Wunsch, Madame Swann dort anzutreffen. Sowohl die Spaziergänge durch die Straßen von Paris zum

Hause der Swanns als auch durch die Alleen des Bois de Boulogne sind emotionale Szenen, die im Kontext der Madeleine-Episode stehen. Leitmotivisch steht das Motiv der Tasse Tee (»cup of tea«) mit Besuchen des Ich-Erzählers bei Madame Swann in Verbindung. So erinnert sich der Ich-Erzähler bei seinem nostalgischen Spaziergang durch den Bois der Boulogne:

> À cause de la solidarité qu'ont entre elles les différentes parties d'un souvenir et que notre mémoire maintient équilibrées dans un assemblage où il ne nous est pas permis de rien distraire ni refuser, j'aurais voulu pouvoir aller finir la journée chez une de ces femmes, devant une tasse de thé, dans un appartement aux murs peints de couleurs sombres, comme était encore celui de Mme Swann [...] et où luiraient les feux orangés, la rouge combustion, la flamme rose et blanche des chrysanthèmes dans le crépuscule de novembre.[18]

An anderen Tagen bewog der jugendliche Ich-Erzähler manchmal Françoise zu einer Pilgerfahrt vor das Haus, das die Swanns bewohnten. Der Weg durch die Boulevards von Paris dorthin führt unter anderem an der Kirche La Madeleine vorbei. Auf diese Weise gehört die Figur der Madame Swann zum Themenkomplex der Petite Madeleine, der erlösenden Pilgerfahrten, dem Muschelmotiv, den Erschaffungsmythen sowie der Tasse.

Die nun folgenden gustatorischen und olfaktorischen Sinnesmodalitäten assoziieren Situationen und Figuren im Kontext der »filles en fleurs« (der Mädchenblüte). Was den Geschmack der Madeleine und des Tees angeht, so fallen im Text der *Recherche* Szenen auf, in denen die Verbindung zu den Wangen von Mademoiselle Vinteuil hergestellt werden:

> Quand, au moment de quitter l'église, je m'agenouillai devant l'autel, je sentis tout d'un coup, en me relevant, s'échapper des aubépines une odeur amère et douce d'amandes, et je remarquai alors sur les fleurs de petites places plus blondes sous lesquelles je me figurai que devait être cachée cette odeur, comme, sous les parties gratinées, le goût d'une frangipane ou, sous leurs taches de rousseur, celui des joues de Mademoiselle Vinteuil. Malgré la silencieuse immobilité des aubépines, cette intermittente odeur était comme le murmure de leur vie intense dont l'autel vibrait ainsi qu'une haie agreste visitée par de vivantes antennes, auxquelles on pensait en voyant certaines étamines presque rous-

ses qui semblaient avoir gardé la virulence printanière, le pouvoir irritant, d'insectes aujourd'hui métamorphosés en fleurs.[19]

Eine olfaktorische Assoziation wird zwischen dem Lindenblütentee und dem Duft der Lindenblüten in der Avenue de la Gare hergestellt. Der Spaziergang unter den Linden folgt zeitlich unmittelbar in Anschluss an die Szene in der Maiandacht:

> [...] comme c'était le lendemain dimanche et qu'on ne se lèverait que pour la grand'messe, s'il faisait clair de lune et que l'air fût chaud, au lieu de nous faire rentrer directement, mon père, par amour de la gloire, nous faisait faire par le calvaire une longue promenade [...]. Je trainais la jambe, je tombais de sommeil, l'odeur des tilleuls qui embaumait m'apparaissait comme une récompense [...].[20]

Der Kreis der fünf Sinnesmodalitäten schließt sich, wenn wir abschließend noch einmal Berührungsempfindungen betrachten. Im Gegensatz zum Gutenachtkuss gibt es schließlich noch den Morgenkuss, den der Ich-Erzähler seiner Tante Léonie am Ostersonntag gibt:

> Au bout d'un moment, j'entrais l'embrasser; Françoise faisait infuser son thé; ou, si ma tante se sentait agitée, elle demandait à la place sa tisane, et c'était moi qui étais chargé de faire tomber du sac de pharmacie dans une assiette la quantité de tilleul qu'il fallait mettre ensuite dans l'eau bouillante. Le dessèchement des tiges les avait incurvées en un capricieux treillage dans les entrelacs duquel s'ouvraient les fleurs pâles, comme si un peintre les eût arrangées, les eût fait poser de la façon la plus ornementale. [...] Mille petits détails inutiles [...] qu'on eût supprimés dans une préparation factice, me donnaient [...] le plaisir de comprendre que c'était bien des tiges de vrais tilleuls, comme ceux que je voyais avenue de la Gare, modifiées, justement parce que c'étaient non des doubles, mais elles-mêmes et qu'elles avaient vielli. [...] Bientôt ma tante pouvait tremper dans l'infusion bouillante dont elle savourait le goût de feuille morte ou de fleur fanée une petite madeleine dont elle me tendait un morceau quand il était suffisamment amolli.[21]

Noch einmal könnte eine auditive Assoziation bestehen, nämlich zwischen dem Namen »Marie Madeleine« (Maria Magdalena) und der Ostersonntag-Szene in Combray:

Ces arbustes que j'avais vus dans le jardin, en les prenant pour des dieux étrangers, ne m'étais-je pas trompé comme Madeleine quand, dans un autre jardin, un jour dont l'anniversaire allait bientôt venir, elle vit une forme humaine et crut que c'était le jardinier?[22]

Wo in den verschiedenen hier assoziativ dargestellten Szenen und Bildelementen findet sich der unkonditionierte Stimulus (US) und der konditionierte Stimulus (CS)? Die emotionale Vorlese-Szene mit Maman erfüllt die Kriterien des unkonditionierten Stimulus (US1). Da häufig während des Vorlesens das Wort »Madeleine« als Name fällt, erfüllt dieses das Kriterium eines konditionierten Stimulus (CS1*). Die Madeleine als Küchlein erfüllt in dieser Betrachtungsweise das formale Kriterium eines neutralen CS1. Es ist bemerkenswert, dass Proust hier mit zusätzlichen Zwischenassoziationen arbeitet.

Es lässt sich noch eine weitere Sequenz aus Stimuli finden. So erfüllt die emotionale Szene in der Mai-Andacht, in der er Mademoiselle Vinteuil begegnet, die Kriterien eines unkonditionierten Stimulus (US2). Der Lindenblütenduft in der Avenue de la Gare unmittelbar im Anschluss an die Kirchenszene erfüllt das Kriterium eines CS2*. Und schließlich erfüllt der Lindenblütentee die Kriterien eines CS2. Es handelt sich also um eine besonders komplexe Komposition, da es sich hier jeweils um eine Dreiergruppierung aus einem US und zwei CS handelt, während in der Furchtkonditionierung üblicherweise nur zwei Stimuli vorhanden sind. Dies ist zunächst als etwas Besonderes in der Dichtung Prousts zu werten. Außerdem beschränkt sich Proust nicht darauf, mit einer einzigen Paarung zu arbeiten, sondern hier sind zunächst zwei Tripletts auffindbar, welche die formalen Kriterien für CS und US beim emotionalen Lernen erfüllen. Es ist durchaus wahrscheinlich, dass Madeleine und Lindenblütentee wie hier gezeigt nicht nur zweifach überdeterminiert sind, sondern dass sich noch weitere Elemente im Text finden lassen, auf die die formalen Kriterien von CS und US zutreffen. Die Situationen der Wallfahrten zum Haus der Swanns, vorbei an der Madeleine-Kirche, die Spaziergänge in der Allee des Acacias mit Bewunderung von Mme Swann und die Besuche bei dieser in ihrem Wintergarten, bei denen der Erzähler Novemberfreuden bei einer Tasse Tee genießt, stellen allesamt emotionale Erlebnisse dar, die die Kriterien als US3, US4, US5 erfüllen und mit Madeleine und Tasse Tee assoziiert sind. Mit dieser Überdeterminiertheit und den zusätzlichen Zwischenschritten in den Assoziationsketten erzeugt Proust eine Komplexität, die den Hirnforscher, der versucht, den hier beschriebenen Prozess der emotionalen Erinnerung nachzuvollziehen, vor eine nicht geringe Herausforderung stellt.

Schluss

Wie ist es nun dem Ich-Erzähler gelungen, sich vor der Depression zu schützen beziehungsweise diese zu überwinden? Welcher (Selbst-)Heilungsprozess beim Ich-Erzähler zugrunde liegt, das wissen wir nicht. Was auch immer es gewesen ist, das den Erzähler von seiner Last befreit hat, es hat ihm schließlich ermöglicht, beim Genuss der Madeleine und der Tasse Tee im Winter in Paris eine positiv getönte emotionale Erinnerung zu bekommen, welche ihn nicht nur an den Ostermorgen mit dem Morgenkuss, den er seiner Tante Léonie gegeben hat, erinnert, sondern auch an noch weiter zurückliegende Episoden wie die süße Nacht mit Maman und die Maiandacht mit der Mädchenblüte. Befreit von der Last, ist es dem Erzähler nun möglich, sein Leben im Werk niederzuschreiben, nicht mehr als graues, dunkles Bild wie vormals wahrgenommen, sondern in prächtigen Farben und Einzelheiten.

Wie schließt sich hier der Bogen zu meiner *Selfish Brain* Forschung? Wir wissen, dass Proust nicht dick war. Trotzdem ist davon auszugehen, dass er nicht allein durch seine chronisch obstruktive Lungenerkrankung, sondern auch in psychosozialer Hinsicht nicht wenig belastet war (u. a. war er der damals massiv ausgeprägten Diskriminierung gegen Homosexuelle ausgesetzt). War er wirklich depressiv? Oder hat er Wege gefunden sich vor dem »ernsteren Leiden« – der Melancholie – zu schützen. Hat er etwa als Dichter der *Recherche* im Akt des Schreibens und mit seinen damit verbundenen Wünschen und Hoffnungen, die Welt von einem der erstesten Leiden zu erlösen, sich von seiner persönlichen Last befreien können?

Anmerkungen

1 Marie Krieger, in: *Zeitschrift für Angewandte Anatomische Konstitutionslehre* 7, 87 (1921).
2 David Spanswick et al., in: *Nature* 390 (1997), S. 521-525.
3 Achim Peters et al., »The Selfish Brain: Competition for Energy Resources«, in: *Neuroscience & Biobehavioral Reviews* 28 (2004), S. 143-180.

4 Achim Peters/Dirk Langemann, in: *Frontiers in Neuroenergetics* 1 (2009), 2; doi:10.3389/neuro.14.002.2009.
5 Achim Peters, *Das egoistische Gehirn*, Berlin 2011.
6 Achim Peters, *Mythos Übergewicht*, München 2013.
7 *RTP* III, S. 48 – *SvZ* IV, S. 65: »Die Irrtümer der Ärzte sind ohne Zahl. Gewöhnlich sind sie zu optimistisch mit Bezug auf die Diät des Kranken, zu pessimistisch aber, was den Ausgang des Leidens betrifft.«
8 Denis Pare et al., »New Vistas on Amygdala Networks in Conditioned Fear«, in: *Journal of Neurophysiology*. 92 (2004), S. 1-9.
9 *RTP* III, S. 291 – *SvZ* III, S. 407: »Es gibt Leiden, von denen man die Menschen nicht heilen soll, weil sie der einzige Schutz gegen weit ernstere sind.«
10 *RTP* I, S. 43f. – *SvZ* I, S. 65: »So kam es, daß ich lange Zeit hindurch, wenn ich nachts aufwachte und an Combray dachte, nur diesen hellen, gleichsam aus undurchdringlicher Dunkelheit herausgeschnittenen Streifen sah, gleich jenen Mauerpartien, die ein bengalisches Feuer oder irgendein elektrischer Scheinwerfer als einzige an einem Gebäude beleuchten, dessen übrige Teile in das Dunkel der Nacht getaucht bleiben: [...] mit einem Wort, es handelte sich nur um die immer zum gleichen Zeitpunkt betrachtete, von allen Dingen der Umgebung losgelöste, für sich allein auf dem dunklen Hintergrund sichtbare, allernotwendigste Dekoration [...] für das Drama meines abendlichen Entkleidens; es war, als habe ganz Combray nur aus zwei, durch eine schmale Treppe verbundenen Stockwerken bestanden und als sei es dort immer und ewig sieben Uhr abends gewesen.«
11 *RTP* I, S. 13 – *SvZ* I, S. 21f.: »›Gib mir noch einen Kuß‹, aber ich wußte, daß sie dann auf der Stelle ihr strenges Gesicht zeigen würde [...]. Sie nun aber erzürnt zu sehen machte die ganze Beschwichtigung meines Herzens zunichte, die sie mir einen Augenblick zuvor geschenkt hatte, als sie ihr liebevolles Antlitz über mein Bett neigte und es mir darbot wie die Hostie einer Friedenskommunion, bei der meine Lippen ihre leibhaftige Gegenwart und die Kraft einzuschlafen von ihr empfingen.«
12 *RTP* I, S. 42f. – *SvZ* I, S. 64: »[...] sie legte all die natürliche Zärtlichkeit, die unendliche Sanftheit, [...] in diese Sätze hinein [...] Um sie im richtigen Ton anzustimmen, fand sie zu jenem herzlichen Klang zurück, der vor ihnen da ist, der ihre Form bestimmt hat, den die Wörter aber nicht angeben; durch ihn dämpfte sie nebenher die Härte in den Zeitformen der Verben und gab dem Imperfekt und dem Perfekt jene sanfte Milde, die auf Güte beruht, die leise Trauer der Zärtlichkeit, und leitete den ausgehenden Satz in den beginnenden in der Weise über, daß sie den Fall der Silben bald beschleunigte, bald verlangsamte, um sie ohne Rücksicht auf ihre natürliche Länge in einen gleichen Rhythmus zu bringen; damit aber hauchte sie dieser so gewöhnlichen Prosa eine Art von unaufhörlich gefühlsbewegtem Leben ein.«
13 *RTP* I, S. 49 – *SvZ* I, S 73: »Ihre Privaträume gingen auf die Rue Saint-Jacques, ... die, grau und vollkommen einförmig mit drei hohen Sandsteinstufen vor fast jeder Tür, aussah wie eine Steinschlucht, als ob dort ein gotischer Bildhauer eine Krippe oder eine Kreuzigungsgruppe direkt aus dem Fels herausgemeißelt hätte.«
14 Marcel Proust, *Pastiches et Mélanges*, Paris 1947, S. 111 – *NV*, S. 115: »Wieder mütterlich geworden, wie der Bildhauer von Amiens sie dargestellt hat, die göttliche

Kindheit in den Armen haltend, muß sie wie eine Amme gewesen sein, die derjenige, den sie lange gewiegt hat, allein an seinem Bette duldet.«

15 *RTP* I, S. 45 – *SvZ* I, S. 67: »Sie ließ daraufhin eines jener dicklichen, ovalen Sandtörtchen holen, die man ›Petites Madeleines‹ nennt und die aussehen, als habe man als Form dafür die gefächerte Schale einer Jakobs-Muschel benutzt.«

16 *RTP* I, S. 47 – *SvZ* I, S. 70: »[...] darunter auch die dieser kleinen Muschel aus Kuchenteig, die so füllig und sinnlich wirkt unter ihrem strengen, frommen Faltenkleid.«

17 *RTP* I, S. 423f. – *SvZ* I, S. 610f.: »Denn die Bäume lebten ihr Eigenleben weiter, und wenn sie keine Blätter mehr hatten, so strahlte es nur um so leuchtender aus der Hülle von grünem Samt, die ihre Stämme umgab, oder den weißen Email der kugeligen Misteln, die hier und da in den Kronen der Pappeln hingen, rund wie Sonne und Mond in Michelangelos *Erschaffung der Welt.* (...) Man fühlte, daß der Bois nicht nur ein Waldgelände war, sondern einer dem Leben seiner Bäume fremden Bestimmung entsprach; die Hochstimmung, in der ich mich befand, war nicht nur die Folge meiner Bewunderung für den Herbst, sondern eines Verlangens. Sie entsprang dem großen Quell einer Freude, die die Seele schon spürt, ehe sie noch ihre Ursache kennt und bevor sie weiß, daß nichts außerhalb ihrer selbst sie hervorgebracht hat. So betrachtete ich die Bäume mit unbefriedigter Zärtlichkeit, die mehr wollte als sie und sich ohne mein Wissen auf die Meisterschöpfungen der schönen Spaziergängerinnen bezog, die sie jeden Tag ein paar Stunden lang in ihrem Schatten bergen.«

18 *RTP* I, S. 426 – *SvZ* I, S. 614: »Aufgrund des unlösbaren Zusammenhanges, der zwischen den verschiedenen Teilen einer Erinnerung besteht und die unser Gedächtnis wohlausgewogen in einer Zusammenstellung bewahrt, an die wir nicht rühren, von der wir nichts weglassen dürfen, hätte ich dann auch noch meinen Tag im Hause einer dieser Frauen bei einer Tasse Tee in einem Zimmer mit dunkelgetönten Wänden wie jenes von Madame Swann (...), das von dem orangefarbenen Schimmer der roten Glut der rosa und weißen Flamme der Chrysanthemen durchleuchtet wurde, in einer Novemberdämmerung beenden mögen.«

19 *RTP* I, S. 114f. – *SvZ* I, S. 167: »Als ich beim Verlassen der Kirche vor dem Altar die Knie beugte, spürte ich plötzlich, als ich mich wieder erhob, von den Weißdornzweigen her einen bittersüßen Mandelduft und erkannte gleichzeitig auf den Blüten kleine gelbliche Stellen, unter denen ich mir jenen Duft verborgen dachte wie unter den überbackenen Teilen eines Mandelcremetörtchens oder unter ihren Sommersprossen den der Wangen von Mademoiselle Vinteuil. Trotz der schweigenden Unbeweglichkeit des Weißdorns war dieses aussetzende und wiederkehrende starke Duften wie das Weben seines intensiven Lebens, von dem der Altar zu beben schien wie eine ländliche Hecke unter lebendig tastenden Fühlfäden, an die man beim Anblick mancher beinahe rotblonder Staubgefäße dachte, die das frühlingshafte Überschäumen und die aufreizende Kraft von Insekten zu haben schienen, die jetzt in Blüten verwandelt waren.«

20 *RTP* I, S. 114f. – *SvZ* I, S. 168f.: »Da am folgenden Tag Sonntag war und wir erst rechzeitig zum Hochamt aufstehen würden, machten wir selbst jedoch, vorausgesetzt daß der Mond schien und es warm genug war, anstatt unmittelbar heimzukehren, unter der Führung meines Vaters einen langen Spaziergang über den

Kalvarienberg [...]. Ich schleppte schwer meine Füße, fiel um vor Müdigkeit, der Duft der Lindenbäume kam mir wie eine Belohnung vor [...]«

21 *RTP* I, S. 52f. – *SvZ* I, S. 76f.: »Unmittelbar darauf trat ich ein und gab ihr einen Morgenkuß; Françoise goß den Tee auf; oder wenn meine Tante sich nervös erregt fühlte, wünschte sie statt dessen einen Lindenblütentee, und dann fiel mir die Aufgabe zu, aus dem Apothekerbeutel so viel Blüten auf einen Teller zu schütten, wie man gleich darauf in das kochende Wasser geben mußte. Durch das Trocknen hatten sich die Stengel zu einem eigentümlichen Gitterwerk zusammengerollt, in dessen Geflecht sich die blassen Blüten öffneten, als habe ein Maler sie angeordnet, sie auf die dekorativste Weise Modell sitzen zu lassen, wie es ihm am reizvollsten schien. [...] In tausend kleinen überflüssigen Einzelheiten, [...] die bei einer künstlichen Herstellung ausgeblieben wären, erkannte ich, [...] mit Vergnügen, daß es tatsächlich Stengel von wirklichen Lindenblüten waren, genau wie die an den Bäumen der Avenue de la Gare, freilich verändert gerade deshalb, weil sie keine Nachahmungen waren, sondern sie selbst, nur älter geworden [...] Bald konnte meine Tante in den kochenden Aufguß, dessen Geschmack nach dürren Blättern und welken Blüten sie genießerisch kostete, eine kleine Madeleine eintauchen, von der sie mir ein Stückchen gab, wenn es genügend aufgeweicht war.«

22 *RTP* II, S. 532 – *SvZ* III, S 221: »Als ich jene Bäume in dem Garten für fremde Götter hielt, hatte ich mich da nicht getäuscht wie Maria Magdalena, die in einem anderen Garten an einem Tag des Jahres, der bald wiederkehren sollte, eine menschliche Gestalt sah und glaubte, es sei der Gärtner?«

A la recherche du médecin-philosophe: Der Proust'sche Arzt zwischen Beruf und Berufung

Anna Magdalena Elsner

Bezüge zwischen Marcel Proust und der Medizin gibt es viele, und sie gehen weit über das Biographische hinaus, auch wenn Prousts Heranwachsen im Haushalt eines Arztes sicherlich den Beginn einer Faszination für die Medizin darstellt, die sich sowohl durch sein Leben als auch durch sein Werk zieht. Leben und Werk gehen hier oft fließend ineinander über, und die folgenden zwei Zitate veranschaulichen, dass sich in der Thematik der Medizin in der *Recherche* häufig Gelebtes und Geschriebenes vermischt: In seinem Text *Zum Bilde Prousts* schreibt Walter Benjamin 1929: »Dieses [Prousts] Asthma ist in seine Kunst eingegangen, wenn nicht seine Kunst es geschaffen hat. Seine Syntax bildet rhythmisch auf Schritt und Tritt diese seine Erstickungsangst nach.«[1] Und Christine Genin schreibt siebzig Jahre später, im Jahre 1999, in ihrem Beitrag zu dem von Jean-Yves Tadié herausgegebenen Katalog *Marcel Proust, l'écriture et les arts*: »C'est son double regard de malade et de médecin qui lui permet de mener à bien son projet.«[2] Beide Kommentatoren gehen vom Biographischen aus – der eigenen Krankengeschichte Prousts –, um die Verflechtung von Medizinischem und Literarischem in der *Recherche* zu belegen. Benjamin jedoch bleibt auf der »Mikro-Ebene« stehen und kommentiert den Stil Prousts, wohingegen Genin Proust als Inhaber einer privilegierten Position zwischen Arzt und Patient beschreibt, deren Perspektive das ganze Projekt der *Recherche* bestimmt. In den folgenden Ausführungen möchte ich auf beide Aspekte eingehen und sowohl auf der Mikro-Ebene ein Beispiel aus Prousts Vokabular betrachten, welches die Nähe des Textes zur Medizin unterstreicht, als auch inhaltlich versuchen, den Bezug von »malade« und »médecin« zu erläutern. Beides dient nicht nur der Veranschaulichung, wie zentral die Rolle des Mediziners in der *Recherche* und wie grundlegend die Beziehung des Arztes zum Patienten für den Arztberuf ist, sondern auch dazu, zu zeigen, dass Prousts Werk diese Rolle als zutiefst im Umbruch darstellt und damit ein wichtiges Zeitzeugnis für einen vielleicht bislang unterschätzten Aspekt der Medizingeschichte erbringt.

Der Begriff des »médecin-philosophe«, der im Zentrum dieses Artikels steht, geht auf den antiken griechischen Arzt Galenos von Pergamon zurück, der in der Tradition von Asklepios und Hippokrates wirkte und in seinen medizinischen Studien zum Großteil deren Auffassung der Lehre von den vier Elementen (Feuer, Erde, Luft und Wasser) und den vier Säften (Blut, Schleim, gelbe und schwarze Galle) übernahm. Am bekanntesten wurde er jedoch mit seiner Lehre über die Verordnungen von Arzneimitteln. Obwohl ab dem 17. Jahrhundert sowohl auf Griechisch wie später auch in französischen und deutschen Übersetzungen im Umlauf, ist ein anderer Text, den Galenos über den Arzt als Philosophen verfasste, weit weniger bekannt. Eine erste Ausgabe in Frankreich lieferte René Chartier im 17. Jahrhundert (Text in Latein und Griechisch). In der französischen Übersetzung von Charles Daremberg wurde der Text im Jahre 1854 bei J. B. Baillière publiziert. Im *Sommaire,* der der langen Abhandlung des Galenos über die Gemeinsamkeiten von Arzt und Philosoph vorangeht, liest man Folgendes:

> Semblables aux athlètes qui aspirent à triompher dans les jeux olympiques, mais qui ne font rien pour mériter la couronne, les médecins louent sans cesse Hippocrate, et prennent à tâche, non seulement de ne pas agir selon ses préceptes, mais de blâmer ceux qui s'y conforment. Une pareille conduite vient ou de ce que les médecins manquent de capacité, ou, surtout, de ce qu'ils veulent savoir sans rien apprendre, et qu'ils préfèrent les richesses et le plaisir à la dignité de l'art. – Hippocrate est le modèle des médecins, mais il n'en est aucun qui marche sur ses traces, et qui suive les beaux exemples qu'il a laissés. – Pour pratiquer avec succès l'art de guérir, il faut être versé dans les sciences que cultivent les philosophes, et pratiquer les vertus dont ils nous donnent l'exemple, d'où il résulte que le vrai médecin est en même temps philosophe. – C'est par l'étude et par la pratique qu'on devient à la fois médecin et philosophe.[3]

Schon in dieser frühen Kritik der Ärzte beschreibt Galenos, dass nur wenige den Arztberuf auf die hippokratische Weise praktizieren und leider viele eher an den materiellen Vorzügen des Berufs interessiert sind als an dessen Inhalt. Grundlage dieser Kritik ist der Topos des »médecin-philosophe«, der auf Galenos – aber wie Galenos herausstreicht, auch schon auf Hippokrates – zurückgeht und insbesondere von den medizinischen Fakultäten der frühen Renaissance aufgegriffen wurde[4] und der den Anspruch erhebt, dass ein guter Arzt die Tugenden eines Philosophen besitzen sollte. Dieser Anspruch und auch der Begriff selbst kursiert auch noch – oder wieder erneut – zu Prousts Zeit, insbesondere, da Galenos' Text Mitte des 19. Jahrhunderts zum ersten Mal auf Französisch publiziert wurde. 1836 beschreibt zum Beispiel Jules Cloquet, ein Schüler von Gustave Flauberts Vater, des Arztes Achille Chléophas Flaubert, das Wesen des Arztes folgendermaßen:

> Un médecin vraiment philosophe, pénétré et digne tout à-la-fois de la haute mission qu'il remplit auprès des hommes, ne saurait suivre aveuglément les opinions ou épouser les passions des partis qui divisent la société. Il ne voit l'homme que hors des scènes du grand monde, et gisant sur un lit de douleur; le plus souffrant et le plus malheureux est celui qui l'intéresse davantage. Les infirmités physiques et morales de l'espèce humaine sont sans cesse devant lui. Sortant des palais somptueux, il pénètre dans les réduits obscurs de la misère, et, dans des lieux si différents, il retrouve toujours le même homme, l'être souffrant, qui implore ses secours, et au soulagement duquel il a consacré son existence. Par ses relations intimes avec toutes les classes de la société, il est mieux que personne à même d'observer, de connaître, de juger l'humanité, et de l'apprécier à sa juste valeur. Celle-ci ne s'offre pas en général à ses regards par son beau côté: il l'étudie même de trop près; mais s'il perd de ses douces illusions, il peut au moins la voir telle qu'elle est. Calme au milieu des révolutions qui surgissent autour de lui, il ne doit que déplorer leurs tristes résultats pour les vaincus, adoucir la colère ou l'humeur présomptueuse des vainqueurs, gémir sur les infortunes, sur les calamités qu'elles entraînent, et y remédier autant qu'il est en lui de le faire. Ministre de paix et d'union entre les hommes qui lui ont confié ce qu'ils ont de plus cher, leur vie, et souvent leur honneur, il ne doit que les consoler ou guérir les maux, et s'il peut avoir quelque influence sur eux, c'est pour modérer leurs passions, les ramener à la raison, à la justice, à la tolérance, à ce qu'il croit le plus utile à eux-mêmes et au bien du pays. Quant à lui, il ne doit ambitionner de se distinguer que par son désintéressement; par l'abnégation qu'il fait de sa personne lors des épidémies qui désolent les populations; par son dévouement et son courage, en relevant ou pansant les blessés sur les champs de bataille; par sa charité, sa sévérité contre les vices, et son

indulgence pour les faiblesses de l'espèce humaine. Tels doivent être, à mon avis, le caractère, les devoirs et le véritable patriotisme d'un médecin.[5]

Aus dieser eindrücklichen Beschreibung geht ein ganzheitliches Programm für das Ideal des »médecin-philosophe« hervor, ein Programm, das natürlich gleichzeitig auch Zeuge seiner Zeit ist und mit seiner Wortwahl von »grand monde«, »classes de la société«, »ministre de paix«, »union entre les hommes« und »tolérance« ganz klar auch eine politische Agenda verfolgt. Grundlegend bleibt jedoch, dass das Arzt-Sein mehr fordert als nur das Ausüben einer gewissen Fähigkeit.

Auch noch ein Blick in das *Dictionnaire de médecine usuelle* von 1849 zeigt, dass die Definition des guten Arztes, des »bon« oder »vrai médecin« zwar nicht mehr den Begriff des »philosophe« beinhaltet, aber doch im Wesentlichen Galenos Beschreibung der ärztlichen Tugenden folgt. Um ein guter Arzt zu sein, reicht es nicht »d'être guérisseur habile, il faut de plus être l'ami de ses malades. [...] De même le médecin qui n'est préoccupé que de ses honnoraires sent bien qu'il n'est pas digne de la reconnaissance que ses services devraient lui attirer.«[6] Des Weiteren wird der »bon médecin« als »philanthrope et désintéressé, discret, moral, patient, indulgent, bienveillant, prudent, réfléchi, tempérant, courageux« definiert. Wie in Galenos' Definition geht es hier hauptsächlich um die »vertus«: Arzt sein oder werden hat, so scheint es, mehr mit Berufung als mit Beruf zu tun.

Diese Auffassung der Rolle des Arztes, obwohl sie noch im *Dictionnaire de médecine usuelle* von 1849 zu finden ist, ist jedoch am Ende des 19. Jahrhunderts im Begriff sich grundlegend zu ändern. Schon 1856 spielt Gustave Flaubert darauf an, dass es sich beim »médecin-philosophe« um eine aussterbende Spezies handelt, wenn er den Doktor Larivière in *Madame Bovary* als eines ihrer letzten Überbleibsel beschreibt: »Il appartenait à la grande école chirurgicale sortie du tablier de Bichat, à cette génération, maintenant disparue, de praticiens philosophes qui, chérissant leur art d'un amour fanatique, l'exerçaient avec exaltation et sagacité!«[7] In den fast fünfzig Jahren nach seinem Tod publizierten *Principes de médecine expérimentale* schreibt der französische Arzt und Physiologe Claude Bernard: »La médecine professionnelle considère simplement les relations et les devoirs du médecin dans l'exercice de la médecine en tant que profession; or, ces relations et ces devoirs rentrent toujours plus ou moins dans les principes et les règles qui doivent s'appliquer à l'exercice de toutes les professions.«[8] Hier sieht man den Übergang von »vertu« zu »profession«: Bernard hebt hervor, dass das Praktizieren der Medizin einen Beruf wie jeden anderen darstellt, und hebt damit die moralische Sonderstellung des Arztes auf.

Wichtig in diesem Zusammenhang ist es auch, den »médecin-philosophe« im Kontext der französischen Medizingeschichte und im Zusammenhang mit deren gravierenden Änderungen der Strukturierung des Berufs des Arztes im 18. und 19. Jahrhundert zu betrachten. Bezeichnend ist diesbezüglich die sogenannte »Loi d'Allarde«, ein Gesetz von 1791, wonach die Regelung aller Berufe, auch derjenigen der Medizin, dem freien Markt überlassen wurde. Dahinter stand die Auffassung, dass jeder Bürger frei seinen Beruf wählen können sollte (nur gegen eine finanzielle Abgabe) und dass auch jeder aufgeklärte Bürger fähig sein sollte, den besten Arzt zu wählen. Dies musste jedoch gezwungenermaßen revidiert werden, um den Nachwuchs von geschulten Ärzten in Napoleons Armee zu sichern (»La loi du 19 ventôse an XI« vom 10. März 1803). Jedoch gelingt es erst 1892, ein Gesetz durchzubringen – die »Loi Chevandier« –, welches es ermöglicht, die Strukturierung und Institutionalisierung der medizinischen Ausbildung zu sichern und Sanktionen einzuführen, die es erlauben, illegale Ärzte gesetzlich zu überführen.

Dieser Hintergrund wirft Licht auf das Zitat von Bernard, sowohl in Bezug auf die Professionalisierung der Medizin am Ende des 19. Jahrhunderts als auch auf die Bedeutung für die Rolle der Medizin aus der Perspektive Prousts und die Art und Weise, wie diese in der *Recherche* dargestellt wird. Marcel Proust ist nämlich schon 21 Jahre alt, als die »Loi Chevandier« zum ersten Mal in Frankreich die Möglichkeit bietet, geschulte Ärzte und Scharlatane voneinander zu trennen, und dieser späte Übergang zur »professionellen« Medizin ist in der *Recherche* offensichtlich.

Im Folgenden gilt es zu zeigen, dass die Darstellung von Arzt-Patient-Beziehungen in der *Recherche* – und ich werde mich hierbei im kürzeren, zweiten Teil des Artikels weitgehend auf die Ärzte, welche die Großmutter des Erzählers während ihrer Krankheit und kurz vor ihrem Tod behandeln, beschränken – Zeugnis davon ablegen, dass die Medizin und die Beschaffenheit des Arztes in der *Recherche* sich »entre deux siècles« befindet, sowohl ideologisch als auch sozial.[9] Überbleibsel des Anspruchs, nach welchem der Arzt auch Philosoph sein müsse, bzw. die Professionalisierung des Arzt-Berufes, die es nicht mehr verlangt, dass er philosophische Tugenden besitzt, finden sich sowohl in den Szenen, in welchen die Großmutter von einer Reihe von Ärzten behandelt wird, als auch im Vokabular der *Recherche*. Zugleich ist der Arzt auch als potentieller Scharlatan dargestellt – diese Darstellungsweise ist der wohl am häufigsten behandelte Aspekt, ein Topos, der auf Molières *Malade Imaginaire* zurückgehen mag, aber auch in der *Recherche* von großer Bedeutung für Prousts Skeptizismus gegenüber der Medizin ist. Die Komik und Ironie, mit welcher Proust die Ärzte der *Recherche* darstellt, ist in den folgenden Betrachtungen jedoch weniger zentral, da der Bezug zur Komik – und das Interesse der Proust-Forschung an dieser Komik – die aufschlussreiche Darstellung der Arzt-Patient-Beziehung, welche man in der *Recherche* finden kann, oft überschattet hat. Es geht hier vielmehr darum, sich denjenigen Aspekten zu widmen, die Prousts Umgang mit dem Topos des »médecin-philosophe« veranschaulichen und damit die Relevanz der Arzt-Patient-Beziehungen in heutigen Diskussionen in den *Medical Humanities* bestätigen.

Xavier Bichat und die »Intermittences«

Meine Behauptung, wonach sich die Darstellung des Arztes in der *Recherche* »entre deux siècles« befindet, und zwar als ein Schwanken zwischen dem Ideal des »médecin-philosophe« und der gesetzlichen Professionalität des 20. Jahrhunderts, möchte ich auf zwei Weisen belegen: Zuerst via eines *détour* zum Vokabular Prousts – und hier steht dieses Schwanken vorerst eher im Hintergrund, da ich primär die medizinische wie auch philosophische Verankerung des Begriffs der »intermittence« zeigen möchte. Zum Zweiten, und das bringt mich zur Medizingeschichte »entre deux siècles«, möchte ich die Beziehungen zwischen Patienten und Ärzten, insbesondere diejenigen, welche die Großmutter pflegen, unter dem Aspekt der *Medical Humanities* betrachten, um zu verdeutlichen, dass diese Beziehungen zwischen dem Anspruch auf ärztliche Tugenden und Professionalität schwanken, jedoch keiner der von Proust dargestellten Ärzte auch nur einer der beiden wirklich gerecht wird.

Wenn man in der *Recherche* zur Episode »Les Intermittences du cœur« gelangt, so kann man in den *Notices* Folgendes lesen:

> Sur le terme médical d'»intermittence«, voir la Notice, p. 1226. Le sens métaphorique et psychologique se trouvait dans l'essai de Maurice Maeterlinck, »L'Immortalité«, repris dans *L'intelligence des fleurs*, éd.

citée, livre que Proust consulta pour *Sodome et Gomorrhe I* et l'application de la métaphore végétale aux amours homosexuelles. Maeterlinck écrivait ainsi: »On dirait que les fonctions de cet organe, par quoi nous goûtons la vie et la rapportons à nous-mêmes, sont intermittentes, et que la présence de notre moi, excepté dans la douleur, n'est qu'une suite perpétuelle de départs et de retours« (p. 290).[10]

Wenn man dann gezwungenermaßen auf Seite 1226 blättert, weil in dieser Erklärung hauptsächlich auf die Psychologie der »intermittence« eingegangen wird, um in der *Notice* von Antoine Compagnon Aufschlüsse zum »terme médical« zu finden, dann bleiben diese jedoch wiederum spärlich. Der einzige Satz von Interesse in dem mehrseitigen Kommentar zu den »intermittences« ist ein Zitat aus der *Correspondance*: In einem Brief schreibt Proust, der zu Anfang vorgesehene Titel für die *Recherche*, nämlich *Les Intermittences du cœur*, »fait allusion dans le monde moral à une maladie du corps«.[11] Des Weiteren wird erläutert, dass Proust sich entschloss, den Titel nur einer einzigen Passage seines Romans zuzuordnen, weil er nicht wollte, dass der Titel mit dem eines Buches von Binet-Valmers, *Le Cœur en désordre*, in Verbindung gebracht würde, da dieses Buch als Thema die »inversion« hatte. Über den »terme médical« und auf welche »maladie du corps« sich Proust bezieht, wird aber nichts gesagt. Edward Bizub – wie auch Anne Henry – erbringen weitere, wichtige Hinweise, indem sie darauf hiweisen, dass Proust den Terminus wohl über Théodule Ribot, der ihn in seinem Buch *La Philosophie de Schopenhauer* benutzt, kennengelernt hat. Bizub hält fest, dass die »intermittences« Teile des Bewusstseins sowohl für Ribot als auch für Proust, der dies von Ribot übernimmt, darstellen. Wir befinden uns jedoch hier eher im Bereich der Psychologie, denn in der Definition von Ribot haben die »intermittences« hauptsächlich mit der Funktion der Erinnerung und des Bewusstseins zu tun.[12] Das ist in Bezug auf die »Intermittences du cœur« und des Trauerns des Erzählers um seine Großmutter nicht weiter erstaunlich und passt sehr gut, und doch gibt es mehr zu sagen über diese »intermittences«, denn das Herz und die »maladie du corps« sind hier nicht nur metaphorisch aufzufassen – auch wenn die spärlichen Andeutungen in der *Pléiade*-Ausgabe darauf verweisen könnten.

Anne Henry, die wie Bizub auch auf Ribot und Schopenhauer hinweist, bringt den nötigen Hinweis, indem sie im *Dictionnaire Marcel Proust* ihren Abhandlungen über den Bezug Ribot–Proust Folgendes voranstellt:

> Ce terme d'intermittence moins usité aujourd'hui remonte au grand médecin Xavier Bichat (1770-1802). Dans ses *Recherches physiologiques sur la vie et la mort* (1800) celui-ci distinguait deux strates dans l'être humain. Au plus profond, ›la vie organique‹ où il range fonctions physiologiques, sensations mais aussi affects et passions dont elle est le siège, en un mot le tempérament qu'il estimait immodifiable. Au-dessus, ›la vie animale‹ soumise à l'intermittence et à l'habitude. Elle comprend les fonctions intellectuelles, entendement et volonté délibérative. Pour X. Bichat, l'intermittence fait tout simplement partie du rythme vitale. Le sommeil, en endormant les fonctions supérieures, libère la couche profonde, il en va de même pour tout relâchement de la vigilance intellectuelle.[13]

Das fehlende Glied zwischen »intermittence« und der »maladie du corps« ist Marie-François Xavier Bichat (1771-1802), einer der zweifelsohne bekanntesten Ärzte Frankreichs. Flaubert spricht, wie zuvor erwähnt, vom »tablier de Bichat«, und dass Bichat aus französischer Perspektive als Urvater der Medizin betrachtet wird, kann man daran erkennen, dass der Fries des Panthéon seine Abbildung trägt und es im Innenhof der *École de Médecine* in Paris eine Statue von ihm zu bewundern gibt, und das, obgleich Bichat nie dort studierte oder lehrte. Auch wenn dies sicherlich hauptsächlich damit zusammenhängt, dass Bichat während der Revolutionsjahre studierte, wo sich, wie erwähnt, das ganze System des Medizinstudiums grundlegend wandelte, zeigt dies trotzdem, dass der Mythos Bichat als ein grundlegender Teil, wenn nicht gar als Herzstück, der französischen Medizingeschichte gilt.

In seinen *Recherches physiologiques sur la vie et la mort*, einem Text, den Michel Foucault mehrmals in *Naissance de la clinique: archéologie du regard médical* zitiert und wie Flaubert als einen *texte fondateur* der modernen Medizin bezeichnet, definiert Bichat – wie von Anne Henry erwähnt – in der Tat eine »intermittence« als einen »sommeil partiel des organes«, weil »fatigué par l'exercice continué de la perception, de l'imagination, de la mémoire ou de la méditation, le cerveau a besoin de reprendre, par une absence d'action proportionnée à la durée d'activité qui a précédé, des forces sans lesquelles il ne pourrait redevenir actif.«[14] Der Zustand der »intermittence« wird hier als eine Art zerebrale Leerschaltung definiert und bezieht sich in Bichats *Recherches* hauptsächlich auf den Schlaf. So weit kommt man mit der kurzen Notiz von Anne Henry, und das passt auch zu Ribots Auffassung der »intermittence«. Was

Henry aber auslässt, ist, dass Bichat die »intermittence« auch direkt auf das Herz bezogen hat. Zwar nicht in seinen *Recherches*, aber in seiner letzten Vorlesungsreihe, der *Anatomie pathologique*. Dort bezeichnet Bichat den Puls des Herzens mehrmals als »intermittent« und beschreibt die kardiale Synkope oder Arrhythmie, welche im schlimmsten Falle zu einem Herzinfarkt führen kann, mit folgenden Worten:

> Le cœur est sans doute susceptible d'inflammation aiguë comme les autres muscles; mais l'on doit soumettre cette maladie à de nouvelles recherches, puisque les signes qu'on en a donnés sont très vagues; ce qui prouve qu'elle doit être rare, c'est qu'on en rencontre peu de traces dans les ouvertures cadavériques. Il en est de même de la suppuration du cœur. A l'égard des altérations des parties charnues de ce viscère, dans leurs propriétés vitales, sa contractabilité éprouve quelquefois des intermittences et c'est ce qui constitue la syncope.[15]

Dieser Auszug aus der *Anatomie pathologique* über die Synkope bringt eine Reihe an poetischen Assoziationen mit sich, indem er natürlich an die Synkope erinnert, welche die Großmutter des Erzählers in Balbec erleidet – und an die der Direktor des Grand Hôtel den Erzähler bei seiner Ankunft nach dem Tod der Großmutter erinnert: »Comme je lui parlais de ma grand-mère et qu'il me renouvelait ses condoléances, je l'entendis me dire (car il aimait employer les mots qu'il prononçait mal) C'est comme le jour où Madame votre grand'mère avait eu cette symecope«.[16] Es handelt sich bei der Synkope um ein Ausbleiben des »battement de cœur« – und der Hoteldirektor erinnert noch einmal daran, wenn er dem Erzähler nahelegt, dass er ihn besonders gut platziert habe:»Il m'annonça qu'il m'avait logé tout en haut de l'hôtel. [...] Comme cela, vous n'aurez personne au-dessus de vous, pour vous fatiguer le trépan (pour tympan). Soyez tranquille, je ferais fermer les fenêtres, pour qu'elles ne battent pas«.[17] Bislang wurde der Begriff der »intermittence« in der Passage »Les Intermittences du cœur« hauptsächlich metaphorisch verstanden, und wenn überhaupt ein Bezug zur Medizin hergestellt wurde, dann wohl meistens im Sinne Bizubs, der in seinem Buch so schön zeigt, dass das Konzept der »intermittence« auch ein grundlegender Begriff für die Experimentalpsychologie im 19. Jahrhundert war. Was jedoch herauszustreichen ist, ist, dass der Begriff der »intermittence«, wenn man ihn medizinhistorisch verfolgt, zuerst jedoch physisch zu verstehen ist, nämlich als ein Ausbleiben des Herzschlags, und dass Proust ihn auch in dieser Weise – wenn auch nicht nur – gebraucht hat.

»Aux troubles de la mémoire sont liées les intermittences du cœur«[18] ist einer der sicherlich am häufigsten zitierten Sätze in der Passage der »Intermittences du cœur«, und es gibt eine Reihe von Herangehensweisen, um diese Aussage im Kontext der Passage zu verstehen. Wesentlich ist jedoch, hervorzuheben, dass der Satz das Aufeinanderprallen beziehungsweise das Zusammenspiel von Körper und Geist auszudrücken sucht. Erinnerung und vor allem die »mémoire involontaire« ist aber nicht (nur) ein geistiges Phänomen, sondern sitzt in der Physis. Das Ausbleiben des Herzschlags, die Akkumulation von Wörtern wie »néant« oder »vide« in »Les Intermittences du cœur« bereitet den physischen und psychischen »Leerlauf« vor, um den es in der Passage geht. Bichats Definition der »intermittence« ist daher in Bezug sowohl auf das Herz als auch auf das Bewusstsein von Bedeutung.[19]

Jedoch muss angemerkt werden, dass das Werk Xavier Bichats weder in der *Recherche* noch in der Korrespondenz erwähnt wird. Es gibt zwar einen Hinweis auf Bichat im *Cahier 1*, der, auch wenn er uns nicht den Bezug Bichat–»Intermittences« herstellen lässt, doch zumindest zeigt, dass der Name Bichats Proust geläufig war:

> Ce n'est pas pure illusion quand Balzac voulait citer de grands médecins, de grands artistes, citer pêle mêle des noms réels des personnages dans ces livres, dire il avait le génie des Claude Bernard, des Bichat, des Desplein, des Bianchon***, comme ces peintres de panorama qui mêlent aux 1er plans de leur œuvre, ces figures en relief réel et le trompe l'œil en décor. Bien souvent ces personnages souvent*** réels ne sont pas plus que des personnages. Aussi (éprouvons-nous pour eux, *durchgestrichen im Manuskript*) continuons-nous à ressentir et presque à satisfaire en lisant Balzac les passions dont la haute littérature doit nous guérir. (*Cahier* 1, 47v).

Diese Referenz bestätigt nicht, dass Bichat mehr als nur der Name eines bekannten Arztes für Proust war, aber sie zeigt doch ganz genau, wie geläufig der Name Bichats im kulturellen Kontext des 19. Jahrhunderts war und wie geläufig er auch für Proust gewesen sein muss. Der Bezug zu Bichat für die kulturelle Einordnung des Terms »intermittence« ist deshalb wichtig (auch wenn Proust den Bezug zur »intermittence« nur indirekt vornahm), weil der Terminus ursprünglich aus der Physiologie und der Philosophie des *vitalisme* entstammt, wenn auch immer wieder darauf verwiesen wird, dass dieser ein »terme médical« sei und im Kontext von Prousts Roman im Zusammenhang mit Phänomenen der Erinnerung steht und der Experimentalpsychologie zu entstammen scheint. Dies scheint aus zwei Gründen wichtig: Zum einen hat Proust im Alter von siebzehn Jahren 1888 im Lycée Condorcet bei Darlu Élie Rabiers Buch *Leçons de philosophie* gelesen. Es ist anzunehmen, dass Proust bei Rabier zum ersten Mal dem Begriff »intermittence« begegnet, und Rabier wiederum zitiert in seinem Werk, welches sich zwar nicht primär der Physiologie widmet, wiederholt den *Dictionnaire des sciences médicales* von 1812, der sich entscheidend auf die Lehren Bichats stützt. In Rabiers Werk kann man also die Verzweigung von Philosophie und Medizin klar erkennen, und auch in Théodule Ribots oftmals zitiertem Werk *L'Hérédité psychologique*, ein Buch, das Prousts Begriffsformung der »intermittence« geprägt hat, wird Bichat wiederholt erwähnt. Weder Rabier noch Ribot zeigen jedoch, dass der Term »intermittence« sich bei Bichat nicht nur auf den Schlaf und das Bewusstsein, sondern auch auf das menschliche Herz bezieht.

Man könnte trotz dieser Präsenz Bichats in den von Proust zur Kenntnis genommenen Werken von Rabier und Ribot einwenden, dass es sich bei den »Intermittences du cœur« nur zufällig um eine Referenz zu Bichats Untersuchungen zum menschlichen Herzen handelt. Jedoch gilt es hier zu erwähnen, dass das Vermächtnis und der Mythos Bichat bei den europäischen Schriftstellern am Anfang des Jahrhunderts eine gewisse Renaissance erlebte. Ob Proust Bichat gelesen hat, sei dahingestellt, aber sowohl Rainer Maria Rilke als auch Virginia Woolf befassten sich mit Bichat. Von Rilke bleibt uns der fragmentarische Text *Marginalien zu Bichat*, welchen er 1909 in Paris, als er mit Rodin arbeitet, verfasst. Virginia Woolf war Bichat aus George Eliots Roman *Middlemarch* bekannt, in welchem Bichats Leben prägnant beschrieben wird. Und hier bietet sich eine weitere – indirekte – Brücke zwischen Proust und Bichat, denn Eliot und insbesondere *Middlemarch* stellen für Proust (wie er in einem Brief an Jacques Rivière 1920 schreibt) »le culte de mon adolescence« dar.[20] Schon 1896 bat Proust seine Mutter in einem Brief, ihm unter anderem *Middlemarch* zukommen zu lassen, und in einem Brief an Edouard Rod aus dem Jahre 1897 beschreibt er seine Faszination für das Werk der Engländerin. In einem weiteren Brief an Marie Nordlinger geht er dann 1899 schließlich so weit, sich mit dem Mann Dorothea Brooks aus *Middlemarch* zu vergleichen, um herauszustreichen, dass er mit dem Vorwort für die *Bible d'Amiens* nicht vorankomme.[21]

Wie erwähnt, feiert auch Michel Foucault Bichat in *Naissance de la clinique* als Revolution für die moderne Medizin, weil er die Medizin, welche sich bis anhin auf die Symptome der Patienten bezog, mit der Methodik der Autopsie und der pathologischen Anatomie bereicherte und so zum ersten Mal den menschlichen Körper in den Mittelpunkt seiner Forschungen stellte. Es ist jedoch festzuhalten, dass es kein Zufall ist, dass Foucault – selbst kein Mediziner – Bichat in seinem Text aufgreift, so wie es auch kein Zufall ist, dass Bichat von Flaubert, Ribot, Rilke und Woolf aufgegriffen wird. Die Medizingeschichte würdigt Bichat, doch halten sich seine wissenschaftlichen Errungenschaften – aus der Perspektive der Medizin – gewissermaßen in Grenzen. Er verkörpert den Typus des »médecin-philosophe« schlechthin, und dies ist von Anfang an Teil der Bichat-Rezeption innerhalb und außerhalb Frankreichs. Unter anderem ist dies auch dem britischen Philosophen George Henry Lewes zu verdanken, dem Lebenspartner George Eliots, der sich eingehend mit Bichat auseinandersetzte und in seinem Buch *Comte's Philosophy of the Sciences* im Kapitel »Philosophical Anatomy« Bichats größte Errungenschaft bespricht, nämlich dass es Bichat war, der als Erster darauf hinwies, dass Krankheiten Körpergewebe und nicht Organe befallen. Lewes beschreibt hier Bichats anatomisches Sezieren als eine Art philosophischen Auseinandernehmens: »Bichat, by his grand philosophical device of decomposing the organism into its various elementary *tissues*, rendered Anatomy the greatest of services.«[22] Lewes spricht wie Foucault von Bichats »philosophical innovation«.[23] Bichat ist der Prototyp des »médecin-philosophe«, und der Begriff der »intermittence«, der in der *Recherche* metaphorisch, aber auch wörtlich und physisch zu verstehen ist, zeigt, dass diese medizinisch-philosophische Spannung auch im Roman Prousts zu vermerken ist.

»Clinical Encounter« und die Medical Humanities

Im Englischen spricht man vom »clinical encounter«, einem Konzept, mit dem man versucht, dem Moment der Begegnung zwischen Arzt und Patient – und der Beziehung, die sich daraus ergibt – einen Namen zu geben. Dieser Topos ist in den *Medical Humanities*, einem Forschungsgebiet, das insbesondere im angelsächsischen Raum zunehmend an Bedeutung gewonnen hat und es sich zur Aufgabe gemacht hat, den Dialog zwischen Medizinern und Geisteswissenschaftlern zu fördern, immer wichtiger geworden. Dies deshalb, da in der Arzt-Patient-Begegnung nicht nur ethische Fragen zum Vorschein kommen, sondern auch die kulturellen und historischen Einbettungen dieser Begegnungen und ihre literarischen sowie auch filmischen Aufarbeitungen von Bedeutung sind.

Ärzte spielen nicht nur im Leben und in der Familie Prousts, sondern auch in der *Recherche* von Anfang an eine privilegierte Rolle. 1905 schreibt Proust an Mme de Noailles, »Je vais faire un livre sur les médecins«.[24] Der Begriff der »intermittence« hat gezeigt, wie tief eine medizinisch-philosophische Spannung im Vokabular der *Recherche* verankert ist, und es lohnt sich in Anbetracht des Konzeptes des »médecin-philosophe«, die wichtigsten Ärzte der *Recherche* Revue passieren zu lassen, da auch sie diese Spannung reflektieren. In keiner anderen Szene von Prousts Werk trifft man auf eine derartige Ansammlung von Ärzten wie in denjenigen, welche sich um die Krankheit und den Tod der Großmutter drehen. Das Auftreten einer Reihe von Ärzten – Cottard, Du Boulbon, Professeur E. und der Docteur Dieulafoy – legt Zeugnis davon ab, inwiefern die Begegnung mit dem Patienten ein Aspekt des Berufs des Mediziners ist, wie ihn die *Recherche* privilegiert, bringt aber gleichzeitig auch zum Ausdruck, dass die Arzt-Patient-Beziehung und im weiteren Sinne auch das Wesen des »médecin-philosophe« in der Krise steckt.

Was in all diesen Begegnungen auffällt, ist, dass es sich bei keinem der konsultierten Ärzte um einen »bon médecin« oder gar einen »médecin-philosophe« handelt, eventuell mit der Ausnahme von Dieulafoy. Während das Vokabular Prousts noch von einer Kultur und Tradition des »médecin-philosophe« geprägt ist, wie man an dem Begriff der »intermittence« sieht, ist die medizinische Realität eine ganz andere, teils beherrscht von Ärzten, deren Spezialisierung ihnen einen ganzheitlichen Blick auf die sich ihnen präsentierende Symptomatik verwehrt, teils von solchen, bei denen eine Professionalisierung des Berufes des Mediziners schon längst mit der Berufung zum Philosophen gebrochen hat. Cottard, zum Beispiel, bestätigt den letzteren Fall. Zu Beginn von *À l'ombre des jeunes filles en fleurs* wird Cottard vom Vater des Erzählers als »illustre savant« behandelt, und der Erzähler fügt sofort eine Erklärung hinzu, denn nicht nur hat sich die Stellung Cottards, wie er sagt, seit den Zeiten von Swann und den Verdurin grundlegend geändert – er ist jetzt Professor –, sondern: »on peut être illettré, faire des calembours stupides et posséder un don particulier qu'aucune culture générale ne remplace, comme le don du grand stratège ou du grand clinicien«.[25] Und später, in *À l'ombre*, bestätigt der Erzähler nochmals »Et nous comprîmes que cet imbécile était un grand clinicien«,[26] als Cottard die »suffocations« des Erzählers richtigerweise als »intoxication« diagnostiziert und von weiteren Spaziergängen auf den Champs-Elysées abrät. In den letzten Momenten der Großmutter wird Cottards klinische Gewandtheit zum zweiten Mal mit der eines militärischen Strategen verglichen, und obwohl das Wesen des »grand clinicien« zwar nicht zur Folge hat, dass Cottard von Anfang an die Schwere der Krankheit der Großmutter richtig diagnostiziert (er fragt sie, ob es sich nicht doch vielleicht um eine »maladie diplomatique« handelt), zeigt sich hier wiederholt ein Auseinanderklaffen der Auffassung, was denn den guten Arzt auszumachen habe. Und so, wie Claude Bernard bemerkt, geht es nicht mehr um Berufung, Cottard ist »illettré« und ein »imbécile«, aber ein guter Diagnostiker – und doch ist das eine Auffassung, die noch neu genug scheint, um von Proust erklärt werden zu müssen.

Ob man bei dem von Bergotte empfohlenen Du Boulbon von einem »médecin-philosophe« sprechen kann, ist ebenfalls fragwürdig, obwohl er zuerst als »Un grand médecin, un homme supérieur, d'une intelligence inventive et profonde«[27] vorgestellt wird. In der Behandlung der Großmutter sucht er jedoch mit literarischen Referenzen zu brillieren und spielt den Ernst der Lage der Großmutter herunter. Seine Überspezialisierung (er ist »aliéniste«) lässt ihn vollends daran vorbeischlittern, was der Großmutter wirklich fehlt. Sein Rat, auf den Champs-Elysées spazieren zu gehen, führt dann schlussendlich zu der »attaque«, die den Beginn des gesundheitlichen Niedergangs der Großmutter markiert. Bei dem Professeur E., den der Erzähler nach der Herzattacke der Großmutter auf den Champs-Elysées konsultiert, steht wieder ein anderer Aspekt im Vordergrund. In *Sodom et Gomorrhe* wird der Professor als »assez vulgaire« abqualifiziert, und der Erzähler macht sich über seinen medizinischen Jargon lustig: »Il me parla de la grande chaleur qu'il faisait ces jours-ci, mais, bien qu'il fut lettré et eût pu s'exprimer en bon français, il me dit: ›Vous ne souffrez pas de cette hyperthermie?‹ (C'est que la médecine a fait quelques petits progrès dans ses connaissances depuis Molière, mais aucun dans son vocabulaire)«.[28] In Bezug auf die ausweglose Diagnose der Großmutter liegt er jedoch richtig, nur ist die gesamte Begegnung mit der Großmutter eingebettet in Professeur E.s mondäne Verpflichtung, mit dem Ministre du Commerce zu dinieren. Was Proust hier nur leise andeutet, obgleich dies ein sehr wichtiges Thema in der Medizingeschichte der *Troisième Republique* ist, ist, wie eng der Beruf des Mediziners mit politischer Aktivität verbunden ist. Jack Ellis hat hierzu ein ausgezeichnetes Buch verfasst,[29] und es genügt, sich zu vergegenwärtigen, wie viele Ärzte Mitglieder des Parlaments waren, um festzustellen, dass diese gemessen an ihrem Anteil in der Bevölkerung erstaunlicherweise erfolgreicher in der Politik waren als Anwälte. 1891 sitzen 0,47 % aller Juristen Frankreichs im Parlament, aber 0,52 % aller Ärzte. Das macht bei 65-70 Ärzten ca. 12 % des Parlaments aus. Die Situation in Deutschland, Österreich oder England ist hingegen eine ganz andere: 1887 gibt es nur zehn Ärzte im Reichstag, im österreichischen Parlament 15, im englischen House of Commons findet man gerade einmal elf. Ellis spricht von einer »medico-political« Tradition in Frankreich, zu der auch die steigende Bedeutung der »hygiénistes«, unter ihnen Adrien Proust, die Ansprüche der »médecine préservatrice« und die Behauptung, dass Gesundheitsvorsorge ein Grundrecht des Bürgers sei[30], gehören.

Schlussendlich gibt es noch den Doktor Dieulafoy, der Einzige, der eine direkte Verbindung zu einem Arzt aus Prousts Leben darstellt. Vom Duc de Guermantes gelobt, wird er jedoch erst gerufen, als es schon zu spät ist. Es handelt sich jedoch, wie der Erzähler schreibt, um einen außergewöhnlichen Arzt:

> il était le tact, l'intelligence et la bonté mêmes. Cet homme éminent n'est plus. D'autres médecins, d'autres professeurs ont pu l'égaler, le dépasser peut-être. Mais l' »emploi« où son savoir, ses dons physiques, sa haute éducation le faisaient triompher, n'existe plus, faute de successeurs qui aient su le tenir.[31]

Jedoch folgt dieser Lobrede eine Beschreibung, die den Arzt mit einem Taschenspieler vergleicht und damit alles Lob in ein anderes Licht rückt:

> Mais déjà celui-ci avait détourné la tête, ne voulant pas importuner, et sortit de la plus belle façon du monde, en prenant simplement le cachet qu'on lui remit. Il n'avait pas l'air de le voir, et nous mêmes nous demandâmes un moment si nous le lui avions remis, tant il avait mis de la souplesse d'un prestidigitateur à le faire disparaître, sans pour cela perdre rien de sa gravité plutôt accrue de grand consultant à la longue redingote à revers de soie, à la belle tête pleine d'une noble commisération.[32]

Der Bezug zu Beruf und Entlohnung rückt dann hier schlussendlich doch das Bild des anscheinend vorbildlichen Arztes zurecht – oder schafft zumindest eine Ambivalenz, die mit Galenos' »médecin-philosophe« endgültig zu brechen scheint.

Eine wesentliche Grundlage des »médecin-philosophe« ist es, Bezug zum Patienten zu schaffen. Cloquet schreibt, dass ein solcher Arzt immer wieder denselben, nämlich den leidenden Menschen vor sich findet (»il retrouve toujours le même homme«), und dass es diese Begegnungen und nicht »les palais somptueux« sind, die ihn interessieren. Es gibt viele Begegnungen mit Ärzten in der *Recherche,* jedoch laufen sie immer wieder ins Leere. Und abgesehen von der Krankheit der Großmutter und deren Todeskampf beschränkt sich eine Vielzahl von ihnen auf Cottards mondäne Auftritte. Was Proust zu kritisieren scheint – und was erst viel später, nämlich mit Foucault, theoretisiert wird –, ist Folgendes:

> Comme une grande partie de ce que savent les médecins leur est enseignée par les malades, ils sont facilement portés à croire que ce savoir des »patients« est le même chez tous, et ils se flattent d'étonner celui auprès de qui ils se trouvent avec quelque remarque apprise de ceux qu'ils ont auparavant soignés.[33]

Patienten und deren Leiden werden nicht in ihrer Einzigartigkeit betrachtet – Begegnungen mit dem Einzelnen finden nicht statt. Stattdessen dokumentiert Proust das Einsetzen des »regard médical« und die daraus folgende Reduktion des Patienten auf eine reine Symptomatik.

»La naissance de la clinique«

Prousts Werk dokumentiert eine Zeit, in welcher sich nicht nur medizinische Institutionen, sondern auch kulturelle Traditionen im Umbruch befinden. Am Beispiel des Begriffs der »intermittence« kann man sehen, wie ein Konzept aus der Physiologie in die Philosophie und Experimentalpsychologie eingegliedert wurde und wie es im Kontext der *Recherche* einen Stellenwert einnimmt, der sowohl den medizinischen als auch den philosophischen Wurzeln des Konzepts gerecht wird. Einen anderen Aspekt findet man in den Darstellungen der Ärzte, welche die Großmutter behandeln – keiner von ihnen verkörpert den von Galenos beschriebenen »médecin-philosophe«, vielmehr wird streng unterschieden zwischen »philosophischen Tugenden« und Bildung einerseits und Vorzügen eines guten Mediziners andererseits. Foucault spricht von »L'âge de Bichat«, einem Zeitalter der Wissenschaft, welches mit Bichat die Begründung der modernen Medizin eingeläutet hat. In diesem Zeitalter wird der Patient durch den »regard médical« zugleich Subjekt und Objekt seines eigenen Wissens. Aber diese Geburt der Klinik bringt auch Probleme der Selbstfindung und Definition der medizinischen Profession mit sich. Und diese »Glaubenskrise«, in welcher die jahrhundertealte Verbindung von moralischen und medizinischen Ansprüchen gesprengt wird, spiegelt sich auf einer stilistischen wie inhaltlichen Ebene der *Recherche* wider.

Anmerkungen

1 Walter Benjamin, »Zum Bilde Prousts«, in: ders.: *Ein Lesebuch*, hg. v. Michael Opitz, Frankfurt a. M., 1996, S. 177.

2 Christine Genin, »La Culture médicale de Marcel Proust«, in: *Marcel Proust, l'écriture et les arts*, hg. v. Jean-Yves Tadié, Paris 1999, S. 103-109, hier S. 108.

3 Claude Galien, *Œuvres anatomiques physiologiques et médicales*, übersetzt v. Charles Daremberg, Paris 1854, S. 1.

4 Lawrence I. Conrad et al., *The Western Medical Tradition: 800BC to AD1800*, Cambridge 1995, S. 157.

5 Jules Cloquet, *Souvenirs sur la vie privée du général Lafayette*, Paris 1836, S. 95-96. Ich danke Geoffrey Wall, der mich auf diese Stelle verwiesen hat.

6 A. La Gasquie, »Médecine; médecin«, in: J.-P. Beaude (Hg.), *Dictionnaire de médecine usuelle*, Band II, Paris 1849, S. 416.

7 Gustave Flaubert, *Madame Bovary*, in: ders., *Œuvres*, Paris 1951, S. 271-683, hier S. 584. Zu Bichat und Flaubert siehe auch Norioki Sugaya, »Le vitalisme dans *Madame Bovary*«, in: *Madame Bovary et les savoirs*, hg. v. Pierre-Louis Rey und Gisèle Séginger, Paris 2009, S. 189-197; Norioki Sugaya, »Une idéologie médicale dans *Bouvard et Pécuchet* et dans *Madame Bovary* de G. Flaubert«, in: *Revue de Langue et Littérature françaises* 16 (1997), S. 29-59.

8 Claude Bernard, *Principes de médecine experimentale*, Paris 1947, S. 32.

9 Der Begriff stammt von Antoine Compagnon, »Le dernier écrivain du XIXe siècle et le premier du XXe siècle«, in: ders., *Proust entre deux siècles*, Paris 1989, S. 23-52.

10 *RTP*, III, S. 1432.

11 *Corr.*, XI, S. 257.

12 Siehe Edward Bizub, *Proust et le moi divisé: »La Recherche« creuset de la psychologie experimentale (1874-1914)*, Genf 2006, S. 51.

13 Anne Henry, »Intermittence«, in: *Dictionnaire Marcel Proust*, hg. v. Annick Bouillaguet und Brian Rogers, Paris 2004, S. 514-515.

14 Xavier Bichat, *Recherches physiologiques sur la vie et la mort,* hg. v. André Pichot, Paris 1994, S. 86-87.
15 Xavier Bichat, *Anatomie Pathologique,* Paris 1825, S. 239.
16 *RTP* III, S. 175 – *SvZ* IV, S. 264: »Als ich zu ihm von meiner Großmutter sprach und er seine Beileidsbezeigungen von neuem vorbrachte, mußte ich folgendes vernehmen (denn er verwendete gern Wörter, die er inkorrekt aussprach): ›Es ist wie an dem Tage, wo Ihre Frau Großmutter die Sinekope hatte‹.«
17 *RTP* III, S. 148 – *SvZ* IV, S. 225: »Er teilte mir mit, er habe mich ganz oben im Hotel untergebracht. [...] ›weil Sie so niemand über sich haben und Ihre Ohrtrompete‹ (er meinte das Trommelfell) ›schonen. Aber Sie können beruhigt sein, ich lasse die Fenster schließen, damit die Flügel nicht klappern‹.«
18 *RTP* III, S. 153 – *SvZ* IV, S. 233: »Denn mit den Störungen des Gedächtnisses ist eine Intermittenz, eine Arrhythmie des Herzens verbunden.«
19 Siehe hierzu Marc Föcking, »*La dame aux camélias* – Physiologie, Stadt und Milieu bei Dumas fils«, in: *Romanistisches Jahrbuch* 61 (2011), S. 191-211, besonders S. 198-200. Föcking beschreibt hier, wie »involontaire« primär einen physiologischen Hintergrund hat und dass Bichat die »gegenseitige Abhängigkeit« von Seele und Körper in seinem Zusammenspiel der »vie animale« und der »vie organique« aufgearbeitet hat. Eine ähnliche Abhängigkeit sieht Proust zwischen »mémoire« und »intermittence«, und wie bei Bichat ist die »intermittence« primär physiologischer Natur.
20 *Corr.* XIX, S. 124.
21 *Corr.* II, S. 377.
22 George Henry Lewes, *Comte's Philosophy of the Sciences,* London 1853, S. 180.
23 Ebd.
24 *Corr.* V, S. 318.
25 *RTP* I, S. 425 – *SvZ* II, S. 10: »Zweitens kann man ungebildet sein, stupide Kalauer machen und gleichzeitig über eine besondere Begabung verfügen, wie keine noch so umfassende Allgemeinbildung sie ersetzt, etwa die Begabung des großen Strategen oder des großen Diagnostikers.«
26 *RTP* I, S. 490 – *SvZ* II, S. 105: »Wir mußten einsehen, daß Cottard, dieser Dummkopf, ein hervorragender Diagnostiker war.«
27 *RTP* II S. 597 – *SvZ* III, S. 422: »ein großer Arzt, ein außergewöhnlicher Mensch mit einem erfindungsreichen, tiefgründigen Geist«.
28 *RTP* III, S. 42 – *SvZ* IV, S. 66: »Er redete von der großen Hitze, die in diesen Tagen herrschte, aber obwohl er gebildet war und sich in gutem Stil hätte ausdrücken können, fragte er mich: ›Leiden Sie nicht unter dieser Hyperthermie?‹«
29 Jack D. Ellis, *The Physician-Legislators of France: Medicine and Politics in the Early Third Republic, 1870-1914,* Cambridge 1990.
30 Siehe Lion Murard und Patrick Zylberman, *L'Hygiène dans la République: La santé publique en France ou l'utopie contrariée 1870-1918,* Paris 1996.
31 *RTP* II, S. 638 – *SvZ* III, S. 481: »Denn er war der Takt, die Einsicht und die Güte selbst. Dieser hervorragende Mann ist nicht mehr. Andere Ärzte, andere Professoren mögen ihn erreicht und vielleicht übertroffen haben. Doch das ›Rollenfach‹, in dem sein Wissen, seine körperlichen Vorzüge, seine vortreffliche Erziehung ihm

solche Triumphe verschafften, existiert nicht mehr, wie die Nachfolger fehlen, die es hätten aufrechterhalten können.«

32 *RTP* II, S. 638 – *SvZ* III, S. 480-481: »Doch schon hatte dieser den Kopf abgewandt, da er sich nicht vordrängen wollte, und trat in denkbar bester Form wieder ab, indem er schlicht das Kuvert mit der Gage einsteckte, das man ihm übergab. Es sah dabei so aus, als habe er es überhaupt nicht bemerkt, und wir selbst fragten uns einen Augenblick, ob wir es ihm wirklich gegeben hätten, mit einer so taschenspielerhaften Geschicklichkeit ließ er es verschwinden, ohne auch nur das geringste einzubüßen von dem höchstens noch gesteigerten Ernst des berühmten Konsiliarius in seinem langen Gehrock mit Seidenaufschlägen und mit seinem schönen Kopf voll edlen Mitgefühls.«

33 *RTP* II, S. 599 – *SvZ* III, S. 425: »Da ein großer Teil ihres Wissens den Ärzten von ihren Kranken kommt, neigen sie leicht zu der Meinung, dieses Wissen der Patienten sei bei allen das gleiche, und schmeicheln sich, denjenigen, bei dem sie sich im Augenblick befinden, mit einer Bemerkung in Erstaunen zu setzen, die sie von den Kranken übernommen haben, die sie früher pflegten.«

Melancholie bei Proust

Boris Roman Gibhardt

»Schatten / geboren aus dem Nebel Ihrer Räucherungen, / Gesicht und Stimme verzehrt / vom Umgang mit der Nacht, / Céleste, / in ihrer sanften Strenge taucht mich in den schwarzen Sud / Ihres Zimmers, / das nach feuchtem Kork und erloschenem Kamin riecht«,

so beginnt Paul Morands 1915 entstandene Ode an Marcel Proust.[1] Geschildert wird ein Melancholiker, wie ihn weder Romantik noch Décadence hätten hervorbringen und wie er den jungen Literaten unzeitgemäßer nicht hätte erscheinen können. Das »Gesicht auf kreideweißem Kissen«, »für immer geschlossene Fenster«: Imaginiert wird ein nächtliches saturnisches Geisterleben voller Schaffensdrang zwischen Genie und Wahnsinn. Das entstehende Werk erscheint als Mysterium, als hätte es alle Vitalität des kranken Lebens in sich aufgesogen: eine schwarze Sonne, »le soleil noir«,[2] wie Gérard de Nervals organisch-alchimistische Metapher eines ganz der Beschwörung der Vergangenheit gewidmeten Dichterlebens gelautet hatte und die Morand in der Semantik von Nebel, Sud, Kork, Asche, Kreide und Rauch aufzugreifen scheint. Eine Reverenz also an die organische Vorstellung der Genie-Krankheit, der Melancholie?

Sie beschäftigt die Medizin seit der griechischen Antike. Im Zeichen der hippokratischen Vier-Säfte-Lehre setzt das bis heute anhaltende Nachdenken über das schöpferisch-künstlerische Vermögen ein. Medizinische Symptomatik und Analyse der Kunst lassen sich damit auf denselben Ursprung zurückführen: die aristotelische, in der Renaissance von Marsilio Ficino erneuerte Frage, warum gerade Dichter und Gelehrte von der Melancholie bevorzugt befallen werden und welche geheimnisvolle Verbindung zwischen Genius und Krankheit besteht, zwischen Krise und Vollendung, Aphasie und Schaffensrausch.[3] Prousts Werk kreist um diese Konstanten des Künstlertums vom Frühwerk bis zu *Le Temps retrouvé*: Kranksein, Willensschwäche, Tod und Werkgedanke, Instabilität der eigenen Identität sowie der Schaffenskraft sind mit ihnen eng verknüpft.[4] Melancholie mag in der heutigen Vorstellung mehr als literarisches Motiv denn als konkretes Symptom erscheinen. Doch zum einen trügt diese Sichtweise, gelten doch bis ins letzte Drittel des 19. Jahrhunderts, wie zu zeigen ist, Melancholie und Neurasthenie als Krankheiten, deren Behandlungsart im Übrigen nur allmählich mit der bis dahin wirksamen medizinischen Tradition bricht. Zum anderen ist die Zeichenwelt der Melancholie Prousts Arsenal, mit dem er dem Heilungsanspruch der Therapeutik die umfassende, besitzergreifende Krankheit gegenüberstellt. Die Melancholie ist, im Zeichen der Medizin selbst, Prousts antimedizinisches Instrumentarium, um den Glauben an die Beherrschbarkeit psychologischer Phänomene zu desillusionieren und zugleich auf der Höhe moderner, sich der Mitteilbarkeit entziehender Bewusstseinsprozesse eine Form der Heilkunde zu bewahren, die seit der Antike mit spezifisch ästhetischen, das heißt erzählerischen Mitteln, mithin der Sprachkunst, assoziiert wird.[5]

Doch ist auch in der Antike bereits die Doppeldeutigkeit der ebenso heilsamen wie krankmachenden künstlerischen Kompensation vorgezeichnet. Denn die pseudo-aristotelische, in den *Problemata Physica* formulierte Deutung legt nahe, dass die Melancholie, der Überschuss an schwarzer Galle – dieses Sekret, das gleichwohl niemals in einem Körper gefunden wurde –, die Künstler und Intellektuellen gerade deshalb bevorzugt anfällt, weil sie mit dem Nachsinnen über etwas Abwesendes beschäftigt sind, dessen Mangel daher die Harmonie der Körpersäfte stört.[6] Sehnsucht nach verlorener Harmonie, Einsicht in den Verlust von Zeit und Sinn, ostentative Trauer über die Vergänglichkeit des Lebens sind Motive, die über Renaissance und Barock hinaus Bestand haben. Im 19. Jahrhundert avanciert die Melancholie zu den schwersten der depressiven Krankheiten, löst sich aber aus der organischen Zuordnung zugunsten einer psychologischen Auffassung der neurotischen Depression als einer Reaktion auf Spannungen der eigenen Persönlichkeitsentwicklung oder auf die Prüfungen der Existenz.[7] Damit geraten umso mehr marginale Schicksale und Künstlerviten in den Blickpunkt. Ein Motiv des Sturm und Drang etwa, von der Wiederentdeckung Hamlets bis zu Goethes Werther, ist ein »Zuviel der Einbildungskraft«, ein »Übermaß spekulativer Betrachtung«.[8] Es führt zu jener psychomotorischen Hemmung, die seit der Antike ikonographisch im berühmten Melancholie-Gestus der aufgestützten Hand eingefangen wurde, etwa in Dürers hochsymbolischem Meisterstich *Melencolia I* (1514). Er hat die kunstwissenschaftliche Hermeneutik wohl ebenso lang beschäftigt wie das entsprechende Syndrom die Medizin.

In der Romantik setzt sich die um 1800 so genannte »englische Krankheit« als gesteigerte Sensibilität und Nervosität, als schmerzliche Verstimmung fort, die eine nahezu unerklärliche »Ambivalenz« der Gefühle, damit aber auch eine hohe Sensibilität mit sich bringt.[9] Freud vermutet zu Beginn des 20. Jahrhunderts und in Zusammenhang mit dem melancholischen »Ambivalenzkonflikt«, dass die als Melancholie diagnostizierte Verdrängung traumatischer Erlebnisse, die Regression des Ich, womöglich die Hervorbringung anderer Bewusstseinsschichten stimuliert.[10] Die Konsequenz dieser Modifikation des Wahrnehmungsapparats manifestiert sich in der Romantik nicht allein motivisch, sondern, im Sinne der aristotelischen Annäherung von Poesie und Krankheit, zunehmend in der Form. Plötzliche Rückblicke und Stimmungswechsel sprengen das Kontinuum der Zeit – Erinnerung, Traum und Reminiszenz bei Autoren wie Gérard de Nerval, Etienne de Senancour, François-René de Chateaubriand, »correspondance« bei Charles Baudelaire. Im Sinne der aristotelischen Annäherung von Dichtung und Krankheit kommt die melancholische Disposition der literarischen Struktur zu Hilfe. Baudelaire gibt seine *Fleurs du mal* in der Widmung an Théophile Gautier als »dictionnaire de mélancolie« aus.[11] Melancholie ist die Chiffre sich dem Begriff entziehender Gefühlsbefunde, denn ihr ambivalentes Krankheitsbild legt das hyperästhetische Umkippen der gefühlsmäßigen Bilder von einer Stimmung in die ihr entgegengesetzte nahe. Schönheit bedeutet in diesem Sinn nach einem Wort Baudelaires »etwas zugleich voller Trauer und voll verhaltener Glut, etwas schwebend Ungenaues, das der Vermutung Spielraum läßt. [...] Träume von Wollust und Trauer [...]; Vorstellungen von Melancholie, Mattigkeit, ja Übersättigung« und »entgegengesetzte Vorstellungen von inbrünstiger Lebensgier, untermischt mit Fluten der Bitternis«.[12] Allmachtsphantasie, das Laster der *acedia*, megalomanes Schwindelgefühl, Unendlichkeit des Leidens, narzisstischer Hochmut, Sinngebung durch Entzweiung des Ich, ersehnter Tod – diese Motive, die etwa Starobinski bei Baudelaire beobachtet,[13] wirken fort im Fin de Siècle in Prousts Frühwerk, und dies nicht ohne medizingeschichtliche Parallelen.

Die in der Hyperästhesie enthaltene schmerzliche »Ambivalenz«[14] im Ausdruck des Gefühl des Schönen entspricht dem melancholischen Krankheitsbild, das seit der Antike die beschriebene unerklärliche (und deshalb »göttliche«) Störanfälligkeit des Gemüts meint und zu einem nervösen[15] bis hysterischen Umschlag von sinnlicher Empfänglichkeit in Gleichgültigkeit, also in den symptomatisch gegensätzlichen Zustand der Manie, führt. Im Jahr 1820 unternimmt der Arzt Jean Etienne Dominique Esquirol, ein Pionier der jungen Psychiatrie, den Versuch, die wahnhafte, hochgestimmte »Monomanie« von der depressiven schmerzlich-überempfindlichen »Lypémanie« abzusetzen. Esquirol führt beide Krankheitsbilder nicht mehr auf rein organisch begründete Ursachen zurück, wie dies seit Galen in der bis fast um 1800 gültigen Vier-Säfte-Lehre der Fall war, sondern auf depressive Gefühlsregungen wie unerwiderte Liebe, Angstzustände, Eifersucht, die ihrerseits die Organe angreifen.[16] Esquirols Schrift ist dahingehend bemerkenswert, dass sie im Zeichen der Medizin statt der Dichtung eine Pathologie des romantischen Temperaments erstellt und dessen Sensibilität, statt literarisch, gleichsam wissenschaftlich in der Realität erweist.[17] Damit steht Esquirols Forschung, ohne dies wohl intendiert zu haben, zwischen der Psychologie und dem Imaginären. Gleiches gilt im beginnenden Fin de Siècle für Théodule Ribots psychologisch-philosophische Melancholie-Schrift *Les Maladies de la volonté*,[18] die Proust bekannt war und deren einfühlende Leidensbeschreibungen hochsensibler Kranker den literarischen Stoffen der Epoche auffällig nahekommen.[19] Aus Esquirols Aufmerksamkeit für Gefühlszustände ist bei Ribot eine »éducation sentimentale« geworden, deren (Anti-)Helden gerade die Kranken, die willensschwachen »involontaires« und »impuissants«, die »mangeurs d'opium«, die im fast religiösen »ravissement« ästhetisch verzückten Zärtlichen sind. Die Faszination, die Pathographien mit so erzählerischem Gestus auf die Romantik und Spätromantik ausüben konnten, liegt nahe.[20]

Solche Lebensbeschreibungen in wenigen gegeneinander gestellten Gefühlszuständen auszudrücken, verfolgt Proust bereits in den Novellen aus *Les Plaisirs et les jours*. Als hätten sich die Symptome verselbständigt, wirken ephemere, oft schwankende, zum Tode führende Stimmungen wie Summen ganzer Existenzen, deren Fragilität sich damit aller psychologischen Erklärbarkeit der Medizin zum Trotz als unhintergehbar erweist. So in Prousts »conte philosophique« *Violante ou la mondainité*, in dem die nicht erwiderten Gefühle des Geliebten – nach Esquirol eine sehr konkrete und häufige Ursache der Melancholie – die junge Protagonistin Violante dazu bewegen, die glückliche Künstlerexistenz mondänen Ambitionen zu opfern.[21] Ihre allen Ratschlägen zum Trotz falsch behandelte Trauer[22] geht darauf in eine alsbald bejahte »autoerotische« Schwermut über, die Proust im Sinne von Freuds »Ambivalenz« in metaphorischen Oxymora umkreist.[23] Schneller noch als die »melancholischen Schatten« – so Prousts Bild für das Verdrängte – führt die Melancholie in

La Confession d'une jeune fille zum Tod der Hauptfigur durch Selbstmord. Die eher dem Realismus als der Romantik verpflichtete Fallstudie beschreibt eine »Lypémanie« als Folge einer Willensschwäche, aufgrund deren sich die Bekennende Verfehlungen hingibt, deren Entdeckung durch die über alles geliebte Mutter sie nicht verwindet. Proust erarbeitet einen Schuldkomplex, den allenfalls Freud, wohl kaum aber Esquirol hätte behandeln können, dessen Behandlungsmethoden, bei aller psychologischen Diagnose, handgreiflich drastisch ausfielen, wenn es galt, den Kranken von »unheilvollen Entscheidungen« abzubringen. Nicht die zweifelhafte Heilung, wohl aber Esquirols Beschreibung der Melancholie als Krankheit des Intellekts und als »maladie de la sensibilité«[24] kommt der literarischen Motivik des Fin de Siècle zu Hilfe. Mit anderen Worten sind es weniger die therapeutischen Instrumentarien als die in der medizinischen Nomenklatur gleichsam zur Autonomie gelangenden nervösen Krankheitsbilder, deren sich die nach Überwindung kanonisierter Gattungsmuster strebenden Dichter des mittleren und späten 19. Jahrhunderts bedienen.

»Mélancolie« ist beim jungen Proust in diesem Sinn ein Wort mit Signalwirkung, dessen Semantik sich jeder eindeutigen Diagnose bewusst verweigert. In nahezu allen kurzen Stücken aus *Les Plaisirs et les jours* erscheint die kostbare Vokabel jeweils genau einmal, meist gegen Ende, wie eine Signatur. Aus der Diagnose der hyperästhetischen Ambivalenz entsteht eine rhetorische Figürlichkeit, die jenseits präziser Befunde alles von einer bloßen sentimentalen Entzückung bis hin zur Wollust des Todes bedeuten kann. Es ist dem Leser anheimgegeben, ob er die Stimmung zu erfassen weiß, deren Zeichen ihm der Text in semantisch-syndromatischen Konstellationen der Gefühle und Bilder darbringt. Etwa in *La Mort de Baldassare Silvande*, wo Ekstase und Schwermut in derselben Abendstimmung kunstgleich zusammentreffen und den leidenden Körper des Kranken im oxymorisch-ambivalenten Zustand »melancholischer Freude« verschönen.[25] Dass eine solche Abendstimmung, um ihres ästhetisch-atmosphärischen Charakters willen, den Zustand eines Kranken somatisch tatsächlich lindern kann, beobachtet später Freud, ohne diesen empirischen Befund psychogen auflösen zu können.[26] Die romantischen Motive der Melancholie bedeuten hier literarisch stets auch Zeichen des Trostes – zu edel ist die melancholische Neigung eines Ästheten wie des Freiherrn von Sylvande, als dass sie mit etwas anderem als eben Melancholie behandelt werden dürfte.

Melancholie unterscheidet sich nach Freud von der eigentlichen Trauer dahingehend, dass sie keinen »Realverlust« kennt, sondern auf einer Aggression gegen das als abwesend erfahrene Objekt des Begehrens basiert, die der Erkrankte gegen sich selbst wendet und, obwohl bei klarstem Verstand in allen sonstigen Belangen, masochistisch auf der Begründetheit der eigenen Unwürdigkeit beharrt. Die »Objektbesetzung« kann dabei auf den Narzissmus regredieren, so dass der Melancholiker den eigenen Schmerz sublimiert, ihn als letzten ihm verbleibenden Genuss unbewusst noch zur »genußreichen Selbstquälerei« kultiviert. Neben vielen Helden des Fin de Siècle entsprechen auch Prousts Baldassare sowie die Heldin aus *Mélancolique Villégiature* dieser Neurose.[27] Wie später Swann, inszeniert die Melancholikerin ihre Abhängigkeit vom Objekt ihrer zunächst noch heilbaren Sehnsucht mit »Leitmotiven« der Kunst, die bald zum »Opium« werden, bis sie sich schließlich selbst »verflucht, in ihrer Liebe Freud und Leid so geschickt vermischt zu haben«[28] – »geschickt« wie ein Künstler, denn ihre Gefühlswelt wird vom Erzähler mit der »Intuition des Dichters« und mit der »Ekstase des Gläubigen« verglichen, die bereits bei Ribot als Kennzeichen der Melancholiker erscheinen. Wie später Swann seine Melancholie mit Kunstwerken besetzt, um das Misslingen der eigenen Wünsche narzisstisch aufzuwerten, zeigt auch die Protagonistin aus *L'Indifférent,* Madeleine de Gouvres, die verhängnisvolle Nähe zu Kunstgebilden, die als Entsprechungen ihrer Traurigkeit zugleich Symbole des dekadentistischen Erzählstils darstellen. Es erscheinen stets neue ästhetische Objekte, die für die sehnsüchtigen Helden die Erinnerung an das Abwesende vervielfachen und den Schmerz zunehmend ästhetisieren. Ganz in Freuds Sinn sind Ausgang und Ende identisch; die Melancholie kann sich mit der narzisstischen Wende im Rausch der Kunst zum Genuss der eigenen Subjektivität ästhetisieren. Mit medizinischer Behandlung verträgt er sich schlecht. Denn nur dem Melancholiker wird von Proust die Fähigkeit zugesprochen, sein Herz »zu betrachten und zu beurteilen«.[29] Ihm eröffnen sich die ekstatischen Augenblicke, als deren Träger bei Proust Landschaften fungieren. Deren meteorologische Metaphorik realisiert in idealer Weise die für die Melancholie charakteristische »Ambivalenz« des Gefühlshaushalts.[30] »La mer les consolera, les exaltera vaguement«, heißt es paradox von denen, die ahnen, dass die Wirklichkeit sie niemals zufriedenstellen wird.[31]

Freud hat dem Widerspruch dieses melancholischen Gefühls, das Proust auch mit dem Begriff der »désolation enchanteresse« fasst,[32] in seinem Text *Vergänglichkeit* kommentiert. Ein und derselbe schöne, aber ephemere Gegenstand, meist der Natur, kann ebenso Trauer wie auch ästhetische Lust bewirken. Der »Vergänglichkeitswert« ist »ein Seltenheitswert in der Zeit. Die Beschränkung in der Möglichkeit des Genusses erhöht dessen Kostbarkeit«, während die Vorstellung seiner Vergänglichkeit eine affektive Auflehnung gegen die Trauer antizipiert, der sich die Libido ausgesetzt sieht.[33] Bei Proust hätte Freud diese melancholische Gefühlsregung fast noch genauer studieren können, da es in dessen Prosa-Stücken nicht das flüchtige Objekt selbst ist, das die Libido affiziert, sondern die Assoziation mit einem scheinbar ganz anderen mentalen Zusammenhang, der aufgrund einer Erinnerung oder einer Stimmung mit jenem verknüpft wird. So etwa in *Avant la nuit*, wenn die heitere Abendstimmung den Text allmählich in die realen wie erinnerungsschweren »Schatten« eintaucht, die gemäß dem Bekenntnis der Heldin auf ihrem Leben liegen. Hier ist es die dem langjährigen Vertrauten erst in dieser Todesstunde bekannte, als tödlicher Schuldkomplex erlittene homoerotische Neigung.[34] Die Melancholie ist also, über die Stilfigur unauflöslich oxymorischer Nuancen hinaus, in ethischer Hinsicht Prousts Bild, um zu zeigen, dass die schwersten Leiden am wenigsten sichtbar sind. So tritt der Schuldkomplex erst in der Stunde des Todes zu Tage, wenn es zu spät ist, scheint doch die Gesellschaft, die ihn mit verursacht, zu keiner anderen medizinischen Therapie als der des Überwachens und Bestrafens reif zu sein.

Die Zeichen der Homosexualität als solche sind hingegen so leicht zu entziffern, dass der Erzähler von *Sodome et Gomorrhe* daraus ein botanisches Spiel spinnen kann.[35] Doch verschweigt Proust nicht die toxischen Schäden, welche, da tabuisiert, kaum als Symptom wahrgenommen werden können.[36] Proust gewichtet gerade sie, von den frühen Erzählungen bis in die Mythologisierungen der *Race des Tantes*, dichterisch ebenso schwer wie Richard von Krafft-Ebing medizinisch, mit dessen *Psychopathia Sexualis* (1886) erstmals eine empirische Untersuchung der »krankhaften« gleichgeschlechtlichen »Sexualstörungen« einsetzt hatte.[37]

> [...] mais nous avons beau voir clair dans nos impressions, comme je crus alors voir clair dans la raison de ma mélancolie, nous ne savons pas remonter jusqu'à leur signification plus éloignée; comme ces malaises que le médecin écoute son malade lui raconter et à l'aide desquels il remonte à une cause plus profonde, ignorée du patient, de même nos impressions, nos idées, n'ont qu'une valeur de symptômes.[38]

Gerade die bloßen Tönungen von Melancholie, die in der Bildlichkeit auf jedes Pathos verzichten, können einen tiefen seelischen Schmerz anzeigen, der sich nicht anders zu bekunden wagt und dessen Bild daher die scheinbar so friedlichen, tatsächlich nur tröstlichen Bilder sind, die sich der Mitteilung ins Dekorative oder Galante entziehen.[39] Obwohl die empfindsamen Stimmungslandschaften und die oft anthropomorphen ornamentalen Gegenstände – Fächer, Springbrunnen, »Reliquien« –[40] die »schmerzliche Stimmung« (Freud) anzeigen, die der Kranke nicht mehr in Worte fassen kann, erscheinen sie dem intrinsischen Gefühlsleben doch als ebenso äußerlich wie die verstreuten Attribute um die Gestalt von Dürers *Melencholia I*. Das Schöne erscheint, etwa auf den therapeutischen Promenaden in *Tuileries*, als ebenso heilsam wie als Narkotikum unheilvoll. Es verweist auf ein unbestimmtes Leiden am Abwesenden, Vergangenen, das sich der räumlichen Dimension organischer Behandlung verweigert, um ihr die zeitlich-erzählerische gegenüberzustellen, die allein die Krankheitsgeschichte erfassen könnte.

Die Ausprägung des ganz den individuellen Verwandlungen gewidmeten Erfahrungsberichts, der in der Zeit beschreibt, was sich erst dem psychoanalytisch Kundigen zur lesbaren Konstellation zusammenfügt, hat Proust an Richard Krafft-Ebings empirischen Studien nachvollziehen können. Die abnorme Erregbarkeit gegenüber Reizen, aber auch beständige Erregung durch innere Vorgänge kehren hier als Symptome wieder. Für den Psychiater sind Melancholie bzw. »psychische Neuralgie«, »Spleen« und Willensschwäche konkrete Krankheiten, die oft unerkannt bleiben und zum Selbstmord führen.[41] Die »motorische Hemmung« äußert sich laut Krafft-Ebing nicht nur in Unentschlossenheit, sondern auch in »convulsivischem Handeln« als Folge des »raptus melancholicus«.[42] Die Willensschwachen, deren Porträts Proust in *La confession d'une jeune fille* zeichnet, bewegen sich zwar in diesem Sinn zwischen Genie und Wahnsinn, doch leben sie gleichsam, was Proust zur Maxime der Kunst erhebt, die Inversion von »action« in »impression« als neuer Vision (»manière absolue de voir les choses«).[43] »Il y a des personnes qui vivent sans avoir des forces«, so Prousts Lob der Willensschwachen, »ce sont les plus intéressantes, elles ont remplacées la matière qui leur manque par l'intelligence et le sentiment.«[44] Dass der Willensschwache, motorisch Antriebslose gleichsam »un être réduit à l'intelligence pure« ist, stammt aus Ribots Schrift und mag damit den Stolz der Dichter ebenso angesprochen haben wie seinerzeit Esquirol mit dem Ausdruck von der »maladie de l'intelligence«.[45] Eine weitere Parallele von Syndrom und literarischem Ideal ist Ribots moderne Herabsetzung der Vernunft-Handlung. Denn Ideen führten nur zu Handlungen, wenn sie mit bestimmten Gefühlen in Verbindung stehen.[46] Daher rühre, ins Extrem gesteigert, die emotionale »instabilité« des hysterischen Charakters, dessen einheitliche Geistestätigkeit von inneren Konvulsionen und Paralysen fortwährend gestört werde.[47] Ähnlich fragt sich Proust, so Sartre in Anspielung an den »insomniaque« der Ouvertüre von *Combray,* »wie sein Ich von einem Augenblick zum anderen gelangen kann, wieso er zum Beispiel nach einer durchschlafenen Nacht genau sein Ich vom Vortag wiederfindet und nicht irgendein anderes«.[48] Einheit, Stabilität und Willensmacht sind nach Ribot die Eigenschaften des Genies, dessen Werk in seiner äußeren Einheit eine Folge seiner inneren charakterlichen Einheit sei.[49] Von ihnen aber sind Prousts Figuren weit entfernt.

In der *Recherche* schließlich hat, jedem vitalistischen Genie-Begriff widersprechend, die »maladie de la volonté« im Anschluss an die literarische Bewältigung komplexer Schicksale auch vom künstlerischen Werkprozess Besitz ergriffen. Er erscheint stets als vom Versagen des Willens und vom Erlöschen der Geisteskraft bedroht. »Il ne faut pas trop maudire les mauvaises santés. C'est souvent sous le poids des trop grandes âmes que le corps fléchit«, lautet die auf die aristotelische Eingangsfrage zurückführende Überzeugung des jungen Proust.[50] In einem Brief von 1918 erhebt er die physische Krankheit sogar zur Bedingung des Genies,[51] wie er bereits in einem Brief an seine Mutter vom Mai 1903 die »Fülle seiner Gefühle« als Gabe seines Asthmas gewertet hatte.[52] In der *Recherche* ist es der Arzt Cottard, der, als brillanter Diagnostiker, mit Blick auf den Baron de Charlus sogar von einer Nähe des Genies zum Wahnsinn ausgeht – eine Anspielung an Cesare Lombrosos Untersuchungen.[53] Prousts Künstlervorbilder sind ausgewiesene Melancholiker: Robert Schumann, dessen Schizophrenie er in seinem frühen Musiker-Porträt melancholisch als Bedingung seines Genies reflektiert.[54] Oder Antoine Watteau – bereits von Baudelaire im Gedicht »Les phares« als »saturnischer« Melancholiker geschildert –,[55] der, nach Prousts auf der Deutung der Brüder Goncourt beruhendem Porträt, an den galanten Freuden niemals teilnehmen konnte, die er umso manischer zu erfinden wusste.[56] Auch Frédéric Chopins Musik wird mit Schwermut assoziiert, und *Les Plaisirs et les jours* steht insgesamt mit Anton van Dycks *Duc de Richmond* – hier wie ein Todesengel mit dem bereits verstorbenen Widmungsträger überblendet – ein Emblem der Melancholie voran.[57] Melancholie-Gestus des ewig reisenden Künstlers, Erfahrung einer gleichsam göttlichen Gabe der Schaffenskraft und schließlich der Tod als Ende aller dichterischen Verausgabung in der Ruhe eines unendlichen Träumens sind darüber hinaus Motive, die Proust etwa in seinen Moreau-Studien beschäftigen.[58]

Hatte bereits Swann, der am Werkgedanken gescheiterte Denker, weniger sein Krebsleiden als das Absterben seines Gehirns befürchtet (»Je sentais que je n'avais pas de génie ou peut-être une maladie cérébrale l'empêchait de naître«)[59] – ganz im Sinne der Medizin, die davon ausging, dass hypochondrische Krankheiten echte hervorrufen können –, diagnostiziert auch der Held bald an sich selbst das Spätstadium fortgeschrittener Willensschwäche, wenn nicht des Sprachverlusts, den keine Intelligenz aufhält (»Il languit dans la considération du passé, que l'intelligence lui dessèche«).[60] Denn die »Freuden der Intelligenz«, die ihm Elstir versprochen hatte, stimmen ihn nicht glücklich; das Ich erscheint tot (»qui depuis si longtemps était comme mort«).[61] Die Schönheit der Bäume von Hudimesnil bleibt ungefühlt; der Wunsch, sie dichterisch zu beschreiben, erlahmt.[62] Die Erinnerung bringt nur die »instantanés« des Vergessens zu Tage, und frivole Mondänitäten erscheinen ihm als einzig noch erreichbares Ziel; kurz, »ennui«, »déception« und »froideur« haben sich des Helden bemächtigt. Die von Freud untersuchte masochistische Selbstherabsetzung markiert den Schlusspunkt: »L'univers me semblait laid parce que j'étais au fond médiocre«.[63] Alle Motive der Melancholie werden aufgeboten, bis der erschlaffte Körper des Melancholikers sich an jenem scheinbar unbedeutenden Pflasterstein stößt und sich das lange Leiden gleichsam organisch zu lösen beginnt.

In *Le Temps retrouvé* wird auch der Kontext von Proust sorgfältig mit Vanitas-Motiven und apokalyptischen Anspielungen versehen. Neben Charlus' Aphasie und Arteriosklerose steht, mit der Schicksalsschwere der Vorahnung, der Opferbereitschaft und der homosexuellen Verdammnis konnotiert, das Ende Robert de Saint-Loups im Mittelpunkt. Nicht um das Ereignis, aber um die Stimmung ist es Proust zu tun. Dies leistet die Musik. Das Letzte, was der Erzähler von den Lippen Saint-Loups vernimmt, ist ein Lied Schumanns,[64] von dessen Klaviermusik es zuvor im Roman hieß, nichts übertreffe sie an Traurigkeit und Verzweiflung.[65] Aus einem Schumann-Zitat entwickelt Proust schließlich auch die Summe des melancholischsten aller Künstler: Vinteuil. Seine tiefe Traurigkeit kontrastiert mit dem Erhabenen seiner Kunst, und seine schon früh mit Wahnsinn konnotierte Sonate[66] wird mit einer »Neuralgie« assoziiert. Auch hier entgeht die »nourriture célèste«[67] der Kunst jeglicher Kontrollierbarkeit.

Der Erlösung des Leidens am Ende der *Temps retrouvé* gehen drei lange Aufenthalte in Sanatorien voraus, über die der Erzähler dem Leser kaum etwas vermittelt. Gewiss hat sich Proust Ende 1905 tatsächlich in das Sanatorium des Dr. Sollier in Boulogne sur Seine zurückgezogen, ohne eine Verbesserung seiner Neurasthenie zu erreichen.[68] Im Roman aber, wo die Aufenthalte erst um 1916 einsetzen, wird die Ursache der Krankheit klar auf den bereits erwähnten Zweifel am Zweck der Kunst, insbesondere an der Literatur und damit im Sinne der Melancholie-Geschichte auf die mögliche Gegenseitigkeit von Krankheit und Schöpfertum bezogen. Der Held erwägt die medizinische Option, dass sein existenzieller »ennui« womöglich nur eine Neurose bedeutet, er also aus einer mentalen Erkrankung heraus das Ideal seines erhofften Buches aus den Augen verloren hat. Auch bei der dritten Rückkehr ist keine Genesung zu vermelden; von einer »incapacité de regarder et d'écouter«, vom »esprit sommeillant« ist die Rede und vom »ennui« und »Ekel« angesichts einer durch mondäne Ambition verbrauchten Sprache von »illusorischer Magie«.[69] Die Sprachkrise, wie sie von vielen Dichtern um 1900, am prägnantesten vielleicht in Hofmannsthals *Chandos*-Brief (1902) zum Ausdruck gebracht wurde, ist zitathaft präsent.[70] Sie verweist auf jene andere Krankheit, die der Sprache, die ihrerseits, bei allem Überfluss der Wörter, nicht das an sich Verfügbare und Gesunde bedeutet, sondern oft noch gar nicht bereitsteht, sondern erst errungen werden muss, wie für Proust die Sprache jener inversiven Liebe, »die ihren Namen nicht nennen darf« (Lord Douglas),[71] oder die Sprache der Idiosynkrasie, die sich bei Proust nicht mehr mit dekadentistischen Motiven zufriedengeben kann.

Ist die »Apotheose der Kunst«[72] am Ende der *Temps retrouvé* die Gesundung des Leidens an der Unzulänglichkeit der Literatur[73] oder der Gipfel der Esquirol'schen Monomanie, der transzendentalen Verzückung, der *acedia*? Nichts gibt darüber Auskunft. Zwar hat der Künstler keine Wahl: »Je trouve que c'est un devoir pour tout écrivain et surtout un écrivain malade, de faire passer ses idées d'un cerveau fragile dans des pages peut-être fugitives mais du moins indépendantes de la destruction du corps vivant«.[74] Aber in der steten Wiederkehr der Melancholie – denn sie ist in der Logik des Romans ganz offenbar die Krankheit, die den Erzähler in jenes nicht weiter bezeichnete Sanatorium geführt hat – wird das Bewusstsein wachgehalten für das, was sich in der Unendlichkeit der sich fortwährend verändernden Zeichen und Symptome der präzisen Sagbarkeit und Repräsentierbarkeit entzieht und sich nur in der Stimmung und Nuance kundgeben kann und will. Sosehr sich Proust in seinem Werk über zeitgenössische Tendenzen der Medizin einschließlich ihrer modernen Nomenklatur informiert zeigt, so setzt er doch selbst im Zeichen der Melancholie – und nicht etwa der »Neurasthenie« oder »Lypémanie« – eine eigenwillige und genuin ästhetische Poetik der Resistenz und Unheilbarkeit ins Werk: »La vie est chose dure qui serre de trop près, perpétuellement nous fait mal à l'ame«; doch: »Comme les amants quand ils commencent à aimer, comme les poètes dans le temps où ils chantent, les malades se sentent plus près de leur âme.«[75]

Anmerkungen

1 »Ombre / née de la fumée de vos fumigations, / le visage et la voix / mangés / par l'usage de la nuit, Céleste, / avec sa rigueur, douce, me trempe dans le jus noir / de votre chambre / qui sent le bouchon tiède et la cheminée morte.« Paul Morand, *Lampes à Arc,* Paris 1927, S. 8; Übersetzung Karlheinz Stierle, in: *Cher ami ... Votre Marcel Proust.* Marcel Proust im Spiegel seiner Korrespondenz, hg. von Jürgen Ritte und Reiner Speck, Köln 2010, S. 21.

2 Gérard de Nerval, *Œuvres complètes,* édition sous la direction de Claude Pichois avec la collaboration de Christine Bomboir, Jacques Bony, Michel Brix, Jean Céard, Pierre Enckell, Antonia Fonyi, Jean Guillaume, Lieven d' Hulst, Jean-Luc Steinmetz, Jean Ziégler, Bd. 3, Paris 1993, S. 645 (*Les Chimères,* »El Desdichado«).

3 Vgl. zur Geschichte der Melancholie Jean Clair (Hg.), *Mélancolie.* Genie et folie en occident, Paris 2005, und ders. (Hg.), *Melancholie.* Genie und Wahnsinn in der Kunst, Ausst.-Kat. Staatliche Museen zu Berlin, Ostfildern 2006.

4 Vgl. hierzu, allerdings mit Verwischungen von Leben und Werk, Bernard Straus, *Maladies of Marcel Proust.* Doctors and disease in his life and work, London 1980. Vgl. zur Medizin Donald Wright, *Du discours medical dans* A la recherche du temps perdu, Paris 2007.

5 Vgl. hierzu Walter Benjamin, *Gesammelte Schriften,* hg. von Rolf Tiedemann und Hermann Schweppenhäuser, Frankfurt a. M. 1991, Bd. II.2, S. 438-465, etwa zum »Rat«, den der Erzähler mit dem Mediziner verbindet: »Um ihn [den Rat, B. G.] einzuholen, müßte man sie [die eigene Geschichte] zuvörderst erzählen können. (Ganz davon abgesehen, daß ein Mensch einem Rat sich nur soweit öffnet, als er seine Lage zu Wort kommen läßt.)« S. 442. Zu Proust und seiner medizinischen Metaphorik vgl. Rainer Speck, »Proust und die Medizin«, in: ders. (Hg.), *Marcel Proust. Werk und Wirkung,* Frankfurt a. M. 1982, S. 28-49.

6 Vgl. zu Aristoteles den kommentierten Quellenapparat in: Raymond Klibansky/Erwin Panofsky/Fritz Saxl (Hg.), *Saturn und Melancholie,* Frankfurt a. M. 1990, S. 59.

7 Vgl. Daniel Wildlöcher, »Entre maladie dépressive et fascination mélancolique. Les sciences cliniques au XXe siècle«, in: Jean Clair (Hg.), *De la mélancolie,* Paris

2007, S. 191-212; vgl. auch Jean Starobinski, *Geschichte der Melancholie-Behandlung*, hg. von Cornelia Wild, Berlin 2011, S. 34.

8 Gert Mattenklott, *Melancholie in der Dramatik des Sturm und Drang*, erw. Ausgabe, Königstein 1985, S. 37.

9 Vincent Pomarède, »Die Lust an der Melancholie (Senancour). Die Landschaft als Zustand der Seele«, in: *Melancholie*. Genie und Wahnsinn in der Kunst, S. 318-327.

10 Siegmund Freud, »Der Dichter und das Phantasieren«, in: ders., Werke in 2 Bänden, hg. v. Anna Freud und Ilse Grubrich-Simitis, Frankfurt a. Main 2006, Bd. 2, S. 128-136, S. 131; ders., »Trauer und Melancholie« [1915], in: ders., *Gesammelte Werke*, hg. von Anna Freud, London ³1963, Bd. 10, S. 429-446, S. 436 ff.

11 Vgl. hierzu Robert Kopp, »Le spleen baudelairien: de la mélancolie à la dépression«, in: Clair, *De la mélancolie*, S. 171-190, S. 177.

12 Charles Baudelaire, *Sämtliche Werke*, hg. von Friedhelm Kemp u. Claude Pichois, München–Wien 1977, Bd. VI, S. 201; ders., *Œuvres complètes*, hg. von Claude Pichois, Paris 1976, Bd. I, S. 657 (»Fusées«): »C'est quelque chose d'ardent et de triste, quelque chose d'un peu vague, laissant carrière à la conjecture. [...] Une tête séduisante et belle [...] qui fait rêver à la fois [...] de volupté et de tristesse; qui comporte une idée de mélancolie, de lassitude, même de satiété, – soit une idée contraire, c'est-à-dire une ardeur, un désir de vivre, associé avec une amertume refluante [...]«.

13 Jean Starobinski, *La mélancolie au miroir: trois lectures de Baudelaire*, Paris 1989.

14 »Der Verlust des Liebesobjekts ist ein ausgezeichneter Anlaß, um die Ambivalenz der Liebesbeziehungen zur Geltung und zum Vorschein zu bringen. Wo die Disposition zur Zwangsneurose vorhanden ist, verleiht darum der Ambivalenzkonflikt der Trauer eine pathologische Gestaltung [...]. Die Ambivalenz ist entweder konstitutionell, d. h. sie hängt jeder Liebesbeziehung dieses Ichs an, oder sie geht gerade aus den Erlebnissen hervor, welche die Drohung des Objektverlustes mit sich bringen. Die Melancholie kann darum in ihren Veranlassungen weit über die Trauer hinausgehen, welche in der Regel nur durch den Realverlust, den Tod des Objekts, ausgelöst wird«, Freud, »Trauer und Melancholie«, S. 437 f.

15 Der Begriff fällt erstmals in Anne Charles Lorrys *De melancholia et morbis melancholicis*, Paris 1765. Die medizinhistorisch wichtige Erweiterung der physiologischen zur psychologischen Symptomatik wird zum Teil vorweggenommen von Jacques Ferrand, *De la maladie d'amour ou mélancolie érotique*, Paris 1623, vgl. Noga Arikha, »Die Melancholie und die von Körpersäften ausgelösten Leidenschaften am Beginn der Moderne«, in: *Melancholie*. Genie und Wahnsinn in der Kunst, S. 232-241, S. 235 f.

16 E. Esquirol, *De la lypémanie ou mélancolie*, éd. P. Fedida et J. Postel, Toulouse [1820] 1976, S. 111. Über den Körper versucht Esquirol allerdings auch die Heilung somatisch statt psychogen herbeizuführen und bleibt darin der bis dahin traditionellen Medizin verhaftet.

17 Vgl. etwa zur Sinnesempfindung (»lypémanie«): »[...] le froid, le chaud, la pluie, le vent, les font frissonner de douleur et d'effroi, le bruit les saisit et les fait frémir, le silence les fait tressaillir et les épouvante [...] tout est forcé, tout est exagéré dans leur manière de sentir, de penser et d'agir«, ebd., S. 92.

18 Théodule Ribot, *Les Maladies de la volonté*, Paris [1882] 6. Aufl. 1889.

19 Der Krankheitsverlauf eines Patienten gleicht etwa der von Joris-Karl Huysmans wenige Jahre zuvor in seinem Roman *A Rebours* dargestellten Leidensgeschichte Des Esseintes'. Bei Ribot wird der Patient unter den Initialen »M. P.« geführt – diese unwillkürliche Ironie mag Proust aufgefallen sein. Seine Lektüre wird belegt durch eine Erwähnung im Brief an Walter Berry vom 14.03.1919 (*Corr.*, XVIII, S. 140).

20 Vgl. zum Opium Ribot, *Les maladies de la volonté*, S. 42, und Baudelaire, *Œuvres*, Bd. I, S. 442-514 (*Les Paradis artificiels*), zur buddhistischen und christlichen Ekstase Ribot, *Les maladies de la volonté*, S. 128. Wenn die Erzählerin Prousts *La confession d'une jeune fille* sagt: »meine Spaziergänge waren wie mit Sterilität geschlagen« oder »Die Wälder, der Himmel, die Wasser schienen sich von mir abzuwenden« (*FT*, S. 125), gibt Proust in ähnlicher Weise, nur metaphorischer, die Eindrücke wieder, die Thomas de Quincy in seinen *Confessions of an English Opium Eater* dem Opiumesser bescheinigt und die Ribot zitiert.

21 »Violante oder die mondäne Welt«, in: *FT*, S. 40-52 – *Les Plaisirs et les Jours*, hg. v. Pierre Clarac u. Yves Sandre, Paris 1971, S. 29-37 (abgekürzt *PJ*).

22 Im Sinn dieser Ironisierung therapeutischer Selbstversuche heißt es von Françoise, der Heldin der »Mélancolique villégiature de Mme de Breyves«, sie sei »ihr eigener Arzt geworden«, weil sie zur Feder greift, um das entscheidende Liebesgeständnis zu verfassen, obwohl sie doch zur authentischen Gefühlsäußerung ohne förmliche Konvenienz erst dann fähig sein wird, wenn es zu spät ist. Das Gefühl hat keinen Platz im Gefüge der mondänen Kommunikation, die für es nur »Beruhigungsmittel« bereitstellt, aber keine Erfüllung (*FT*, S. 100 – *PJ* S. 71f.).

23 »Ihre Freude war unendlich, war unterbrochen von Traurigkeiten, die die Freude an Süße noch übertrafen« (*FT* S. 41 – *PJ*, S. 30).

24 »Plus l'intelligence est développée, plus le cerveau est mis en activité, plus la monomanie est à craindre«, Esquirol, *De la lypémanie*, S. 79.

25 *FT*, S. 27 – *PJ*, S. 18.

26 Freud, »Trauer und Melancholie«, S. 440.

27 *PJ*, S. 73 – *FT*, S. 102: »Sie wollte jenen bittersüßen Geschmack all der Traurigkeit, die sie seinetwegen umgab, lange auf der Zunge behalten. Sie [...] hätte kraftvolle Tiere haben wollen, um sie an ihrer Krankheit dahinsiechen zu sehen«.

28 *FT*, S. 104 – *PJ*, S. 74.

29 *FT*, S. 165 – *PJ*, S. 120: »Ephémère efficacité du chagrin«.

30 *FT*, S. 196 – *PJ*, S. 117: »Sonate clair de lune«.

31 *PJ*, S. 142 – *FT*, S. 194: »das Meer wird sie trösten, wird sie in dunkle Erregung versetzen«.

32 *FT*, S. 164 – *PJ*, S. 120: »Source des larmes qui sont dans les amours passées«.

33 Freud, *Gesammelte Werke*, Bd. 10, S. 358-361.

34 *FT*, S. 232ff. – *PJ*, S. 167ff.

35 Siehe Marcel Proust, *A la recherche du temps perdu*, hg. von Pierre Clarac und André Ferré, Paris 1954, III, S. 30.

36 *RTP* III, S. 16.

37 Vgl. hierzu weiterführend Ursula Link-Heer/Ursula Hennigfeld/Fernand Hörner (Hg.), *Literarische Gendertheorie. Eros und Gesellschaft bei Proust und Colette*, Bielefeld 2006.

38 *RTP* III, S. 560 – *SvZ* VI, S. 215: »wir mögen aber eine noch so klare Einsicht in unsere Eindrücke haben, so wie ich damals glaubte, klare Einsicht in die Gründe meiner Melancholie zu haben, wir können trotzdem nicht bis zu ihrer letzten Bedeutung vordringen; wie ein Unwohlsein, über das der Arzt sich von seinem Patienten berichten läßt und mit dessen Hilfe er zu einer tieferen Ursache gelangt, von der der Kranke nichts weiß, haben auch unsere Eindrücke oder unsere Ideen lediglich die Bedeutung von Symptomen.«
39 Vgl. zu dieser Bildlichkeit Boris Roman Gibhardt, *Das Auge der Sprache.* Ornament und Lineatur bei Marcel Proust, Berlin–München–Paris 2011, S. 21, 45 ff., 245-290.
40 Vgl. in *Les Plaisirs et les Jours* die Abschnitte *Tuileries*, *Versailles* und *Reliques*.
41 Richard von Krafft-Ebing, *Die Melancholie.* Eine klinische Studie, Erlangen 1874, S. 10.
42 Ebd., S. 8.
43 *FT*, S. 124 – *PJ*, S. 90; *CSB*, S. 588.
44 Marcel Proust, *Chroniques*, Paris 1927, S. 67.
45 Kein Wille, so Ribot, ohne die sinnliche Stimulanz des »Unwillkürlichen«, siehe Ribot, *Les maladies de la volonté*, S. 105.
46 Ebenda, S. 116.
47 Ebenda, S. 118.
48 Jean-Paul Sartre, *Das Sein und das Nichts.* Versuch einer phänomenologischen Ontologie, aus dem Französischen von Hans Schöneberg u. Traugott König, Reinbek bei Hamburg 2007, S. 257.
49 Ribot, *Les maladies de la volonté*, S. 169.
50 *Corr.*, II, S. 426.
51 *Corr.*, XVII, S. 215.
52 *Corr.*, III, S. 327.
53 *SvZ* IV, S. 650; Cesare Lombroso, *Genie und Irrsinn*, Leipzig 1887 [*Genie et Folie*, Paris 1889].
54 *FT*, S. 155 – *PJ*, S. 83.
55 Charles Baudelaire, *Les Fleurs du mal. Die Blumen des Bösen*, hg. von Friedhelm Kemp, München 1997, S. 26.
56 Marcel Proust, *Essays, Chroniken und andere Schriften*, Frankfurt a.M. 1992, S. 507-509 [*EC*]; *CSB*, S. 665-667 (»Watteau«).
57 *FT*, S. 9, 113 – *PJ*, S. 6, 82.
58 *EC*, S. 510ff. – *CSB*, S. 667 ff.; *SvZ* III, S. 510-521.
59 *RTP* I, S. 170 – *SvZ* I, S. 253:»[…] ich fühlte, daß ich kein Genie besaß, oder hatte die Vorstellung, daß vielleicht eine Krankheit meines Gehirns es nicht aufkommen ließ.«
60 *RTP* IV, S. 451 – *SvZ* VII, S. 267: »Es kümmert traurig dahin bei der Beobachtung der Gegenwart, in der die Sinne sie ihm nicht zuführen, bei der Betrachtung einer Vergangenheit, die der verstand ihm ausgedörrt verabfolgt […]«.
61 *RTP* IV, S. 451– *SvZ* VII, S. 267:»unser wahres Ich, das manchmal seit langem tot schien, aber es doch nicht völlig war.«
62 *RTP* IV, S. 444 – *SvZ* VII, S. 256.
63 *RTP* IV, S. 803 (»Esquisse XXIV).

64 *RTP* IV, S. 425 – *SvZ* VII, S. 229.
65 *RTP* III, S. 185 – *SvZ* IV, S. 279f.
66 *RTP* III, S. 759, 665. Vgl. Artikel »Wahnsinn«, in: *Marcel Proust Enzyklopädie*, hg. von Luzius Keller, Hamburg 2009, S. 949f.
67 *RTP* IV, S. 451 – *SvZ* VII, S. 267: »göttliche Speise«.
68 *RTP* IV, S. 301.
69 *RTP* IV, S. 297, 433 – *SvZ* VII, S. 37: »meine Unfähigkeit zu sehen und zu hören«.
70 Hugo von Hofmannsthal, *Erzählungen und Prosa*, hg. von Rüdiger Görner, Zürich 2000, S. 89-106.
71 Alfred Douglas, *The Complete Poems including the Light Verse*, London 1928.
72 Walter Benjamin, »Zum Bilde Prousts«, in: ders., *Gesammelte Schriften*, Bd. II, S. 310-324, S. 319.
73 Zumal es bei Proust heißt, das Schreiben sei »une fonction saine et nécessaire dont l'accomplissement rend heureux comme pour les hommes physiques l'exercice, la sueur, le bain« (*RTP* IV, S. 481).
74 *Corr.*, XI, S. 324.
75 *PJ*, S. 6 – *FT*, S. 11: »Das Leben ist schwer; es setzt uns hart zu, und ständig bereitet es unserer Seele Schmerzen«, doch »wie die Liebenden, wenn sie zu lieben beginnen, wie die Dichter in der Zeit, da sie singen, fühlen sich die Kranken ihrer Seele näher«.

Prousts Ästhetik der Inzitation

Philipp Engel

Um die »zugleich wesentliche und doch begrenzte Rolle« zu charakterisieren, die das Lesen im »geistigen Leben« spiele, schreibt Proust in *Sur la lecture*:

> Et c'est là, en effet, un des grands et merveilleux caractères des beaux livres [...] que pour l'auteur ils pourraient s'appeler ›Conclusions‹ et pour le lecteur ›Incitations‹. Nous sentons très bien que notre sagesse commence où celle de l'auteur finit, et nous voudrions qu'il nous donnât des réponses, quand tout ce qu'il peut faire est de nous donner des désirs.[1]

Das Wort »incitation« – Helmut Scheffel übersetzt es mit »Anreiz«, im Folgenden werde ich jedoch die deutsche Form »Inzitation« verwenden –, das Proust hier im Zusammenhang seiner Analyse des »acte psychologique original appelé *Lecture*«[2] einführt, sticht an dieser Stelle rätselhaft hervor. Was für ein Vorgang ist damit bezeichnet? Und worin unterscheidet sich dieser Effekt des Lesens von jenen »conclusions«, jenen »Schlussfolgerungen«, die Proust auf die Seite des Schreibenden verlegt?

Wie Antoine Compagnon gezeigt hat, bedeutet die »incitation du lecteur« eine von zwei Formen der Lektüre, in denen sich für Proust ein Übergang vom Lesen zum Schreiben vollzieht. Neben einer »visuellen« Form, die Compagnon als »lecture de la phrase« herausgearbeitet hat und die ihre Begründung in den Eigenschaften des literarischen Textes, in der »matière de la langue«, findet,[3] scheint die Inzitation demgegenüber einen Vorgang zu beschreiben, der nicht mehr direkt auf den Text zurückgeführt und durch ihn begründet werden kann. Rätselhaft ist das Wort darum nicht allein wegen seiner Ungewöhnlichkeit im Kontext literarästhetischer Reflexionen, sondern allem voran auch aufgrund der mit ihm angezeigten Ungebundenheit gewisser Effekte des Lesens durch die Struktur des Textes. – Wenn nicht am Text, woran soll man die Inzitation dann aber festmachen? Auf den ersten Blick scheint es, als würde sie sich aller rationalen Erklärung entziehen. Entsprechend dunkel fallen denn auch die bisherigen Deutungen aus. So etwa erkennt Compagnon in ihr »une sorte d'exercice propitiatoire« und schließt, »que la description psychologique que Proust donne l'apparente aux conceptions théologiques de l'inspiration sacrée«.[4] Auch Volker Roloff bemerkt, dass »die anscheinend psychologische Sprache von *Sur la lecture* allmählich zu Sprachformen und Motiven der Mystik übergeht – zu einer Art poetischer Mystik«.[5] Die Deutung der Inzitation im Bezug auf ein theologisches Modell sakraler Inspiration scheint nahezuliegen vor allem angesichts des Vokabulars, dessen Proust sich bedient, um den »état d'âme original du ›lecteur‹«[6] zu beschreiben. Spricht er doch selbst von »inspiration«, »impulsion« oder »initiation«.[7] Wäre die Konzeption einer »incitation du lecteur« also selbst von der Art eines »beau mythe platonicien«, von dem Proust im Blick auf Ruskins Begriff der Lektüre behauptet, dass er in seiner Einfachheit zwar »wahre Ideen« zeige, es aber den »scrupules modernes« überlasse, diese Ideen zu vertiefen?[8]

Kaum berücksichtigt[9] wurde in diesem Zusammenhang bisher jene Stelle, mit der Proust einen kurzen psychopathologischen Exkurs einleitet und an der er die Inzitationen der Lektüre in Analogie setzt zu den Effekten eines bei Neurasthenikern angewandten psychotherapeutischen Verfahrens:

> C'est donner un trop grand rôle à ce qui n'est qu'une incitation d'en faire une discipline. La lecture est au seuil de la vie spirituelle; elle peut nous y introduire: elle ne la constitue pas.
> Il est cependant certains cas, certains cas pathologiques pour ainsi dire, de dépression spirituelle, où la lecture peut devenir une sorte de discipline curative et être chargée, par des incitations répétées, de réintroduire perpétuellement un esprit paresseux dans la vie de l'esprit. Les livres jouent alors auprès de lui un rôle analogue à celui des psychothérapeutes auprès de certains neurasthéniques.[10]

Auf welche Psychotherapie spielt Proust hier an? Und was veranlasst ihn dazu, gerade ihr Verfahren in Bezug zu dem für seine Konzeption der Lektüre so zentralen Begriff der Inzitation zu setzen? Gewiss, die Rede ist hier allein von einem »pathologischen Sonderfall«, genauer: der mit einer »Willensschwäche«, einer »impossibilité de vouloir«, einhergehenden Neurasthenie. Wenn man darin jedoch allein, wie Roloff, das »Klischee [einer] zeittypischen Psychologisierung ästhetischer Phänomene« erkennt und daraus folgert, dass Prousts Konzeption der Lektüre »viel geheimnisvoller und hintergründiger sei, als eine positivistische, rein medizinisch-physiologische Beschreibung zugeben könnte«,[11] dann entledigt man sich des medizinischen Wissens, das bei Proust ja nicht nur in *Sur la lecture* eine Rolle spielt, zu schnell.[12]

Den Spuren, die dieses Wissen in Prousts Essay über das Lesen hinterlassen hat, möchte ich im Folgenden nachgehen und dabei die Frage verfolgen, ob sich vielleicht von der Seite der Medizin her Aufschluss über Prousts eigentümlichen Begriff der Inzitation erhalten lässt. Im Anschluss an einen begriffsgeschichtlichen Exkurs möchte ich dabei zunächst herausfinden, auf welche Psychotherapie Proust sich bezieht, um dann in einer Rekonstruktion ihrer theoretischen Grundlagen und Verfahren diejenige Analogie ausfindig zu machen, die ihn veranlasst haben mag, sie mit den von ihm beschriebenen ästhetischen Prozessen zu verknüpfen. Indem er das medizinisch-psychologische Wissen seiner Zeit in den Zusammenhang literarästhetischer Reflexionen überführt, vollzieht sich mehr als eine einseitige »Psychologisierung ästhetischer Phänomene«. Anstatt es lediglich aufzugreifen und zu wiederholen, unterzieht Proust es dem Prozess einer Modifikation und Transformation und schreibt es in seiner Konzeption einer Ästhetik der Inzitation auf eigene Weise fort. In umgekehrter Blickrichtung, von der Literatur auf die Medizin, tritt dabei schließlich auch die ästhetische und poetische Dimension dieser medizinisch-physiologischen Theorien und der auf ihnen basierenden psychotherapeutischen Verfahren hervor.

Kleine Geschichte der »Inzitation«

Als Proust im Sommer des Jahres 1905 das »préface« zu seiner Übersetzung von John Ruskins *Sesame and Lilies* unter dem Titel *Sur la lecture* vorab in der Zeitschrift *La Renaissance latine* veröffentlichte, war das Wort »incitation« noch fester Bestandteil der medizinisch-physiologischen Terminologie. So verzeichnet Becherelles *Nouveau dictionnaire national* aus dem Jahr 1890 neben auch heute noch gebräuchlichen Verwendungen wie »incitation au crime, à la vertu« Einträge sowohl zur medizinischen als auch zur physiologischen Bedeutung: »Action de donner du ton aux organes« sowie »*Incitation motrice.* Action nerveuse qui produit la contraction des muscles moteurs«.[13] Diese physiologische Bedeutung des Substantivs »incitation« (abgeleitet vom Lateinischen »incitare«, in Bewegung versetzen, erregen, aufreizen) im Sinne einer »action nerveuse«

geht zurück auf die Reizlehre der im 18. Jahrhundert sich formierenden Neuropathologie. Grundlegend für diese Lehre war die Annahme, dass Krankheiten nicht allein, wie es die Humoralpathologie noch gelehrt hatte, auf chemischen (»humoralen«) Prozessen beruhen, sondern auf Störungen des den Organismus regulierenden zentralen Nervensystems – auf »Neurosen« also.[14]

Eine zentrale Rolle in der Entwicklung dieser neuropathologischen Lehre spielten hierbei die von dem schottischen Arzt John Brown im Jahr 1780 veröffentlichten *Elementa medicinae*, in denen Brown Inzitation (*incitatio* oder »Erregung«) als »vitam causa«, als »Bestimmungsursache des Lebens«[15], definierte und damit zum Zentralbegriff seines medizinischen, später nach ihm benannten »Brownschen-Systems« machte. In diesem System steht der Begriff der »incitabilitas« oder »Erregbarkeit« allgemein für das Lebensvermögen als die Eigenschaft des Organismus, sowohl Eindrücke von Reizen empfinden zu können, als auch für die damit unmittelbar verbundene Fähigkeit, auf diese Reize zurückzuwirken. In den *Elementa medicinae* heißt es dazu:

> In jedem Zustande des Lebens unterscheiden sich der Mensch und jedes Thier von sich selber, wenn sie zum Tode übergegangen sind, oder von jeder unbelebten Materie, blos durch diese Eigenschaft, daß sie von äußerlichen Dingen, und von einigen ihrer eigenen thierischen Verrichtungen so können affiziert werden, daß sie Erscheinungen hervorbringen können, welche besonders dem Stande des Lebens zuträglich [...] sind.[16]

Ohne die Einwirkung von Reizen auf die »Inzitabilität« (*incitabilitas* oder Erregbarkeit) des Organismus, könne es Leben nicht geben. Aus dieser Beobachtung folgert Brown, »daß das Leben ein gezwungener Zustand ist, daß die lebenden Geschöpfe zu jedem Zeitpunkte zum Untergange neigen, daß sie von diesem durch fremde Kräfte mit Mühe, und nur wenig zurück gehalten werden, aber endlich doch durch Unumgänglichkeit des Verhängnisses dem Tode nachgeben«.[17] Das Leben – so verstanden – als ein »Umweg zum Tod« wird aufrechterhalten und gestaltet durch die auf den Organismus als Zwang einwirkenden Reize oder auch »inzitierenden Potenzen« (*potestates incitantes, stimuli* oder Inzitamente). Indem Brown unter diese Potenzen sowohl äußere, sinnlich wahrnehmbare Gegenstände als auch »innerliche Kräfte« wie »Muskelkraft, Empfindung, und die Kraft des Hirnes im Denken und in Erweckung der Gemüthsaffekten«[18] fasst, erscheint der lebendige Organismus nicht allein als passiv-rezipierend, sondern als mit der Fähigkeit begabt, durch innere Impulse auch sich selbst zu affizieren und in Aktivität zu versetzen. Leben beruht demnach auf Inzitation (»Erregung«) als einem Zusammenspiel von endogenen und exogenen Reizen im Bezug auf die Inzitabilität (»Erregbarkeit«), von der Brown behauptet, dass ein jedes Lebewesen mit einer ihm spezifischen Quantität von Geburt an veranlagt sei.

Die Beschaffenheit dieses Zusammenspiels nun bildet die Grundlage der von Brown entworfenen Krankheitslehre. Ihr zufolge entsteht Krankheit durch eine Störung des gesunden Gleichgewichts zwischen der Inzitabilität und den sie erregenden Potenzen. Damit könne im Prinzip jede Krankheit zurückgeführt werden auf den Zustand entweder einer zu starken oder den einer zu schwachen Erregung. Eine zu starke Inzitation bezeichnet Brown als »Sthenie«, eine zu schwache als »Asthenie«. Zwischen diesen beiden Polen spiele sich das gesamte Krankheitsgeschehen ab. Dauere zum Beispiel ein Zustand zu starker Inzitation zu lange an, schlage diese Sthenie um in ihr Gegenteil, in einen asthenischen oder erschöpften Zustand. Die Heilung sthenischer und asthenischer Symptome müsse folglich entweder in einer Verminderung oder einer Vergrößerung der Reizmengen bestehen. In seinem Vorwort fasst Brown die Ergebnisse seiner Forschungen wie folgt zusammen:

> Ich habe allgemeine Krankheiten in zwey Formen, die phlogistische oder sthenische, und die asthenische oder antiphlogistische eingetheilt. Ich habe bewiesen, daß jene in allzugroßer Erregung (incitatio), und diese in mangelnder Erregung bestehen; daß jene mit schwächenden, und diese mit reizenden Hülfsmitteln müßten gehoben werden [...]. Ich habe einen Grundsatz aufgestellt, welchen alle Theile erklären und bestätigen. Die Frage ist nun, ob die auf Muthmaßungen gegründete, schwankende, und bey weitem in ihren meisten Theilen falsche Kunst endlich in eine wahre Wissenschaft, welche man eine Wissenschaft des Lebens nennen kann, gebracht worden ist.[19]

Vor allem die systematische Herangehensweise und der mit ihr einhergehende Anspruch einer Begründung der Medizin als »Wissenschaft des Lebens« sorgten dafür, dass Browns Lehre in der Folge von der transzendentalphilosophisch gestimmten Medizin der deutschen Romantik aufgegriffen und naturphilosophisch umgedeutet wurde.[20] Neben Carl August von Eschenmayers Entwurf einer »Natur-Metaphysik«[21] war es vor allem Andreas Röschlaub, der in seinen *Untersuchungen über Pathogenie* aus dem Jahr 1798 im Ausgang von Browns Lehren beabsichtigte, »[sich] zur Errichtung einer allgemeinen empirischen sowohl als blos rationellen Theorie der Heilkunde vorzuarbeiten, Materialien zu liefern, aus denen selbst ein allgemeines theoretisches Lehrgebäude der Heilkunde verfertigt werden könnte«.[22] In dieser Absicht wird Browns Begriff der Inzitabilität von Röschlaub in den Rang eines transzendentalen Lebensprinzips gehoben:

> Browns Inzitabilität [...] kann weder als in besonderen Raum wirkend, noch als Eigenschaft von nur einzelnen Theilen gedacht werden, noch als eine Eigenschaft, die den Sinnen geradezu wahrnehmbar, sondern ihnen entrückt sey, folglich in sofern als etwas unbekanntes Ursächliches; sie trägt die Merkmale als Einer, allgemeinen, nothwendigen, und eben darum als der höchsten und ersten Ursache der Lebenserscheinungen.[23]

Wie Röschlaub bereits in der Einleitung seiner Abhandlung bemerkt, geht es ihm im Wesentlichen darum, »viele noch zu wenig bisher aus einander gesetzte Punkte der Brownschen Theorie zu besichten, aus einander zu setzen, zu erläutern und zu berichtigen«.[24] Besonders Browns Unterscheidung von inneren und äußeren Reizen erfährt dabei eine Interpretation, durch die sie Eingang in das naturphilosophische Denken der Romantik findet:

> In dem Begriffe Erregbarkeit (incitabilitas) liegen zwey besondere Begriffe verbunden: das Vermögen der organischen Natur, gewisse, durch den organischen Bau bestimmte organische Bewegungen (Lebensaktionen) hervorzubringen, und die Fähigkeit, durch Eindrücke von außen affiziert zu werden, durch welches Affiziertwerden jenes Vermögen rege werde.[25]

Deutlicher als Brown unterscheidet Röschlaub zwischen einer passiv-rezeptiven Fähigkeit des Organismus, die er als »receptivitas« oder auch »Irritabilität« der Muskeln bestimmt, und der »Sensibilität« des Nervensystems als des »Vermögen[s], durch Selbstwirksamkeit bestimmte Handlungen hervorzubringen«.[26] Diese Unterscheidung ebnet den Weg für eine dialektische Gedankenfigur, die man, wie John Neubauer gezeigt hat, nicht nur in Schellings naturphilosophischen Schriften, sondern auch in den Fragmenten von Novalis wiederfindet.[27] Ebenso wie Röschlaub unterzieht auch Novalis Browns Reizphysiologie einer transzendentalphilosophischen Umdeutung, in der die mechanistische Konzeption dieser Theorie zurücktritt zugunsten einer stärkeren Betonung jenes Vermögens, durch das der Organismus befähigt sei, sich selbst durch »innere Inzitamente« zu affizieren. In der Sensibilität, die ihren Sitz im zentralen Nervensystem habe, erkennt Novalis die Möglichkeit zur Entwicklung eines »inneren Potentials«, durch das das Leben selbstbestimmend werde und zu seiner idealen Form gelange. Der Kern dieser von Novalis als »Magischer Idealismus« konzipierten Idee liegt, wie Neubauer zusammenfasst, im Streben nach »gradual reduction of external, sensuous stimulation and a refinement of internal sensibility to the point where an arbitrary, free use of external organs becomes possible«.[28] Dieses Stadium einer autonom gewordenen Sensibilität erfüllt sich für Novalis durch Kunst und die Tätigkeit des Künstlers:

> Fast jeder Mensch ist in geringem Grad schon Künstler – Er sieht in der Tat heraus und nicht herein – Er fühlt heraus und nicht herein. Der Hauptunterschied ist der: der Künstler hat den Keim des selbstbildenden Lebens in seinen Organen belebt – die Reizbarkeit derselben *für den Geist* erhöht und ist mithin im Stande Ideen nach Belieben – ohne äußre Sollizitation – durch sie herauszuströmen – sie, als Werkzeuge, zu *beliebigen* Modifikationen der wirklichen Welt zu gebrauchen – dahingegen sie beim Nichtkünstler nur durch Hinzutritt einer äußren Sollizitation ansprechen und der Geist, wie die träge Materie, unter den Grundsätzen der Mechanik, dass alle Veränderungen eine äußre Ursache voraussetzen und Wirkung und Gegenwirkung einander jederzeit gleich sein müssen, zu stehn, oder sich diesem Zwang zu unterwerfen scheint.[29]

Während der Künstler das »innere Potential« seiner Sensibilität bis zu einem Grad gesteigert habe, dass dadurch ein freier, allein durch mentale Prozesse gesteuerter Gebrauch der Organe zur »Romantisierung der Welt« möglich werde, sei der »Nichtkünstler« weiterhin auf äußere Inzitamente angewiesen, verbleibe in einem Stadium von Heteronomie: »Die äußere Sollizitation ist nur in Ermangelung innerer Selbstheterogeneisierung – und Berührung!!!!!«[30]

Indem Proust knapp einhundert Jahre später sein Modell einer Inzitation des Lesers im Bezug auf ein psychotherapeutisches Verfahren entwickelt, aktiviert er damit noch einmal das medizinisch-physiologische Bedeutungspotential dieses Begriffs. Gleichzeitig schreibt er damit eine Tradition von Stimulationstheorien fort, die physiologische Begriffe und Konzepte in den Bereich der Ästhetik übertragen und dabei zugleich umdeuten. Blickt man von Novalis' Adaption der Brown'schen Reizphysiologie und ihrer Interpretation im Zusammenhang eines »Magischen Idealismus« zu *Sur la lecture*, so sind es hier vor allem die Ausführungen zum lesenden Schriftsteller, in denen Proust einer ganz ähnlichen, idealisierenden Charakteristik des Künstlersubjekts zu folgen scheint. Ebenso wie der Künstler bei Novalis ist auch der Schriftsteller bei Proust nicht darauf angewiesen, seine »activité créatrice« durch eine »äußere Sollizitation« hervorzurufen. Für den besonderen Fall der Lektüre folgert Proust daraus: »Un esprit original sait subordonner la lecture à son activité personnelle.«[31] Im Schriftsteller könne das Lesen zu seiner höchsten Form gelangen, da alles, was auf ihn von außen einwirkt, sofort und immer schon verwandelt sei in ein inneres Geschehen, das nicht nur sich selbst Genüge ist, sondern ihm als »innere Notwendigkeit« auch den Gebrauch der Wörter diktiert: »L'écrivain de premier ordre est celui qui emploie les mots mêmes que lui dicte une nécessité intérieure, la vision de sa pensée à laquelle il ne peut rien changer«.[32] Der Schriftsteller liest, wie er schreibt. Die Aufnahme der Wörter beim Lesen ebenso wie ihr Gebrauch beim Schreiben unterliegen ein und demselben Prozess einer Verwandlung und Subordination unter die von Proust andernorts als »lois mysterieuses«[33] charakterisierte Notwendigkeit einer »inneren Vision«.

Der Figur des Schriftstellers als einer Art »idealen Lesers« stellt Proust nun eine Reihe von Figuren gegenüber – unter ihnen den »historien«, den »érudit« sowie den »lettré« –, mit denen er verschiedene, seiner Ansicht nach unzulängliche Formen des Lesens personifiziert und typologisiert.[34] Neben und gleichsam abgehoben von ihnen fügt er dieser Reihe auch den von einer »dépression spirituelle« betroffenen Neurastheniker hinzu. Er steht jedoch nicht so sehr für eine weitere Form der Lektüre als vielmehr für einen »cas pathologique«, der, wie das von Proust angeführte Beispiel Coleridges zeigt (»le grand défaut de son caractère était le manque de volonté pour mettre ses dons naturels à profit«[35]), selbst Schriftsteller treffen kann und damit schließlich auch das Ideal eines in der Präsenz seiner inneren Vision schreibenden Künstlersubjekts in Frage stellt. Bedeutsam ist der »Fall« des Neurasthenikers aber vor allem deshalb, weil Proust gerade an seiner psychischen Disposition jenen eigentümlichen

Effekt einer »incitation du lecteur« aufzuzeigen vermag. – Den Begriff der Lektüre und damit zugleich auch den des Schreibens, der »activité créatrice«, herausarbeiten, indem man ihn problematisiert – damit verfährt Proust ähnlich wie die Psychologen seiner Zeit, die, wie etwa der von ihm zitierte Théodule Ribot, gerade die »maladies«, die Störungen der Erinnerung, des Willens oder der Persönlichkeit, untersuchen,[36] um in ihrer Analyse etwas über die Vorgänge des psychischen Lebens, etwa jenes »acte psychologique original appelé *Lecture*« herauszufinden. Was dabei zunächst als methodischer Umweg erscheint, bleibt nicht folgenlos für die Entwicklung einer Ästhetik der Lektüre. Durch diesen psychopathologischen Exkurs halten Phänomene des Unbewussten, des Unwillkürlichen und der Kontingenz Einzug, die Proust im *Contre Sainte-Beuve* und in der *Recherche* schließlich zu einer Ästhetik von Zufall und Instinkt ausarbeiten wird.

»Sur la lecture« – Inzitationen im Herzen der Einsamkeit

Auf unbewusste und unwillkürliche Prozesse beim Lesen verweist bereits der Auftakt von *Sur la lecture*: »Il n'y a peut-être pas de jours de notre enfance que nous ayons si pleinement vécus que ceux que nous avons cru laisser sans les vivre, ceux que nous avons passés avec un livre préféré.«[37] Rätselhaft beginnt jenes hybride, halb als Erzählung, halb als Essay konzipierte »préface«, das Proust seiner Übersetzung von John Ruskins *Sesame and Lilies* voranstellt. Derart verschlungen war der Auftakt jedoch nicht von Anfang an formuliert. In dem »exercise book«, in das Proust eine erste Fassung seines Vorwortes notierte, findet man an seiner Stelle zwei weit ausholende Satzkonstruktionen, die die »manière active et personnelle« des lesenden Kindes der »passivité égoïste«[38] des erwachsenen Lesers gegenüberstellen. Indem Proust diesen Gegensatz jedoch schließlich zugunsten einer syntaktischen Gliederung aufgibt, in der ungelebte und erfüllte Zeit sich scheinbar im Akt des Lesens verschränken, gelingt ihm die Formulierung einer Gedankenfigur, die für sein »préface« in mehrerer Hinsicht bestimmend ist und einem Vorgang Ausdruck verleiht, den Samuel Beckett treffend als »instinctive« oder auch »indirect perception« beschrieb.[39]

Als »critique indirecte« von Ruskins »Doktrin«[40] erscheint diese Figur dabei zunächst in Form eines Verfahrens, das Proust, wie Wolfgang Kemp gezeigt hat,[41] von Ruskin übernimmt und das die doppelgliedrige

Komposition von *Sur la lecture* bestimmt: Bevor er im zweiten Teil seines »préface« auf Ruskin zu sprechen kommt und in Auseinandersetzung mit ihm seine eigene Konzeption der Lektüre entwickelt, beginnt Proust mit einer Erzählung vergangener Tage des Lesens. Mit dieser narrativen »Annäherung« (Kemp) auf Umwegen verfolgt er die Absicht, zuallererst im Leser jenen »acte psychologique original appelé *Lecture*« wiederherzustellen, welcher dann im zweiten Teil zum Gegenstand kritischer Reflexionen wird. Auf die Frage, wie dieser »ursprüngliche psychologische Akt« beschaffen ist, gibt dabei bereits der Eingangssatz einen Hinweis. Indem sie ein umso intensiveres Erleben und Verzeichnen gerade jener Ereignisse ermöglicht, von denen sie das Bewusstsein des Lesers abwendet, vollzieht sich die Lektüre als ein Vorgang »indirekter Perzeptionen«: »tout cela, dont la lecture aurait dû nous empêcher de percevoir autre chose que l'importunité, elle en gravait au contraire en nous un souvenir tellement doux (tellement plus précieux à notre jugement actuel que ce que nous lisions alors avec amour)«.[42] Durch Immersion in das fiktive Geschehen des Buches eröffnet sich die Möglichkeit eines indirekt und unbewusst verlaufenden Wahrnehmungsprozesses, der die Tage des Lesens *in der Erinnerung* als »pleinement vécus« erscheinen lässt. Leer geglaubte und erfüllte Zeit verschränken sich beim Lesen also allein unter der Bedingung einer Wahrnehmung, die sich in der Abwendung des Bewusstseins von ihrem Gegenstand konstituiert und folglich auch allein nachträglich bewusst erfahren werden kann. Wenn die Lektüre »fut la vie même, parce qu'elle rendit sensible à la vie, qu'elle ouvrit à la vie«[43], wie Compagnon schreibt, so wäre dem hinzuzufügen, dass sie auf das Leben hin öffnet, gerade weil sie das Bewusstsein dieser Öffnung suspendiert. Die Versöhnung von Lektüre und Leben[44] kann sich immer nur im Nachhinein ereignen. Sie kommt, und zwar mit zwingender Notwendigkeit, immer zu spät.

Welche Relevanz diese als Auftakt von *Sur la lecture* gesetzte Leseszene hat, zeigt sich darin, dass Proust die in ihr formulierten Einsichten im Entwurf eines »préface« zum *Contre Sainte-Beuve* wiederaufnimmt und weiterentwickelt. Anstatt einer Leseszene ist es hier die Beschreibung einer Zugfahrt (eine Szene, die Proust dann wiederum an bedeutender Stelle in *Le Temps retrouvé* einfügt[45]), während deren ein erzählendes Ich von seinem erfolglosen Bemühen berichtet, aus der vorbeiziehenden Landschaft poetische Impressionen zu gewinnen und sich die vor ihm auftauchenden Erscheinungen – einen ländlichen Friedhof, den Lichtschein auf einer Baumreihe, die Blumen am Wegrand – besonders tief einzuprägen. Alle Versuche, diesen Reisetag später ausgehend von den Erinnerungen an Friedhof, Bäume und Blumen wiederzuerwecken – »d'évoquer cette journée, j'entends cette journée elle-même, et non son froid fantôme«[46] –, bleiben jedoch vergeblich. Erst ein scheinbar unbedeutendes Ereignis – das Fallenlassen eines Löffels, der ein ähnliches Geräusch wie das der Hammerschläge der Bahnarbeiter erzeugte – vermag, diesen bis dahin verlorenen Tag in seiner Erinnerung von neuem erstehen zu lassen:

> À la même minute, l'heure brûlante et aveuglée où ce bruit tintait revécut pour moi, et toute cette journée dans sa poésie, d'où s'exceptaient seulement, acquis par l'observation voulue et perdus pour la résurrection poétique, le cimetière de village, les arbres rayés de lumière et les fleurs balzaciennes du chemin.[47]

Er beobachtet, dass in der plötzlichen Erinnerungsekstase allein Eindrücke von Dingen wiederauftauchen, denen er im Augenblick des Erlebens keine Aufmerksamkeit schenkte und die im Bereich einer unbewussten Wahrnehmung verblieben. Ausgeschlossen von diesem Wiedererleben, dieser »reviviscence«, wie Proust es in der *Recherche* nennen wird, bleiben hingegen jene Eindrücke, die das Resultat eines bewusst vollzogenen Wahrnehmungsaktes waren. Alles, was Gegenstand des gegenwärtigen »Wahrnehmungsbewusstseins« (Freud) wird, scheint für Erfahrung und Erinnerung im emphatischen Sinn verloren. Für Proust wird diese Beobachtung zum Anlass, dem Instinkt Vorrang vor dem Intellekt einzuräumen: »l'intelligence ne mérite pas la couronne suprême [...]; l'instinct doit occuper la première place«.[48] – Was aber bedeutet diese »kapitale Umwertung der traditionellen Wertehierarchie« (Winfried Wehle), in der Intellekt und Instinkt die Plätze tauschen, für den Begriff der Lektüre? Auch wenn sich diese Umwertung in *Sur la lecture* erst andeutet, so zieht Proust doch bereits hier den Schluss, dass die »Essenz« der Lektüre nicht im Extrahieren eines im Text vorliegenden Sinns, sondern vielmehr in der Veranlassung (oder *incitation*) von indirekt und unbewusst verlaufenden Perzeptionen liegen kann – in Vorgängen also, in denen gerade nicht das Gelesene, sondern das, wovon es den Lesenden ablenkt, zum Gegenstand eines umso eindrücklicheren Erlebens wird.

Diese Einsicht, die Proust gleich zu Beginn seines »préface« narrativ gestaltet, enthält bereits auch das Hauptargument gegen den von Ruskin vertretenen Begriff der Lektüre. Indem Ruskin sie als Dialog, als »conversation« zwischen Leser und Autor begreift, geht er von der Möglichkeit einer direkt sich vollziehenden Kommunikation aus, die für Proust allenfalls zweitrangig ist. Ruskins Beschreibung der Bibliothek als Ort einer Gesellschaft, »qui nous est continuellement ouverte, de gens qui nous parleraient aussi longtemps que nous le souhaiterions«,[49] verfehle nicht nur das Wesen der Lektüre; vielmehr offenbare sich in ihr auch der Ursprung aller bibliophilen Idolatrie, in der die »vérité« aufgefasst werde als »une chose matérielle, déposée entre les feuillets des livres comme un miel tout préparé par les autres et que nous n'avons qu'à prendre la peine d'atteindre sur les rayons des bibliothèques et de déguster ensuite passivement dans un parfait repos de corps et d'esprit.«[50] Der »idôlatre« verwechselt die Lektüre mit der Form des Gesprächs und verwischt damit die »différence essentielle« zwischen diesen beiden verschiedenen Modi der Kommunikation. Ohne ihn weiter auszuführen, habe jedoch schon Ruskin den Grund für diese grundsätzliche Differenz benannt, wenn er festhalte, dass ein Buch »est essentiellement une chose non parlée, mais écrite«.[51] Im Medium der Schrift tritt es zwischen Autor und Leser und überführt das dialogische Verhältnis, in dem ein Autor seinen Lesern Antworten und Gedanken mitteilt, in den Vorgang einer »communication d'une autre pensée, mais tout en restant seul«.[52] Die Schrift löst das Dreieck »Autor – Text – Leser« auf und versetzt Letzteren in ein Alleinsein mit dem Text. Erst in der Abwesenheit des Autors entfaltet sich so die »essence original« des Lesens als einer Kommunikation, die dem Leser Gedanken nicht in Form eines »miel tout préparé« übermittelt, sondern sich darin erschöpft, Veranlassung und Anreiz zum Denken zu sein: »on pensait seul, on est poussé par autrui sur ses propres voies.«[53] An die Stelle von »Schlussfolgerungen« treten so »Inzitationen« als Impulse einer »activité spirituelle«, die an etwas im Kunstwerk selbst nicht mehr direkt Darstellbares heranreichen könne:

> Le suprême effort de l'écrivain comme de l'artiste n'aboutit qu'à soulever partiellement pour nous le voile de laideur et d'insignifiance qui nous laisse incurieux devant l'univers. Alors, il nous dit: ›Regarde, regarde,
>
> *Parfumés de trèfle et d'armoise,*
> *Serrant leurs vifs ruisseaux étroits*
> *Les pays de l'Aisne et de l'Oise.*
>
> Regarde la maison de Zélande, rose et luisante comme un coquillage. Regarde! Apprends à voir!‹ Et à ce moment il disparaît. Tel est le prix

de la lecture et telle est aussi son insuffisance. C'est donner un trop grand rôle à ce qui n'est qu'une incitation d'en faire une discipline. La lecture est au seuil de la vie spirituelle; elle peut nous y introduire: elle ne la constitue pas.[54]

Durch diese impulsauslösende Wirkung erweise sich die Lektüre nun jedoch als besonders geeignet zur Behandlung gewisser »affections du système nerveux«, in denen der Kranke, »ohne dass irgendeines seiner Organe selbst betroffen wäre, wie versunken sei in der Unmöglichkeit, etwas zu wollen«.[55] Durch eine »impossibilité de vouloir« oder, mit Novalis gesprochen, »in Ermangelung innerer Selbstheterogeneisierung« sei dieser Neurastheniker abgeschnitten vom »Keim des selbstbildenden Lebens in seinen Organen«. Es gelinge ihm nicht, seine »Ideen nach Belieben – ohne äußre Sollizitation – durch sie herauszuströmen«. Sich selbst entzogen, versinke er in einer »dépression spirituelle«, aus der er sich nicht aus eigenen Kräften befreien könne. Um seine verlorene Willenskraft wiederherzustellen, bedürfe es der Hilfe eines anderen. Da der Wille als »spirituelle Aktivität« jedoch nicht im Empfangen, sondern in einer selbstständig hervorbringenden Tätigkeit, einer »action créatrice« bestehe, sind die Versuche, durch »Konversation« und »Ratschläge« auf den Kranken einzuwirken, vergebens: »Mais la conversation la plus élévée, les conseils les plus pressants ne lui serviraient non plus à rien, puisque cette activité originale ils ne peuvent la produire directement.« Statt einer solchen direkten Einwirkung bedürfe es einer »intervention qui, tout en venant d'un autre, se produise au fond de nous-même, c'est bien l'impulsion d'un autre esprit, mais reçue au sein de la solitude.[56] Eben dieser Vorgang aber vollziehe sich beim Lesen in Form eines »acte psychologique original«: Ein äußerer Reiz evoziert hier nicht bloß eine ihm äquivalente Reaktion, sondern wird als Inzitation zur Veranlassung eines Impulses, welcher wiederum zur Auslösung eines im »Herzen der Einsamkeit« sich vollziehenden »inneren Geschehens« führt.

Zu einem ganz ähnlichen Ergebnis kommen auch die Analysen des Neuropsychiaters Paul-Auguste Sollier, bei dem sich Proust im Dezember des Jahres 1905, also kurz nach seiner Übersetzung von *Sesame and Lilies,* einer Psychotherapie unterzog. Dabei ist es vor allem Solliers Beschreibung des von ihm zur Behandlung neurotischer Störungen entwickelten Verfahrens eines »réveil cérébral«, die an Prousts Modell einer Inzitation des (neurasthenischen) Lesers erinnert. Im zweiten Abschnitt seiner im Jahr 1901 erschienenen Abhandlung *L'Hystérie et son traitement* erläutert er, wie der Psychotherapeut beim »Erwecken« der in einem anästhetischen Zustand sich befindenden Sensibilität seines Patienten (»réveil par restaurations partielles de la sensibilité«) verfahren solle:

> Que fait et dit le médecin pour obtenir ce résultat [la propagation de la sensibilité]? Simplement ceci: il reste auprès du sujet, et l'excite en lui disant: ›Sentez, sentez plus, sentez mieux encore; continuez; faites bien attention‹ – et pas autre chose. Donc pas l'ombre de suggestion. Il ne lui dit même pas ce qu'il doit sentir, éprouver, ni quels mouvements il doit faire. Il lui demande par contre ce qu'il ressent, mais sans ajouter la moindre réflexion, le moindre commentaire à ses réponses.[57]

Entscheidend für Solliers Methode einer »restauration de la sensibilité« ist seine Abgrenzung vom Verfahren der Suggestion – »Donc pas l'ombre de suggestion!« Anstatt das Verhalten seines Patienten im hypnotischen »rapport« mittels Suggestion direkt zu beeinflussen, solle der Therapeut sich damit begnügen, die Empfindungsfähigkeit (»sensibilité«) seines Patienten allein durch verbale oder auch sinnliche Anreizungen (»exciter«) wiederzuerwecken. Während Proust mit dem Anruf »Regarde! Regarde! Apprends à voir!« das poetische Verfahren einer Inzitation ästhetischer Wirkung zu veranschaulichen versucht, steht das »Sentez, sentez plus, sentez mieux encore« bei Sollier für ein therapeutisches Programm, das die direkte Einflussnahme des Psychiaters auf den Patienten durch hypnotische Suggestion hinter sich gelassen hat.

Nach der Suggestion – Solliers Methode indirekter Stimulierungen

Seit den Begründern der »ersten dynamischen Psychiatrie« (Henri Ellenberger), seit den Magnetiseuren Franz-Anton Mesmer und dem Marquis de Puységur, bis hin zu Hyppolite Bernheim und Jean-Martin Charcot galt die hypnotische Suggestion als das wichtigste therapeutische Verfahren, durch welches die unbewussten Schichten der menschlichen Psyche erkundet werden sollten. In den 1890er Jahren trat jedoch eine Wende ein. Ausschlaggebend hierfür war nicht nur, dass dieses Verfahren von Psychiatern und Laientherapeuten allzu leicht missbraucht werden konnte, als vielmehr die bereits von Bernheim gemachte Beobachtung, dass die hypnotische Suggestion erfolgreich vor allem bei Patienten angewendet werden könne, die keinen höheren Bildungsweg durchlaufen haben und hauptsächlich servile Arbeiten ausführten. Deutlich trat nun das lange unbeachtete »Gesetz« hervor, dass der »rapport« zwischen Hypnotiseur und Hypnotisand allein von oben nach unten vollzogen werden konnte: vom Marquis zu seinem Diener, vom Therapeuten zum Arbeiter, Bauern, Soldaten. Das Bewusstsein dieser Defizite führte in der Folge zu einer Entwicklung alternativer therapeutischer Verfahren, die ohne Hypnose und Suggestion auskommen und damit anwendbar auch auf höhere soziale Schichten, vor allem auf das städtische Bildungsbürgertum sein sollten, kurz: »a psychotherapy for educated people«, wie Ellenberger schreibt.[58] Zeitgleich zu Sigmund Freud, der in seiner Loslösung von Bernheim und Charcot das Verfahren »freier Assoziation« entwickelte,[59] blieb Sollier den Theorien seines Lehrers Charcot treu und dachte sie weiter in der Konzeption eines postsuggestiven Verfahrens, das auf einer neurophysiologischen Theorie des Gedächtnisses gründete und weniger auf assoziative, denn auf emotionale und sensomotorische Prozesse zielte.

Als Grundlage seiner Therapie entwirft Sollier in der im Jahr 1900 veröffentlichten Abhandlung *Le Problème de la mémoire* eine psychomechanische Theorie des Gedächtnisses, die, wie der Titel bereits andeutet, vor allem dessen Störungen untersucht. Neben einer Analyse verschiedener Erinnerungsprozesse findet man hier auch eine Beschreibung seines Verfahrens des »réveil cérébral«.[60] – Im Zentrum von Solliers Ausführungen stehen dabei die Krankheitsbilder Hysterie und Neurasthenie.[61] Beide führt er zurück auf einen durch ein traumatisches Schockerlebnis verursachten Zustand von Anästhesie, als dessen neurophysiologisches Korrelat er eine »inhibition cérébral«, eine Hemmung zerebraler Strukturen, vermutet. Sollier zufolge verursacht das traumatische Erlebnis eine Betäubung (»engourdissement«) sowohl jener zerebralen Strukturen (»centres sensoriels«), die sensorische Inhalte verarbeiten und speichern, als auch desjenigen Systems (»centre intellectuel ou psychique«), das diese Erinnerungen abruft und organisiert. Symptomatisch für die neurotischen Störungen sei darum eine Beeinträchtigung der Fähigkeit, neue Empfindungen im Gedächtnis zu fixieren, das heißt zu lernen, als auch Erinnerungen abzurufen und zu organisieren.[62] Im Zusammenhang dieser Ausführungen entwirft Sollier auch eine neurophysiologische Theorie des Unbewussten. Ein von Théodule Ribot in *Les Maladies de la mémoire* (1881) entwickeltes Konzept aufgreifend, geht er davon aus, dass die bewussten, psychischen Erinnerungsvorgänge von einer unbewusst bleibenden Gehirntätigkeit, einer »cérébration inconsciente«, begleitet würden.[63] Dadurch dass die Empfindungsfähigkeit (»sensibilité«) durch eine zumeist nur partielle Anästhesie der sensorischen Zentren vermindert werde, die Intensität der Empfindung jedoch Bedingung für ihr Bewusstwerden sei, sinke ein Großteil des psychischen Lebens unter die Schwelle des Bewusstseins. Da Bewusstsein aber etwas sei, das zu den physiologischen Prozessen des Erlebens als ein Zusatz hinzutrete, würde dieses Erleben nicht vollständig aufgehoben. Aufgrund der unbewussten Hirntätigkeit könnten weiterhin Perzepte erstellt und im Gedächtnis fixiert werden. Auch wenn sie nicht zu Bewusstsein kommen, so blieben diese Erinnerungen doch als unbewusste, organische Spur erhalten.

Genau an diesem unbewussten Gedächtnis des Körpers müsse die Behandlung von Hysterie und Neurasthenie ansetzen. Der Weg zu ihm aber gestaltet sich als problematisch. Indem von der zerebralen Hemmung nicht nur die sensorischen, sondern auch die psychischen, für die Evokation von Erinnerungen zuständigen Zentren betroffen seien, könne der Neurastheniker nicht auf dieses Gedächtnis zugreifen. Im Blick auf seine Behandlung stellt Sollier darum fest, dass therapeutische Verfahren, die die gehemmte Erinnerungs- und Empfindungsfähigkeit mittels verbaler Suggestion direkt zu aktivieren versuchen, nicht ausreichen. Von der Hemmung sei auch der assoziative Mechanismus des Denkens betroffen und außer Kraft gesetzt. Wie aber können diese somatischen Erinnerungsspuren, die taub für assoziative Prozesse sind, dann noch aufgespürt und aktiviert werden? Die Antwort findet Sollier in einer Analyse des von ihm als »dynamisch« bezeichneten Vorgangs einer »évocation par des états émotionnels ou cénesthésiques déterminés«.[64] Als Gegenstück zu den expliziten Erinnerungsinhalten umfasst die »cénesthésie« die mit sämtlichen körpereigenen Zuständen und Veränderungen einhergehenden elementaren Gefühlskorrelate.[65] Dieses »Gemein- oder Körpergefühl«, das alle Vorgänge des psychischen Lebens begleitet, ist jedoch nicht auf einzelne autobiographische Ereignisse begrenzt. Es weist eine gewisse Konstanz auf und kann sich damit auch über größere Episoden des Lebens erstrecken. Über die Lebensspanne hinweg bilde ein Individuum so eine Reihe von zeitspezifischen Dispositionen seines Körpergefühls. Sollier zufolge verfügt jede dieser Dispositionen über ein ihr spezifisches emotionales Potential, aufgrund dessen sich eine Vielzahl kontingenter Empfindungen und Ereignisse, Perzepte und Ideen zu autonomen Erinnerungssynthesen zusammenschließen.[66] Jedes dieser Elemente erhalte dabei eine emotionale Spur oder Markierung, die erkennbar allein für dasjenige Subjekt sei, das sie erfährt oder erinnert. Erinnert es sich eines seiner früheren körperlichen Zustände, macht es die Erfahrung also eines »souvenir cénesthésique«, in dem es dieses vergangene Körpergefühl von neuem erlebt, dann werde damit auch das »Potential« wiederhergestellt, das eine Evokation all jener Erinnerungen mit sich bringt, die mit einer spezifischen, dieser Coenästhesie entsprechenden Markierung versehen sind.

Entscheidend für Solliers Frage, wie ein therapeutisches Verfahren beschaffen sein müsse, das auf das unbewusste Gedächtnis des Körpers einzuwirken vermag, ist hier vor allem die eigentümliche Vollzugsstruktur dieser »dynamischen« Erinnerung. Im Unterschied zu assoziativen Vorgängen, in denen eine Reizempfindung via Äquivalenz oder Kontiguität direkt die entsprechenden Erinnerungen evoziert, vollzieht sich hier zwischen Empfindung und expliziter Erinnerung ein unbewusster, körperlicher Erinnerungsprozess, in dem eine emotionale Reaktion ein vergangenes Körpergefühl erweckt. Diese eigentümliche Dramaturgie der »évocation par des états émotionnels ou cénesthésiques déterminés« beschreibt Sollier anhand eines Beispiels: »J'éprouve une violente émotion à propos d'un accident dont je suis témoin, et cet état émotionnel évoque en moi le souvenir de faits sans aucun rapport avec l'accident actuel, mais ayant déterminé chez moi un trouble émotif analogue.«[67] Über den Umweg eines emotionalen Schocks und der durch ihn ausgelösten emotionalen Erinnerung führt ein Stimulus zur Erinnerung an Ereignisse, die mit ihm in keiner direkten Beziehung stehen. Vermittelt durch einen emotionalen Erinnerungsprozess treten Reiz und expliziter Erinnerungsinhalt auseinander, bilden also keinen kausalen Wirkungszusammenhang mehr. Damit erhält der Stimulus die Bedeutung eines zufälligen, jedoch starke emotionale Reaktionen bewirkenden »trigger«, der mit den durch ihn ausgelösten Prozessen allein in einem indirekten und rein zufälligen Verhältnis steht. Aus dieser Beobachtung gewinnt Sollier die Überlegung, dass er sich in seinem kurativen Verfahren starker sinnlicher Reize bedienen müsse, um den anästhetischen Zustand des Patienten für einen Augenblick zu überwinden und eine emotionale Erregung zu bewirken, die zum Ausgang der Erinnerung früherer coenästhetischer Zustände werden könne. Die Überwindung der durch ein traumatisierendes Ereignis verursachten zerebralen Hemmung bedürfe der Erfahrung eines erneuten schockhaften Ereignisses, einer Art »kurativen Gegenschocks« – ausgelöst durch eine zufällige Reizempfindung.

Das von Sollier zur Behandlung neurotischer Störungen entwickelte Verfahren einer Stimulierung vergangener coenästhetischer Zustände erinnert nicht nur an Prousts Modell einer »incitation du lecteur«, sondern auch an die *Petites Madeleines* der *Recherche*. Auch die »mémoire involontaire« rekurriert auf zufällig widerfahrende sinnliche Reize, auf »quelque objet matériel, dépourvu de valeur intellectuel et ne se rapportant à aucune vérité abstraite.«[68] Proust führt sie ein als eine Form »instinktiver« und »indirekter Perzeption« – um noch einmal die Formulierung Becketts zu gebrauchen –, in der ebenso wie in dem von Sollier beschriebenen »dynamischen« Prozess der Erinnerung nicht der »intellektuelle Wert« des wahrgenommenen Objekts ausschlaggebend ist, sondern der von ihm hervorgerufene emotionale Zustand. Weil es keine »abstrakte Wahrheit« repräsentiert, weil es nicht mit einem perzeptiven Schema assoziiert und seine sinnliche Empfindung darum auch in keiner habituellen Reflexreaktion neutralisiert werden kann, wird es als ein roher, in sich verschlossener Reiz erfahren, der ein anderes, in körperlichen Vorgängen gründendes Gefühlsgedächtnis aktiviert. Damit scheint der Reiz in der »mémoire involontaire« eben jene Rolle zu erfüllen, die Brown und Röschlaub dem Inzitament zusprechen. Durch eine »Störung« der gleichmäßig in sich wirkenden »Kräfte [...] der kleinsten organischen Bestandtheile« verursacht er eine Inzitation oder Erregung, die sich als »thätige Wirksamkeit des Lebensprinzips« in der »Hervorbringung bestimmter Erscheinungen äussert«.[69] Auch der Geschmack der in Tee getauchten Madeleine bewirkt eine Störung physiologischer Prozesse und löst damit eine emotionale Erschütterung (»tressaillir«) aus, deren Wirkung sich nicht mehr bruchlos aus dem Bewirkenden erklären lässt.[70] Als eine unbedeutende und verschwindend geringe Ursache wird die Geschmacksempfindung hier zum Anlass einer plötzlich auftauchenden »puissante joie«, die, obwohl sie von dieser sinnlichen Empfindung ausgeht, doch ganz anderer Natur ist: »Je sentais qu'elle était liée au goût du thé et du gâteau, mais qu'elle le dépassait infiniment, ne devait pas être de même nature.«[71] Die gustative Empfindung verursacht eine Inzitation, die als ein innerer, körpereigener Reiz wiederum zum Ausgang eines qualitativ verschiedenen Erinnerungsprozesses wird.

In der Madeleine-Episode hat Proust die Dreistufigkeit dieses Prozesses (äußerer Reiz – Inzitation – Erinnerung) poetisch gestaltet in Form einer Dramaturgie, die dem plötzlichen Auftauchen der expliziten Erinnerungen die anfangs noch asignifikative Erfahrung (»Que signifiat-elle?«) eines »plaisir irraisonné«[72] vorangehen lässt: »Mais à l'instant même où la gorgée mêlée des miettes du gâteau toucha mon palais, je tressaillis, attentif à ce qui se passait d'extraordinaire en moi. Un plaisir délicieux m'avait envahi, isolé, sans la notion de sa cause.« Und wenig später: »je sens tressaillir en moi quelque chose qui se déplace, voudrait s'élever, quelque chose qu'on aurait désancré, à une grande profondeur; je ne sais ce que c'est, mais cela monte lentement; j'éprouve la résistance et j'entends la rumeur des distances traversées.«[73] Erst ganz am Schluss tauchen die Erinnerungen an Combray wieder auf. Sie sind nicht von Anfang an da, sondern entstehen – »tâche difficile«! – in einem mühsamen Übersetzungsprozess (»traduire«), in dem eine in sich gehüllte sinnliche Empfindung schließlich zur Entfaltung eines immensen Netzes von Erinnerungen führt. Damit Combray im Bewusstsein des »esprit« wiedererstehen kann, reicht es nicht aus, dass er sich auf die Suche nach diesem »pays obscure« begibt. Wiedererweckt durch einen Fund, durch »quelque objet matériel«, muss er das in sich gehüllte, körperliche Geschehen in eine ihm verständliche Form übersetzen, und das bedeutet von neuem erschaffen: »Chercher? Pas seulement: créer.«[74] Mit der Erfahrung der »mémoire involontaire« unmittelbar verbunden ist so die Aufgabe einer Entzifferung und Übersetzung, in der das asignifikative, innere, d.h. physische Geschehen eines »grimoir compliqué et fleuri des impressions profondes« überführt wird in die Form eines für den Geist assimilierbaren »spirituellen Äquivalents«:

> Sans doute, ce déchiffrage était difficile, mais seul il donnait quelque vérité à lire. Car les vérités que l'intelligence saisit directement à claire-voie dans le monde de la pleine lumière ont quelque chose de moins profond, de moins nécessaire que celles que la vie nous a malgré nous communiquées en une impression, matérielle parce qu'elle est entrée par nos sens, mais dont nous pouvons dégager l'esprit. [...] il fallait tâcher d'interpréter les sensations comme les signes d'autant de lois et d'idées, en essayant de penser, c'est-à-dire de faire sortir de la pénombre ce que j'avais senti, de le convertir en un équivalent spirituel. Or, ce moyen qui me paraissait le seul, qu'était-ce autre chose que faire une œuvre d'art?[75]

Das wiedererstandene Combray ist ein »œuvre d'art«, ein Kunstwerk der Erinnerung; Übersetzung Combrays in eine neue, für den »esprit« *lesbare*

Form: »Combray tel qu'il ne fut jamais vécu, ne l'est ni ne le sera, Combray comme cathédrale ou monument.«[76] Combray als Buch oder vielmehr als poetisches Äquivalent eines an sich unlesbaren »livre intérieur de signes inconnus«[77].

Ein vorsprachliches Geschehen in Schrift übersetzen. Schreiben, um für sich selbst lesbar zu werden. In *Le Temps retrouvé* bringt Proust diese Übersetzungstheorie des Schreibens auf die Formel: »La tâche et le devoir d'un écrivain sont celles d'un traducteur.«[78] Mit dieser Theorie unmittelbar verbunden ist die Frage, wie die in materielle Zeichen gehüllten »impressions profondes« in eine sprachliche Form überführt werden können. Wie müssen die poetischen Äquivalente zu jenen sinnlichen Eindrücken beschaffen sein, die sich durch ihr zufälliges Auftauchen und ihre flüchtige Einmaligkeit der auf Wiederholbarkeit gründenden sprachlichen Vermittlung so grundsätzlich zu entziehen scheinen? Wie können sie als nicht-identische durch Sprache wiederholbar werden? Auch wenn Proust die Antwort auf diese Fragen in *Sur la lecture* noch nicht gibt (beantworten wird er sie implizit, und zwar im Schreiben, das heißt in den narrativen und stilistischen Verfahren der *Recherche*), so findet er doch bereits hier eine Antwort darauf, wie diese zunächst als empirisches Phänomen beschriebenen Erfahrungen *als ästhetische* gedacht werden können. Das Modell einer Inzitation des Lesers präfiguriert so nicht nur die Dramaturgie und Vollzugsform der »mémoire involontaire«; es beschreibt auch den dieser empirischen Erfahrung äquivalenten Prozess einer durch einen verbalen Stimulus ausgelösten instinktiven und indirekten Perzeption: Der von Proust als »acte psychologique original« bestimmte Lesevorgang erscheint hier als das Resultat einer Verarbeitung von poetischen Inzitamenten, das heißt von »physiologisch wirkenden, impulsauslösenden Signalen«, die an Stelle von repräsentierbaren Gehalten vor allem Erregungszustände und Affektbewegungen (Emotionen) mitteilen.[79] Die Inzitamente sollen »zwar etwas auslösen, ohne es aber als ›Etwas‹ einzulösen«, wie Winfried Wehle mit Blick auf Prousts Gebrauch der Metapher bemerkt.[80] Sie bewirken Erregungszustände oder Inzitationen, die das emotionale Gedächtnis des Körpers ansprechen und dadurch zur Veranlassung eines »acte *original*« als einer Imaginationen und Erinnerungen hervorbringenden Aktivität werden.

Als sekundäre Prozesse können diese expliziten Erfahrungen jedoch nicht mehr kausal auf den Text zurückgeführt werden. Sie lassen sich nicht mehr, wie etwa noch bei Novalis, anhand mechanischer Grundgesetze als »Wirkung und Gegenwirkung« beschreiben und erfassen. Was die »incitations répétées« des Leseprozesses auszeichnet, ist gerade nicht, dass »Wirkung und Gegenwirkung einander jederzeit gleich sein müssen«. Vielmehr konzipiert Proust sie als vom literarischen Text ausgehende Anreize, die zu den von ihnen ausgelösten Prozessen nicht mehr im Verhältnis einer Äquivalenz von Ursache und Wirkung stehen. Indem sich zwischen Bewirkendem und Bewirktem ein Vorgang schiebt, der die kausale Relation entkoppelt, eröffnet sich im Lesevorgang ein Zwischenraum, in dem flüchtige und unvertauschbare Eindrücke als ein kontingentes Geschehen durch den Text wiederholbar werden. Von neuem und doch immer wieder anders wiederholen sie sich beim Lesen als ästhetische Effekte, die zwar auf den Text zurückgehen, ohne jedoch kausal durch ihn verursacht zu sein, und das bedeutet, ohne direkt und erschöpfend aus ihm erklärt werden zu können. Als »Kommunikation im Herzen der Einsamkeit« beschränkt sich die Lektüre darauf, Inzitation eines physischen Prozesses zu sein und den Leser dazu anzureizen, dieses innere Geschehen zum Ausgang der Entzifferung eines eigenen, ungeschriebenen Buchs der Erinnerungen zu machen: »En réalité, chaque lecteur est, quand il lit, le propre lecteur de soi-même. L'ouvrage de l'écrivain n'est qu'une espèce d'instrument optique qu'il offre au lecteur afin de lui permettre de discerner ce que, sans ce livre, il n'eût peut-être pas vu en soi-même.«[81] Lesen derart begriffen als »Konstellation einer offenen Kommunikation«[82], geht nicht im Gelesenen auf, beschränkt sich nicht darauf, Wiederholung repräsentierter Gehalte zu sein, sondern bewirkt unvorhersehbare Effekte, die ihrerseits einer erneuten Übersetzung entgegensehen.

Anmerkungen

1 *CSB*, S. 176f. – *NV*, S. 243: »Und es ist tatsächlich eine der großen und wunderbaren Eigenschaften der schönen Bücher [...], dass sie für den Autor ›Schlussfolgerungen‹, für den Leser jedoch ›Inzitationen‹ heißen können. Wir spüren genau, dass unsere Weisheit dort beginnt, wo die des Autors endet, und wir möchten, dass er uns Antworten gibt, während er uns doch nur Verlangen geben kann.« – Hier wie auch im Folgenden habe ich in Scheffels Übersetzung anstelle von »Anreiz« durchgängig »Inzitation« gesetzt.

2 *CSB*, S. 172 – *NV*, S. 237.

3 Prousts Faszination für die Eigentümlichkeiten literarischer Syntax zeigt sich zum Beispiel in der Beschreibung seiner Lektüre von Gautiers *Capitaine Fracasse*: »J'en aimais par-dessus tout deux ou trois phrases qui m'apparaissaient comme les plus originales et les plus belles de l'ouvrage. [...] j'avais le sentiment que leur

beauté correspondaient à une réalité dont Théophile Gautier ne nous laissait entrevoir, une ou deux fois par volume, qu'un petit coin.« *CSB*, S. 175 – *NV*, S. 241: »Ich liebte darin über alles zwei, drei Sätze, die mir als die originellsten und schönsten des ganzen Werkes erschienen. [...] Doch hatte ich das Gefühl, dass ihre Schönheit einer Wirklichkeit entsprach, von der Théophile Gautier uns nur ein oder zweimal pro Band einen kleinen Zipfel sehen ließ.« – Zu Prousts »lecture de la phrase« vgl.: Antoine Compagnon, *La Troisième République des Lettres*, Paris 1983, S. 240ff.

4 Ebd., S. 239f.

5 Volker Roloff, *Werk und Lektüre. Zur Literarästhetik von Marcel Proust*, Frankfurt a. M. 1984, S. 75.

6 John Ruskin, *Sésame et les lys*. Traduction et Notes de Marcel Proust. Précédé de *Sur la lecture* de Marcel Proust. Edition établie par Antoine Compagnon, Bruxelles 1987, S. 119.

7 *CSB*, S. 174, 180; *Sésame et les lys*, S. 69, 114, 119.

8 *CSB*, S. 174 – *NV*, S. 240.

9 Mit Ausnahme eines Aufsatzes von Michael R. Finn, »Proust et le roman du neurasthénique«, in: *Revue d'Histoire littéraire de la France* 2 (1996), S. 266-289; sowie vor allem Edward Bizubs Studie *Proust et le moi divisé: la ›Recherche‹: creuset de la psychologie expérimentale (1874-1914)*, Genf 2006, S. 147ff.

10 *CSB*, S. 178 – *NV*, S. 246: »Es hieße dem, was nur eine Inzitation ist, eine zu große Bedeutung geben, wenn man daraus eine Disziplin machte. Das Lesen liegt an der Schwelle des geistigen Lebens; es kann uns darin einführen, aber es ist nicht dieses Leben.
Es gibt jedoch gewisse Fälle, gewisse sozusagen pathologische Fälle geistiger Depression, bei denen das Lesen eine Art heilende Disziplin werden und beauftragt sein kann, durch wiederholte Inzitationen einen trägen Geist ständig wieder in das Leben des Geistes zurückzuführen. Die Bücher spielen dann bei ihm eine Rolle, die der der Psychotherapeuten bei manchen Neurasthenikern gleichkommt.«

11 Roloff, *Werk und Lektüre*, S. 71.

12 Entgegen einer Reduktion von Literatur als passiver Matrix von Wissen, die nicht an der Wissensproduktion, sondern lediglich an dessen Reproduktion beteiligt sei, vgl. stellvertretend: Joseph Vogl, »Für eine Poetologie des Wissens«, in: *Die Literatur und die Wissenschaften*. Festschrift zum 75. Geburtstag von Walter Müller-Seidel, hg. von Karl Richter, Jörg Schönert und Michael Titzmann, Stuttgart 1997, S. 107-127.

13 Louis-Nicolas Bescherelle, *Nouveau dictionnaire national ou Dictionnaire universel de la langue française*, Tome 3, Paris 1890, S. 35.

14 Als Begründung der Neuropathologie können die von Thomas Willis bereits 1667 verfassten *Pathologiae Cerebri et Nervosi Generis Specimen* gelten. Im Anschluss an Willis prägte William Cullen in seiner *Synopsis Nosologicae Medicae* von 1772 den Term »neurosis«.

15 John Brown, *Elementa medicinae*, Edinburgh 1780, S. 8. – *Grundsätze der Arzeneylehre*, aus dem Lateinischen übersetzt von Melchior Adam Weikard, Frankfurt a. M. 1798. S. 6.

16 Ebd., S. 2f.

17 Ebd., S. 27.
18 Ebd., S. 3.
19 Ebd., S. IX.
20 Zur Rezeption von John Browns Reizphysiologie durch die frühromantische Medizin und Naturphilosophie vgl. vor allem: Werner Leibbrand, *Die spekulative Medizin der Romantik*, Hamburg 1956; sowie: John Neubauer, »Dr. John Brown (1735-88) and Early German Romanticism«, in: *Journal of the History of Ideas* 28, 3 (1967), S. 367-382.
21 Carl August von Eschenmayer, *Säze aus der Natur-Metaphysik auf chemische und medicinische Gegenstände angewandt*, Tübingen 1797.
22 Andreas Röschlaub, *Untersuchungen über Pathogenie oder Einleitung in die medizinische Theorie, Erster Theil*, Frankfurt a. M. 1798. S. XV.
23 Ebd., S. 195.
24 Ebd., S. XV.
25 Ebd., S. 187.
26 Ebd., S. 234.
27 Zu Brown und Novalis vgl. vor allem: John Neubauer, *Stimulation. Theory of Medicine in the Fragments of Friedrich von Hardenberg*, Northwestern University Diss. 1965; sowie ders., *Bifocal Vision. Novalis' Philosophy of Nature and Desease*, Chapel Hill 1971.
28 Neubauer, »Dr. John Brown (1735-88) and Early German Romanticism«, S. 378.
29 Novalis, *Schriften. Die Werke Friedrich von Hardenbergs*. Historisch-kritische Ausgabe, hrsg. von Paul Kluckhohn, Richard Samuel, Heinz Ritter, Gerhard Schulz und Hans-Joachim Mähl, Stuttgart 1960ff., S. 574.
30 Ebd., S. 594.
31 *CSB*, S. 189 – *NV*, S. 261: »Ein origineller Geist weiß seine Lektüre seiner persönlichen Tätigkeit unterzuordnen.«
32 Ruskin, *Sésame et les lys*, S. 135. »Der Schriftsteller ersten Ranges ist derjenige, der dieselben Wörter gebraucht, die ihm eine innere Notwendigkeit diktiert, die Vision seines Denkens, an der er nichts zu ändern vermag«. (Übersetzung Ph. E.)
33 Vgl. hierzu Prousts Essay »La Poésie ou les lois mystérieuses«, in: *CSB*, S. 114-116.
34 Zu der von Proust in *Sur la lecture* entwickelten Lesertypologie vgl. Roloff, *Werk und Lektüre*, S. 76ff. und 98ff.
35 *CSB*, S. 179 – *NV*, S. 247: »der große Mangel seines Charakters war, daß ihm der Wille fehlte, um seine natürlichen Gaben zu nutzen«.
36 So die Titel einer Trias von Abhandlungen Ribots: *Les Maladies de la mémoire*, Paris 1881; *Les Maladies de la volonté*, Paris 1882; *Les Maladies de la personnalité*, Paris 1885.
37 *CSB*, S. 160 – *NV*, S. 220: »Es gibt vielleicht keine Tage unserer Kindheit, die wir so voll erlebt haben wie jene, die wir glaubten, verstreichen zu lassen, ohne sie zu erleben, jene nämlich, die wir mit einem Lieblingsbuch verbracht haben«.
38 Marcel Proust, *Sur la lecture – Tage des Lesens*. Faksimile der Handschrift aus der ›Bibliotheca Proustiana Reiner Speck‹. Mit Transkription, Kommentar und Essays hg. von Jürgen Ritte und Reiner Speck, Frankfurt a. M. 2004. Fol. 13, 15.

39 Samuel Beckett, *Proust. Three Dialogues with Georges Duthuit*, London [1931] 1965, S. 83 und 88.

40 Ruskin, *Sésame et les lys*, S. 37.

41 Wolfgang Kemp, »Die Annäherung. Motiv und Verfahren bei Ruskin und Proust«, in: Edgar Maas (Hg.), *Marcel Proust – Motiv und Verfahren*, Frankfurt a. M. 1986, S. 54-78.

42 *CSB*, S. 161 – *NV*, S. 220: »[...] all das, worin unser Lesen uns nur Belästigung hätte sehen lassen müssen, grub im Gegenteil eine so sanfte Erinnerung in uns ein (die nach unserem heutigen Urteil um so vieles kostbarer ist als das, was wir damals mit Hingabe lasen.«

43 Compagnon, *La Troisième République des Lettres*, S. 238.

44 Zu dieser Thematik vgl. vor allem: Paul de Man, »Reading (Proust)«, in: *Allegories of Reading*. Figural Language in Rousseau, Nietzsche, Rilke, and Proust, New Haven 1979, S. 57-78.

45 *RTP* IV, S. 433 f. – *SvZ* VII, 240 f.

46 *CSB*, S. 213 – *GSG*, S. 13: »[...] diesen Tag heraufzubeschwören, ich meine jenen Tag selbst und nicht sein kaltes Phantom«.

47 Ebd., S. 213 f. – *GSG*, S. 13: »In dieser Minute, als dieses Geräusch erklang, lebte die brennende und blendende Stunde wieder auf sowie jener ganze Tag in seiner Poesie, ausgenommen nur, weil durch die absichtliche Beobachtung erworben und für die poetische Wiederauferstehung verloren, der Dorffriedhof, die vom Licht gestreiften Bäume und die balzacschen Blumen am Weg.«

48 Ebd., S. 216 – *GSG*, S. 17: »der Verstand verdient nicht die höchste Krone [...]; der Instinkt muß den ersten Platz einnehmen.« (Übersetzung Ph.E.)

49 *CSB*, S. 173 – *NV*, S. 239: »[...] eine Gesellschaft von Leuten [...], die uns ständig offen steht, von Leuten, die zu uns sprechen würden, so lange wir es nur wünschten«.

50 Ebd., S. 180 f. – *NV*, S. 249: »[...] als etwas Materielles, das auf den Seiten der Bücher abgelagert ist wie ein von andern fertig zubereiteter Honig, den wir nur aus den Regalen der Bibliothek zu nehmen und dann passiv in vollkommener Ruhe des Körpers und Geistes zu verzehren brauchen.«

51 Ruskin, *Sésame et les lys*, S. 119.

52 *CSB*, S. 174 – *NV*, S. 240: »die Übermittlung eines andern Denkens [...], wobei man jedoch allein bleibt«.

53 Ruskin, *Sésame et les lys*, S. 114.

54 *CSB*, S. 178. – *NV*, S. 245 f.: »Der höchsten Anstrengung des Schriftstellers wie des Künstlers gelingt es nur zum Teil, den Schleier der Häßlichkeit und Bedeutungslosigkeit zu lüften, der uns ohne Wißbegierde gegenüber dem Universum läßt. In solchen Augenblicken sagt er uns: ›Schau, schau,
Duftend von Klee und Beifuß
Seine flinken, schmalen Bäche an sich drückend
Das Land der Aisne und der Oise.
Schau das Haus in Zeeland, rosa und leuchtend wie eine Muschel. Schau! Lerne zu sehen!‹ Und in diesem Augenblick verschwindet es. Das ist der Wert des Lesens, und das ist auch seine Unvollkommenheit. Es hieße dem, was nur eine Inzitation ist, eine zu große Bedeutung geben, wenn man daraus eine Disziplin machte. Das

Lesen liegt an der Schwelle des geistigen Lebens; es kann uns darin einführen, aber es ist nicht dieses Leben.«

55 Ebd., S. 178 – *NV*, S. 246.

56 Ebd., S. 180 – *NV*, S. 248: »Doch auch die anspruchsvollste Unterhaltung, die drängendsten Ratschläge wären vergeblich, da sie diese selbständige Tätigkeit nicht auf direkte Weise hervorrufen können. Erforderlich ist also ein Eingreifen, das sich, obwohl es von einem anderen ausgeht, doch in uns selbst vollzieht, ist also der von einem anderen Geist ausgehende Impuls, der aber in der Einsamkeit empfangen wird.«

57 Paul-Auguste Sollier, *L'Hystérie et son traitement*, Paris 1901, S. 183. »Was macht und sagt der Arzt, um dieses Resultat [die Ausweitung der Sensibilität] zu bewirken? Einfach nur dies: er bleibt beim Patienten und reizt ihn an, indem er ihm sagt: ›Fühlen Sie, fühlen Sie mehr, fühlen Sie noch stärker; fahren Sie fort; seien Sie aufmerksam‹ – und nichts anderes. Also kein Schimmer von Suggestion.
Er sagt ihm noch nicht einmal, was er fühlen, empfinden, noch welche Bewegungen er machen soll. Er fragt ihn stattdessen, was er empfindet, aber ohne seinen Antworten die geringste Reflexion, den geringsten Kommentar hinzuzufügen.« (Übersetzung Ph. E.)

58 Hierzu vgl. Henry F. Ellenberger, *The Discovery of the Unconscious*. The History and Evolution of Dynamic Psychiatry, New York, 1970, hier S. 87 und 321.

59 Sigmund Freud, *Studien über Hysterie*, in: ders., *Gesammelte Werke*, hg. von Anna Freud u. a., Bd. I: *Studien über Hysterie. Frühe Schriften zur Neurosenlehre*, Frankfurt a. M. 1999, S. 75-312.

60 Eine ausführlichere Rekonstruktion von Solliers Psychotherapie unter Berücksichtigung auch der ihr zugrunde liegenden Theorie des Gedächtnisses habe ich zusammen mit Irene Albers unternommen in: »Prousts Poetik der ›affektiven Erinnerung‹. Historische und aktuelle Perspektiven«, in: *Comparatio*. Zeitschrift für vergleichende Literaturwissenschaft 2 (2010), S. 133-151. – Zu Proust und Sollier vgl. zudem Bizub, *Proust et le moi divisé* sowie ders.: »Proust et le docteur Sollier: les ›molécules impressionnées‹«, in: *Bulletin de la Société des Amis de Marcel Proust et des Amis de Combray* 56 (2006), S. 41-51; aus medizinhistorischer Perspektive siehe hierzu auch zwei Artikel von Julien Bogousslavsky und Olivier Walusinski, »À la recherche du neuropsychiatre perdu: Paul Sollier (1861-1933)«, in: *Revue neurologique* 164 (2008), S. 239-247; und: »Marcel Proust and Paul Sollier: The Involuntary Memory Connection«, in: *Schweizer Archiv für Neurologie und Psychiatrie* 4 (2009), S. 130-136.

61 Der Neologismus »Neurasthenie« geht zurück auf den US-amerikanischen Neurologen George Miller Beard [»Neurasthenia, or Nervous Exhaustion«, in: *Boston Medical and Surgical Journal*, 3 (1869), S. 217-221.]. Ebenso wie bereits die Neuropathologen des 18. Jahrhunderts die »Asthenie« bestimmt auch Beard die Neurasthenie als ein durch »Überreizung« verursachtes Erschöpfungssyndrom. Damit erweisen sich die Grundannahmen etwa von Browns physiologischer Reiztheorie bis ins beginnende 20. Jahrhundert als wirkmächtig und wird ein Narrativ sichtbar, das auch die heutigen Erschöpfungserzählungen zu bestimmen scheint.

62 Paul-Auguste Sollier, *Le Problème de la mémoire*. Essai de psycho-mécanique, Paris 1900, S. 109.

63 Zum Konzept einer »cérébration insonsciente« vgl. auch Ribot, *Les Maladies de la mémoire*, S. 25.

64 Sollier, *Le Problème de la mémoire*, S. 112.

65 Zur Geschichte dieses Begriffs vgl. auch Jean Starobinski, »Brève histoire de la conscience du corps«, in: Robert Ellrodt (Hg.), *Genèse de la conscience moderne*, Paris 1983, S. 215-229.

66 Hierzu vgl. auch Alfred Binet, *Les Altérations de la personnalité*, Paris 1892, S. 243f.

67 Sollier, *Le Problème de la mémoire*, S. 113. »Ich empfinde eine heftige Emotion angesichts eines Unfalls, von dem ich Zeuge bin, und dieser emotionale Zustand evoziert in mir die Erinnerung an Ereignisse, die in keinerlei Beziehung zu dem gegenwärtigen Unfall stehen, jedoch in mir eine analoge emotionale Erregung bedingten.« (Übersetzung Ph. E.)

68 *RTP* I, S. 176 – *SvZ* I, S. 261: »einen bestimmten Gegenstand ohne allen geistigen Gehalt und ohne Beziehung zu einer abstrakten Wahrheit«.

69 Röschlaub, *Untersuchungen über Pathogenie*, S. 266.

70 Zum Begriff der »Auslösung« als eines im 19. Jahrhundert sich formierenden »Ereignistypus [...], der in unterschiedlichen Wendungen ein mechanisches Kausalverhältnis unterläuft und zur fundamentalen Diskussion von Ursachen, Gründen, Zurechnungen und Motivationen aufruft«, vgl. Armin Schäfer und Joseph Vogl, »Feuer und Flamme. Über ein Ereignis des 19. Jahrhunderts«, in: Henning Schimdgen, Peter Geimer und Sven Dierig (Hg.), *Kultur im Experiment*, Berlin 2004. S. 191-211, hier S. 198.

71 *RTP* I, S. 44 – *SvZ* I, S. 66: »Ich fühlte, daß sie mit dem Geschmack des Tees und des Kuchens in Verbindung stand, daß sie aber weit darüber hinausging und von ganz anderer Wesensart sein mußte.«

72 *RTP* I, S. 176.

73 Ebd., S. 44f. – *SvZ* I, S. 67ff.: »In der Sekunde nun, da dieser mit den Gebäckkrümeln gemischte Schluck Tee meinen Gaumen berührte, zuckte ich zusammen und war wie gebannt durch etwas Ungewöhnliches, das sich in mir vollzog. Ein unerhörtes Glücksgefühl, das ganz für sich allein bestand und dessen Grund mir unbekannt blieb, hatte mich durchströmt. [...] ich [...] spüre, wie etwas in mir sich zitternd regt und verschiebt, wie es sich zu erheben versucht, als ob etwas sich in großer Tiefe vom Ankertau gelöst hätte; ich weiß nicht, was es ist, doch langsam steigt es empor; ich spüre den Widerstand und höre das Raunen der durchmessenen Räume.«

74 Ebd., S. 45 – *SvZ* I, S. 68: »Erforschen? Nicht nur das: Erschaffen.«

75 *RTP* IV, S. 457 – *SvZ* VII, S. 276: »Zweifellos war diese Entzifferung schwierig, aber sie allein gab eine Wahrheit zu lesen. Denn die Wahrheiten, die der Verstand unmittelbar und eindeutig in der Welt des hellen Tageslichts aufgreift, besitzen weniger Tiefe, weniger Zwangsläufigkeit als diejenigen, die das Leben uns ohne unser Zutun in einem Eindruck mitgeteilt hat, der zwar gegenständlicher Natur ist, weil er durch die Sinne zu uns dringt, aus dem wir aber das geistige Element dennoch herauslösen können. [...] ich mußte versuchen, die Empfindungen als die Zeichen ebenso vieler Gesetze und Ideen zu deuten, indem ich zu denken, das heißt, aus dem Halbdunkel hervortreten zu lassen und in ein geistiges Äqui-

valent umzusetzen versuchte, was ich empfunden hatte. Was anderes aber war dieses Mittel, das einzige in meinen Augen, als das Schaffen eines Kunstwerks?«

76 Gilles Deleuze und Félix Guattari, *Qu'est-ce que la philosophie?*, Paris 1991, S. 168.

77 *RTP* IV, S. 458 – *SvZ* VII, S. 277.

78 Ebd., S. 469 – *SvZ* VII, S. 294: »Pflicht und Aufgabe eines Schriftstellers sind die eines Übersetzers.«

79 »Man theilt sich nie Gedanken mit, man theilt sich Bewegungen mit, mimische Zeichen, die von uns auf Gedanken hin zurückgelesen werden.« (Friedrich Nietzsche, *Nachgelassene Fragmente 1887-1889*, in: ders.: *Sämtliche Werke*: Kritische Studienausgabe in 15 Einzelbänden, hrsg. von Giorgio Colli und Mazzino Montinari, 2., durchgesehene Ausgabe, München/Berlin 1988, Bd. 13, S. 297) – Zu Nietzsches »anti-repräsentativischer Theorie des Zeichens als physiologisch wirkende[n], impulsauslösende[n] Signal[s]« vgl.: Annette Bitsch, »Physiologische Ästhetik. Nietzsches Konzeption des Körpers als Medium«, in: *Friedrich Nietzsche – Geschichte, Affekte, Medien*, Bd. 15, hg. von Renate Reschke und Volker Gerhardt, Berlin 2008, S. 167-188.

80 Winfried Wehle, »Literatur als Bewegungsraum: Prousts kinästhetischer Ausgang aus der Krise des modernen Subjekts«, in: Franziska Sick, (Hg.), *Stadtraum, Stadtlandschaft, Karte: literarische Räume vom 19. Jh. bis zur Gegenwart*, Tübingen 2012. S. 191-211, hier S. 203.

81 *RTP* IV, S. 489f. – *SvZ* VII, S. 323f.: »In Wirklichkeit ist jeder Leser, wenn er liest, eigentlich der Leser seiner selbst. Das Werk des Schriftstellers ist lediglich eine Art von optischem Instrument, das der Autor dem Leser reicht, damit er erkennen möge, was er in sich selbst vielleicht sonst nicht hätte sehen können.«

82 »Proust [...] überführt [das Kunstwerk] in eine offene Form mit einer rhizomatischen Textur. Statt einem großen Sinn zuzuarbeiten, richtet es sich gleichsam intransitiv ein, um semantische Kettenreaktionen auszulösen«, Wehle, »Literatur als Bewegungsraum«, S. 210f.

Sprechen unter der Bedingung konstanter Abweichung. Aphasie und Fehlleistung in der *Recherche*

Judith Kasper

»Mal nomade«

Die diffusen und zugleich dezidierten Krankheitsbilder, die der Erzähler der *Recherche* von seinen literarischsten Protagonisten gibt, sind eng miteinander verschränkt. So muss die schon zu Beginn geschilderte und am Ende des Romans akut ausbrechende Angst Marcels vor einer Gehirnkrankheit, die stets dann aufkeimt, wenn das Begehren zu schreiben auf den Aufschub des Schreibens stößt, in Bezug zu den Krankheiten gelesen werden, die sowohl den Schriftsteller Bergotte als auch die Großmutter – »la grand-mère lettrée«[1] – und nicht zuletzt Charlus heimsuchen. In der Tat findet die Urämie-Erkrankung der Großmutter ihr Pendant in der Urämie-Erkrankung Bergottes, der, ehe er einem Schlaganfall erliegt, Symptome aufweist, die wiederum Charlus nach einer erlittenen Apoplexie plagen: nämlich Erblindung und Sprachverwirrung. Die Gewichtung der Krankheitssymptome ist dabei jeweils unterschiedlich: Von Bergotte heißt es: »Il n'y voyait plus goutte« – der Tropfen in der Redewendung ist als poetisch gesteigerte, diagnostische Verbindung zum Harn mitzulesen – »et sa parole même s'embarrassait souvent«[2], was auf eine unbestimmt bleibende Artikulationsschwierigkeit deutet. Charlus' Sprechmühe wird hingegen als Aphasie ausgestellt, während seine Harnprobleme unter der epistemischen Schwelle medizinischer Diagnose bleiben. Auffällig an dieser Verkettung von Krankheiten ist die Tatsache, dass sich Symptome, wie es einmal von der Großmutter heißt, wie ein »mal nomade«[3] verhalten: Sie wandern nicht nur, mal latent und unbestimmt, mal als manifester ärztlicher Befund, durch die einzelnen Körper, sondern verknüpfen diese auch in metonymischer Weise – gleichsam einer Logik syntagmatischer Ansteckung zufolge – miteinander.

Proust war bekanntlich familiär bedingt und aufgrund seiner eigenen fragilen Konstitution mit der zeitgenössischen Medizin bestens vertraut.

Sein Interesse für Gehirnerkrankungen, insbesondere für die Aphasie, deren Symptomatik weite Bereiche des Sprechens und Erinnerns durchsetzt, speist sich dabei aus unterschiedlichen Quellen. Man muss sich zunächst vergegenwärtigen, dass die neurologisch-psychiatrische Forschung zwischen 1874 und 1907 über 2300 wissenschaftliche Abhandlungen zur Aphasie hervorgebracht hat.[4] Noch vor Wernicke, Lichtheim, Charcot, Freud und vielen anderen hat auch Prousts Vater Adrien 1872 einen Beitrag zur Aphasie veröffentlicht.[5] Die Aphasie hatte für die damalige Neurologie – ähnlich wie die Hysterie für die Psychiatrie der Jahrhundertwende – paradigmatischen Charakter.[6] Jedenfalls dürfte zu jener Zeit bei auftretenden Sprachstörungen die Diagnose »Aphasie« schnell zur Hand gewesen sein. So wurde im Jahre 1905 auch bei Prousts Mutter Aphasie diagnostiziert, und Proust selbst wurde seither von der Zwangsvorstellung, dem Schicksal der Mutter folgen zu müssen, heimgesucht. 1918 ließ er seine Symptome, die denjenigen Bergottes sehr ähnlich gewesen sein sollen, durch den berühmten Neurologen Joseph Babinski auf Aphasie hin untersuchen. Seinem Biographen George Painter zufolge wollte Proust eine Schädelöffnung an sich durchführen lassen, was Babinski aber abgelehnt habe.[7]

Die medizinischen Forschungen des Vaters und des Bruders, des Urologen Robert, gehören zu Prousts imaginärer Bibliothek.[8] Wie diese medizinischen Forschungen in sein Werk eingehen, darin zusammenfließen und sich verdichten, um dann durch die Erzählung selbst konterkariert zu werden, soll im Folgenden interessieren. Bemerkenswerterweise werden Aphasie und Urämie – die beiden Spezialgebiete von Vater und Bruder – erzählerisch über die Engführung der Symptombilder, die die Großmutter, Bergotte und Charlus sowie Marcel selbst aufweisen, miteinander verschränkt. Auffällig ist weiterhin, dass die Aphasie trotz Prousts manifestem Interesse für Sprachverlust und Sprachstörungen in der *Recherche* nur zweimal explizit genannt wird: einmal zu Beginn in Bezug auf den noch jungen Erzähler, dem es nicht gelingen will, den unzählige Male gehörten und gesprochenen Namen »Swann« in sein Gedächtnis zu integrieren[9], und schließlich am Ende des Romans, um Charlus' auffälliges Verhalten bei dessen letzter Begegnung mit Marcel auf den Champs-Elysées zu benennen.[10] In den von Proust später konzipierten Mittelteilen des Romanwerks fehlt hingegen der Begriff der Aphasie; stattdessen werden zahlreiche Figuren durch Sprachfehler ganz unterschiedlicher Art charakterisiert, die, wenngleich sie dem symptomatischen Feld der Aphasie angehören, dennoch nicht als Aphasie gewertet werden. In den meist ausführlichen Schilderungen bleiben diese Symptome ohne medizinische Diagnose. Sie erscheinen vielmehr als psychoneurotische Phänomene, als Fehlleistungen.[11]

Der in Bezug auf die kranke Großmutter geprägte Ausdruck »mal nomade« bezeichnet offensichtlich nicht nur die Choreographie ihrer wandernden Symptome, sondern nimmt auch schon kritisch in den Blick, dass Krankheitsbilder und Diagnosen keine ontologischen Einheiten bilden und die ätiologischen Ursachen selbst uneindeutig sind. Dies gilt insbesondere für das Phänomen der Sprachstörung, das im Zentrum unseres Interesses steht, weil es nicht nur ein Motiv des Romans unter anderen darstellt, sondern auch die Frage der poetischen Sprache unmittelbar selbst betrifft. Insofern soll im Folgenden gefragt und analysiert werden, ob in den Passagen, in denen mit der »Aphasie« explizit ein neurologisches Deutungsmuster ins Spiel gebracht wird, nicht immer auch schon die Frage der affektiv und durch Verdrängung motivierten Fehlleistung am Werk ist, um die Diagnose »Aphasie« selbst gleichsam als einen Lapsus auszuweisen.

Vom Neurologischen zum Sprachlich-Affektiven. Paradigmenwechsel bei Freud und Proust

In welchem Verhältnis stehen Aphasie und Fehlleistung bzw. neurologische Sprachstörung und unbewusstes Versprechen zueinander? Bevor ich dieser Frage in der *Recherche* aus narratologischer Perspektive nachgehe, soll zunächst Freuds Weg von seiner aus dem Jahre 1891 stammenden, kritischen Studie *Zur Auffassung der Aphasien*[12] zu seiner 1901 veröffentlichten *Psychopathologie des Alltagslebens*[13] skizziert werden, die den sprachlichen Fehlleistungen ein zentrales psychoanalytisches Interesse zuweisen.

Erkennbar ist, dass sich Freuds Aphasie-Abhandlung, obgleich sie noch im neurologischen Milieu verankert ist, in der kritischen Auseinandersetzung insbesondere mit Wernicke und Lichtheim, den damals führenden Aphasie-Forschern im deutschsprachigen Raum, langsam aus dem neurologischen Paradigma herauswindet und die ersten Grundpfeiler für die Entwicklung der Psychoanalyse in sich schon bereithält. Ein Satz wie folgender mag den Sprung von der neuronal-physiologischen zur psychologischen Betrachtungsweise markieren: »Alle Aphasien beruhen« – so Freud – »auf Assoziations-, also auf Leitungsunterbrechung«.[14]

Wo das »also« eine Gleichheit zwischen dem späterhin für die Psychoanalyse so zentralen Begriff der »Assoziation« und dem für Wernicke zentralen Begriff der »Leitung« suggeriert, indiziert es zugleich eine Verschiebung vom Neuronalen zum Sprachlich-Psychologischen, wobei Letzteres nun voransteht. Freuds weitere, über die Aphasie-Studie hinausreichende Forschungen setzen gewissermaßen dort an, wo die Aphasie-Forschung selbst sprachlos bleibt: Sprachlos bleibt sie, wie Roman Jakobson einmal kritisch angemerkt hat, angesichts der naheliegenden Tatsache, dass »Störungen im Sprachverständnis« immer auch etwas »mit der Sprache zu tun [haben]«.[15]

Wie aus seinem Briefwechsel mit Wilhelm Fließ hervorgeht[16], arbeitet Freud zur Zeit der Aphasie-Studie auch schon am Konzept der Redekur, das entscheidend in die gemeinsam mit Josef Breuer verfassten *Studien zur Hysterie* aus dem Jahre 1895 eingeht und in der Folge einen konstitutiven Bestandteil der Psychoanalyse überhaupt bilden wird. Sprachstörungen werden fortan nicht mehr unkritisch auf eine supponierte »neuronale Läsion« zurückgeführt, sondern auf einen »eingeklemmten Affekt«, der sich als sprachliche Störung manifestiert und nur über eine spezielle Art des Sprechens selbst kuriert werden kann. Das Symptom wird mithin als eines erkannt, das selbst wie eine Sprache strukturiert ist, deren Sprechen befreit werden muss. Wie sich solche »eingeklemmten Affekte« – unterdrückte Gedanken, Wünsche – *sprachlich* manifestieren, davon zeugt schließlich Freuds Schrift *Zur Psychopathologie des Alltagslebens*. Sie formuliert noch keine Theorie, sondern ist in erster Linie eine eindrückliche Sammlung von sprachlichen Fehlleistungen. Wenn gemeinhin behauptet wird, Freud gebe eine physiologisierende zugunsten einer psychologisierenden Perspektive auf, so ist doch viel entscheidender – zumal für das Lesen von Literatur –, dass er das Funktionieren des sprachlichen Symbols als solches entdeckt, seine Manifestation im dialektischen Zustand, in den scheinbar wie von selbst und zufällig sich ereignenden Verschiebungen, Kalauern, Wortspielen und Witzen.[17]

Wenngleich es keine Nachweise über eine direkte Rezeption Freuds durch Proust und umgekehrt gibt und man auch davon absehen sollte zu behaupten, Proust habe psychoanalytisches Wissen in sein Werk einfließen lassen, laufen dennoch beide in ihrem ausgeprägten Interesse dafür, wie sich Krankheitssymptome auf der Oberfläche der Sprache manifestieren, geradewegs aufeinander zu.[18] Beide verlegen jedenfalls ihre Aufmerksamkeit – einmal aus einem poetologischen Interesse, einmal aus einem psychoanalytischen Interesse – von der Krankheitsursache auf die Affizierung der Sprache selbst. Während diese in der Psychoanalyse zum Motor der Kur selbst wird, stellt sie bei Proust ein wesentliches poetisches und narratives Prinzip bereit.

»Maladie cérébrale« und affektive Überdeterminierung

Die Gehirnkrankheit ist in der *Recherche* von Anbeginn als Angstphantasma präsent. Gerade dann, wenn das Schreiben selbst und mehr noch das Symptom seines ständigen Aufschubs, also die mangelnde Schreibleistung, Thema wird, ist die Selbstdiagnose einer »maladie cérébrale«[19] schnell zur Hand:

> [...] puisque je voulais un jour être un écrivain, il était temps de savoir ce que je comptais écrire. Mais dès que je me le demandais, tâchant de trouver un sujet où je pusse faire tenir une signification philosophique infinie, mon esprit s'arrêtait de fonctionner, je ne voyais plus que le vide en face de mon attention, je sentais que je n'avais pas de génie ou peut-être une maladie cérébrale l'empêchait de naître.[20]

Die Diskrepanz zwischen dem Begehren, Schriftsteller zu werden, und dem fehlenden Werk findet zwei mögliche Begründungen: die fehlende Begabung oder die Erkrankung des Gehirns. Abhilfe kann da, wie der nachfolgende Satz suggeriert, nur eine väterliche, allmächtige Instanz schaffen: »Parfois je comptais sur mon père pour arranger cela. Il était si puissant ...«.[21] Was aber kann und soll der Vater einrenken? Bezieht sich »cela« auf die Krankheit, die der Vater heilen könnte, oder auf das Werk, das, wenn es der Sohn nicht schreiben kann, vom Vater ausgerichtet werden soll? Nun ist der Vater des Erzählers im Unterschied zum Vater des Autors nicht Arzt, sondern Ministerialbeamter. Als solcher erscheint er dem Sohn als Instanz, die, wenn nicht selbst allmächtig, mit den Mächtigen, ja sogar dem Allmächtigen selbst einen geläufigen Umgang pflegt und sowohl dem fehlenden Genie Abhilfe verschaffen als auch jede bedrohliche Krankheit abwehren kann, um aus dem jungen Marcel den wichtigsten Schriftsteller seiner Zeit zu machen:

> Si j'étais tombé gravement malade, si j'avais été capturé par des brigands, persuadé que mon père avait trop d'intelligences avec des puissances suprêmes, de trop irrésistibles lettres de recommandation au-

près du Bon Dieu, pour que ma maladie ou ma captivité pussent être autre chose que de vains simulacres sans danger pour moi, j'aurais attendu avec calme l'heure inévitable du retour à la bonne réalité, l'heure de la délivrance ou de la guérison; peut-être cette absence de génie, ce trou noir qui se creusait dans mon esprit quand je cherchais le sujet de mes écrits futurs, n'était-il aussi qu'une illusion sans consistance, et cesserait-elle par l'intervention de mon père qui avait dû convenir avec le Gouvernement et avec la Providence que je serais le premier écrivain de l'époque.[22]

Gesundheit und Werk hängen gleichermaßen vom Eingriff des Vaters ab, der absolutistisch und gleichsam willkürlich über das Geschick des Sohnes, seiner »création artificielle«[23], zu herrschen scheint, dem die eigene »création artificielle« – das Kunstwerk – indessen verwehrt bleibt. Genau diese Vorstellung schenkt keine Sicherheit, sondern provoziert Angst, ob es der Vater mit dem Sohn denn auch gut meint. Der Verweis auf medizinische Kompetenzen fällt in dieser Passage bemerkenswerterweise ganz aus. Bei Marcels »maladie cérébrale« muss es sich um eine Störung handeln, die durch keinen chirurgischen Eingriff, sondern, wenn überhaupt, nur durch väterlich-göttliche Gnade beseitigt werden kann.

Etwas später, immer noch im ersten Band der *Recherche*, findet sich dann folgende Passage, in der sich der junge Marcel, offensichtlich weiterhin unter dem Einfluss des Phantasmas der »maladie cérébrale« stehend, selbst in das Symptomfeld der Aphasie einschreibt. Was ihn zu dieser Selbstdiagnose verleitet, ist die Tatsache, dass ihm der Name »Swann«, obwohl er diesen doch schon so lange kennt, nun, da er im Begriff ist, sich in Gilberte zu verlieben, immer wieder fremdartig neu erscheint:

> [...] le nom de Swann; certes je me le répétais mentalement sans cesse [...]. Ce nom de Swann d'ailleurs que je connaissais depuis si longtemps, était maintenant pour moi, ainsi qu'il arrive à certains aphasiques à l'égard des mots les plus usuels, un nom nouveau. Il était toujours présent à ma pensée et pourtant elle ne pouvait pas s'habituer à lui. Je le décomposais, je l'épelais, son orthographe était pour moi une surprise.[24]

Dass selbst geläufige Namen und Worte den Betrachter bzw. Sprecher fremd anblicken, ist eine Erfahrung, die den medizinischen Lehrbüchern zufolge für den Aphasiker typisch ist. Die Wortblindheit verstellt dem

Aphasiker das Lesen, obwohl er sehen kann; die Worttaubheit verstellt ihm das verständige Hören, obwohl er hören kann; die Wortstummheit verstellt ihm die korrekte Aussprache, obwohl er sprechen kann. Jedes Mal ist es, als zerfielen dem Ich die Wörter in Einzelteile. Nicht konstitutiv zum Symptomenkomplex der Aphasiker gehörend ist jedoch die Tatsache, dass hier ein Ich dem Namen einen Wesensgehalt zuspricht, den er nicht hat, weshalb er sich im nächsten Moment auch schon als sinnloser und mithin befremdender Buchstabenhaufen zu erkennen gibt. Antizipiert wird in dieser Kippfigur nebenbei, dass die vermeintlich eindeutige Referenz von »Swann« auf Gilberte andere Objekte des Begehrens schon längst impliziert: Marcels Verliebtheit in Gilberte wird ja bald darauf von seinem unwiderstehlichen Verlangen abgelöst, Mme Swann im Bois de Boulogne bei ihren täglichen Ausfahrten abzupassen; und Charles Swann zeichnet sich schon längst als maßgebliches Alter Ego des Protagonisten ab. Der vielfach affektiv aufgeladene Name hat keine eindeutige Referenz, er entzieht sich Marcels kratylischem Gedächtnis, um indessen eine platonische Sprach-Liebe hervorzutreiben, deren begehrte Objekte grundsätzlich schwanken. Genau dafür steht »Swann«, als ein äquivoker Signifikant[25], über den das Aufkommen erster Verliebtheit im jungen Marcel als immer schon untrennbar homoerotische, heteroerotische und narzisstische Liebe ausgestellt wird.[26]

Aphasie und das Rätsel der »affiche«

Hätte sich Proust mit der Darstellung des neurologisch-medizinischen Wissens seiner Epoche begnügt, dann wäre er zusammen mit seinem Ich-Erzähler möglicherweise dem Phantasma der »maladie cérébrale« erlegen, zum »écrivain célèbre« wäre er wohl nicht geworden. Der Übergang kann weder chirurgisch noch durch lange Sanatoriumsaufenthalte, noch durch väterliche oder göttliche Vorsehung bewerkstelligt werden, auf der Ebene der Signifikanten genügt indes die trickreiche Umstellung einiger Buchstaben. Leisten kann dies nur eine Arbeit am Wort, durch die sich der Schriftsteller den Symptomenkomplex der Aphasie gleichsam kreativ anverwandelt. Das Symptom darf mithin weder beseitigt werden, noch darf der Schriftsteller ihm einfach erliegen: Aber er braucht es, weil es, wie so oft, den Weg zur Kunst selbst weist.

Prousts Schreiben zeichnet sich maßgeblich durch eine solche nahe Arbeit am Wort, am Buchstaben und Signifikanten, aus. Seine Faszination für Buchstabenspiele – Scharaden, Anagramme, sprachliche Vexierbilder – hat Serge Gaubert einst überzeugend dargelegt.[27] In welchem Verhältnis steht aber die Buchstabenspielerei zur Aphasie einerseits und zur unbewussten Fehlleistung andererseits? Roman Jakobson hat aus linguistischer Perspektive gezeigt, inwiefern beim Aphasiker metaphorische Verdichtungs- und metonymische Verschiebungsmomente am Werk sind, die sowohl mit der psychoanalytischen Traumtheorie als auch mit poetologischen Kategorien in Verbindung stehen.[28] Indem sich Jakobson auf die Beobachtung dessen beschränkt, was auf der Oberfläche der Sprachgestaltung geschieht, gelingt es ihm, der Frage der Pathologie bzw. der Frage, ob es sich um »bewusste Gestaltung« oder um »unbewusste Tendenzen« beim Schreiben oder Sprechen selbst handelt, aus dem Weg zu gehen, um stattdessen den Blick für das gleichsam autogenerative poetische Potential der Sprache selbst zu schärfen. Er markiert damit den Unterschied, der den Autor Proust von seinem Ich-Erzähler trennt: Während Letzterer, wie am Beispiel des Namens Swann gezeigt, Namen zersetzt, um darin eine ontologische Substanz aufzusuchen, die es nicht gibt, was ihn zum eingebildeten Aphasiker macht, spielt Ersterer auf poetisch-witzige Weise mit den Buchstaben und ist damit seinem Erzähler – und uns Lesern – immer schon um mindestens eine Nasenlänge voraus. Die berühmte Passage gegen Ende des Romans, in der Charlus als Aphasiker auf den Plan tritt und Marcel von seinem nichtsdestoweniger glänzenden Gedächtnis überzeugen möchte, zeugt ihrerseits von der Spannung zwischen dem medizinischen Realismus, dem Marcel anzuhängen scheint, und dem poetischen Sprachwitz, der den Roman selbst auszeichnet:

> [M. de Charlus] passait son temps à se plaindre qu'il allait à l'aphasie, qu'il prononçait constamment un mot, une lettre pour une autre. [...] sa mémoire était intacte, d'où il mettait du reste une coquetterie, qui n'allait pas sans la fatigue d'une application des plus ardues, à faire sortir tel souvenir ancien, peu important, se rapportant à moi et qui me montrerait qu'il avait gardé ou recouvré toute sa netteté d'esprit. Sans bouger la tête ni les yeux, ni varier d'une seule inflexion son débit, il me dit par exemple: »Voici un poteau où il y a une affiche pareille à celle devant laquelle j'étais la première fois que je vous vis à Avranches, non je me trompe, à Balbec«. Et c'était en effet une réclame pour le même produit.[29]

In einem früheren Beitrag bin ich selbst noch dem medizinischen Realismus erlegen und habe diese Passage als beispielhafte Illustration der Aphasie gelesen.[30] Dieser Lesart möchte ich nun eine andere gegenüberstellen, die in diesem Satz weniger die neurologische Störung als vielmehr das affektiv-unbewusste Potential im Sinne einer sprachlichen Insistenz am Werk sieht. Aus solcher Perspektive fällt zunächst auf, dass die als Beispiel angeführte direkte Rede kein Beispielsatz unter anderen ist, sondern, ganz für sich allein stehend, ein einzigartiges Beispiel darstellt: Es ist einzeln, weil ihm keine weiteren folgen, und es ist besonders, weil es Marcels und Charlus' letzte Begegnung mit ihrer ersten, im Roman weit zurückliegenden in Balbec zusammenführt. Jene erste Begegnung wird in *À l'ombre des jeunes filles en fleurs* folgendermaßen geschildert:

> Il lança sur moi une suprême œillade à la fois hardie, prudente, rapide et profonde [...] et après avoir regardé tout autour de lui, prenant soudain un air distrait et hautain, par un brusque revirement de toute sa personne il se tourna vers une affiche dans la lecture de laquelle il s'absorba, en fredonnant un air et en arrangeant la rose mousseuse qui pendait à sa boutonnière.[31]

Zwischen der Erzählung der ersten Begegnung und der Erzählung der nachträglichen Erinnerung an diese ergeben sich signifikante Verschiebungen. Auffällig ist zunächst, dass in der ersten Szene, die als Marcels Erinnerung ausgegeben wird, Marcel beobachtet, wie er eindringlich von Charlus gemustert wird, ehe sich dieser brüsk abwendet, um seinen Blick auf eine »affiche« zu heften. In der Wiederaufnahme der Szene in *Le temps retrouvé* ist es nicht Marcel, sondern Charlus, der erinnert, wie er Marcel zum ersten Mal gesehen hat und dabei *vor* einer »affiche« gestanden sei. In dieser Verschränkung von Blicken und fixierten Objekten wird fragwürdig, ob Charlus jener »affiche« den Rücken gekehrt hat oder ob er nicht vielmehr in der »affiche« selbst Marcel wahrgenommen hat. Die bemerkenswerte Überdeterminierung, die das ansonsten so unbestimmte Wort »affiche« an dieser Stelle erfährt, mag für eine solche Überblendung zwischen »Marcel« und »affiche« sprechen.

In der Tat ist »affiche« der Auslöser für die Reminiszenz, halten sich Charlus und Marcel bei ihrer letzten Begegnung doch wiederum in der Nähe einer solchen Reklame auf. Es ist überdies das einzige Wort, das unverändert von der ersten in die zweite Textpassage wandert. Dabei bleibt in beiden Szenen ungesagt, was auf dieser »affiche« zu sehen war bzw. zu lesen stand. Allein vom Erzähler wird bestätigt, dass es sich stets um dieselbe »réclame« gehandelt habe. Auch er erinnert sich also gut an die so unbestimmte »affiche« in Balbec. In einer Rekapitulation der Vergangenheit zu einem noch späteren Zeitpunkt wird schließlich »affiche« zum gleichsam unabtrennbaren Attribut von Charlus: Er wird zum »monsieur qui regardait une affiche près du casino«[32].

Erkennbar wird in dieser Gegenüberstellung, wie sich »affiche« als ein unbestimmtes und zugleich überdeterminiertes drittes Element aus der Begegnung zwischen Marcel und Charlus herausschält.

Was aber hat es mit dieser »affiche« – Reklame, Werbung, Aushang, Ankündigung bzw. allgemein: mit diesem Medium, das agiert, ohne offenzulegen, was es zeigt – auf sich? Der Kommentar der *Pléiade*-Ausgabe verweist an dieser Stelle auf die Esquisse XXIII zu *Le Temps retrouvé* (Cahier 51, 1909), wo der Gegenstand jener »affiche« noch genannt wird: »›Voici un poteau avec une affiche pareil à celui qu'il y avait devant nous la première fois que je vous vis avec madame votre grand-mère à Etilly‹. Et en effet c'était exactement la même réclame de Liebig!«[33]

Charlus' Blick wird in dieser Skizze von einer der um die Jahrhundertwende so beliebten Liebig-Reklamen gebannt wie sonst nur von den Objekten seines Begehrens. Die Tatsache nun, dass der Verweis auf »Liebig« in allen späteren Erwähnungen gelöscht worden ist, verleiht der »affiche«, die wörtlich ja eine Veröffentlichung ist, einen höchst ambivalenten Status.[34] Zu spekulieren, was auf diesem Plakat abgebildet gewesen sein könnte, ist müßig, zumal wenn sich der Leser dank des überlieferten Manuskripts zunächst an den Signifikanten »Liebig« halten kann: an den Namen des Erfinders des gleichnamigen Fleischkonzentrats, der den Affekt – »lieb ich« – in konzentriertester Form schon in sich trägt (was mit Einschränkungen auch für Franzosen hörbar ist, zumal für den germanophilen Charlus). Eine pikante Pointe der Erfolgsgeschichte des Chemikers, dessen Name und Erfindung in dieser Szene flugs zum Topos der affektiven Gedächtnischemie wird, mag darin erkannt werden, dass seine Erfindung ein vorgängiges Fleischextrakt, die sogenannten Bouillontafeln, die vor allem als Verpflegung für die Besatzung von Schiffen eingesetzt worden waren, vom Markt verdrängt hat.[35] Letztere waren von dem französischen Chemiker Joseph Louis Proust – einem Namensvetter von Marcel Proust – entwickelt worden. Zufall? Es ist durchaus denkbar, dass sich Proust, der in so mannigfaltiger und listiger Weise seinen Namen in den Roman eingeschrieben hat, dieser Namenskoinzidenz bewusst war. Auf der »affiche« würde mithin als buchstäbliches Palimpsest lesbar: »Lieb ich – statt – Proust«. Die »réclame« mutiert so unter der Hand zur Werbung im Sinne einer Liebeswerbung, die zugleich auch eine Beanstandung ist, dass hier eine unerhörte Ersetzung stattgefunden hat. Dies wäre die radikale Lesart auf der Signifikantenebene, welche die Begegnung zwischen Charlus und Marcel und die Doppelung zwischen erlebter und erinnerter Szene als eine narzisstische Spiegelszene offenlegen würde. Wobei die »affiche« als imaginärer Spiegel nicht zuletzt auch der merkwürdigen Koinzidenz zwischen Charlus' Fixierung Marcels und seinem zugleich von der »affiche« absorbierten Blick eine räumliche Kohärenz verleihen würde.

Eine zweite Lesart, die der Streichung des Signifikanten »réclame de Liebig« durch den Autor eingedenk ist, mag hingegen im Wort »affiche« selbst schon jene Überdeterminierung erkennen, die für die sprachliche Verwirrung Pate stehen könnte. Etwa achtzig Seiten vor dieser Passage wird Charlus zitiert, wie er den homosexuellen Zar Ferdinand von Bulgarien als »pure coquine, une vraie affiche« bezeichnet[36]. Höchst eigenwillig und rätselhaft ist hier der Gebrauch des Worts.[37] Handelt es sich um einen Neologismus, um einen Versprecher, um ein aphasisches Symptom? Wie auch immer man dieses Phänomen ätiologisch einschätzen mag, wendet man die palimpsestische Lektüre an, die sich schon bei der Entschlüsselung der Liebig-Reklame bewährt hat, so wird sowohl das Adjektiv »affeté« lesbar (das im Lexikon direkt vor »affiche« steht und mithin für ein Zeilenverrutschen einstünde) als auch das Wort »la fiche«, das syntagmatisch erweitert »la fiche médicale« und damit wiederum den metonymischen Bezug zum Pathologischen ergäbe, aber auch mit »fiche« das vulgäre Wortfeld um »ficher« und »foutre« einblendet. »L'affiche« würde somit zum entstellten, manifesten sprachlichen Ausdruck von Charlus' unterdrücktem homosexuellen Begehren.

Der springende »pot«

Solcher Lesart zufolge werden denn noch weitere Wörter im Umfeld von »affiche« verdächtig, entstellte Ausdrucksformen einer Überblendung von pathologischen Phantasmen und sexuellem Begehren zu sein. So wird der »poteau«, an dem die »affiche« befestigt ist, zu einer kryptischen Verbindung zwischen Harnproblemen und sexuellen Komplexen, wenn wir lesend den Signifikanten zerspringen lassen, wie Albertine sprechend den »pot« in obszöner Weise zerschlagen hat.[38] Dann scheint darin »un pot d'eau«, ein Wassertopf, auf, der nicht zuletzt benötigt wird, um das Liebig'sche Konzentrat, das längst zur sprachlichen Verdichtung geworden ist, aufzulösen. Der Wassertopf gemahnt zugleich auch an den Nachttopf, der uns zurückführt zu einer der Aphasie verwandten Spur, nämlich der Urämie, an der sowohl Bergotte als auch die Großmutter, die beide ähnliche Sprachstörungen wie Charlus aufweisen, erkrankt sind. Und nicht zuletzt wird auch in Bezug auf Charlus einmal der Verdacht geäußert, dass er Probleme mit seiner Blase habe. Und dies ausgerechnet von Seiten eines Kammerdieners, dem man eine gewisse aphasische Worttaubheit nicht absprechen kann. Die höchst amüsante Passage lautet so:

> Nous avons vu bien des fois le sens de l'ouïe apporter à Françoise non le mot qu'on avait prononcé, mais celui qu'elle croyait le vrai, ce qui suffisait pour qu'elle n'entendit pas la rectification implicite d'une prononciation meilleure. Notre maître d'hôtel n'était pas constitué autrement. M. de Charlus portait à ce moment-là – car il changeait beaucoup – des pantalons fort clairs et reconnaissables entre mille. Or notre maître d'hôtel, qui croyait que le mot »pissotière« (le mot désignant ce que M. de Rambuteau avait été si fâché d'entendre le duc de Guermantes appeler un édicule Rambuteau) était »pistière«, n'entendît jamais dans toute sa vie une seule personne dire »pissotière«, bien que très souvent on prononçat ainsi devant lui. Mais l'erreur est plus entêtée que la foi et n'examine pas ses croyances. Constamment le maître d'hôtel disait: »Certainement M. le baron de Charlus a pris une maladie pour rester si longtemps dans une pistière. Voilà ce que c'est que d'être un vieux coureur de femmes. Il en a les pantalons«.[39]

Bemerkenswert ist auch hier die assoziative Verschränkung unterschiedlicher pathologischer Phänomene: Wie Françoise zeichnet sich auch der Kammerdiener durch ein Verhören und unkorrigierbar fälschliches Wiedergeben eines Wortes aus; vom falschen Wort, das in diesem Fall eine Bedürfnisanstalt bezeichnen soll, wird behauptet, dass es der Kammerdiener »constamment« ausspreche, was wiederum auf Überdeterminierung hinweist. In der Wortschöpfung »pistière« insistiert in der Tat auch »pistil«, das Wort für das pflanzliche weibliche Geschlechtsorgan, das zu Beginn von *Sodome et Gomorrhe* einen konstitutiven Bestandteil jener Metaphernkette bildet, durch deren Blüte Charlus' Doppelgeschlechtlichkeit erzählt wird. Während der Kammerdiener Charlus' lange Aufenthalte im Pissoir auf dessen Schürzenjägerei zurückführt, mag der Leser die Männertoilette als Raum invertierter Liebespraktiken imaginieren. Was wiederum jenen »pot« einblendet, den Albertine zerschlagen hat und der durch die von ihr ausgeführte Aposiopese überhaupt erst auffällig geworden ist. Mit »se faire casser le …« wird freilich auf eine Liebespraxis angespielt, die eher Charlus als Albertine zustehen würde. Doch so sicher können wir uns angesichts der schwankenden Geschlechtlichkeit der Protagonisten nicht sein. Dafür zeichnet sich durch die Analyse der angeführten Textstellen immer deutlicher ab, wie die Liebe in der *Recherche* konsequent in ein Schwanken der Sprache, in ein Verrutschen der Wörter, in ihre Invertierung und Verdrehung übersetzt wird.

Die stichprobenartigen Naheinstellungen auf Momente, in denen »Aphasie« im Text explizit genannt wird, haben gezeigt, dass das medizinische Wissen, das sich Proust angeeignet hat, eine spezifisch poetische Wendung erfährt, deren Analyse für den Gesamtroman immer noch ein Desiderat ist. Proust scheint, obgleich als Mensch besessen von der Vorstellung, an einer »maladie cérébrale« mit Aphasie-Symptomen zu leiden, als Autor weniger an der Ätiologie, die eher erzähltes Beiwerk bleibt, als vielmehr an der wandernden Symptomatik auf der Oberfläche der Sprache interessiert, welche zum strukturierenden poetischen Prinzip wird. Dabei wird das medizinische Paradigma durch das mediale abgelöst, eine Verschiebung, die ebenfalls einem Verrutschen von Signifikanten geschuldet zu sein scheint. Der Neologismus »pistière« kann als dichtester Punkt des »mal nomade« betrachtet werden, insofern er die Aphasie mit der Urologie und der Psychopathia sexualis aufs Engste zusammenführt; aber gerade durch diese Engführung heben sich die einzelnen medizinischen Wissensbereiche gegenseitig auf und werden Teile eines poetischen Spiels mit der Sprache, das ein Erzählen der Auswirkungen unbewusster Affekte auf die sprachliche Äußerung überhaupt erst möglich macht.

Anmerkungen

1 *RTP* II, S. 613 – *SvZ* III, S. 444: »die belesene Großmutter«.
2 *RTP* II, S. 621 – *SvZ* III, S. 458: »Er konnte kaum noch sehen und hatte sogar oft mit dem Sprechen Mühe«.
3 *RTP* II, S. 628 – *SvZ* III, S. 466: »das nomadische Leiden«.

4 Vgl. den Hinweis bei Kurt Goldstein, »Über Aphasie«, in: *Beihefte zur Medizinischen Klinik,* Heft 1, 1910, S. 1-32.
5 Adrien Proust, *De l'aphasie,* Paris 1872.
6 In der Medizingeschichte ist die Aphasie eng mit der Geschichte der Lokalisationslehre cerebraler Funktionen verknüpft, die im 19. Jahrhundert im Brennpunkt medizinisch-neurologischer Interessen stand. Innerhalb der Aphasieforschung des späten 19. Jahrhunderts herausragend ist die Abhandlung von Carl Wernicke, *Der aphasische Symptomen-Komplex,* Breslau 1874, die die Aphasie in motorische und sensorische Großgruppen sowie in kortikale, subkortikale und transkortikale Untergruppen unterteilt. Wernicke legte den Grundstein für die Theorie der »Leitungsstörung«, die das aphasische Symptom auf eine Unterbrechung der direkten neuronalen Verbindungen zwischen dem vorderen und dem hinteren Sprachzentrum zurückführt. Vgl. dazu Jürgen Tesak, *Geschichte der Aphasie,* Idstein 2001, insbesondere S. 89-96.
7 Vgl. George Painter, *Marcel Proust. Eine Biographie,* Frankfurt a. M. 1986, Band 2, S. 438 und 506.
8 Reiner Speck, »Proust und die Medizin«, in: ders. (Hg.), *Marcel Proust. Werk und Wirkung. Erste Publikation der Marcel Proust Gesellschaft,* Köln 1982, S. 28-51.
9 *RTP* I, S. 405 – *SvZ* I, S. 595.
10 *RTP* IV, S. 440 – *SvZ* VII, S. 205 f. Auf beide Stellen gehe ich im Folgenden detailliert ein.
11 Eine systematische Untersuchung der narratologischen Funktion der Fehlleistung in der *Recherche* steht meines Erachtens noch aus, sie kann und soll auch hier nicht geleistet werden.
12 Sigmund Freud, *Zur Auffassung der Aphasien. Eine kritische Studie,* Wien, Leipzig 1891.
13 Ders., *Zur Psychopathologie des Alltaglebens. Über Vergessen, Versprechen, Vergreifen, Aberglaube und Irrtum* (1901), in: *Gesammelte Werke in 18 Bänden,* hg. von Anna Freud, Marie Bonaparte u. a., Frankfurt a. M. 1961, Band 4.
14 Ders., *Zur Auffassung der Aphasien,* S. 111.
15 Roman Jakobson, »Aphasie als linguistisches Problem«, in: ders., *Grundlagen der Sprache,* Berlin 1960, S. 50.
16 Sigmund Freud, *Briefe an Wilhelm Fließ, 1887-1904,* ungekürzte Ausgabe, hg. von Jeffrey Moussaieff Masson, dt. Fassung von Michael Schröter, Frankfurt a. M. 1986, insbesondere die Briefe 1-10.
17 Vgl. Jacques Lacan, *Das Seminar. Buch 2 (1954-55). Das Ich in der Theorie Freuds und in der Technik der Psychoanalyse,* Berlin (2. Aufl.) 1991, S. 101 f.
18 Die Verbindung zwischen Proust und Freud gibt immer noch zu denken auf. Sie erschöpft sich nicht in psychoanalytisch inspirierten Interpretationen der *Recherche,* sondern impliziert u. a. auch die Frage, inwiefern sich Proust in einer mit Freud vergleichbaren Weise am neurologischen Paradigma abarbeitet und auf literarischem Weg zu jener Einsicht gelangt, die schließlich für die Begründung der Psychoanalyse maßgeblich sein wird, nämlich der Einsicht, die erst später von Lacan – für und im Sinne Freuds – folgendermaßen auf den Punkt gebracht worden ist: dass es ein Unbewusstes gibt, das wie eine Sprache strukturiert ist. Da bei Proust keine direkte Rezeption der Freud'schen Schriften nachgewiesen werden

kann, tendiert die Forschung dazu, Prousts Interesse für neurologische und psychopathische Fragen vielmehr dem Einfluss der französischen Experimentalpsychologie Pierre Janets zuzuschreiben (vgl. Speck, »Proust und die Medizin«, S. 38). Am aufschlussreichsten ist die Studie von Malcom Bowie, *Freud, Proust and Lacan. Theory as Fiction*, Cambridge, 1987, v. a. S. 68-98, die in ihrer Lektüre der *Recherche* Fehlleistung und Bisexualität ins Zentrum stellt. Bowie löst sich souverän von der Frage, was Proust qua Hörensagen in den Salongesprächen über die entstehende Psychoanalyse erfahren haben könnte. Er konzentriert sich vielmehr darauf, was Freud und Proust in ihrer jeweiligen Sicht auf Leben, Gesellschaft und Sprache verbindet. In der Tat ist beiden die Entdeckung der Sexualität als ein Motiv verschiedener nervöser Phänomene gemein; beide zeichnen sich durch eine gesteigerte Aufmerksamkeit dafür aus, welche Spuren verdrängte sexuelle Wünsche auf der Sprachoberfläche hinterlassen. Zu Freud und Proust siehe des weiteren auch Harold Bloom, »Freud and the Sublime«, in: ders., *Agon. Towards a Theory of Revisionism*, New York, Oxford 1982, S. 91-118 sowie die vorsichtigen Anspielungen auf Freud in: Donald Wright, *Du discours médical dans À la recherche du temps perdu*, Paris 2007, *passim*, eine Abhandlung, die allerdings keine neuen Impulse für eine konzisere Zusammenführung von Proust und Freud liefert.

19 Reiner Speck präzisiert aus medizinischer Perspektive, dass es sich bei der im Roman so unbestimmt gelassenen »maladie cérébrale« um »Cerebralsklerose« handele, dessen schleichender Verlauf subjektiv kaum wahrgenommen werde, dem objektiven Betrachter aber das Vergehen der Zeit verdeutliche (vgl. Speck, »Proust und die Medizin«, S. 49). Ich teile mit Speck die Einsicht, dass dieses Übel Prousts ganzes Werk durchzieht, bin aber im Wesentlichen an seiner phantasmatischen Dimension interessiert.

20 *RTP* I, S. 170 – *SvZ* I, S. 242f: »Bei diesen Träumen wurde mir klar, daß, da ich nun einmal später ein Dichter sein wollte, es Zeit sei zu wissen, was ich zu schreiben beabsichtigte. Sobald ich mich jedoch danach fragte und versuchte, einen Gegenstand zu finden, dem ich eine allumfassende philosophische Ausdeutung geben könnte, hörte mein Geist zu arbeiten auf, ich fand mich einer Art von Leere gegenüber, ich fühlte, daß ich kein Genie besaß, oder hatte die Vorstellung, daß vielleicht eine Krankheit meines Gehirns es nicht aufkommen ließ.«

21 *RTP* I, S. 170 – *SvZ* I, S. 253: »Manchmal rechnete ich darauf, daß mein Vater das alles in Ordnung bringen werde. Er war so mächtig [...].«

22 *RTP* I, S. 171 – *SvZ* I, S. 253: »Wäre ich ernstlich erkrankt oder von Räubern entführt worden, hätte ich in der Überzeugung, daß mein Vater auf zu gutem Fuß mit den höchsten Stellen sei und zu unwiderstehliche Empfehlungsbriefe für den lieben Gott besitze, als daß meine Krankheit oder Gefangenschaft mehr als gefahrlose Trugbilder wären, in aller Ruhe die unweigerlich nahende Stunde der Rückkehr in die harmlose Wirklichkeit, die Stunde der Befreiung, der Heilung abgewartet; vielleicht war dieses Versagen des Genius, das schwarze Loch, das in meinem Geiste entstand, wenn ich nach einem Gegenstand meiner künftigen Schriften suchte, nur eine haltlose Illusion, die beim Einschreiten meines Vaters, der gewiß mit der Regierung und der Vorsehung längst vereinbart hatte, daß ich der erste Schriftsteller meiner Zeit sein werde, gleich verschwinden müßte.«

23 Ebenda.

24 *RTP* I, S. 405 – *SvZ* I, S. 595: »Ich richtete es so oft wie möglich ein, daß meine Eltern den Namen Swann aussprechen mußten; gewiß sagte ich ihn mir im Geist schon selbst ohne Unterlaß vor [...]. Dieser Name Swann übrigens, den ich so lange schon kannte, war jetzt, wie es in gewissen Fällen von Aphasie bei den geläufigsten Ausdrücken vorkommt, ein neuer Name für mich. Er war mir in Gedanken immer gegenwärtig, und doch konnte mein Denken sich nicht an ihn gewöhnen. Ich zerlegte ihn, buchstabierte ihn mir vor, seine Orthographie war stets ein Quell neuen Staunens für mich.«

25 Diese Ambivalenz zeichnet sich nicht zuletzt auch im Schwanken zwischen Schriftbild und Aussprache des Namens Swanns ab. Wo der französischen Grammatik zufolge Swann eine gleichsam »männliche Silbe« (ohne e-Endung) darstellt, wird sie – entgegen der phonetischen Regel – weiblich ausgesprochen (insofern das »n« nicht stumm bleibt), bliebe er doch sonst fast ganz stumm (eine Problematik, die, mit anderen Implikationen, auch den Namen Proust selbst betrifft, der [pru:] gesprochen vulgäre Anklänge hat).

26 Ein ähnliches Umschlagen der Wörter und Namen in fremde Silben wiederholt sich gegen Ende des Romans, als Marcel das Einladungsschreiben, das ihn nach langen Jahren der Abwesenheit wiederum in den Kreis der Guermantes führt, wiederholt liest: »Et j'avais continué à relire l'invitation jusqu'au moment où, révoltées, les lettres qui composaient ce nom si familier et si mystérieux, comme celui même de Combray, eussent repris leur indépendance et eussent dessiné devant mes yeux fatigués comme un nom que je ne connaissais pas« (*RTP* IV, S. 435). »Immer wieder hatte ich die Einladung durchgelesen, bis die Buchstaben, aus denen dieser – ganz ähnlich dem von Combray – zugleich vertraute und geheimnisvolle Name bestand, sich schließlich dagegen auflehnten, von neuem selbständig wurden und vor meinen ermüdeten Augen sich nun zu einem Namen zusammenfügten, den ich nicht kannte.« (*SvZ* VII, S. 243). Wenngleich hier das Phänomen nicht explizit mit der Aphasie in Verbindung gebracht wird, muss bedacht werden, dass kurz darauf Charlus als Aphasiker auf den Plan tritt. Der Aphasie-Komplex wird zwar szenisch von Marcels eigenem Sprachverhalten abgegrenzt, im Raum der Erzählung bleibt er indes nahe.

27 Serge Gaubert, »Le jeu de l'Alphabet«, in: Gérard Genette (Hg.), *Recherche de Proust*, Paris 1980, S. 68-87.

28 Roman Jakobson, *Langage enfantin et aphasie*, Paris 1969. S. 109.

29 *RTP* IV, S. 440 – *SvZ* VII, S. 250f.: »[Monsieur de Charlus] verbrachte [...] seine Zeit damit, sich zu beklagen, daß er einer völligen Aphasie entgegengehe und unaufhörlich ein Wort, einen Buchstaben an Stelle eines anderen gebrauche. [...] sein Gedächtnis war unversehrt, weshalb er seinen Stolz darein setzte [...], irgendeine alte unwichtige Erinnerung hervorzukramen, die sich auf mich bezog und die mir zeigen sollte, daß er die ganze Klarheit seines Geistes behalten oder doch wiedererlangt hatte. Ohne Kopf oder Augen zu bewegen noch den Tonfall seiner Rede zu ändern, sagte er zum Beispiel zu mir: ›An der Säule da hängt ein Plakat, das ganz demjenigen gleicht, vor dem ich stand, als ich Sie jenes erste Mal in Avranches sah, nein, ich irre mich, es war in Balbec ...‹ Tatsächlich handelte es sich um eine Reklame für das gleiche Fabrikat.«

30 Judith Kasper, »Das Vergessen bei Proust. Zu einigen Aporien der Erinnerung in der Recherche«, in: *Proustiana XXI*, Frankfurt a. M. 2001, S. 85-106.

31 *RTP* II, S. 111 – *SvZ* II, S. 469: »Er warf mir einen letzten gleichzeitig kühnen und doch von Vorsicht gelenkten, raschen und tiefen Blick zu; [...] dann, nachdem er sich nach allen Seiten umgeblickt hatte, nahm er mit einemmal eine zerstreute, hochmütige Miene an und wandte sich mit einer schroffen Drehung seines ganzen Körpers einem Plakat zu, in dessen Lektüre er sich vertiefte, während er eine Melodie vor sich hinsummte und eine Moosrose zurechtrückte, die er im Knopfloch trug.«

32 *RTP* IV, S. 549 – *SvZ* VII, S. 413: »der Herr in Balbec, der in der Nähe des Kasinos einen Anschlag studierte«.

33 *RTP* IV, S. 795.

34 Der belgische Proust-Forscher Franc Schuerewegen hat sich ebenfalls diese Frage gestellt. Seiner kulturhistorisch ausgerichteten Interpretation zufolge, von der meine eigene Analyse dieser Passage angeregt worden ist, soll auf einer dieser Liebig-Werbungen eine Szene aus Wagners *Parzifal* abgebildet gewesen sein. Dies führt Schuerewegen dann auf die Spur von Prousts Wagnerismus, was nicht ganz zu überzeugen vermag. Vgl. ders., »La mémoire de Charlus«, in: Adam Watt (Hg.), *Le Temps retrouvé. Eighty Years After/80 ans après. Critical Essays/Essais critiques*, Oxford/Bern 2009, S. 53-65.

35 Hans-Jürgen Teuteberg, *Die Rolle des Fleischextrakts für die Ernährungswissenschaften und den Aufstieg der Suppenindustrie. Kleine Geschichte der Fleischbrühe*, Stuttgart 1990.

36 *RTP* IV, S. 366 – *SvZ* VII, S. 141: »Was den Zaren der Bulgaren betrifft, ist er nicht ernst zu nehmen, ein ganz loser Vogel, dabei aber äußerst gescheit, im Grunde ein ungewöhnlicher Mann.«

37 Eigene Recherchen in verschiedenen Jargon-Wörterbüchern blieben ergebnislos; die Herausgeber der Pléiade-Ausgabe bekennen selbst, dass sie keine auf diesen Kontext passende Bedeutung von »affiche« ausfindig machen konnten.

38 Vgl. *RTP* III, S. 842 f. Vgl. dazu auch die Ausführungen von Ina Hartwig, *Sexuelle Poetik. Proust, Genet, Jelinek*, Frankfurt a. M. 1998, S. 77 f.

39 *RTP* III, S. 694f – *SvZ* V, S. 266: »Wir haben häufig gesehen, daß der Gehörsinn Françoise nicht das Wort zutrug, das ausgesprochen worden war, sondern das, welches sie dafür hielt, wodurch sie die stillschweigende Berichtigung durch eine korrekte Aussprache nicht zur Kenntnis nahm. Unser Kammerdiener war nicht anders beschaffen. Monsieur de Charlus trug zu jener Zeit – denn er wechselte oft – sehr helle Hosen, die unter Tausenden zu erkennen waren. Unser Kammerdiener also, der glaubte, das Wort ›Pissoir‹ (soweit es das bezeichnet, was Monsieur de Rambuteau mit einer merklichen Miene des Verdrusses den Herzog von Guermantes ein Rambuteau-Häuschen nennen hörte) heiße ›Pistoir‹, hörte in seinem ganzen Leben niemanden ›Pissoir‹ sagen, obschon das Wort in seiner Gegenwart sehr häufig fiel. Der Irrtum ist aber hartnäckiger als der Glaube und überprüft seine Glaubenssätze nicht. Unablässig sagte der Diener: ›Sicher hat der Herr Baron von Charlus sich eine Krankheit zugezogen, daß er so lange in einem Pistoir bleiben muß. Das kommt davon, wenn man ein alter Schürzenjäger ist. Er hat auch ganz die Hosen danach.‹«

Hypospadie: Sexuelle und poetische Impotenz in *A la recherche du temps perdu*

Edi Zollinger

Hoch oben im Haus von Combray, so liest man auf der zwölften Seite von *A la recherche du temps perdu*, gibt es eine kleine nach Iris riechende Kammer, durch deren Fenster ein wilder Cassis-Strauch einen Ast geschoben hat.[1] Die Kammer, eine kleine Toilette, liegt direkt neben dem Studierzimmer. Von ihr aus kann man bis zum Turm von Roussainville sehen. Und sie dient Marcel für all jene Beschäftigungen, die absolute Einsamkeit verlangen: fürs Lesen und Träumen, für Tränen und Lust: »la lecture, la rêverie, les larmes et la volupté«.[2] Es ist der letzte der vier Zeitvertreibe, der hier interessiert, die »volupté«. Von ihr handelt etwas später im Roman eine kurze Szene, die hoch oben im Haus spielt:

> Hélas, c'était en vain que j'implorais le donjon de Roussainville, que je lui demandais de faire venir auprès de moi quelque enfant de son village, comme au seul confident que j'avais eu de mes premiers désirs, quand au haut de notre maison de Combray, dans le petit cabinet sentant l'iris, je ne voyais que sa tour au milieu du carreau de la fenêtre entrouverte, pendant qu'avec les hésitations héroïques du voyageur qui entreprend une exploration ou du désespéré qui se suicide, défaillant, je me frayais en moi-même une route inconnue et que je croyais mortelle, jusqu'au moment où une trace naturelle comme celle d'un colimaçon s'ajoutait aux feuilles du cassis sauvage qui se penchaient jusqu'à moi.[3]

Die Szene im »petit cabinet« erzählt von Marcels erstem Verlangen, von seinen »premiers désirs«, und sie endet damit, dass er auf den Blättern des Cassis-Strauchs etwas wie eine Schneckenspur hinterlässt. Sie berichtet ziemlich offen Marcels erste Masturbation.

Schon vor über vierzig Jahren hat Philippe Lejeune vorgeschlagen, die in der kleinen Dachkammer erzählte Masturbation als Bild für das Schreiben zu verstehen.[4] Ihm war aufgefallen, dass die kurze Szene starke Ähnlichkeit aufweist mit einem Textchen, das Proust geschrieben hatte, bevor er die *Recherche* begann, und in dem es um den Zusammenhang zwischen Orgasmus, Ejakulation und Inspiration geht.[5] Und nur ein Jahr nach Lejeune sieht Serge Doubrovsky in der kleinen Szene den Akt des Schreibens gar wortwörtlich nacherzählt.[6] Doubrovsky entwickelt seine Lektürevariante dabei ebenfalls aus einer genauen Analyse von Prousts Romanentwürfen, und er zieht auch noch Freuds Überlegungen zum Zusammenhang von Schreibakt und Sexualakt hinzu.

Auch wenn Lejeunes und Doubrovskys Ausführungen schon für sich allein überzeugen, lassen sie sich dennoch zusätzlich stützen. Tatsächlich hat sich Proust nämlich nicht damit begnügt, in seiner kurzen Szene nur wortspielerisch auf die schriftstellerische Tätigkeit zu verweisen. Er hat ihr im Versteckten auch gleich noch den Urmythos der Schriftstellerei eingeschrieben, wie er in Ovids *Metamorphosen* steht. Will man den alten Mythos finden, muss man der Spur folgen, die Marcel auf den Blättern des Cassis-Strauchs hinterlassen hat. Sie führt den neugierigen Leser durch eine winzige Lücke im Text, zwischen den Zeilen hindurch, auf eine zweite Sinnebene. Im definitiven Roman ist die Lücke kaum mehr zu erkennen. In einem frühen Entwurf dazu klafft sie aber noch weit. Dort hinterlässt Marcel seine Spur noch nicht auf einem Cassis, sondern auf einem Flieder, einem »lilas«[7], und Marcels Spur wird dort auch noch nicht nur mit derjenigen einer Schnecke verglichen. Dort liest man: »[...] j'avais seulement laissé sur la feuille une trace argentée et naturelle, comme le fil de la vierge ou le colimaçon.«[8]

Ein »fil de la vierge« ist ein Spinnfaden, wie man ihn im Altweibersommer an den Bäumen glitzern sehen kann. Es ist der Faden einer kleinen Spinne, die sich durch die Luft tragen lässt. – Und wenn in einem literarischen Text an einer Stelle, wo ein angehender Schriftsteller seine ersten Spuren auf einer »feuille« hinterlässt, die Spinne auftaucht, dann wird es interessant. Steht doch die Spinne, spätestens seit Ovid den Arachne-Mythos erzählt hat, für den Schriftsteller schlechthin. Hier zur Erinnerung die Geschichte von Arachne, wie sie in den *Metamorphosen* steht.

Arachne kann so gut weben, dass sie es sogar mit Minerva, der Göttin der Webkunst, in einem Wettkampf aufnehmen will. Beide beginnen zu weben, und beide weben ihrem Teppich Geschichten aus alten Mythen ein. Minerva zeigt verschiedene Szenen, in denen Menschen Götter provozieren, und wie das herauskommt. Es kommt jedes Mal schlecht heraus, und jedes Mal werden die aufmüpfigen Menschen zum Schluss zur Strafe in ein anderes Wesen verwandelt. Minerva zeigt damit schon, was auch Arachne bald droht, die es gewagt hat, sie herauszufordern.

Arachne hingegen zeigt Metamorphosen zur Lust, sie webt verschiedene Gestalten, die Götter annehmen, um sich ein erotisches Abenteuer mit menschlichen Wesen zu erschleichen. Zum Beispiel Jupiter, wie er als Stier Europa entführt. Und Arachne webt so schön, dass Minerva in ihrem Gewebe keinen einzigen Fehler finden kann. Das macht die Göttin wütend. Sie zerreißt Arachnes Teppich und verwandelt das Mädchen in eine Spinne. Als Spinnen sollen Arachne und alle ihre Nachkommen – die späteren Erzählfäden verspinnenden Dichterinnen und Dichter – den Faden für ihre Gewebe aus ihrem eigenen Körper ziehen müssen.[9]

Diesen Spinnfaden, den Arachne aus sich ziehen muss, nimmt Proust mit seinem »fil de la vierge« wortwörtlich wieder auf. Ganz nach dem Vorbild der *virgo*[10], der Jungfrau Arachne, lässt er im Entwurf den angehenden Dichter Marcel den Jungfrauenfaden noch aus sich selbst ziehen: »ce fil [...] que je venais de tirer de moi-même«[11], heißt es dort. Im größeren Zusammenhang klingt das so:

> [...] j'avais seulement laissé sur la feuille une trace argentée et naturelle, comme le fil de la vierge ou le colimaçon. Mais sur cette branche il m'apparaissait comme le fruit défendu sur l'arbre du mal. Et comme les peuples qui donnent à leurs divinités des formes inorganisées, ce fut sous l'apparence de ce fil d'argent qu'on pouvait tendre presque indéfiniment sans le faire finir, et que je venais de tirer de moi-même, en allant tout au rebours de ma vie naturelle, que je me représentais dès lors et pour quelque temps le diable.[12]

Nahezu endlos lang lässt sich der Spinnfaden, den Marcel wie Arachnes Erben aus sich selbst gezogen hat, in die Länge spannen. So lang eben wie der fast unendlich lange Roman, den er später zu Papier bringen wird und den wir, davon geht der Leser aus, als *Recherche* lesen. Marcel hat den Faden gefunden, als er sich auf seiner Suche nach der verlorenen Zeit ganz entgegengesetzt zu seinem natürlichen Leben bewegte, heißt es, aus der Gegenwart in die Vergangenheit. Und tatsächlich nimmt das Bild vom Faden, an dessen beiden Enden man zieht, worauf sich seine Mitte immer mehr dehnt, metaphorisch denn auch schon die Entstehung der *Recherche* vorweg, wie sie Proust am 17. Dezember 1919 in einem Brief an Paul Souday berichtet.[13] Zuerst versichert Proust Souday in dem Brief, dass er nicht, wie dies ein Kritiker behauptet habe, erst mit seinem Tod aufhören werde, an der *Recherche* zu schreiben. Dann verrät er, dass er das letzte Kapitel des letzten Bandes direkt nach dem ersten Kapitel des ersten Bandes geschrieben habe. Und weiter: »Tout l'›entre-deux‹ a été écrit ensuite.«[14] Es sind die zehn Jahre bis zu seinem Tod, in denen Proust, die beiden Enden waren schon fertig, die Romanmitte immer mehr gedehnt hat wie schon Marcel seinen Spinnfaden. Und wie es der von Proust zitierte Kritiker vorausgesagt hatte, konnte ihn schließlich tatsächlich erst das Abreißen des eigenen Lebensfadens daran hindern, weiter am Faden zu ziehen.

Marcels »fil de la vierge«, das Wortspiel wird Proust gefallen haben, ist ganz eigentlich ein *fil de la verge*, ein Penisfaden, der ihm anagrammatisch eingeschrieben steht. Auf einer zweiten Sinnebene aber meint er den Spinnfaden der Jungfrau Arachne, den Erzählfaden der Mutter aller Dichterinnen und Dichter, mit dem sich die schönsten Wörterteppiche weben lassen. Aus der metaphorischen Feder des Dichters fließt die metaphorische Tinte auf das metaphorische Blatt Papier.

In der *Recherche*, wie wir sie heute lesen, sucht man im »petit cabinet« vergeblich nach einem »fil de la vierge«, und auch davon, dass Marcel wie Arachne im letzten Satz von Ovids Mythos diesen Spinnfaden aus sich selbst gezogen habe und dass sich dieser fast unendlich lang spannen lasse, ist darin keine Rede mehr. Proust, so scheint es, hat alle Spuren, die der Arachne-Mythos in seiner kleinen Szene hinterlassen hat, sorgsam verwischt. Wirklich alle? Nicht ganz. Eine Spur hat er sogar neu gelegt. In dem Moment, in dem er den »fil de la vierge« aus dem Text strich, machte Proust aus dem Flieder, auf dessen Blättern Marcel ursprünglich seine Spuren hinterlassen sollte, einen »cassis«. Und wenn der »cassis« auf Französisch die Schwarze Johannisbeere meint, dann meint das Wort *cassis* auf Lateinisch, in der Sprache von Ovids *Metamorphosen*, unter anderem das Netz – und im Speziellen das Spinnennetz.[15]

Der zwölfjährige Marcel in der kleinen Dachkammer, das ist Prousts Urbild des Dichters. Dort oben, direkt neben der Studierstube, wie es noch vielsagend heißt, »à côté de la salle d'études«[16], gewissermaßen im Oberstübchen des Autors, beginnt das Schreiben. Und Proust führt das

Schiffchen dabei so geschickt, dass ein changierender Stoff entsteht. Wenn es bei Ovid heißt, genauso erfreulich, wie Arachnes fertige Textilien zu betrachten, sei es, dabei zuzusehen, wie sie entstünden, »nec factas solum vestes spectare iuvabat / tum quoque, cum fierent«[17], dann zeigt Proust auf einem einzigen Stück Stoff das, was zusammengenommen Arachnes Kunst ausmacht: Setzt man die Szene im »petit cabinet« direkt ins Licht, sieht man Marcel, der bei seiner ersten Masturbation eine Metamorphose zur Lust durchläuft wie die Götter auf Arachnes Gewebe. Hält man seinen Wörterteppich aber etwas schief, dann kommt plötzlich zum Vorschein, wie Marcel in der Rolle von Arachne den Dichterfaden aus sich zieht und aufs Blatt bringt – wie der Wörterteppich entsteht. Prousts Teppich ist ein in den feinsten Nuancen schillerndes Gewebe, das jedes Bild aufs Engste verdichtet. Wo es in Ovids Mythos noch breit heißt, es würden tausend verschiedene Farben verwoben, wie beim Regenbogen, der sich als riesiger bunter Gürtel über den weiten Himmel spanne, wenn Regen und Sonnenstrahlen sich treffen, »qualis ab imbre solet percussis solibus arcus / inficere ingenti longum curvamine caelum«[18], da riecht es im »petit cabinet« ganz einfach nach »iris« – und damit, im versteckten Sinn, nach Iris, der Göttin des Regenbogens.

Textil und Text

Walter Benjamin beginnt den dritten Abschnitt seines Essays »Zum Bilde Prousts« mit den Sätzen: »Wenn die Römer einen Text das Gewebe nennen, so ist es kaum einer mehr und dichter als Marcels Prousts. Nichts war ihm dicht und dauerhaft genug.«[19] Benjamin entwickelt danach die Gewebemetapher weiter und meint schließlich, die Romanhandlung zeige bei Proust nur das »rückwärtige Muster des Teppichs«.[20] Ob schon Benjamin zwischen den Zeilen der *Recherche* den Arachne-Mythos versteckt eingeschrieben vermutet hat? Ende Januar 1972 nimmt wiederum Gilles Deleuze in der rue d'Ulm neben Roland Barthes, Gérard Genette, Serge Doubrovsky und Jean-Pierre Richard an einer »table ronde« zu Proust Platz, um zu berichten, was ihn zurzeit an der *Recherche* interessiere. Und auch bei ihm trifft man auf Aussagen, die stark an die spinnende und webende Arachne erinnern:

> Voilà ce qui m'intéresse maintenant dans la *Recherche* : la présence, l'immanence de la folie dans une œuvre qui n'est pas une robe, qui

> n'est pas une cathédrale, mais une toile d'araignée en train de se tisser sous nos yeux.[21]

Deleuze bezieht sich hier recht offensichtlich auf die berühmte Stelle im letzten Band der *Recherche,* in der Marcel seinen zu beginnenden Roman zuerst mit einer Kathedrale und dann mit einem zu schneidernden Kleid vergleicht.[22] – Und auch wenn er es nicht explizit sagt: Prousts Bild vom Roman, der gewoben werden will, hat auch ihn irgendwie an die Geschichten verwebende Arachne erinnert.

Nur ein Jahr nachdem Gilles Deleuze die *Recherche* als Spinnennetz beschrieben hatte, schlug Roland Barthes vor, alle literarischen Texte als Spinngewebe zu betrachten. Er hatte eine neue Texttheorie im Sinn. Und in einem seither oft zitierten Abschnitt von *Le Plaisir du texte* verriet Barthes denn auch schon, wie die neue Theorie heißen sollte:

> *Texte* veut dire *Tissu* ; mais alors que jusqu'ici on a toujours pris ce tissu pour un produit, un voile tout fait, derrière lequel se tient, plus ou moins caché, le sens (la vérité), nous accentuons maintenant, dans le tissu, l'idée générative que le texte se fait, se travaille à travers un entrelacs perpétuel; perdu dans ce tissu – cette texture – le sujet s'y défait, telle une araignée qui se dissoudrait elle-même dans les sécrétions constructives de sa toile. Si nous aimions les néologismes, nous pourrions définir la théorie du texte comme une *hyphologie* (*hyphos,* c'est le tissu et la toile d'araignée).[23]

Was Roland Barthes zum ständigen Flechten und zum webenden Autor sagt, der sich in seinem Text auflöst, wie die Spinne, die den Faden sekretierend in ihrem eigenen Gewebe aufgeht, das gilt für keinen literarischen Teppich so wörtlich wie für Prousts Roman. Bis zur totalen Erschöpfung ununterbrochen weiterspinnend, hat der Autor der *Recherche* noch den letzten Tropfen Lebenssaft, den sein Körper hergab, in das unendlich verstrickte Werk einfließen lassen. Bis er am Morgen des 18. Novembers 1922 über dem Typoskript der späteren *Albertine disparue* starb. Mit dem großen Tod ging für Proust in seinem Schlaf- und Schreibzimmer zu Ende, was für Marcel mit einer *petite mort,* wie die Franzosen den Orgasmus auch nennen, hoch oben im Haus von Combray begonnen hatte.

Bei Proust wird die Masturbation vor dem Hintergrund des Arachne-Mythos zum Bild fürs Schreiben. Der Autor zieht den Dichterfaden aus sich selbst wie die Spinne ihren Spinnfaden. Und spätestens jetzt stellt sich die Frage, warum bei Proust ausgerechnet eine derart unfruchtbare Tätigkeit wie die Masturbation zur Metapher für die schriftstellerische Tätigkeit werden konnte. Ein Erstes: Proust steht mit seiner Wahl nicht allein da. Wie Philippe Lejeune schon in den 1970er Jahren in seinem Artikel »Écriture et sexualité«[24] gezeigt hat, stellt nicht nur der Vergleich zwischen Orgasmus und Inspiration einen seit der Romantik in Schriftstellerkreisen verbreiteten Gemeinplatz dar, sondern auch die Masturbation selbst ist auf diesem Gemeinplatz schon vertreten. Schon Flaubert, meint Lejeune zum Beispiel, habe Schreiben und Masturbation in Theorie und Praxis miteinander verbunden.[25] Der Schriftsteller also, in dessen Nachfolge sich Proust gesehen hat. Und tatsächlich taucht auch in Flauberts Briefen die Masturbation immer wieder als Bild für die schriftstellerische Produktion auf.[26]

Statt sich mit einer geeigneten Sexualpartnerin zu vereinigen und Nachkommen zu zeugen, so könnte eine biographisch interessierte Interpretation der Masturbationsmetapher lauten, setzen sowohl Flaubert als auch Proust ihre ganze Potenz zur Erzeugung ihres Werks ein. Oder wie es Marcel Muller dem homosexuellen Autor Marcel Proust in den Mund legt: »je suis incapable de procréer? Qu'à cela ne tienne, je vais créer«.[27] Die Kreation wird bei Muller zum Gegenentwurf zur Prokreation.

Die Selbstbefriedigung, davon ist man auch noch im späten neunzehnten Jahrhundert überzeugt, ist eine pathologische und äußerst gefährliche Sache. Im *Grand Dictionnaire universel du XIXe siècle* füllt der Eintrag »Masturbation« noch mehr als eine Seite, und er liefert nach etlichen pathologischen Folgen wie Gewichts-, Gedächtnis- und Intelligenzverlust, Blindheit und Epilepsie, die allesamt durch die »funeste pratique« verursacht werden können, auch eine ganze Reihe von letalen Verläufen, darunter Lungenembolie, Herzversagen, Krebs und Auszehrung.[28] So findet sich die tödliche Gefahr, in die sich der Masturbierende begibt, auch noch bei Proust. Marcel kommt sich im »petit cabinet« wie ein »désespéré qui se suicide«[29], wie ein Selbstmörder, vor. Die Masturbation ist also nicht nur eine unfruchtbare und krankhafte, sondern gar eine lebensbedrohende Praktik. Die Frage stellt sich damit nur noch schärfer: Wie ums Himmels willen kann diese lebensgefährliche Tätigkeit zum

Bild für die literarische Kreation werden? Die Antwort liefert Ovid – im Arachne-Mythos.

Nachdem Arachne von Minerva mit Gift bespritzt wurde, so liest man im letzten Satz des Mythos, wird ihr Kopf ganz klein, Nase und Ohren schrumpfen, die Arme hängen ihr nur noch fingerdünn vom dicken Bauch. Alles andere nimmt sich der Bauch, aus dem sie bis heute den Faden sendet: »cetera venter habet, de quo tamen illa remittit stamen«.[30] Arachne wird also ganz eigentlich zur perfekten Spinn- und Webmaschine. Nicht nur, dass ihr an Stelle der Beine dünne Finger, »exiles digiti pro cruribus«[31], wachsen, mit denen sich geschickt die schönsten Stoffe weben lassen, sie stellt sogar auch den Faden dazu noch selber her. Arachne zieht ihn sich aus dem eigenen Bauch. So erzählt Ovid, wie schon Sylvie Ballestra-Puech aufgefallen ist,[32] die künstlerische Kreation ganz eigentlich als ein Gebären des Werks. Und nicht nur das. Wenn Ovid Arachne ihre Texte gleichsam gebären lässt, dann schlägt er damit gleich auch noch eine vielsagende Brücke von Arachne, der Weberin von Metamorphosen im Kleinen, zu sich selbst, dem Weber der *Metamorphosen* im Großen. Genauso, wie Arachne ihre Textilien gebiert, will Ovid nämlich auch selber seine Texte geboren haben. Ovid erklärt an verschiedenen Stellen seines Werks, seine Gedichte seien für ihn wie eigene Kinder. Und einmal, darum hier diese Stelle, sagt er es besonders eindrücklich in den *Tristia*:

> Palladis exemplo de me sine matre creata
> Carmina sunt; stirps haec progeniesque mea est.[33]

Ovids Werke sind, nach seiner eigenen Darstellung, keine durch sexuelle Fortpflanzung gezeugten Nachkommen, sondern Kinder, die er ohne Beitrag einer Sexualpartnerin, »sine matre«, allein aus sich selbst gezogen hat. Wie die »virgo« Arachne jungfräulich zum Faden kommt, kommt Ovid jungfräulich zu seinen Gedichten. – Genau wie Marcel, der seinen Dichterfaden in einem solitären Sexualakt als Jungfrauenfaden, als »fil de la vierge«, aus sich zieht. Und einen ganz ähnlichen Gedanken findet man auch in Prousts Korrespondenz wieder: Am 10. Dezember 1912 schreibt Proust an Mme Straus:

> J'ai tellement l'impression qu'une œuvre est quelque chose qui sorti de nous-même, vaut cependant mieux que nous-même, que je trouve tout naturel de me démener pour elle, comme un père pour son enfant.[34]

Für Proust ist das literarische Werk etwas, das aus dem Autor herauskommt wie das Kind aus der Mutter. Das Werk entsteht dabei, wie bei Ovid, »sine matre« – es geht, so inszeniert es Proust im »petit cabinet«, gleichsam aus einem autoerotischen Akt hervor. So kann die noch lange als pathologisches Verhalten angesehene Masturbation vor dem Hintergrund des Arachne-Mythos zum Bild für die kreative Tätigkeit werden.

Hyphologie und Hypospadie

Arachne fordert nicht irgendjemanden zum Wettkampf, sondern gleich Minerva, die Göttin der Webkunst. Will sie die Goldmedaille, das weiß Arachne, dann muss sie zuerst die beste Weberin überhaupt schlagen. Und genauso geht es auch Marcel Proust. Wie Arachne muss auch er zuerst einen übermächtigen Gegner stürzen. Und wie Arachnes Gegnerin Minerva, die in ihrem eigenen Wettkampf gleich selbst als Schiedsrichterin auftritt, glaubt auch Prousts Gegner von sich, er könne nicht nur besonders gut weben, sondern wisse auch am besten, was gut weben heißt. Die Rede ist von Sainte-Beuve, dem vielleicht wichtigsten französischen Literaturkritiker des neunzehnten Jahrhunderts. Von ihm sollte schon *Contre Sainte-Beuve* handeln, der Essay, den Proust 1908 zu schreiben geplant hatte, bis ihm klar wurde, dass sich sein Vorhaben besser in Form eines Romans bewältigen ließ und er *A la recherche du temps perdu* begann.

Contre Sainte-Beuve sollte die Methode des einflussreichen Kritikers widerlegen. Proust wirft Sainte-Beuve darin vor, er messe der Intelligenz, dem Verstand zu große Wichtigkeit bei und vernachlässige darüber den Instinkt, das Gefühl. So sollte *Contre Sainte-Beuve*, vereinfacht gesagt, die Überlegenheit des Gefühls über den Verstand in der schriftstellerischen Produktion beweisen.

Proust, so meine Behauptung, hat den Plan, gegen Sainte-Beuve zu kämpfen, gar nie aufgegeben. Auch wenn er seinen Essay schon lange in die Schublade gelegt hat, kämpft er auch in der *Recherche* immer noch »contre« Sainte-Beuve. Darum nämlich, so soll jetzt gezeigt werden, geht es ihm mit seiner kurzen Szene im »petit cabinet«.

Sainte-Beuve ist heute vor allem für seine literaturkritischen Texte, für *Port-Royal*, die *Lundis* und die *Portraits littéraires*, bekannt. Allerdings hat Sainte-Beuve in jungen Jahren auch einmal selbst einen Roman verfasst. Heute liest diesen Roman kaum mehr jemand. – Und vielleicht erklärt das auch, weshalb lange Zeit niemandem die deutlichen Spuren aufgefallen sind, die er in der *Recherche* hinterlassen hat. Sainte-Beuves Roman, und das ist ein erster Wink, heißt wie Marcels Lieblingsbeschäftigung in der kleinen Dachkammer, *Volupté*[35]. Und tatsächlich zielt Prousts erster Schlag gegen Sainte-Beuve denn auch direkt auf diesen lustvollen Romantitel. Der Schlag soll Sainte-Beuve mit voller Wucht treffen. Und genau dort, wo es am meisten schmerzt.

Volupté, das wird schon im Vorwort verraten, berichtet den Lebenslauf von Amaury, der seine Geschichte selbst erzählt. Doch wer nun, mit Blick auf Sainte-Beuves Titel, eine liederliche Vita voller erotischer Eskapaden erwartet, der wird schon auf der ersten Seite enttäuscht. Gerade mit der Lust will Amaury nämlich nichts mehr am Hut haben. Er hat sich für ein keusches Leben entschieden. Schuld daran ist Mme de Couaën, in die sich der junge Protagonist im dritten Kapitel des Romans verliebt. Zuvor, im zweiten Kapitel, gibt er sich noch mit Mlle Amélie ab, die etwa gleich alt ist wie er und deren kleine Schwester – das kitzelt den Proustianer im Ohr – konstant »petite Madeleine« genannt wird.[36]

Was hier aus Amaurys Lebensgeschichte interessiert, steht ganz am Anfang von *Volupté*. Der Roman beginnt mit den keuschen Jahren, den »chastes années«[37], als ihn noch kein sexuelles Begehren plagte. Zu jener Zeit, so erfährt man auf der zweiten Seite des ersten Kapitels, hat er sich gern in ein kleines Zimmer, das ganz oben im Haus liegt, zurückgezogen. Er erinnert damit ein erstes Mal an Marcel in seiner Dachkammer. Und liest man nun die Stellen, in denen sowohl in der *Recherche* als auch in *Volupté* von einer Kammer hoch oben im Haus die Rede ist, nebeneinander, dann wird plötzlich ein feines Netz aus Fäden sichtbar, das Proust zwischen sie gesponnen hat. – Was Marcel als Erzähler von hoch oben im Haus berichtet, liest sich als spottendes Echo der Worte, die Amaury zum gleichen Ort verfasst hat. Hier der Anfang der Passage, die Sainte-Beuve rund achtzig Jahre vor Proust aufs Papier brachte:

> Ces chastes années [...] se prolongèrent donc chez moi fort avant dans la puberté, et maintinrent en mon âme, au sein d'une pensée déjà forte, quelque chose de simple, d'humble et d'ingénument puéril. Quand je m'y reporte aujourd'hui, malgré ce que Dieu m'a rendu de calme, je les envie presque, tant il me fallait peu alors pour le plus saint bonheur! Silence, régularité, travail et prière; allée favorite où j'allais lire et méditer vers le milieu du jour, où je passais (sans croire redescendre) de Montesquieu à Rollin; pauvre petite chambre, tout au haut de la

maison, où je me réfugiais loin des visiteurs, et dont chaque objet à sa place me rappelait mille tâches successives d'étude et de piété; toit de tuiles où tombait éternellement ma vue, et dont elle aimait la mousse rouillée plus que la verdure des pelouses; coin de ciel inégal à l'angle des deux toits, qui m'ouvrait son azur profond aux heures de tristesse, et dans lequel je me peignais les visions du pudique amour![38]

Irgendwie schwebt über diesem langen, verschachtelten Satz schon eine Ahnung von Proust. Während aber Marcel »tout en haut de la maison« steigt, um sich in der »petite pièce« mit »la lecture, la rêverie, les larmes et la volupté«[39], zu beschäftigen, zieht sich Amaury in seine »petite chambre, tout au haut de la maison« zurück, um sich einiges seriöser mit »[s]ilence, régularité, travail et prière« zu befassen. In beiden Fällen steigt der Held in eine Kammer ganz oben im Haus, und in beiden Fällen treten die Geschäfte, denen er dort oben nachgeht, im Viererpack auf. Proust lässt Marcels Treiben unter dem Dach dabei ausgerechnet in der Lust kulminieren, in der »volupté«, die Sainte-Beuves Roman den Titel gibt – und der Amaury am gleichen Ort gerade abschwören will. Bei Sainte-Beuve endet die Aufzählung noch mit dem frommen Wort »prière«. Statt wie Amaury unter dem Dach die Hände zu falten und von der keuschen Liebe zu träumen, steigt Marcel vielmehr unters Dach, um zu masturbieren. Die Masturbation erscheint hier durchaus als pikanter Gegenentwurf zum Gebet. Proust berichtet damit ganz eigentlich das, was man von einem Roman mit dem lustvollen Titel *Volupté* erwarten dürfte. Und weshalb er das tut, wird plötzlich klar, wenn man bei Sainte-Beuve weiterliest.

Wenige Seiten später kommt Amaury in die Pubertät, und damit erwacht sein Interesse für die »volupté«. Schon bald dreht sich für ihn alles nur noch um die frisch erwachte Lust. Ausgerechnet zu dieser Zeit wird Amaury aber quälend bewusst, dass er immer hässlicher wird. Soll es mit der Liebe klappen, dann muss es jetzt schnell gehen. Demnächst werden sich die Frauen, davon ist er überzeugt, nur noch angeekelt von ihm abwenden. Und als wäre das des Leids nicht genug, muss er kurz darauf auch noch feststellen, dass ihm das Schicksal auf seiner Jagd nach einem willigen Mädchen einen noch viel übleren Knüppel zwischen die Beine geworfen hat:

Je me disais que, pour le moment, l'essentiel était d'être homme, d'appliquer quelque part (n'importe où?) mes facultés passionnées,

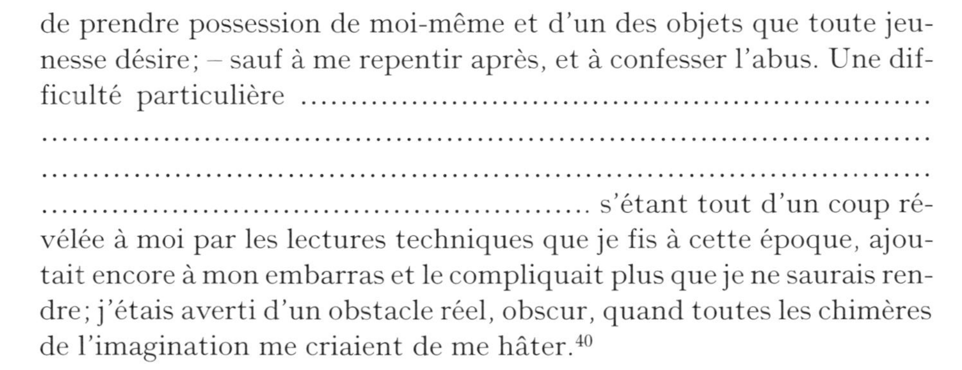

> de prendre possession de moi-même et d'un des objets que toute jeunesse désire; – sauf à me repentir après, et à confesser l'abus. Une difficulté particulière ....
> ....
> ....
> .... s'étant tout d'un coup révélée à moi par les lectures techniques que je fis à cette époque, ajoutait encore à mon embarras et le compliquait plus que je ne saurais rendre; j'étais averti d'un obstacle réel, obscur, quand toutes les chimères de l'imagination me criaient de me hâter.[40]

Was der Leser hier bereits ahnt, zeichnet sich auf den folgenden Romanseiten noch deutlicher ab. Mit Amaurys Penis stimmt etwas nicht. Maurice Regard bemerkt in seinem Kommentar zu der Stelle, dass es sich bei dem rätselhaften Hindernis, das der junge Amaury plötzlich vor sich sieht, dessen genauere Beschreibung im Roman allerdings hinter gepunkteten Linien verschwindet, wohl um die gleiche Missbildung handeln muss, unter der auch Sainte-Beuve selbst gelitten hat: um Hypospadie, eine Fehlbildung des Penis also.[41]

Beim hypospaden Mann, das verriet schon zu Prousts Zeit ein Blick in den *Grand Dictionnaire universel du XIXe siècle*, mündet die Harnröhre zu früh, an der Unterseite des nur wenig entwickelten und darum oft nicht erektionsfähigen Penis. Der betroffene Mann ist deshalb, so liest man dort, häufig unfruchtbar.[42] Und auf diesen Mangel an sexueller Zeugungskraft, den der fiktive Erzähler Amaury und sein realer geistiger Vater, der Autor Sainte-Beuve, gemeinsam haben, zielt Prousts im »petit cabinet« seitenverkehrt inszenierte Neuauflage der keuschen Passage aus *Volupté*. Im Gegensatz zu Marcel, der hoch oben im Haus aus seinem erigierten Penis den Faden zieht, aus dem literarische Gewebe sind, fehlt es eben Amaury und seinem Schöpfer Sainte-Beuve nicht nur an sexueller, sondern auch – und darauf zielt Prousts Schlag – an dichterischer Potenz. Die poetische Impotenz wird hier metaphorisch am Beispiel der durch pathologische Missbildung bewirkten sexuellen Impotenz verhandelt. Während Marcel, stellvertretend für Proust, hoch oben im Haus masturbierend die Tinte zum Fließen bringt, stockt bei Amaury, Sainte-Beuves Alter Ego, die Tinte.[43] Und plötzlich ist auch klar, warum Marcel seine ersten Zeichen in der »petite pièce« aufs Blatt bringt, statt im direkt daneben gelegenen Studierzimmer, in dem sich doch so gut schreiben ließe. Die »salle d'étude« ist bereits besetzt. In ihr geht Amaury seinen Studieraufgaben nach, den »mille tâches successives d'étude«, für die er sich unters Dach zurückzieht. Oder um es mit Prousts Worten »instinct« und »intelligence« zu sagen: Im Studierzimmer tut Amaury etwas für die Intelligenz, während Marcel in der daneben gelegenen kleinen Toilette seinem Instinkt folgt: wie Sainte-Beuve als Kritiker mit seinen Verrissen dem Beispiel der Minerva folgt, die Arachnes Textil zerrissen hat, und Proust dem Beispiel der instinktiv vorgehenden Arachne, die ihre lustvollen Geschichten webt.

Von da an zieht Proust so lange unaufhörlich am Dichterfaden weiter, bis er sich schließlich bei seiner lebensgefährlichen Tätigkeit derart entkräftet, dass ihm kein Arzt mehr helfen kann.

Anmerkungen

1 Eine vertiefte Version dieses Artikels liefert Edi Zollinger, *Proust–Flaubert–Ovid*, München 2013.

2 *RTP* I, S. 12 – *SvZ* I, S. 20:»Lesen und Träumen, Tränen und Lust«.

3 *RTP* I, S. 156 – *SvZ* I, S. 231:»Ach, vergebens flehte ich den Turm von Roussainville an, mir irgendein Kind des Dorfes entgegenzuschicken; er war der einzige Vertraute meiner Wünsche, wenn ich oben in unserem Haus in Combray in der nach Irisblüten duftenden kleinen Kammer nichts als ihn in der quadratischen Öffnung des halbgeöffneten Fensters stehen sah, während ich mit dem heroischen Zaudern eines Reisenden, der eine Forschungsreise unternimmt, oder des Verzweifelten, der sich umbringen will, mit versagender Kraft in mir selbst einen unbekannten und, wie mir schien vor Todesgefahr umlauerten Weg suchte, bis zu dem Augenblick, da eine natürliche Spur wie die einer Schnecke auf den Blättern des wilden schwarzen Johannisbeerstrauches entstand, der sich bis zu mir neigte.«

4 Philippe Lejeune, »Écriture et sexualité«, in: *Europe*, Février-Mars, Paris, 1971, S. 139.

5 Philippe Lejeune zitiert die Passage unter dem Titel »La contemplation artistique«. Man findet sie unter dem Titel »La poésie ou les lois mystérieuses« in *CSB*, S. 417-422. Zum Zusammenhang von Sexualität, Kunst und Schreiben im »petit cabinet« siehe auch Philippe Boyer, *Le petit pan de mur jaune*, Paris, 1987, S. 216-224.

6 Serge Doubrovsky, *La place de la madeleine*, Paris 1974, S. 65.

7 *RTP* I, S. 646 – *GSG*, S. 246.

8 *RTP* I, S. 646-647 – *GSG*, S. 246: »[...] ich hatte auf dem Blattwerk nur eine silbrige und natürliche Spur hinterlassen wie von einem Faden des Altweibersommers oder einer Schnecke.«

9 [Ovid] Publius Ovidius Naso, »Arachne«, *Metamorphosen*, Lateinisch/Deutsch, Übersetzt und herausgegeben von Michael von Albrecht, Stuttgart, Reclam, 1994, S. 266-272.

10 Ebenda, S. 266.

11 *RTP* I, S. 647 – *GSG*, S. 246: »diesen Faden[...], den ich aus mir selbst gezogen hatte [...].«

12 Ebenda, S. 646-647 – *GSG*, S. 246: »[...] ich hatte auf dem Blattwerk nur eine silbrige und natürliche Spur hinterlassen wie von einem Faden des Altweibersommers oder einer Schnecke. Auf dem Zweig erschien sie mir jedoch wie die verbotene Frucht am Baum des Bösen. Und so wie die Völker, die ihren Gottheiten ungeformte Gestalten geben, stellte ich mir in der Erscheinungsform dieses Silberfadens, den man nahezu endlos spannen konnte, ohne ihn enden zu lassen, und den ich aus mir selbst gezogen hatte, mich ganz entgegengesetzt zu meinem natürlichen Leben bewegend, von da an und eine Zeitlang den Teufel vor.«

13 *Corr.* XVIII, S. 536

14 Ebenda: »der ganze »Zwischenraum« ist danach geschrieben worden«.

15 Zu »lilas«, »iris« und »cassis« siehe auch das Kapitel »Das böse und das gute Garn« in: Anita Albus, *Im Licht der Finsternis*, Frankfurt a. M. 2011, S. 65-88.

16 *RTP* I, S. 12 – *SvZ* I, S. 20: »neben der Studierstube«.

17 Ovid, *Metamorphosen*, S. 264.

18 Ebenda, S. 268.

19 Walter Benjamin, »Zum Bilde Prousts«, in: ders., *Illuminationen*, Frankfurt a. M. 1961, S. 356.

20 Ebenda.

21 Die Aussage von Gilles Deleuze findet sich aufgezeichnet in: Jacques Bersani/Michel Raimond/Jean-Yves Tadié, *Études proustiennes II* (»Cahiers Marcel Proust«), Paris 1975, S. 91. Deleuze vergleicht schon früher im Gespräch den Erzähler von Prousts Roman gleich mehrmals mit einer Spinne, die ein Netz spinnt und nur auf Zeichen reagiert, die sie über dessen Fäden empfängt (ebd., S. 89). Diese Gedanken zum Erzähler der *Recherche* als Spinne im Netz findet man später auch am Schluss des der zweiten Auflage von *Proust et les signes* beigefügten zweiten Teils (Gilles Deleuze, *Proust et les signes*, Paris 1976, S. 218-219). Fünfzehn Jahre nach Deleuze benutzt auch Antoine Compagnon das Bild von der Spinne, wenn er den »dormeur éveillé«, den im Halbschlaf liegenden Protagonisten der ersten Romanseiten, mit einer Spinne vergleicht, die, im Zentrum ihres Netzes sitzend, die Fäden zusammenhält, wie er, im Zentrum des Romans sitzend, die chronologische Romanordnung zusammenhalte (Antoine Compagnon, *Proust entre deux siècles*, Paris 1989, S. 12).

22 *RTP* IV, S. 610-611 – *SvZ* VII, S. 506-506.

23 Roland Barthes, *Le Plaisir du texte*, Paris 1973, S. 100-101. Wie für Proust, der die Masturbation metaphorisch für die schriftstellerische Tätigkeit stehen lässt, ist das Schreiben auch für Barthes ein gleichsam erotischer Akt. Wenige Zeilen nach dem eben gelesenen Abschnitt kommt Barthes auf den erotischen Wert der Textpraxis zu sprechen, bevor er dann vier Seiten später seinen *Plaisir du texte* mit den Worten abschließt – »ça jouit« (ebd., S. 105).

24 Lejeune, »Écriture et sexualité«.

25 Ebenda, S. 139.

26 Zum Beispiel in Briefen an Louise Colet, 28. Oktober 1857, oder Ernest Feydeau, Ende April 1857 und 3. Dezember 1858: Gustave Flaubert, *Correspondance I-V*,

Édition présentée, établie et annotée par Jean Bruneau et al., Paris, 1973-2007, Bd. II, S. 459, 709 und 842.

27 Marcel Muller, »Création et procréation ou allégorie et jalousie dans la *Recherche*«, *Marcel Proust 2, Nouvelles directions de la recherche proustienne 1*, Textes réunis et présentés par Bernard Brun, Rencontres de Cerisy-la-Salle, Paris 2000, S. 262.

28 Pierre Larousse, *Grand dictionnaire universel du XIXe siècle*, I-XVI, Paris 1866-1878, Bd. X, S. 1320-1322

29 *RTP* I, S. 156 – *SvZ* I, S. 231: »kleinen Kammer«, »Verzweifelten, der sich umbringen will«.

30 Ovid, *Metamorphosen*, S. 272.

31 Ebenda.

32 Die hier folgenden Ausführungen stützen sich stark auf Sylvie Ballestra-Puech, *Métamorphoses d'Arachné. L'artiste en araignée dans la littérature occidentale*, Genève 2006, S. 66-68.

33 Publius Ovidius Naso. *Briefe aus der Verbannung. Tristia – Epistulae ex Ponto*. Lateinisch und deutsch. Übertragen von Wilhelm Willige. Eingeleitet und erläutert von Niklas Holzberg. Düsseldorf 2001, S. 168.

34 *Corr.* XI, S. 293-294 – »Ich habe so sehr das Gefühl, dass ein Werk etwas ist, das aus uns selbst heraus gekommen ist, darum mehr wert ist als wir selbst, daß ich es nur natürlich finde, mich dafür abzuplagen, wie ein Vater für sein Kind.«

35 Charles-Augustin Sainte-Beuve, *Volupté I-II*, Texte présenté et annoté par Maurice Regard, Illustrations de Marianne Clouzot, Paris 1984.

36 Ebenda, Bd. I, S. 103-116.

37 Ebenda, S. 96.

38 Ebenda, S. 95-96.

39 *RTP* I, S. 12 – *SvZ* I, S. 20: »Lesen und Träumen, Tränen und Lust.«

40 Charles-Augustin Sainte-Beuve, *Volupté I–II*, S. 101. »Ich sagte mir, dass im Moment das Wichtigste war, Mann zu sein, meine Fähigkeiten zur Leidenschaft (wo auch immer?) anzuwenden, von mir selbst und von einem der Objekte, die jede Jugend begehrt, Besitz zu ergreifen; – ich konnte es ja nachher immer noch bereuen und den Missbrauch beichten. Eine spezielle Schwierigkeit ....
....
....
...., die sich mir plötzlich zu jenem Zeitpunkt durch technische Lektüren offenbarte, verschlimmerte noch meine peinliche Lage, und komplizierte sie mehr, als ich das hier wiedergeben könnte; ich sah mich einem wirklichen, rätselhaften Hindernis gegenüber, gerade als mir alle Schimären meiner Vorstellungskraft zuriefen, mich zu beeilen.« (Meine Übersetzung)

41 Ebenda, S. 325, Note 1 zu Seite 101. Zur Kastrations-Angst, die in *Volupté* durchgehend spürbar ist, siehe Maureen Jameson, »*Volupté*: récit d'un crime«, in: *The Romanic Review* 85 (1994), S. 49-62. Jameson geht ebenfalls auf die Hypospadie ein, die der Autor Sainte-Beuve und sein Protagonist Amaury gemeinsam haben, und gibt weiter führende Literatur zum Thema an (ebd., S. 51-53). Maurice Regard geht in seiner »Introduction« zu *Volupté* länger auf die psychischen Auswirkungen ein, die das physische Gebrechen auf den Betroffenen haben kann, und

auf das, was dazu in Sainte-Beuves eigenen Aufzeichnungen zu finden ist (Charles-Augustin Sainte-Beuve, *Volupté I*, S. 36). Auch Wolf Lepenies geht kurz auf Sainte-Beuves Missbildung und auf sein dadurch beeinträchtigtes Sexualleben ein (Wolf Lepenies, *Sainte-Beuve: Auf der Schwelle zur Moderne*, München, 1997, S. 52).

42 Larousse, *Grand dictionnaire universel*, Bd. IX, S. 518.

43 Wie weit Proust ursprünglich das Assoziationsspiel zwischen sexueller und poetischer Potenz führen wollte, zeigt ein Blick in die Entwürfe zur Masturbationsszene. Dort wird Marcels Ejakulation noch so beschrieben: »Enfin s'éleva un jet d'opale, par élans successifs, comme, au moment où il s'élance, le jet d'eau de Saint-Cloud que nous pouvons reconnaître [...] dans le portrait qu'en a laissé Hubert Robert [...].« *RTP* I, S. 646 – *GSG*, S. 246: »Endlich schoß in aufeinanderfolgenden Stößen ein opalener Strahl auf, wie in dem Augenblick, da er sich in Gang setzt, der Springbrunnen von Saint-Cloud, den wir [...] auf dem Bild wiedererkennen können, das Hubert Robert davon hinterlassen hat, [...].«: Das Wort »jet«, das bei Proust hier im »jet d'opale« und im »jet d'eau« steht, trifft man auch bei Sainte-Beuve häufig an. Und zwar, wie Jean-Pierre Richard gezeigt hat, immer dort, wo vom literarischen Wurf und vom schriftstellerischen Genie die Rede ist (Jean-Pierre Richard, »Sainte-Beuve et l'objet littéraire«, in: ders., *Études sur le Romantisme*, Paris 1970, S. 247). Sollte sich Proust mit dem »jet d'opale« und dem »jet d'eau« implizit auf Sainte-Beuves Äußerungen zum literarischen Wurf beziehen? Ulrike Sprenger hat gezeigt, in welch engem Zusammenhang die Masturbationsszene im »petit cabinet« und der Springbrunnen von Hubert Robert auch in der definitiven Version der *Recherche* noch stehen (Ulrike Sprenger, »Die Rache der Ästheten – Mme d'Arpajon, le jet d'eau d'Hubert Robert et la gaieté du grand-duc Wladimir«, in: Rainer Warning/Winfried Wehle (Hg.), *Fin de Siècle*, München 2002, S. 375-377). Darüber hinaus, und das ist mit Blick auf die hier gezogenen Parallelen zwischen Masturbation und Textproduktion interessant, liest sie die Fontäne in der »jet d'eau«-Episode aus *Sodome et Gomorrhe* II als »Fiktionsironie«, in der »das Verhältnis von Erzählen und Reflektieren *en abime* gesetzt und die Diskursmächtigkeit des Erzählers gebrochen« wird (ebd., S. 391).

Marcel Proust als Theoretiker des Begehrens Zwischen Freud'schem Narzissmus und Proust'schem *désir*

Dagmar Bruss

Es ist bestimmt kein Zufall, dass der Malerei als Kunstgattung gerade im zweiten Band der *Recherche* ein besonders prominenter Platz zufällt. Zwischen die einzelnen, bedeutungsvollen Begegnungen des jungen Marcel mit einer Schar junger Mädchen auf der Strandpromenade von Balbec schaltet Proust in *À l'ombre des jeunes filles en fleur* eine ganze Reihe von Bildern. Treten diese zunächst vereinzelt auf, so löst ein gleich nach dem ersten »bewussten« Zusammentreffen mit der Radfahrerin mit Polomütze aus dem Fenster des Hotelflurs geworfener Blick beim Erzähler eine wahre Kaskade an Bildern aus. Bei der Radfahrerin mit Polomütze handelt es sich – wie der Leser etwas später erfährt – um Albertine.

Nachdem Marcel bei einer Wagenfahrt durch die Hügel um Balbec zum ersten Mal die Erfüllung seines Wunsches für möglich hielt, eines der immer wieder vorüberziehenden Landmädchen möge ihn erhören, bekommt er Gelegenheit, die Kirche von Carqueville[1] zu betrachten. Da sie eingehüllt ist in eine dicke Efeuschicht, ist die Sicht auf die eigentliche Kirchensilhouette erheblich erschwert. Das Erahnen der wirklichen Form unter der scheinbaren, das einen Akt des Übersetzens nötig macht, knüpft an das Bild der in der Dämmerung vorüberziehenden Mädchen an, von denen

> il n'y a pas un torse féminin, mutilé comme un marbre antique par la vitesse qui nous entraîne et le crépuscule qui le noie, qui ne tire sur notre cœur, à chaque coin de route, du fond de chaque boutique, les flèches de la Beauté, de la Beauté dont on serait parfois tenté de se demander si elle est en ce monde autre chose que la partie de complément qu'ajoute à une passante fragmentaire et fugitive notre imagination surexcitée par le regret.[2]

Gemeinsam ist dem an das Baudelaire-Sonett »À une passante«[3] anklingenden Zitat und dem Bild der Kirche die Flüchtigkeit des Eindrucks. Beide Male muss der Ich-Erzähler das nur momentan Geschaute um das aus anderen Zusammenhängen Bekannte ergänzen. Figur und Umgebung lassen sich nur schwer auseinanderhalten.

Die eingangs erwähnte Bilderkaskade wird eingeleitet durch das als »Andacht« beschriebene Stehen Marcels vor dem geöffneten Fenster des Hotelflurs. Eine darauf folgende Erzählpause – der Ich-Erzähler schwenkt von dem Bericht einer konkreten Begebenheit zur Beschreibung der gesamten kommenden Saison um – ermöglicht das rasche Hintereinander einer Folge von Bildern, bei denen sich mittelalterliche mit modernen Malweisen mischen. Der Anblick des sich mit den Lichtverhältnissen wandelnden Himmels und des Meers wird durchsetzt von einer Fülle von sakralen Begriffen. »[A]pparition mystique«, »maître-autel«, »stigmatisé«[4] verweisen allesamt auf ein Transzendentes, dessen Erfahrung ausgelöst wird durch das Phänomen der untergehenden Sonne, deren einzelne Teile, im Glas der Mahagonischränke gespiegelt, »durch die Phantasie des Betrachters an ihren Platz in der Predella des Retabels zurückversetzt werden«.[5]

Beiden Bilderkomplexen gemeinsam ist die Priorisierung der Wahrnehmung vor dem Gewussten, des Scheinens vor dem Sein und vor dessen Unterscheidungen. Von einem solchen bloßen Aufscheinen einer »blissful autonomy«[6], den »regards animés de suffisance«[7], spricht René Girard im englischen Original seines Aufsatzes »Narcissism: The Freudian Myth Demythified by Proust«[8] aus dem Jahr 1978 mit Blick auf die *bande des jeunes filles*, die Schar junger Mädchen, die Marcels Weg in Balbec mehrere Male kreuzt. Mit dem Begriff der »blissful autonomy«[9] bezieht sich Girard auf einen bestimmten Typus schöner Frauen, wie Freud ihn in seinen Ausführungen zum Narzissmus darstellt. Dabei handelt es sich um eine diesem Frauentyp zugeschriebene Form von Selbstgenügsamkeit, die besonders anziehend wirke. Solche Frauen üben einen eigentümlichen Reiz auf Männer aus, den Freud mit der Selbstgenügsamkeit und Unzugänglichkeit von Kindern oder gewissen Tieren wie Katzen vergleicht. Und tatsächlich legt Proust der Mädchenschar Attribute des Nichtmenschlichen, des von dem Rest der Vorübergehenden Abgetrennten bei: Da ist von einem Schreiten der Mädchen die Rede, als wäre die sie umgebende Menge »une bande des mouettes«, von »esprit d'oiseaux«,[10] von »composée d'êtres d'une autre race«, von dem Vergleich mit einem »lumineuse comète«,[11] von »›bande à part‹«, von »liaison invisible [...] faisant d'eux un tout aussi homogène en ses parties qu'il était différent de la foule au milieu de laquelle se déroulait lentement leur cortège«,[12] von einer »machine qui eût été lâchée«,[13] einer Maschine, die, einmal in Gang gesetzt, die Umgehenden auf mechanische Weise dazu zwingt, ihr auszuweichen.

Narzissmus bei Freud[14]

Bevor nun, wie angedeutet, von der Scheinhaftigkeit der »blissful autonomy« der Mädchengruppe die Rede sein wird, möchte ich zunächst ein paar Grundüberlegungen zu Freuds Narzissmustheorie vorausschicken. Sie stammen aus der 1914 erschienenen Schrift »Zur Einführung des Narzißmus«.[15]

Bei dem mit dem Etikett »Selbstgenügsamkeit« Versehenen handelt es sich nach Freud um eine sekundäre Form des Narzissmus, die von dem primären Narzissmus des Säuglings zu unterscheiden ist. Von der in diesem primären Stadium vorherrschenden ursprünglichen Libidobesetzung des Ichs werden – bei zu erwartender Entwicklung – im späteren Verlauf Teile an Liebesobjekte abgegeben. In Wirklichkeit, so Freud, erscheine dies jedoch nur so, und es werden lediglich die »Emanationen der Ichlibido, die Objektbesetzungen, ausgeschickt und wieder zurückgezogen«. Er fährt fort: »Wir sehen auch im groben einen Gegensatz zwischen der Ichlibido und der Objektlibido. Je mehr die eine verbraucht, desto mehr verarmt die andere«. Als die höchste Entwicklungsphase, die die Objektlibido erreichen kann, gilt der Zustand der Verliebtheit. Er stellt sich dar als »ein Aufgeben der eigenen Persönlichkeit gegen die Objektbesetzung«. Seinen Gegensatz findet er – dies ist bei der Phantasie des Paranoikers der Fall – in dem Rückfluss der gesamten Libidobesetzung in das Ich; zwei Extreme, die als »Mechanismen des Weltuntergangs« bezeichnet werden.[16]

Nach Freud existieren drei Zugänge zur Erkenntnis des Narzissmus: »Die Betrachtung der organischen Krankheit, der Hypochondrie und des Liebeslebens der Geschlechter«.[17] Die Beobachtung des Letzteren erlaubt es, zwei unterschiedliche Typen von Objektwahl zu benennen: den sogenannten Anlehnungstypus und den Typus der narzisstischen Objektwahl. Da sich die Sexualtriebe zunächst an die Befriedigung der Ichtriebe anlehnen und sich erst später von diesen emanzipieren, orientiert sich die Objektwahl beim Anlehnungstypus an den Personen, die mit Ernährung und Schutz des Kleinkindes betraut sind. Aufgrund der für den Mann charakteristischen Sexualüberschätzung tritt diese Form der Wahl eher bei Männern auf, indem sie sich an eine nährende Frau anlehnen. Für die Frau dagegen ist der narzisstische Typus kennzeichnend. Freud erklärt dies aus einer Steigerung des primären Narzissmus vor dem Hintergrund der bis zur Pubertät nur latent ausgebildeten weiblichen Sexualorgane. Liebende, die dem narzisstischen Typus der Objektwahl entsprechen – dabei kann es sich durchaus auch um Männer handeln, wobei diese in der Minderzahl sind –, begehren entweder das, was sie selbst sind, was sie waren, was sie sein möchten, oder die Person, die ein Teil des eigenen Selbst gewesen ist. Als Beispiel für diesen letzten Fall nennt Freud die Liebe narzisstischer Frauen zu ihren Kindern. Der Narzissmus kann sich also auch auf andere Objekte als die eigene Person beziehen, sofern diese dem Ich so sehr ähneln, dass sie nicht mehr als »reale« Objekte angesehen werden können.[18] Ein anderer Fall von narzisstischer Persönlichkeit ist die des Künstlers.

Proust contra Freud

Den bisherigen Ausführungen zufolge kommt der Zustand des Verliebtseins nach Freud einer »Verarmung des Ichs an Libido zugunsten des Objektes«[19] gleich. Es ist genau dieses mechanistisch anmutende Nullsummenspiel einer feststehenden Quantität an Ich- und an Objektlibido im Sinne des »je mehr die eine verbraucht, desto mehr verarmt die andere«, von dem Girards Überlegungen ihren Ausgang nehmen. Ich möchte sie im Folgenden in etwas verknappter Form darstellen. Dazu nochmals ein paar Sätze zu Freud: Nach Freud ist analytisch zwischen den Sexualtrieben und den Ichtrieben zu trennen. Aus dieser Unterscheidung leitet er die Aufspaltung der Libido in eine Ichlibido und eine Objektlibido ab. Das Ich muss, im Gegensatz zu den autoerotischen Trieben, erst entwickelt werden, wobei Freud diese Entwicklung als »Entfernung vom primären Narzißmus [...] durch ein von außen aufgenötigtes Ichideal«[20] versteht. Die Entfernung von dem Ichideal erzeuge zugleich ein Bestreben, den primär vorhandenen Narzissmus wiederzugewinnen. Freud stellt sich das Selbstgefühl aus folgenden drei Komponenten zusammengesetzt vor: aus einem Rest des kindlichen Narzissmus, aus der Erfüllung des Ichideals im Sinne einer Erfahrung der Bestätigung der Allmacht und, drittens, aus der Befriedigung der Objektlibido.[21]

Die hier zutage tretende Spannung zwischen dem Abrücken vom kindlichen Narzissmus bei gleichzeitigem Bestreben, den Urzustand wiederzuerlangen, mutet zunächst widersprüchlich an. Girards Kritik an Freud knüpft genau an der Stelle an, wo er in Freuds Ausführungen einen moralistischen Unterton wahrzunehmen vermeint. Dieser lege dem »reifen« Erwachsenen[22] ein bewusst gewähltes Abrücken von der kindlichen Selbstgenügsamkeit des primären Narzissmus nahe. Nicht um das Streben nach dem Angenehmen gehe es also, sondern um die Erfüllung einer Pflicht. Welche Stelle bei Freud Girard dabei im Auge hat, ist nicht ganz klar; in seinen eigenen Worten klingt die Vermutung wie folgt: »Freud clearly implies that the people who have renounced part of their narcissism did so as a matter of choice, not because it is pleasurable to be sure but out of a sense of obligation«. Meiner Ansicht nach lässt insbesondere das obige Zitat, in dem Freud die Entwicklung des Ichs als »Entfernung vom primären Narzißmus [...] durch ein *von außen aufgenötigtes Ichideal*« beschreibt, eine wohlwollende Auslegung von Girards These zu. In diesem Sinne nötigt das von der Umgebung – den Eltern oder der Gesellschaft – übernommene Ichideal zu dem Abrücken von einem Zustand, dem Girard den Namen »blissful autonomy«, Selbstgenügsamkeit, gibt. Andererseits beinhaltet Girards Kritik selbst einen gewissen Widerspruch, wenn er Wendungen wie »out of a sense of obligation« unmittelbar neben solche wie »as a matter of choice« und »they have decided to become mature« stellt. Auch wenn es sich um inzwischen von dem Ich internalisierte Ideale handelt, fragt man sich doch, wie weit die bei Freud angeblich implizite Freiwilligkeit wirklich reichen kann.[23]

Kommen wir jetzt zu Proust: Zwar gibt es im Hinblick auf die Beschreibung des Narzissmus zwischen diesem und Freud zahlreiche Parallelen, doch laufen die theoretischen Annahmen der beiden in dem Punkt auseinander, an dem von einem – wie wir gesehen haben, mehr oder weniger freiwilligen – Verzicht auf eine primär vorhandene Selbstgenügsamkeit die Rede ist. Zunächst erscheint bei Proust der Zustand der »blissful autonomy«, der »self-sufficiency«, an verschiedenster Stelle im Sinne des Freud'schen Narzissmuskonzepts modelliert. Unter dem Einfluss weiter Teile der philosophischen und literarischen Theorie des 19. und des frühen 20. Jahrhunderts stehend,[24] kommt auch in Prousts theoretischen Äußerungen innerhalb der *Recherche* die Überzeugung zum Ausdruck, das Begehren von Menschen im Allgemeinen und des Künstlers im Besonderen richte sich grundsätzlich auf das eigene Ich.[25] Bei der Wahl der Liebesobjekte suchen sie dementsprechend in dem begehrten Objekt nur sich selbst, indem sie diesem eine Rätselhaftigkeit und Schönheit verleihen, die in Wirklichkeit von ihrem eigenen Ich ausströmt. Es handelt sich also um reine Projektionen des Ichs, die beim Künstler in die Überformung der Wirklichkeit nach dem eigenen Bild in Gestalt von Literatur münden. In den Worten René Girards liest sich der Hiat zwischen Ich und äußerer Realität folgendermaßen: »Reality does not come up to the high expectations of the self; it is less beautiful, less rich, less authentic, less substantial than the self's own private projections«.[26] Eine solche Konzeption des Narzissmus sei auch ganz eindeutig in Prousts erstem Roman, *Jean Santeuil*[27], zu erkennen. Darin porträtiere dieser einen jungen Mann, der – auf exzessive Weise mit sich selbst beschäftigt – durch sein Begehren niemals über die Schwelle der eigenen, mondänen Welt der Aristokratie hinausgetragen werde. Seine Liebe gelte einem jungen Mädchen, das ihm in Geschmack und Gesellschaft beinahe aufs Haar gleiche.[28]

Bekanntlich ist in dem erst 1952 aus dem Nachlass von Proust veröffentlichten Roman, der als Entwurf zur *Recherche* angesehen wird, die Trennung von erinnerndem und erinnertem Ich noch nicht vollzogen. Anhand des in narzisstischer Selbstgenügsamkeit befangenen Jean Santeuil, des Protagonisten des Romans, gelinge es Proust nicht, so Girard, die Natur des die *Recherche* so souverän durchziehenden *désir* darzustellen. Deren Kennzeichen sei eine Subjektivität, die in der *poésie de la mémoire* in Gestalt der dialektischen Verschränkung von Vergangenheit und Erzählgegenwart zum Ausdruck komme.[29] Anders als in diesem ersten Roman und anders auch als in verstreuten theoretischen Äußerungen in der *Recherche* erwachse, so Girard, aus »Proust's practice as a novelist«[30] – und allein darauf komme es vom literarischen Standpunkt aus an – in der *Recherche* eine von der Freud'schen abweichende Konzeption von Narzissmus. Bei Proust – und damit meine ich ab jetzt die literarischen Anteile der *Recherche* – existiert kein freiwilliger Verzicht auf die »blissful autonomy«. Auch nicht zugunsten von Objektliebe, denn so etwas wie Selbstgenügsamkeit gibt es nicht. Eine Verarmung der Ichlibido entsteht nicht erst, wie bei Freud beschrieben, zugunsten der Objektlibido, sondern ist und war dem Icherzähler stets gegenwärtig. Girards These dazu liest sich wie folgt:

> What Freud calls ›intact narcissism‹ is the main, even the sole object of desire in the novel of Proust. Since ›intact narcissism‹ is defined as *perfect self-sufficiency* and since self-sufficiency is what the *subject of desire*

does not have and *would like to have*, there is nothing ›incongruous‹ in the choice of ›intact narcissism‹ as an object of desire.[31]

Mit dem Attribut »incongruous« nimmt Girard auf den von Freud eher intuierten denn erklärten Widerspruch Bezug, in dem Reiz, den narzisstische Frauen auf die Objektwahl bestimmter Männer ausüben, liege eine »Inkongruenz der Objektwahltypen«.[32]

Narzissmus bei Proust ist also nicht wie bei Freud ein Zustand, der einem begehrenden Subjekt zukommt und der es bei der Wahl eines ihm ähnlichen Objekts – im Zweifel es selbst – beeinflusst. Er ist vielmehr ein Zustand, der von dem begehrenden Subjekt *aus der Position einer Leere heraus* an einem anderen Objekt bewundert und begehrt wird. Das Paradox zwischen »self-centeredness« und »other-centeredness« ist also nur ein scheinbares. Es entsteht dadurch, dass Freud auf der Selbstlosigkeit der Objektliebe im Sinne eines Verzichts auf den eigenen Narzissmus beharrt. Allerdings müsse Freud etwas von dieser Lösung geahnt haben, wenn er von der großen Anziehung spricht, die narzisstische Frauen oder auch Tiere auf andere Menschen ausüben.[33]

Wie groß der zwischen dem Ich-Erzähler und der vorüberziehenden *bande de filles* wahrgenommene Abstand ist, lässt der folgende Abschnitt erahnen:

[...] les fillettes que j'avais aperçues, avec la maîtrise de gestes que donne un parfait assouplissement de son propre corps et un mépris sincère du reste de l'humanité, venaient droit devant elles, sans hésitation ni raideur, exécutant exactement les mouvements qu'elles voulaient, dans une pleine indépendance de chacun de leurs membres par rapport aux autres, la plus grande partie de leur corps gardant cette immobilité si remarquable chez les bonnes valseuses. Elles n'étaient plus loin de moi. Quoique chacune fût d'un type absolument différent des autres, elles avaient toutes de la beauté; [...] je n'avais encore individualisé aucune d'elles. [...] et même ces traits je n'avais encore indissolublement attaché aucun d'entre eux à l'une des jeunes filles plutôt qu'à l'autre; et quand (selon l'ordre dans lequel se déroulait cet ensemble, merveilleux parce qu'y voisinaient les aspects les plus différents, que toutes les gammes de couleurs y étaient rapprochées, mais qui étaient confus comme une musique où je n'aurais pas su isoler et reconnaître au moment de leur passage les phrases, distinguées mais oubliées aussitôt après) je voyais émerger un ovale blanc, des yeux noirs, des yeux

> verts, je ne savais pas si c'étaient les mêmes qui m'avaient déjà apporté du charme tout à l'heure, je ne pouvais pas les rapporter à telle jeune fille que j'eusse séparée des autres et reconnue. Et cette absence, dans ma vision, des démarcations que j'établirais bientôt entre elles, propageait à travers leur groupe un flottement harmonieux, la translation continue d'une beauté fluide, collective et mobile.[34]

Aus den Zeilen spricht eine große Bewunderung für die Souveränität und Körperbeherrschung der Mädchen. Das harmonische Gleiten, das fortwährende Fluktuieren einer schwebenden Schönheit, die stets in Bewegung bleibt, vereint die kleine Gruppe und setzt sie zugleich vom Rest der Menge ab.

Es ist die enorme Fallhöhe zwischen dem – nach Freud'scher Terminologie – verarmten Ich des Erzählers und der als reich erlebten *self-sufficiency* der beobachteten Mädchenschar, die sein Begehren auslöst. Dem Einwand, es könne sich um die Freud'sche Variante von narzisstischer Objektliebe handeln, kann man ohne weiteres begegnen, werden die Mädchen doch als »petite tribu«, als kleines Völkchen, beschrieben, »où l'idée de ce que j'étais ne pouvait certainement ni parvenir ni trouver place«,[35] also als von dem begehrenden Ich Marcels gänzlich verschieden und für dieses unzugänglich.

Diesem Proust'schen Konzept des *désir*[36] ist die Unerfüllbarkeit von Beginn an eingeschrieben: »Et c'était par conséquent toute sa vie qui m'inspirait du désir; désir douloureux, parce que je le sentais irréalisable«.[37] Doch man ahnt zugleich, dass es gerade diese Unerfüllbarkeit ist, die dem Begehren immer neue Nahrung gibt. Der Erzähler fährt fort:

> mais [désir] enivrant, parce que ce qui avait été jusque-là ma vie ayant brusquement cessé d'être ma vie totale, n'étant plus qu'une petite partie de l'espace étendue devant moi que je brûlais de couvrir, et qui était fait de la vie des ces jeunes filles, m'offrait ce prolongement, *cette multiplication possible de soi-même, qui est le bonheur*.[38]

Im weiteren Verlauf ist vom »gierigen Aufsaugen bis zum völligen Getränktsein« die Rede – von dem Durst, gleich einem »dürstenden Erdreich«, nach einem Leben, mit dem den Ich-Erzähler kein einziges Element zu verbinden scheint.[39]

Anders als bei Freud, wo eine »Mehrung des Ichs«, die »multiplication de soi-même«, Symptom einer narzisstisch-selbstgenügsamen Persönlichkeit ist, setzt diese bei Proust, ganz im Gegenteil, ein von sich aus leeres, nach Füllung durch andere, strahlungsreichere Wesen dürstendes Ich voraus. Rainer Warning weist im Zusammenhang mit der Stelle »l'espace étendue devant moi que je brûlais de couvrir« auf die Verräumlichung der Zukunft im »Zeichen des Begehrens« hin. Er deutet sie als eine Extension des Raumes der ersten Begegnung mit den Mädchen auf der Strandpromenade, die begleitet war von einer Fülle euphorisierender Stimuli.[40] Dieses Begehren ist ein dynamisches, dessen Natur im Rückgriff auf den eingangs angeführten Verweis auf »À une passante« eine wesentliche Ergänzung erfährt. Indem bereits der Beginn des zweiten Teils von *À l'ombre des jeunes filles en fleurs* dem bewegten Element gewidmet ist – die Reise mit der Großmutter und mit Françoise nach Balbec –, findet hier eine Tendenz zur »Entteleologisierung«[41] in den »promenades« der »jeunes filles« ihren vorläufigen Höhepunkt. Insgesamt steht der hier beginnende *roman d'Albertine* ganz im Zeichen des Passageren. Das an »À une passante« anklingende Zitat sei noch einmal, diesmal um den Beginn des Satzes vervollständigt, wiederholt:

> Pour peu que la nuit tombe et que *la voiture aille vite*, à la campagne, dans une ville, il n'y a pas un *torse* féminin, mutilé comme un marbre antique par la vitesse qui nous entraîne et le crépuscule qui le noie, qui ne tire sur notre cœur, à chaque coin de route [...] les flèches de la Beauté, de la Beauté dont on serait parfois tenté de se demander si elle est en ce monde autre chose que la partie de complément qu'ajoute à une *passante fragmentaire et fugitive* notre imagination surexcitée par le regret.[42]

Aus dem Kontrast zwischen Flüchtigem und Statuenhaftem entsteht eine eigentümliche Spannung zwischen moderner, ephemerer und antikisierender, zeitloser Ästhetik. In der bei Baudelaire durch modische Kleidung zum Leben erweckten Statue sieht Barbara Vinken einen Fall von romantischer Ironie. Dementsprechend ist die »moderne« Mode nicht einfach Zeichen von Kurzlebigkeit. Vielmehr speist sich die eigentümliche Faszination derselben gerade aus ihrer Spannung im Hinblick auf das klassische Ideal antiker Statuen.[43] Es ist diese Spannung, die Quelle des Begehrens ist.

Geht man dem metapoetischen Verweis Prousts weiter nach, so findet man unter Baudelaires *Fusées* (1887) eine genauere Definition des Schönen. Erweitert um den Proust'schen »regret«, lässt sie sich auf den Dreiklang von »désir – privation – désespérance« bringen. Ein solches Alternieren von Wunsch und Verlust, von Wunsch und Verzweiflung soll fortan für Marcels Begehren kennzeichnend sein.[44] Der mit der »modernité« auftretende Riss zwischen »le transitoire, le fugitif, le contingent, la moitié de l'art, dont l'autre moitié est l'éternel et l'immuable«, so Baudelaire in *Le peintre de la vie moderne* von 1863[45], belässt die Attribute des Modernen in einem gewissen Rückbezug auf das Klassisch-Ewige. In dem oben zitierten und von Proust in die Praxis literarischen Schreibens umgesetzten Dreiklang scheint »die Stelle des Ewigen in dem Maße durch Erfahrungen des Schmerzes, der Entbehrung, der Verlustangst besetzt, wie das Ästhetische ganz vom Begehren her gedacht wird«.[46]Auf erhellende Weise zeigt Warning, indem er Genette folgt, wie die gesamte, durch den Faden des Begehrens zusammengehaltene *Recherche* damit zugleich ihre offizielle Erinnerungspoetik unterläuft. Vor dem Hintergrund der auf den ursprünglichen Entwurf von *Contre Sainte-Beuve* zurückgehenden Dichotomie zwischen einem mondänen und einem Tiefen-Ich formuliert sie ihre offizielle Poetik der Erinnerung im Sinne einer Suche nach Kontinuität. Danach erkennt Marcel in *Le temps retrouvé* die in der langersehnten Niederschrift seiner Autobiographie liegende Möglichkeit, die Dissoziation der einzelnen Ichs, die sich in der Zeit vollzieht – sie wird ihm auf der Matinée des Guermantes anhand der zu Masken veränderten Gesichter schmerzlich bewusst[47] –, zugunsten eines dauerhafteren Ichs zu überwinden. Entgegen dieser Poetik der Erinnerung, die in der Wahl ihrer Begriffe einen Essentialismus romantischer Prägung erkennen lässt, der nicht ohne religiöse Anleihen auskommt, ist es gerade die dem Pol der »modernen Hälfte der Kunst« zugehörende Ästhetik des Ephemeren, der Proust in dem Roman in Wirklichkeit huldigt. Entgegen der narzisstischen Objektwahl bei Freud wird im begehrten Objekt nicht das Identische, sondern das ganz Andere gesucht. Dasselbe, was Castoriadis in seiner *Institution imaginaire de la société* von 1975[48] mit Bezug auf die psychische Realität beschreibt, scheint auch für den Proust'schen *désir* zu gelten. Im Gegensatz zu allen anderen Formen des *désir*, die nicht nur realisier*bar* sind, sondern bereits in der *psyché* realisiert, gibt es nach Castoriadis eine einzige Form des *désir*, die »irréalisable (et par là même indestructible) pour la psyché« ist, und das ist

> celui qui vise, non pas ce qui ne pourrait jamais se présenter dans le réel, mais ce qui ne pourrait jamais être donnée, comme tel, *dans la représentation* – c'est à dire dans la réalité psychique. Ce qui manque

> et manquera à jamais, c'est l'irreprésentable d'un »état« premier, l'avant de la séparation et de la différenciation, une proto-représentation que la psyché n'est plus capable de produire, qui a pour toujours aimanté le champs psychique comme présentification d'une unité indissociable de la figure, du sens et du plaisir.[49]

Weder kann dieser *désir premier* in einem Objekt der Wirklichkeit Verkörperung finden noch seinen Ausdruck in der Sprache. Damit ist für Castoriadis die »psyché [..] son propre objet perdu«.[50] Deren ständige Suche nach dem nicht verdrängten, jedoch nie mehr repräsentierbaren Urzustand gleiche einem »monstre de la folie unifiante«, das vom Innersten der Höhle des Unbewussten aus den »désir, maître de tous les désirs, d'unification totale, d'abolition de la différence et de la distance« steuert, der die Entwicklung des sozialen Subjekts übersteht. Dieses Imaginäre, das einem »flux représentatif/affectif/intentionnel« von Vorstellungen gleicht, speist sich im Falle von Proust aus den beiden »neuralgischen Punkten der Sozialisation« Judentum und Homosexualität.[51] Demzufolge ist jegliche Identität nur Schein ständig sich wandelnder, unvereinbarer Relata.[52]

Die Wahrheit des Scheins

Von dieser Vorstellung eines prinzipiell nicht erfüllbaren Begehrens à la Castoriadis führt ein Weg zurück zur Konzeption des *désir*, wie es Girard in seiner bereits 1961 erschienenen Studie *Mensonge romantique et vérité romanesque*[53] beschreibt. Darin geht er von einer triangulären Struktur des Begehrens aus: Ein Subjekt begehrt ein Objekt nicht nach Maßgabe von dessen real vorhandenen Vorzügen, sondern richtet sein *désir* nach den Kriterien seiner Vorbilder, den sogenannten Mittlern, aus. Prominentes Beispiel für eine solche Form der Mimesis ist Emma Bovarys Schwärmen für Rodolphe, den sie, von dem Idealbild der Heldinnen ihrer romantischen Lektüren geleitet, als Märchenprinzen verklärt. Verringert sich die soziale Distanz zwischen Vorbild und begehrendem Subjekt, kommt es zu einer Form der Rivalität, die zerstörerisch wirkt. In dieser Art von Rivalität liegt nach Girard der Kreuzungspunkt von Eifersucht in der Liebe und in Bezug auf den Snobismus, beides Themen, die die *Recherche* auf nahezu obsessive Weise durchziehen.[54]

Der Übergang von *mensonge romantique* zur *vérité romanesque* beschreibt ein Abrücken des Schriftstellers von der symbolistischen Lüge der Selbstgenügsamkeit des Begehrens hin zu der Wahrheit, dass Begehren stets der Vermittlung durch Andere bedarf. Der Übergang ist ein mühsamer, in dem »l'illusion du désir spontané et du subjectivité quasi divine«[55] überwunden werden müssen. Wie Proust sowohl den gesteigerten Subjektivismus als auch die einseitige Objektbezogenheit hinter sich lässt, wird am Beispiel des jungen Marcel deutlich, der, von seiner Mutter zum Spazieren auf die Champs-Elysées geschickt, zunächst keinen Gefallen daran findet. Erst das Dazwischentreten eines potentiellen Mittlers hätte sein Verlagen zu entfachen vermocht: »Si seulement Bergotte les eût décrits dans un de ses livres, sans doute j'aurais désiré de les connaître, comme toutes les choses dont on avait commencé par mettre le ›double‹ dans mon imagination«.[56]

Gemeinsam ist dem mimetisch verfassten Begehren und der die offizielle Poetik der Erinnerung unterlaufenden Flüchtigkeitsästhetik der *Recherche* demnach ihr Antiessentialismus. Die Unerfüllbarkeit des Begehrens rührt nicht allein von der objektiven Unerreichbarkeit der jungen Mädchenschar. Vielmehr weiß Marcel, dass der Glanz des Mädchens mit der Polomütze in demselben Augenblick verpufft sein wird, in dem der ihr gegenüber wahrgenommene Abstand geschrumpft ist.[57] Nicht nur besteht kein Widerspruch zwischen dem Streben nach der »blissful autonomy« und der eigenen Leere. Bei der »blissful autonomy« selbst handelt es sich um kein dem Ich der Mädchen zukommendes, substantielles Attribut, sondern lediglich um den Anschein davon. Indem der Icherzähler das scheinbare Begehren der Mädchengruppe nachahmt und seinerseits deren implizite Anführerin, die mit der schwarzen Polomütze, begehrt, erweist sich nach Girard und mit Proust, dass niemand allein aus sich selbst heraus narzisstisch sein kann. »To say that no one is a narcissist for oneself and that everyone wants to be one is to say that *the self does not exist in the substantial sense* that Freud gives to that term in Narcissism«.[58] Da aber jeder in der Regel an die Existenz eines substantiellen Selbst glaubt, ist auch jeder bestrebt, ein solches zu erlangen.

Mit dieser Einsicht in die Natur des Begehrens erscheint Proust als Kritiker und zugleich kompetenterer Theoretiker des Narzissmus. Da Generationen von Proust-Interpreten entweder profreudianisch oder antifreudianisch eingestellt waren und da Erstere bei der Analyse der Freud'schen Werke von der Unangreifbarkeit seiner Theorien ausgegangen waren, ist das hohe theoretische Potential der *Recherche* lange Zeit verborgen geblieben. In Bezug auf den Narzissmus, »one of the most questionable points in psychoanalysis«[59], sieht Girard die *Recherche* als theoretischen Kulminationspunkt auf dem Weg von Prousts erstem Roman, *Jean Santeuil*, über Freuds Narzissmus-Schrift. Während dessen Protagonist noch – dem Gedanken der »blissful autonomy« des Ichs voll und ganz verhaftet – in einer Form von Selbstgenügsamkeit schwelgt, bei der er sich tatsächlich »selbst genug ist«, gewärtigt Freud in der Anziehung, die andere, selbstgenügsame Wesen auf das angeblich reife Ich ausüben, die Problematik eines solchen Ansatzes. Erst mit der *Recherche* gelingt Proust der Schritt über Freud hinaus: Indem jedwede bei anderen beobachtete Selbstgenügsamkeit als scheinhaft entlarvt wird, gewährt er Einblick in die zutiefst mimetische und zugleich relative Natur des Begehrens.[60]

Wenn der Ich-Erzähler der Phantasie den Vorrang vor der Realität einräumt, einer Realität, »où les femmes que nous fréquentons finissent par dévoiler leur tares«,[61] wenn er einerseits von einem »bonheur inconnu et possible de la vie, un exemplaire si délicieux et en si parfait état, que [...] j'étais désespéré de ne pas pouvoir faire dans des conditions uniques, [...] l'expérience de ce que nous offre de plus mystérieux la beauté qu'on désire«[62] spricht, im folgenden Satz jedoch die Möglichkeit, »qu'il ne fût pas en réalité un plaisir inconnu, que de près son mystère se dissipât, qu'il ne fût qu'une projection, qu'un mirage du désir«[63] in Erwägung zieht, wird deutlich, was Girard damit meint, wenn er davon spricht, Proust teile mit Freud dieselbe Metaphorik, nur übertreffe er den Begründer der Psychoanalyse darin, dass er nicht an deren Wahrheit glaube.[64] Die Vorstellung, der Ich-Erzähler könne eines Tages mit einem der Mädchen Freundschaft schließen, die Vorstellung, »que ces yeux [...] pourraient jamais par une alchimie miraculeuse laisser transpénétrer entre leurs parcelles ineffables l'idée de mon existence«,[65] scheint ihm einen ebenso unauflöslichen Widerspruch zu enthalten, »que si devant quelche frise antique ou quelque fresque figurant un cortège, j'avais cru possible, moi, spectateur, de prendre place, aimé d'elles, entre les divines processionnaires«.[66] Die »blissful autonomy« wird also auch von Proust – und dies sehr wahrscheinlich nach Freud'schem Vorbild – in die Nähe des Bildes von antiken Gottheiten gerückt. Zugleich wird, eine doppelte Stufe der Distanznahme, durch den Verweis auf Fresko und Fries, deren Realitätsgehalt in den Bereich des Fiktiven verschoben. Die Tatsache, dass Bilder per se nicht enttäuschen können, macht umgekehrt umso deutlicher, wie fernab von der Wirklichkeit Marcels eine Gruppe von Mädchen wäre, die ihre Prozession, antiken Priesterinnen gleich, am Meeresufer vollführen würden. Und die damit nichts anderes mit der gelebten Realität der *bande des jeunes filles* gemeinsam hätte als deren auratische Ausstrahlung.

Tastendes Begehren

An dieser Stelle möchte ich den Bogen zurück schlagen zu der eingangs aufgerufenen Bilderkaskade. Dazu ist, wie ich meine, ein Verweis auf die spezifische Rolle nötig, die Proust der Gattung Malerei im zweiten Teil des Bandes *À l'ombre des jeunes filles en fleurs* einräumt.

Im Gegensatz zu der gesteigerten Realpräsenz eines antiken Frieses, dessen Priesterinnen den Abglanz ewiger Schönheit verkörpern, wird in diesem Teil mit Elstir der Maler eingeführt, dessen Malweise von nicht zu überschätzender Bedeutung für die Entwicklung des Icherzählers in der *Recherche* sein wird. Angedeutet wird die damit verbundene Priorisierung der Wahrnehmung schon im Voraus, auf der Bahnfahrt nach Balbec. Dort reflektiert Marcels über die ihm von der Großmutter nahegebrachten »vraies beautés« in den Briefen der Madame de Sévigné. Erst etwas später, in Balbec, soll ihm die Verbindung zwischen der dort zum Ausdruck kommenden und der Elstir'schen Sichtweise auf die Dinge deutlich werden. Ohne zuvor die Ursachen der beschriebenen Dinge zu erklären, zeige Madame de Sévigné die Dinge in der Reihenfolge ihrer Eindrücke.[67] Eine solche, gemeint ist natürlich die impressionistische Schreibweise durchzieht auch die *Recherche* im Ganzen, handelt es sich doch um die rückblickende Erzählung aus der Perspektive des erlebenden, noch im Prozess der Entwicklung befindlichen Ichs. Darauf verweist nicht nur die Semantik der überreichen Metaphorik und der Vergleiche Prousts, die stets aus dem unmittelbaren Erlebnisumfeld des Ichs stammen; auch die sich herantastende Syntax ist nicht resultativ. Mit Leo Spitzer kann man fragen, ob nicht das »Tastend-Unruhige solcher Sätze durch den Satzrhythmus impressionistisch schildern will, was Proust sonst so gern höchst ausführlich zergliedert: das psychische Entstehen eines Wirklichkeitseindrucks, das Real-Werden«.[68]

Dieses prozessuale Mitverfolgen eines Eindrucks kennzeichnet auch Marcels erste Begegnungen mit der *bande des filles*. In dem bereits angeführten Zitat, das mitunter durchsetzt ist von Reflexionen des erzählenden Ichs, liest sich das so:

> je n'avais encore individualisé aucune d'elles. [...] et même ces traits je n'avais encore indissolublement attaché aucun d'entre eux à l'une des jeunes filles plutôt qu'à l'autre; et quand (*selon l'ordre dans lequel se déroulait cet ensemble*, merveilleux parce qu'y voisinaient les aspects les plus différents, que toutes les gammes de couleurs y étaient rapprochées, mais qui étaient confus comme une musique où je n'aurais pas su isoler et reconnaître au moment de leur passage les phrases, distinguées mais oubliées aussitôt après) je voyais émerger un ovale blanc, des yeux noirs, des yeux verts, je ne savais pas si c'étaient les mêmes qui m'avaient déjà apporté du charme tout à l'heure, je ne pouvais pas les rapporter à telle jeune fille que j'eusse séparée des autres et reconnue. Et cette absence, dans ma vision, des démarcations que j'établirais bientôt entre elles, propageait à travers leur groupe un flottement harmonieux, la translation continue d'une beauté fluide, collective et mobile.[69]

Dem Entstehen einer solchen *impression première* ist zugleich ihre Augenblickhaftigkeit inhärent. So, wie sich die mal hier, mal da auftauchenden Augenpaare, wie sich das Fehlen von Begrenzungen als Eindruck einer flottierenden Schönheit niederschlägt, so schnell verflüchtigt sich dieser Eindruck auch. Der auf diese Weise entstandene *désir* ist unstillbar und muss es bleiben. Nicht nur, weil dessen Objekte meistens unerreichbar sind, sondern auch weil die Aura ganz so, wie sie entstanden ist, durch eine Änderung des Blickwinkels oder des Lichts, wieder zu nichts zerrinnen kann.

An Stellen wie dieser wird die Doppelung von erzählendem und erlebendem Ich besonders deutlich. Mit den Worten des Icherzählers *führt* Proust dem Leser die Entstehung der *impression première* gleichsam *vor Augen*. Nicht nur folgt die impressionistische Schreibweise, die in dem Zeigen der Dinge in der Reihenfolge der wahrgenommenen Eindrücke liegt, den zuweilen verschlungenen »Wegen des *désir*«[70], auch werden mit der sich sukzessive aufbauenden Aura das mimetische Moment des Begehrens, die Nachrangigkeit des realen Objekts sowie zuletzt, mit dem Zerstäuben des Bildes, die Scheinhaftigkeit der »blissful autonomy« illustriert. Eine weitere Steigerung erfährt das impressionistische Verfahren schließlich in der Metapher des *port de Carquethuit*.[71] Für diese gemeinhin als reale oder fiktive Ekphrasis missverstandene Beschreibung eines von Elstirs Bildern zeigt Warning die radikale Dekonstruktion gegensätzlicher Termini, wodurch im Zuge einer *mise en abyme* Prousts eigentliche metapoetische Intentionen deutlich werden. Wenn, wie auf dem *port de Carquethuit* zu sehen, eine Umkehrung der »termes marins« und der »termes urbains« inszeniert wird, die den Betrachter stets im Unklaren über die jeweilige Zugehörigkeit der dargestellten Gegenstände zum Land oder zum Meer lässt, und wenn Warning diese Dekonstruktion als Produkt eines allgegenwärtigen *désir* in der *Recherche* ansieht, so scheint mir dies eine Bestätigung, ja Zuspitzung der von Girard behaupteten theoretischen Kompetenz Prousts in Sachen Begehren zu sein.[72]

Zum Schluss: Freud und Proust – zwei Geister, die sich scheiden?

Kehren wir zur Ausgangskonstellation zurück: Sind die Positionen, die Freud und Proust zur Frage des (narzisstischen) Begehrens einnehmen, tatsächlich so weit voneinander entfernt, wie sich dies nach der direkten Konfrontation angedeutet hat?

Aufgrund ihrer Zeitgenossenschaft, aufgrund der überragenden Bedeutung Freuds für die psychoanalytische Theoriebildung und dessen Narzissmuskonzepts für die Literatur und Philosophie des 19. Jahrhunderts und des Fin de Siècle scheint mir der vorgenommene direkte Vergleich nahezuliegen. Zum Abschluss möchte ich anhand von drei Beiträgen aus der rezenten psychoanalytischen Theorie den Versuch einer Wiederannäherung der Freud'schen an die Proust'sche Position skizzieren.

Dass die Herausbildung des Ichs bereits bei Kleinkindern im Wesentlichen mimetisch verfasst ist – es orientiert sich in identifikatorischer wie differenzierender Weise an *peers*, insbesondere an Geschwistern –, hat Juliet Mitchell in ihrer Studie *Siblings. Sex and violence* aus dem Jahr 2003 überzeugend dargelegt. Den Zustand des Freud'schen primären Narzissmus reduziert sie auf das Eins-Sein mit der uterinen Umgebung des Embryos. Im Hinblick auf die Gestalt des sekundären Narzissmus spricht sie, in Anlehnung an Melanie Klein, von einem »ego which will not so much ›develop‹ [...] as swing between presence and absence – a sense of fullness and emptiness«.[73] In diesem Bild des zwischen Fülle und Leere hin- und herschwingenden Subjekts erkennt man unschwer das Proust'sche begehrende Ich wieder.

Aber wie weit ist Freud von einer solchen Position entfernt? Ausgehend von seiner Verführungstheorie[74], die zu seinen frühen Schriften gehört, zeigt Ilka Quindeau, wie der Weg des Begehrens auch bei Freud über den Anderen konstruiert werden kann. Ursprünglich zur Aufdeckung der Hysterie entwickelt, ging Freud dabei von einem Traumamodell aus, bei dem der psychischen Verarbeitung von Ereignissen der Vorrang vor dem Ereignis selbst zukommt. Indem Quindeau nun den durch Freud in diesem Kontext geprägten Begriff der Nachträglichkeit auf die Zuschreibung von Bedeutung durch das Subjekt bezieht, geht sie von der permanenten Ein- und Umschrift früherer Konflikte im Laufe des Lebens aus; lineare Zeitvorstellungen werden aufgehoben. Der Ausgangspunkt der spezifisch menschlichen Sexualität wird damit in einer sozialen Situation gesehen. Dabei stützt sich Quindeau auf den von Jean Laplanche aus der Freud'schen Verführungstheorie herausdestillierten Primat des Anderen.[75] Schließlich habe Freud selbst, durch die Einführung des dynamischen Unbewussten, eine »kopernikanische Wende« vollzogen. Es gibt immer einen Bereich des Unbewussten, der sich dem Menschen als erkennendes Subjekt entzieht, einen Bereich des Fehlens oder des Mangels. Die sogenannte Urverführung nötigt den Säugling zur Antwort auf ein ihm rätselhaft scheinendes Begehren der Erwachsenen. Das so facettenreiche und bei Freud irgendwo auf der Schwelle zwischen Somatischem und Psychischem angesiedelte Triebkonzept wird von Quindeau in ein wesentlich als – im phänomenologischen Sinne eines Zwischenraums – intersubjektiv verstandenes Begehren umgedeutet.[76]

Auf dieselben Aspekte der Dezentrierung des Subjekts, des Mangels und der Unverfügbarkeit geht Ewa Kobylinska-Dehe in ihrem Aufsatz »Freud und die flüchtige Moderne« von 2012 ein. Im Vergleich zu seinen früheren Schriften habe sich Freud in »Jenseits des Lustprinzips« von 1920 mit der Einführung des Todestriebs zunehmend von einer mechanistischen und szientistischen Sichtweise entfernt, wie sie für die Triebtheorie zunächst kennzeichnend war. Ausgehend von einer somatischen Erregungsquelle bleibt der Trieb wandelbar in Bezug auf seine Ziele und Objekte. Zugleich sieht sie in dem neuen Triebbegriff eine Verschiebung weg vom Bedürfnis, hin zum Wunsch oder zum Begehren im Lacan'schen Sinne.[77] Dass Lust und Begehren jedoch nicht denkbar sind, ohne den im Kern der Libido eingeschriebenen Verlust, zeigt Kobylinska-Dehe am Beispiel von Baudelaires »À une passante«: Gerade durch ihre Unerreichbarkeit gewinnt die schöne Vorübergehende ihre »phantasmatische Aura, weckt Sehnsucht, Begehren und Trauer«.[78]

Man könnte meinen, die Beschäftigung mit dem Konzept der »flüchtigen Moderne« nötige der Autorin diese Bezugnahme zum Passageren förmlich auf. Es lässt sich jedoch nicht leugnen, dass die Kettung von Begehren an Mangel und Entschwinden sowohl dem Freud'schen als auch dem Proust'schen Begehrenskonzept gemeinsam ist. Der Hinweis auf den Anderen, ohne den weder Wunsch noch Begehren existieren können, lässt die zunächst durch die Narzissmusschrift aufgetane Kluft zwischen den beiden Autoren kleiner werden. In diese Richtung deutet auch der direkte Hinweis der Autorin auf den noch kleinen Marcel in der *Recherche*. Sein Wunsch, die Mutter möge vor dem Einschlafen noch einmal zu ihm kommen, um ihm gute Nacht zu sagen, wird der tatsächlichen Erfüllung vorgezogen. Der Wunsch, so liest Kobylinska-Dehe Freuds neues Triebkonzept, »ist durch die radikale Unmöglichkeit der Rückkehr gekennzeichnet«.[79] Wenn Vinken in Bezug auf Baudelaires »passante in mourning« schreibt, »[t]he juxtaposition of times«, gemeint ist hier die erwähnte Opposition von Antike und Moderne, »reproduces the aura in the one and only way it can be produced: as a lost moment«[80], erhellt, wie sehr Begehren auf die Verlusterfahrung angewiesen ist – sei es auch, wie im Fall der mit einem antiken Fries kontrastierenden, quicklebendigen Mädchenschar, eine erst vom Verlust bedrohte Aura.

Conclusio

Der Blick auf neuere Lesarten der Freud'schen Triebtheorie lässt Proust und Freud in Bezug auf das Begehrenskonzept wieder etwas näher zusammenrücken. Mittels der kontrastiven Gegenüberstellung des Freud'schen Narzissmuskonzepts und des Proust'schen *désir* konnte, so hoffe ich, eine Pointierung der Proust'schen theoretischen Position in Sachen Begehren erreicht werden. Die eher oberflächliche Modellierung des Protagonisten in *Jean Santeuil*[81] und des Icherzählers in der *Recherche* im Sinne der Narzissmusvorstellung Freuds legten einen solchen Vergleich nahe. Damit habe ich zu zeigen versucht, wie sich der *désir* in der *Recherche*, am Beispiel der *bande des jeunes filles*, mit den ästhetischen Mitteln des »impressionistischen« Stils seinen Weg zu seinem flüchtig-unerreichbaren Objekt bahnt. Im Unterschied zu dem malerischen Impressionismus, dem es tendenziell um eine Übereinstimmung der im Bild repräsentierten Momenthaftigkeit mit der Schnelligkeit der Repräsentation geht – wobei mit darstellerischen Mitteln wie der Dicke der Pinselstriche nicht mehr rein repräsentative Zwecke verfolgt werden, sondern der malerische Prozess als solcher in den Vordergrund rückt –, zielt der Impressionismus à la Proust nicht auf die Abruptheit und Opazität der sprachlichen Darstellung, sondern auf die stets wechselnde Perspektive, die sich in phänomenologischer Weise in der mäandernden Suchbewegung des wahrnehmenden Subjekts niederschlägt.[82] Dadurch, dass dieser Begriff des Begehrens weit über den Narzissmusaufsatz hinaus diverse Anknüpfungspunkte zu Freud aufweist, wird die theoretische Kompetenz Prousts in Sachen *désir* eher noch unterstrichen.

Anmerkungen

1 *RTP* II, S. 75.

2 *RTP* II, S. 73 – *SvZ* II, S. 411: »[...] gibt es in Land und Stadt keinen weiblichen Torso, verstümmelt wie ein antikes Marmorbild durch unser rasches Vorüberfahren und die ihn verschlingende Dämmerung, der nicht an jedem Kreuzweg im Feld oder aus der Tiefe jedes kleinen Ladens Pfeile der Schönheit in unser Herz entsendet, jener Schönheit, von der man manchmal versucht ist zu vermuten, sie sei in dieser Welt überhaupt nichts anderes als das Komplement, das einer fragmentarisch geschauten flüchtig Vorübereilenden durch unsere von unerfüllter Sehnsucht überreizte Phantasie jeweils hinzugesetzt wird«.

3 Vgl. die »Fugitive beauté« (V.9) der »passante«; zugleich wird die Süße der Lust auf antithetische Weise unmittelbar mit dem Tod in Verbindung gebracht (»La douceur qui fascine et le plaisir qui tue« (V.8); vgl. Charles Baudelaire, »A une passante«, in: ders., *Les Fleurs du Mal*, frz./dt., übersetzt v. Monika Fahrenbach-Wachendorff, Nachwort v. Kurt Kloocke, Stuttgart, 1998, S. 192.

4 *RTP* II, S. 160 – *SvZ* II, S. 543: »mystische[n] Erscheinung«, »Hauptaltar«, »stigmatisiert«.

5 Bei diesem Zitat sowie bei weiteren Ausführungen im Text stütze ich mich auf die hervorragend kommentierte deutsche Ausgabe von Proust, Marcel, *Im Schatten junger Mädchenblüte*, in: *Werke* II, Bd. 2, hg. und rev. von Luzius Keller nach d. Übers. von Eva Rechel-Mertens, Frankfurt a. M., 2004 (*SvZ* II), hier: S. 543 und 820f.

6 In den *Oxford Dictionaries* wird »blissful« mit [»glück]selig« übersetzt oder, einsprachig, mit »extremely happy«, »full of joy«, vgl. http://oxforddictionaries.com/translate/english-german/blissful vom 4. 10. 2012.

7 *RTP* II, S. 151.

8 Der Aufsatz ist in dem 1978 von Alan Roland herausgegebenen Band *Psychoanalysis, Creativity and Literature. A French-American Inquiry*, New York 1978, S. 292-311, erschienen.

9 Ebenda, S. 298. In seinem Aufsatz bezieht sich Girard auf die 1970 erschienene englische Übersetzung von *À l'ombre des jeunes filles en fleurs*: *Within a Budding Grove*, in: *Remembrance of Things Past* von Scott-Moncrieff; darin ist auch von »self sufficiency« die Rede, vgl. S. 271.

10 *RTP* II, S. 146 – *SvZ* II, S. 521: »Schar von Möwen«, »Vogelgeist«.

11 *RTP* II, S. 149 – *SvZ* II, S. 525: »aus Wesen einer anderen Rasse«; »leuchtender Komet«.

12 *RTP* II, S. 151 – *SvZ* II, S. 529: »von allen anderen absonderte«; »[...] eine unsichtbare Verbindung [...] sie wurden dadurch zu einem in seinen Teilen ebenso homogenen Ganzen, wie dieses von der Menge verschieden war, in der ihr Zug gemächlich einherschritt.«

13 *RTP* II, S. 149 – *SvZ* II, S. 525.

14 Aufgrund der Sonderstellung Freuds als Begründer der Psychoanalyse und Zeitgenosse Prousts gehe ich an dieser Stelle ausschließlich auf seine Narzissmustheorie ein. Zur weiterführenden Lektüre zum Thema seien Otto F. Kernberg, *Narzißmus, Aggression und Selbstzerstörung: Fortschritte in der Diagnose und Behandlung schwerer Persönlichkeitsstörungen*, übersetzt v. Sabine Mehl, Stuttgart 2006; Heinz Kohut, *Narzißmus. Eine Theorie der psychoanalytischen Behandlung narzißtischer Persönlichkeitsstörungen*, übers. von Lutz Rosenkötter, Frankfurt a. M. 1973; und, als knapper Überblick über verschiedene psychoanalytische Theorien zum Narzissmus, Ursula Orlowsky, »Narzißmus-Theorien im Aufriß«, in: dies. und Rebekka Orlowsky, *Narziß und Narzißmus im Spiegel von Literatur, Bildender Kunst und Psychoanalyse. Vom Mythos zur leeren Selbstinszenierung*, München 1992, S. 361-404, genannt.

15 Sigmund Freud, »Zur Einführung des Narzißmus«, in: *Gesammelte Werke, Werke aus den Jahren 1913-1917*, X, hg. v. Anna Freud u. a., Frankfurt a. M. 1999, S. 138-170. Im Folgenden beziehe ich mich unter dem Kürzel *Narzißmus* auf diese Ausgabe.

16 Alle Zitate in diesem Absatz Freud, *Narzißmus*, S. 141.

17 Ebenda, S. 148.

18 Vgl. ebenda, S. 153-156.

19 Ebenda, S. 154 f.

20 Ebenda, S. 167 f.

21 Ebenda, S. 168.

22 Girard spricht in dieser Hinsicht von »mature« und »virile«, vgl. Girard, »Narcissism«, S. 296.

23 Für das Ziel, das mit dem vorliegenden Aufsatz verfolgt wird, ist diese Unterscheidung eher sekundär. Alle Zitate dieses Abschnitts entstammen Girards hier besprochenem Aufsatz, ebenda.

24 Beginnend bei idealistischen Philosophen wie Johann Gottlieb Fichte und Max Stirner ist an zahlreiche romantische Dichter und, insbesondere, an Strömungen wie Symbolismus und Ästhetizismus zu denken.

25 Vgl. zum Beispiel das aus dem hier behandelten zweiten Band der *Recherche* stammende Zitat, das die Überlegung des Ich-Erzählers spiegelt, die dieser im Zusammenhang mit dem von der Großmutter vorgenommenen Konnex zwischen den Namen von Madame de Villeparisis und Guermantes anstellt: »Wie hätte ich an eine gemeinsame ursprüngliche Verbindung zwischen zwei Namen glauben können, von denen der eine durch die niedere, schändliche Pforte der Erfahrung, der andere aber durch das goldene Tor der Phantasie in mein Bewußtsein getreten war?«, *SvZ* II, S. 389.

26 Girard, »Narcissism«, S. 293.

27 Proust, Marcel, *Jean Santeuil*, préf. d'André Maurois, 3 vol., Paris 1952.
28 Zu dem gesamten Absatz vgl. Girard, »Narcissism«, S. 293f.
29 Ebenda.
30 Ebenda, S. 294.
31 Ebenda, S. 297.
32 Freud, *Narzißmus*, S. 156.
33 Vgl. Girard, »Narcissism«, S. 297; Zitate ebenfalls dort.
34 *RTP* II, S. 147f. – *SvZ* II, S. 523f.: »[...] Schritten die Mädchen, die ich bemerkt hatte, mit der Beherrschung aller Gesten, die ein vollkommen durchtrainierter Körper und aufrichtige Mißachtung gegenüber der übrigen Menschheit verleihen, unbeirrt und locker geradeaus, wobei sie genau die Bewegungen ausführten, die sie ausführen wollten, in voller Unabhängigkeit aller ihrer Glieder voneinander und jener Unbewegtheit von Rumpf, Kopf und Armen, die gute Walzertänzerinnen auszeichnet. Obwohl jede einen ureigenen Typ darstellte, waren sie alle schön; [...] dass ich noch keine in ihrer Individualität von den anderen unterschied. [...] und selbst diese Einzelzüge hatte ich noch nicht unauflöslich einem bestimmten dieser jungen Mädchen mehr als einem anderen angeheftet; und wenn ich (nach der Reihenfolge, in der sich dieses Zusammenspiel vor mir entfaltete, das so wunderbar war, weil die verschiedenartigsten Aspekte hier dicht nebeneinanderlagen und alle Farbenfolgen zusammenklangen, dennoch verworren freilich wie eine Musik, in der ich im Augenblick des Vorüberrauschens nicht die einzelnen Themen erkennen konnte, da ich sie wohl wahrnahm, jedoch auf der Stelle wieder vergaß) ein weißes Oval, schwarze Augen, grüne Augen auftauchen sah, wußte ich nicht, ob es die gleichen waren, auf deren Zauber ich kurz zuvor schon einmal gestoßen war, und konnte sie nicht diesem oder jenem Mädchen zuordnen, das ich etwa aus den anderen ausgesondert und herauserkannt hätte. Die Tatsache, daß dem von mir wahrgenommenen Bild deutliche Abgrenzungen, die ich freilich bald darauf herstellen würde, zwischen den einzelnen Erscheinungen noch fehlten, breitete über die Gruppe etwas harmonisch Gleitendes, ein fortwährendes Fluktuieren einer schwebenden, allen gemeinsamen, stets in Bewegung befindlichen Schönheit.«
35 *RTP* II, S. 151f. – *SvZ* II, S. 529: »in der die Vorstellung von dem, was ich war, gewiß weder jemals Eingang noch einen Platz würde finden können.«
36 Im Folgenden werde ich in Bezug auf Proust den treffenderen Begriff des *désir* anstatt den des Narzissmus verwenden.
37 *RTP* II, S. 152 – *SvZ* II, S. 530: »Ihr ganzes Leben folglich flößte mir Verlangen ein, ein schmerzliches Verlangen zwar, weil ich spürte, es sei unerfüllbar.«
38 *RTP* II, S. 152 – *SvZ* II, S. 530f.: »und doch ein berauschendes, weil das, was mein Leben gewesen war, auf einmal aufgehört hatte, mein ganzes Leben zu sein, vielmehr nur noch ein kleiner Teil des vor mir liegenden Raumes war, den zu umfassen ich brennend wünschte, der aus dem Leben dieser Mädchen bestand und jene Fortsetzung und vielleicht sogar Mehrung des eigenen Ichs verhieß, in der das Glück besteht.«
39 *SVZ* II, S. 531.
40 Vgl. Rainer Warning, »Prousts Augenblicke: Zeiträume der *Recherche*«, in: ders., *Proust-Studien*, München 2000, S. 213-267; hier S. 237.

41 Ebenda, S. 231.

42 *RTP* II, S. 73 – *SvZ* II, S. 411: »Wenn es dunkelt und der Wagen rasch fährt, gibt es in Land und Stadt keinen weiblichen Torso, verstümmelt wie ein antikes Marmorbild durch unser rasches Vorüberfahren und die ihn verschlingende Dämmerung, der nicht an jedem Kreuzweg im Feld oder aus der Tiefe jedes kleinen Ladens Pfeile der Schönheit in unser Herz entsendet, jener Schönheit, von der man manchmal versucht ist zu vermuten, sie sei in dieser Welt überhaupt nichts anderes als das Komplement, das einer fragmentarisch geschauten flüchtig Vorübereilenden durch unsere von unerfüllter Sehnsucht überreizte Phantasie jeweils hinzugesetzt wird.«

43 Vgl. Barbara Vinken, *Fashion Zeitgeist. Trends und Cycles in the Fashion System*, New York 2005, S. 47: »The ›passante‹ in mourning wears the stigmata of time and death. The juxtaposition of times reproduces the aura in the one and only way it can be produced: as a lost moment. The timeless perfect ideal appears only through the refracted element of its disfiguration.«

44 An dieser Stelle handelt es sich insbesondere um Marcels Schönheitsbegehren. Die angesprochene Stelle in den *Fusées*, die nach Warning aufgrund des metapoetischen Kontextes als Referenz gelesen werden kann, vereint bei dem Betrachter von Schönheit so gegensätzliche Attribute wie »volupté« und »tristesse«, »mélancolie«, »satiété« einerseits und »ardeur, désir de vivre« andererseits, die verbunden sind »avec une amertume refluante, comme venant de privation ou de désespérance«, Charles Baudelaire, *Œuvres complètes*, hg. v. Claude Pichois, 2 Bde., Bd. I, 1975, S. 657, und Warning, »Prousts Augenblicke«, S. 233.

45 Baudelaire, *Œuvres complètes*, Bd. II, S. 695.

46 Siehe Warning, »Prousts Augenblicke«, S. 233.

47 Zum Phänomen des Alterns und dessen zeitversetzter Wahrnehmung in *Le Temps Retrouvé* vgl. Dagmar Bruss, »Leben, schreiben, altern: Jean Améry und Marcel Proust«, in: *Altern in der Stadt. Vieillir en ville. Sprach- und literaturwissenschaftliche Beiträge aus Romanistik und Germanistik*, hg. v. Bettina Lindorfer/Solveig Kristina Malatrait, Berlin 2012, S. 163-177.

48 Cornelis Castoriadis, *L'Institution imaginaire de la société*, Paris 1975.

49 Ebenda, S. 432 f.

50 Ebenda, S. 433.

51 Von diesem ließe sich bei Freud eine direkte Brücke zum Begriff des Narzissmus schlagen; dazu Freud, *Narzißmus*, S. 138 und, besonders, S. 154: In Bezug auf die Objektwahl bei Homosexuellen gilt, dass sie »ihr Liebesobjekt nicht nach dem Vorbild der Mutter wählen, sondern nach dem ihrer eigenen Person.« Vgl. auch Sigmund Freud, *Vorlesungen zur Einführung in die Psychoanalyse*, in: ders., *Gesammelte Werke*, Bd. 11, London 1948, S. 440 ff.; in diesen geht es um die Paranoia persecutoria als Form der Abwehr gegen überstark gewordene homosexuelle Regungen. Es würde zu weit führen, das Thema im Rahmen des vorliegenden Aufsatzes zu vertiefen.

52 Zu den französischen Zitaten vgl. Castoriadis, *L'Institution imaginaire*, S. 434 f., zu den deutschen Zitaten in diesem Abschnitt vgl. Rainer Warning, »Befleckter Weißdorn: Zum Imaginären der *Recherche*«, in: ders., *Proust-Studien*, München, Fink, 2000, S. 179-211, hier S. 185, dem ich den Verweis auf Castoriadis verdanke.

53 Erschienen in Paris bei Grasset Éditeur, dt.: *Figuren des Begehrens. Das Selbst und der Andere in der fiktionalen Realität*, übersetzt v. Elisabeth Mainberger-Ruh, Münster u. a. 1999.

54 Zu dem Problem des Snobismus vgl. u. a. Barbara Carnevali, »Snobbery. A Passion for Nobility«, in: *Navigatio Vitae. Saggi per i Settant'anni di Remo Bodei*, ed. Luigi Ballerini et al., New York 2010; hier in: http://paris-iea.academia.edu/BarbaraCarnevali/Papers/316960/_Snobbery_a_passion_for_Nobility_ S. 1-24 (5. 10. 2012). Die Autorin geht darin sowohl auf Girards mimetischen Ansatz ein als auch auf die *Recherche*, in deren erstem Band Proust am Beispiel des nur scheinbar einer egalitären Ethik anhängenden Legrandin zeigt, wie der Snobismus in einer demokratischen Gesellschaft ins Unterbewusste abgedrängt wird, vgl. ebenda, S. 21 ff. – Die soziale Distanz zwischen dem begehrenden Subjekt und dem Mittler bezeichnet Girard bei großem Abstand als externe, bei geringem Abstand als interne Vermittlung. Je geringer die Distanz und je knapper das begehrte Objekt, umso konfliktbeladener ist die Beziehung, vgl. Girard, *Mensonge romantique*, S. 17 f. Der Umstand, dass die moderne Gesellschaft vom Tod Gottes gezeichnet ist, hebt die Transzendenz nicht auf, sondern verlagert sie vom Jenseits auf das Diesseits, wodurch »l'imitation du Jésus-Christ devient l'imitation du prochain«, Girard, *Mensonge romantique*, S. 65. Die Folge ist eine ruchlose Konkurrenz in der egalitären Gesellschaft, die Quelle von Gewalt ist, vgl. auch Simon Zangerle, *Das Begehren als Ursprung von Gewalt. Kontroverse Positionen zwischen René Girard und Sigmund Freud*, Saarbrücken 2008.

55 Girard, *Mensonge romantique*, S. 35.

56 *RTP* I, S. 386 – *SvZ* I, S. 568: »Hätte sie nur Bergotte in einem seiner Bücher beschrieben, ich hätte zweifellos gewünscht, sie näher kennenzulernen wie alle Dinge, die zunächst als ›Duplikat‹ in meine Phantasie Eingang gefunden hatten«.

57 *RTP* II, S. 154.

58 Girard, »Narcissism«, S. 299.

59 Ebenda, S. 308.

60 Ich beziehe mich in diesem Abschnitt auf Girard, »Narcissism«, S. 302 und 306 ff.

61 *RTP* II, S. 154 – *SvZ* II, S. 533: »in dem die Makel der uns bekannten Frauen schließlich zutage treten«.

62 *RTP* II, S. 155 – *SvZ* II, S. 535: »[...] ein so köstliches und vollkommenes Bild von unbekanntem, doch möglichem Glück im Leben, dass ich fast aus rein gedanklichen Gründen verzweifelt war, [...] die Erfahrung dessen machen zu können, was uns die Schönheit an Geheimnisvollem zu enthüllen hat, die Schönheit, nach der man verlangt [...]«.

63 *RTP* II, S. 156 – *SvZ* II, S. 536: »[...] daß es in Wirklichkeit gar kein unbekanntes Glücksgefühl war, daß in der Nähe sein Geheimnis zerstob, daß es nur auf eine Projektion, eine Fata Morgana des Begehrens herauskam.«

64 Vgl. Girard, »Narcissism«, S. 301 ff.

65 *RTP* II, S. 153 – *SvZ* II, S. 532: »diese Augen [...] könnten jemals infolge einer ans Wunderbare grenzenden Alchimie in ihre unaussprechlichen Parzellen eine Idee von meinem Vorhandensein eindringen lassen [...]«.

66 *RTP* II, S. 153 – *SvZ* II, S. 532: »[...] als wenn ich vor einem antiken Fries oder einem Fresko, auf dem ein Festzug dargestellt war, auf den Gedanken käme, ich,

der Zuschauer, könne, von jenen Gestalten geliebt, unter den göttlich Dahinschreitenden einen Platz einnehmen.«

67 Vgl. dazu *RTP* II, S. 14: »Je me rendis compte à Balbec que c'est de la même façon que lui [Elstir] qu'elle nous présente les choses, dans l'ordre de nos perceptions, au lieu de les expliquer d'abord par leur cause.«

68 Leo Spitzer, »Zum Stil Marcel Prousts«, in: ders., *Stilstudien*, 2 Bde., Bd. II, München 1961, S. 365-497; hier S. 403. Zur Proust'schen Metaphorik vgl. Rainer Warning, »Zu Prousts ›impressionistischem‹ Stil«, in: ders., *Proust-Studien*, München, Fink, 2000, S. 51-76; hier S. 61 f., 65, und sein Verweis auf Gerard Genette, »Métonymie chez Proust«, in: ders., *Figures III*, Paris 1972, S. 41-63.

69 *RTP* II, S. 148 – *SvZ* II, S. 523 f.: »daß ich noch keine in ihrer Individualität von den anderen unterschied. [...] und selbst diese Einzelzüge, hatte ich noch nicht unauflöslich einem bestimmten dieser jungen Mädchen mehr als einem anderen angeheftet; und wenn ich (nach der Reihenfolge, in der sich dieses Zusammenspiel vor mir entfaltete, das so wunderbar war, weil die verschiedenartigsten Aspekte hier dicht nebeneinanderlagen und alle Farbenfolgen zusammenklangen, dennoch verworren freilich wie eine Musik, in der ich im Augenblick des Vorüberrauschens nicht die einzelnen Themen erkennen konnte, da ich sie wohl wahrnahm, jedoch auf der Stelle wieder vergaß) ein weißes Oval, schwarze Augen, grüne Augen auftauchen sah, wußte ich nicht, ob es die gleichen waren, auf deren Zauber ich kurz zuvor schon einmal gestoßen war, und konnte sie nicht diesem oder jenem Mädchen zuordnen, das ich etwa aus den anderen ausgesondert und herauserkannt hätte. Die Tatsache, daß dem von mir wahrgenommenen Bild deutliche Abgrenzungen, die ich freilich bald darauf herstellen würde, zwischen den einzelnen Erscheinungen noch fehlten, breitete über die Gruppe etwas harmonisch Gleitendes, ein fortwährendes Fluktuieren einer schwebenden, allen gemeinsamen, stets in Bewegung befindlichen Schönheit.«

70 Die Metapher »Wege des *désir*« übernehme ich von Warning, »Zu Prousts ›impressionistischem‹ Stil«, S. 61; sie manifestieren sich nicht zuletzt anhand der Syntax.

71 *RTP* II, S. 192 ff.

72 Zu einer minuziösen Besprechung des *port de Carquethuit* vor dem Hintergrund der ›impressionistischen‹ Schreibweise vgl. ebenfalls Warning, »Zu Prousts ›impressionistischem‹ Stil«, S. 63-76. Ihm zufolge legt die *mise en abyme* das der metonymischen Metaphorik der *Recherche* zugrunde liegende Prinzip – es handelt sich um den »*désir* des wahrnehmenden Subjekts« – offen, S. 68. Die metonymischen Metaphern entstammen unmittelbar dem raumzeitlichen Horizont dieses Subjekts.

73 Juliet Mitchell, *Siblings. Sex and Violence*, Cambridge 2003, S. 14. Zentrales Anliegen der Studie ist es, die Bedeutung der horizontalen Dimension – Geschwister im leiblichen und im übertragenen Sinn – gegenüber der einseitigen Konzentration auf die vertikale Dimension der Abstammung und der ödipalen Fokussierung zu veranschaulichen.

74 Vgl. Sigmund Freud, »Die Ätiologie der Hysterie«, in: ders., *Gesammelte Werke*, Bd. 1, *Werke aus den Jahren 1892-1899*, Frankfurt a. M. 1999, S. 404-438.

75 Vgl. Jean Laplanche, *Le primat de l'autre en psychanalyse. Travaux 1967-1992*, Paris 1997.

76 Ilka Quindeau, *Verführung und Begehren. Die psychoanalytische Sexualtheorie nach Freud*, Stuttgart 2008, insbesondere S. 22-40. Bei der Vorstellung von Anspruch und Antwort und bei ihrem Begriff von Intersubjektivität als Zwischenraum vgl. die Bezugnahmen auf den phänomenologischen Diskurs von Bernhard Waldenfels, *Topographie des Fremden, Studien zur Phänomenologie des Fremden 1*, Frankfurt a. M. 2007. Die Schärfung des bei Freud nicht vorhandenen Begriffs *Begehren* nimmt die Autorin im Bewusstsein von dessen Bedeutung bei Lacan vor, wobei sie gleichzeitig von dem Gebrauch bei diesem absieht, vgl. S. 39. Dabei verfolgt Quindeau das Ziel, das Freud'sche Triebkonzept ohne dessen Ballast des Dem-Instinkt-verhaftet-Seins weiterzuführen.

77 Ewa Kobylinska-Dehe, »Freud und die flüchtige Moderne«, in: *Psyche. Zeitschrift für Psychoanalyse und ihre Anwendungen*, (2012) 8, S. 702-727; hier S. 708. Der Aufsatz ist die gekürzte und überarbeitete Fassung einer Auseinandersetzung der Autorin mit dem Konzept der »flüchtigen Moderne« des Soziologen Zygmunt Bauman.

78 Ebenda, S. 720.

79 Kobylinska-Dehe, »Freud und die flüchtige Moderne«, S. 708.

80 Ich beziehe mich an dieser Stelle ein weiteres Mal auf das bereits in der Fußnote oben angegebene Zitat aus Vinken, *Fashion Zeitgeist*, S. 47.

81 In Bezug auf *Jean Santeuil* stütze ich mich ausschließlich auf die Ausführungen von René Girard.

82 Zum malerischen Impressionismus, auf den ich hier nur sehr kursorisch eingehen kann, vgl. Richard R. Brettell, *Impression: Painting quickly in France*, 1860-1890 [Katalog der gleichnamigen Ausstellung vom 1. 11. 2000 bis 28. 1. 2001, National Gallery, London], New Haven 2000, insbesondere S. 17 und 35 f.

»On traite encore le médecin d'artiste«: Formen und Funktionen des *coup d'œil médical* in der *Recherche*

Barbara Ventarola

Probleme des medizinischen Blicks

In seiner Studie *Naissance de la clinique* benennt Michel Foucault einige Probleme des medizinischen Blicks, die durchaus als zeitüberdauernd angesehen werden können. Diese lassen sich auf eine dreifache Grunddiskrepanz zurückführen: das problematische Verhältnis zwischen Innen und Außen, zwischen Erfahrbarkeit und Beschreibbarkeit sowie zwischen Partikularität und Gesetzmäßigkeit. Die Krankheit und der Schmerz spielen sich in der »stummen Welt der Eingeweide«, der »schwarzen Innenwelt des Körpers« und seiner »augenlosen Träume« ab.[1] Der Arzt nun muss diese dunkle, präverbale, im Erleben nicht klassifizierte Tiefe der individuellen Grenzerfahrung(en) einer »nominalistischen Reduktion« unterziehen.[2] Nur so kann er die Krankheit als »Objekt für seinen positiven Blick« begründen[3], er muss versuchen, möglichst feste Korrelationen herzustellen (zwischen den einzelnen Symptomen sowie zwischen dem Blick und der Sprache, der Sichtbarkeit und der Aussagbarkeit).[4] Angesichts des fließenden Charakters des individuellen Erlebens und der Komplexität möglicher Kombinationen[5] ist allerdings niemals sicher, ob die Beschreibung jeweils erschöpfend ist,[6] welches Faktum überhaupt ein Faktum für die Pathologie ist[7] und wie sich die Krankheiten voneinander unterscheiden lassen.[8] Genau aufgrund dieser Probleme der Interpretation und der Diskursivierbarkeit menschlicher Erfahrensweisen, mit denen die Medizin grundsätzlich zu kämpfen hat, spielt sie Foucault zufolge für die »Konstituierung der Wissenschaften vom Menschen« eine wesentliche Rolle.[9]

Genau deshalb übt sie aber auch auf die Literatur seit je eine große Faszination aus. Wie die Ärzte haben es auch die Erzähler mit (körperlichen) Symptomen zu tun, die sie interpretieren und verwenden, um Erfahrung darstellbar zu machen.[10] Und wie jene interessieren sie sich vor allem für das Andere der Grenzerfahrungen.[11] Beide Diskurse sind auf ihre je eigene Weise Interpretationskünste,[12] die sich gegenseitig befruchten können und dies auch tatsächlich schon seit der Antike tun.[13]

Die unterschiedlichen literarischen Anverwandlungen des medizinischen Blicks gehen je verschieden mit den skizzierten Problemen um. Balzac etwa blendet sie schlicht aus, indem er den Schriftsteller-Arzt zum Quasi-Gott erklärt.[14] Er knüpft damit an die alteuropäische Tradition an, »die den medizinischen Blick auf den menschlichen Körper religiös übercodiert und die Tätigkeit des Mediziners zum erhabenen Gottesdienst werden läßt«.[15] Der medizinische Blick des Schriftstellers wird so zum allwissenden *coup d'œil divin*. Wie sich Flaubert kritisch davon absetzt, hat vor allem Marc Föcking in seiner großangelegten Studie *Pathologia litteralis* vorgeführt: Indem sich der Erzähler als Teil der beschriebenen Objektwelt geriert, problematisiert er immer auch seinen eigenen Beobachterstatus. Flaubert teilt damit die »epistemologische Bescheidenheit« des medizinischen Diskurses seiner Zeit.[16] Doch auch Zola ist hier – wie ich meine – sehr viel selbstkritischer als häufig angenommen. Zwar führt er vielfach die auktoriale (allwissende) Erzählinstanz wieder ein; doch als Autor begreift er sich durchaus auch als ein neurasthenischer Patient. Der ärztliche Blick des Erzählers besitzt somit immer auch Anteile einer Innenperspektive auf die geschilderten Krankheiten.[17]

Doch wie steht Proust zu alledem? Mit den zahlreichen Metaphern von optischen medizinischen Instrumenten, mit den Wahrnehmungsexperimenten, die er damit anstellt, mit seinem Panoptikum pathologisch-devianter Figuren und nicht zuletzt mit dem kranken Protagonisten bezieht er ja dezidiert Stellung in dieser Frage. Der auffälligste Unterschied zu seinen Vorgängern liegt sicherlich in der Verwendung der Ich-Perspektive. Indem Proust einen autodiegetischen Erzähler einführt,[18] kreuzt er den Blick des Arztes und den Blick des Patienten, die Außen- und die Innenperspektive auf das Kranksein bereits im Erzählmodell. Damit legt er die Grundlage für zahlreiche Effekte, die sich in drei Gruppen gliedern lassen: ästhetische, diagnostisch-wissenschaftliche und therapeutisch-pragmatische. Ich beginne mit der Ästhetik.

Legt man das herkömmliche Bild von Proust und seiner historischen Zeit zugrunde, so ist dieser Effekt sicherlich der naheliegendste. In der Zeit, in der Proust schreibt, befinden sich die Wissenschaften in einer grundsätzlichen Krise. Der Positivismus hat sich als ungenügend erwiesen; und wie sehr dies auch die Medizin betrifft, zeigt sich in der *Recherche* an einer Fülle von Arztsatiren sowie aber auch von kritischen Aussagen, mit denen die Medizin explizit als »ein Kompendium aufeinanderfolgender und einander widersprechender Irrtümer der Ärzte«[19] charakterisiert wird. Von daher ist es nur schlüssig, wenn der medizinische Diskurs zunächst rein ästhetisch genutzt wird – und zwar von Seiten des Kranken aus. Unter Rückgriff auf die *furor poeticus*-Tradition werden Krankheit und große Kunst in ein unauflösbares Wechselverhältnis gebracht.[20] Selbst der Arzt Boulbon, der Einzige, der einigermaßen positiv gezeichnet wird, betont: »Je vous ai dit que sans maladie nerveuse il n'est pas de grand artiste.«[21] – Eine Meinung, die ›Marcel‹ selbst vollauf teilt und immer wieder äußert.[22] Zunächst findet sich also die gängige Opposition zwischen der rationalen Wissenschaft und der irrationalen Krankheit und Kunst, wobei Letzterer sichtlich der Sieg zugesprochen wird. Mit der Ich-Perspektive scheint Proust zuallererst vom theoretisch-klassifikatorischen, rein äußerlichen Blick des Arztes zur onirisch-mäandernden Innenperspektive des Patienten zu wechseln und damit eine post-naturalistische Ästhetisierung des wissenschaftlichen Diskurses zu vollziehen.[23]

Freilich findet bereits hier bei näherer Betrachtung nicht so sehr ein Ersatz als vielmehr eine Kreuzung der beiden Perspektiven (also jener des Arztes und jener des Patienten) statt. Ein besonders sinnfälliges Beispiel stellt die erste Begegnung mit dem snobistischen Legrandin dar. An einer Stelle beschreibt Marcel dessen Reaktion im Gespräch wie folgt:

> Mais à ce nom de Guermantes, je vis au milieu des yeux bleus de notre ami se ficher une petite encoche brune comme s'ils venaient d'être percés par une pointe invisible, tandis que le reste de la prunelle réagissait en sécrétant des flots d'azur. Le cerne de sa paupière noircit, s'abaissa. Et sa bouche marquée d'un pli amer se ressaisissant plus vite sourit, tandis que le regard restait douloureux, comme celui d'un beau martyr dont le corps est hérissé de flèches [...].[24]

Der an dieser Stelle bereits als krank ausgewiesene Marcel nimmt Legrandins Schmerz sichtlich mit dem quasi-medizinischen Röntgenblick wahr, den er von seiner Mutter geerbt hat.[25] Doch beim beobachtenden Eindringen ins Innerste seines Gegenübers bleibt es nicht. Vielmehr überschießt die Aufzeichnung der physiologischen Prozesse jegliche Mimesis. Der »dunkle Strich«, die »Ströme reinen Blaus« deuten auf eine phantasmatische Überformung der Wahrnehmung hin, handelt es sich hierbei doch gar nicht wirklich um physiologische Prozesse. Dies erzeugt einen dreifachen Effekt. Zunächst könnte man diese Art der verzerrenden Wahrnehmung als Darstellung der geistigen Läsion des Sprechers interpretieren.[26] Sodann wird damit natürlich auch der medizinische Röntgenblick als solcher ironisiert. Proust scheint hier ganz das Misstrauen den zeitgenössischen technischen Verfahren gegenüber zu teilen, wie es der Physiologe Étienne-Jules Marey 1898 geäußert hat.[27] Vor allem aber, und darauf kommt es mir in diesem Moment besonders an, entsteht ein hochpoetischer, geradezu surrealer Effekt. Die Hyper-Wahrnehmung Marcels erschließt Bereiche, die jenseits der normalen Wirklichkeitserfahrung liegen. Indem Proust den medizinisch-physiologischen und den ästhetischen Diskurs kreuzt, nimmt er die Poetik des Surrealismus vorweg.

Doch bei der Kritik und der rein ästhetischen Verwendung des medizinischen Blicks bleibt es keineswegs. Proust bzw. Marcel nutzen ihn durchaus auch in einer nicht zweckentfremdeten Weise, und zwar sowohl für die Diagnostik (also die Anwendung auf den Einzelfall) als auch für das quasi-wissenschaftliche Experiment (also die forschende Suche nach allgemeinen Gesetzmäßigkeiten). Ich beginne mit dem konkreteren Fall, der Diagnostik. Diese deutet sich freilich bereits im zitierten Beispiel an, denn bei aller phantasmatischen Überformung diagnostiziert Marcel Legrandins Seelenzustand sehr genau.

Quasi-medizinische Diagnostik in der Recherche

Als Marcel dem Schriftsteller Bergotte in einem ihrer zahlreichen Gespräche von seinen schlechten Erfahrungen mit dem Arzt Cottard berichtet, entgegnet jener, dass Künstler eigentlich besondere Ärzte und auch spezielle Behandlungsweisen und Medikamente benötigten. Da ihre Leiden zumeist aus dem Geiste stammten, bräuchten sie einen Arzt, der solche Leiden aus eigener Erfahrung kenne.[28] Er macht damit zwei wesentliche Probleme des medizinischen Blicks namhaft: zum einen die Diskrepanz zwischen der Außenperspektive des Gesunden und der Innenperspektive des Kranken, die bei Künstlern aufgrund ihrer konstitutiven Besonderheit noch erhöht ist; zum anderen die Schwierigkeit der medizinischen Diagnostik, überhaupt individuelle Sonderfälle zu erfassen.[29] Das Ideal wäre also – zumindest bei seelischen Leiden – ein Diagnostiker, bei dem die innere Analogie zu einer erhöhten Intersubjektivität und damit Empathie führt. In der *Recherche* sind die besten (Fremd-) Diagnostiker Marcels deshalb auch seine Mutter und seine Großmutter. Da auch sie nervöse Naturen sind, kreuzen sich bei ihnen die Außen- und die Innenperspektive, weshalb sie Marcels Krankheit sehr viel früher diagnostizieren als etwa sein Vater.[30]

Doch Marcel tritt auch selbst als ein dergestalt idealer Diagnostiker auf. Diskursiv sind seine Figurenbeschreibungen sehr häufig wie medizinische Fallberichte konstruiert: Die detaillierte Beschreibung der sichtbaren, körperlichen Symptome bzw. Verhaltensweisen mündet zumeist in Schlussfolgerungen über die verborgenen Motive, aber auch über versteckte Krankheiten und Neurosen der betreffenden Figur. Und nicht selten greift er hierbei auf medizinisches Vokabular zurück.[31] Wie Edward Bizub gezeigt hat, sind seine diskursiven Vorbilder dabei vor allem die Texte der Mediziner Théodule Ribot, Alfred Binet und Paul Sollier.[32]

Natürlich liegt er mit seinen Diagnosen nicht immer richtig. Er betont ja selbst immer wieder, dass zwischen dem Ich und den anderen eine unüberbrückbare Kluft besteht, eine konstitutive Fehlerquelle gleichsam, die sich nicht ausschalten lässt: »Car il y a entre nous et les êtres un liséré [...], comme j'avais compris dans mes lectures de Combray qu'il y en a un de perception et qui empêche la mise en contact absolue de la réalité et de l'esprit.«[33] Vor allem bei den erotisch begehrten Frauenfiguren wird dieses Scheitern in extenso durchexerziert. So kann er Albertine noch so sehr mit seinem Blick sezieren; seine Liebe führt zwar zu einer mikroskopisch verschärften Wahrnehmung[34], doch paradoxerweise erlaubt sie genau deshalb oft keine sichere Aussage über Albertines Gefühlshaushalt. Immer wieder gleitet der sezierende Blick in die Hyper-Diagnostik der eifersüchtigen Paranoia ab. Marcel erhält so unendlich viele Interpretationsmöglichkeiten.

Das von der Forschung bereits vielfach aufgezeigte Misslingen der Interpretation bleibt in der *Recherche* allerdings nicht die einzige Realisationsform des diagnostischen Blicks. Denn bei anderen Figuren finden sich oft frappierend tiefe Einsichten in die Erlebniswelt ihrer devianten

Befindlichkeiten – wenn auch manchmal mit einer ziemlichen zeitlichen Verzögerung. Es scheint also nötig, den Blick auf Prousts Text aus einer vereinseitigenden Fokussierung auf seine dekonstruktivistischen Aspekte zu befreien und damit zu vervollständigen. Die Beschreibung Swanns ist hierfür ein gutes Beispiel. Vor allem in *Un amour de Swann* wird er (offensichtlich aus der Ex-post-Perspektive) im beständigen Wechsel zwischen medizinischer Außen- und einfühlender Innenperspektive sehr detailliert als Neurastheniker konturiert.[35] Diese extreme Ausleuchtung der inneren Erlebnisseite Swanns ist Marcel, wie später deutlich wird, genau deshalb möglich, weil er selbst ein Neurastheniker ist.[36] Aufgrund der großen Ähnlichkeit zu seinem Vorbild kann er den Arzt- und den Patientenblick also stets kreuzen.[37] Gegenüber den zeitgenössischen medizinischen Darstellungen der Neurasthenie – etwa von Charcot, Ribot, Binet, Sollier oder auch Adrien Proust – gewinnt sein Text somit sichtlich an Tiefe: Marcel (bzw. Proust) ist hier der bessere Diagnostiker als die Ärzte, denen nur die Außenperspektive zur Verfügung steht.[38]

Neben den Fremddiagnosen finden sich im Text nun auch zahlreiche Selbstdiagnosen. Es sind dies jene häufigen Momente, in denen Marcel seine eigenen inneren, auch physiologischen Prozesse interpretiert, um darauf aufbauend eine Eigenanamnese zu unternehmen; kurz: Es findet eine Selbstreferentialisierung der Diagnostik statt. Auch diese nun ist keineswegs immer von Erfolg gekrönt. Denn nicht nur zu den anderen, sondern auch zu sich selbst besteht, wie Marcel immer wieder betont, eine unüberbrückbare Kluft. Dass man sich auch selbst ein Fremder ist, zeigt Proust an vielen Stellen, in denen Marcel die Struktur der *mille versions* (also der mehrfachen konjekturalen Interpretationsoptionen) auf sich selbst anwendet. Hier nur ein Beispiel:

> C'était justement ce qu'il venait de faire; mais peut-être je voulais le prendre par l'amour-propre; peut-être aussi j'étais sincère, [...]. Puis j'ajoutai, soit par duplicité, soit par un surcroît véritable de tendresse produit par la reconnaissance, par l'intérêt et par tout ce que la nature avait mis des traits mêmes de Mme de Guermantes en son neveu Robert: [...].[39]

Mit der gehäuften und auf sich selbst applizierten Verwendung der Wörtchen »peut-être« und »soit« signalisiert der Erzähler eine deutliche Wissensdistanz zu seinen eigenen Handlungsmotivationen. Und nicht selten geht dies bis zu einer Selbsttäuschung, welche die korrekte Wahrnehmung des eigenen Ichs verhindert.[40] Dieses von der Forschung ebenfalls bereits vielkommentierte Scheitern der Selbsterkenntnis wird auch in einer Textstruktur realisiert, die ich als Poetik des Skotoms (des blinden Flecks also) bezeichnen würde: So hyper-detailliert die Wahrnehmungen und Schilderungen des Protagonisten sind, so selten sind sie vollständig – fast immer weisen sie große Leerstellen auf, Wahrnehmungslöcher gewissermaßen. Dass auch diese Textstruktur medizinisch informiert ist, zeigt ein Blick in Alfred Binets Studie *Les altérations de la personnalité*. Ein wesentliches Symptom der Hysteriker besteht für Binet nämlich in einer »systématisation exagérée de l'activité intellectuelle, qui leur fait percevoir certains objets avec une très grande finesse, tandis que d'autres passent complètement inaperçus.«[41] Ein eindrucksvolles Beispiel findet sich in *La prisonnière*. Der Protagonist blendet dort völlig aus, dass bei seiner vermeintlichen (eigentlich aber nur eingebildeten) Gefangennahme Albertines die ganze Zeit die Mutter mit im Haus gelebt hat.

Und dennoch: Auch in diesem Fall bleibt es dabei nicht. Auch hier ist es nötig, dem Text mehr Gerechtigkeit widerfahren zu lassen, indem man seine ganze Janusköpfigkeit berücksichtigt. Vor allem bei den psychischen Schwächen und Leiden sind Marcels Selbstdiagnosen nämlich häufig frappierend luzide. Er weiß von seiner Neurasthenie, seiner Neigung zur Perversion, seiner Paranoia in der Liebe, seiner Willensschwäche, seiner Feigheit und all seinen (zahlreichen) anderen Charakterschwächen.[42] Wenn die Selbstdiagnosen aber gelingen, so auf dreierlei Wegen: 1. indem er die Diagnosen anderer übernimmt; 2. indem er sich selbst mit anderen vergleicht; und 3. indem er auf den medizinischen Diskurs zurückgreift: Dass er ein Neurastheniker ist, erfährt der kleine Marcel bereits anlässlich des *drame du coucher*. Seine Mutter bestraft ihn nicht für sein überspanntes Verhalten, sondern liest es als Symptom für just diese Krankheit.[43] Und als ihm von Swann erzählt wird und er in Kontakt mit ihm kommt, erkennt er schnell die große Affinität zwischen dem anderen und sich selbst. Er kann deshalb auch sein eigenes Verhalten besser verstehen.[44] Wenn er schließlich auf seine zahlreichen *moi successifs* und deren pathologische Alterationen zu sprechen kommt, wenn er seine eigene Willensschwäche analysiert oder seine neurasthenische Konstitution aus dem Soziogramm seiner Familie entwickelt, dann wird (nicht zuletzt am verwendeten Vokabular) deutlich, dass er offenbar die namhaften medizinischen, psychologischen und evolutionstheoretischen Werke seiner Zeit konsultiert hat. So etwa Binets *Les altérations de la personnalité*, Ribots *Les maladies de la personnalité*, Solliers *L'hystérie et son traitement* oder auch Frédéric Paulhans *L'activité mentale et les éléments de l'esprit*. Sehr erfolgreich appliziert er deren Aussagen auf sich selbst.[45]

Marcel wendet also auch sich selbst gegenüber einen Doppelblick an, in dem sich Erleben und Analysieren, Selbst- und (medizinische) Fremdwahrnehmung kreuzen.[46] Obwohl er als Kranker hierbei kaum mehr als ein *dormeur éveillé* ist (so Charcot und später Adrien Proust über den Neurastheniker[47]), geraten die Selbstdiagnosen vielfach erstaunlich luzide. Proust setzt damit um, was er bereits in *Contre Sainte-Beuve* betont hatte, dass diese Arbeit des Kranken an sich selbst, so paradox sie anmuten mag, nämlich durchaus nicht völlig unmöglich ist:

> C'est un peu le même genre d'effort prudent, docile, hardi, nécessaire à quelqu'un qui, dormant encore, voudrait examiner son sommeil avec l'intelligence, sans que cette intervention amenât le réveil. Il y faut des précautions. Mais bien qu'enfermant en apparence une contradiction, ce travail n'est pas impossible.[48]

Die Recherche *als (medizinische) Forschungsstudie*

Es ist vor allem Émile Zola, der dem *coup d'œil médical* des Schriftstellers die Fähigkeit zuschreibt, bereits auch bei der Generierung des medizinischen und psychologischen Wissens selbst mitwirken zu können. In seiner Streitschrift *Le roman expérimental* weist er der Literatur explizit wissenschaftliche Forschungskompetenzen zu.[49] Proust nun knüpft hieran, wie ich meine, durchaus affirmativ an.[50]

Dass die *Recherche* insgesamt auch als eine Forschungsstudie intendiert ist, habe ich anderswo ausführlich gezeigt.[51] So äußert Marcel explizit, dass die Suche nach allgemeinen Gesetzmäßigkeiten ein wesentliches Ziel der *Recherche* darstellt:

> Mais puisque nous vivons loin des êtres individuels, puisque nos sentiments les plus forts, comme avait été mon amour pour ma grand-mère, pour Albertine, au bout de quelques années nous ne les connaissons plus, [...], fallût-il [...] les transcrire d'abord en un langage universel mais qui du moins sera permanent, qui ferait de ceux qui ne sont plus, en leur essence la plus vraie, une acquisition perpétuelle pour toutes les âmes? Même cette loi du changement qui nous a rendu ces mots inin-

telligibles, si nous parvenons à l'expliquer, notre infirmité ne devient-elle pas une force nouvelle?[52]

Und mit seinem vielfachen Bemühen, seine Beobachtungen zu verallgemeinern, entfaltet der Text eine Fülle von immanenten Theorien. Neben der Kunsttheorie etwa auch eine Zeichen- und Medientheorie, eine soziologische Theorie der Meinungsbildung, eine Völkertheorie, eine Theorie der Technik, der Gewalt, des Mythos bis hin zu einer Theorie des historischen Wandels.[53] Hierbei geht er oftmals über zeitgenössische Wissenschaftsbestände hinaus. Doch wie gelangt Marcel zu den entfalteten Theorien? Und welche Rolle spielt dabei die Medizin?

Um sich dieser Frage zu nähern, muss man sich Marcels explizit geäußerte Überzeugung vor Augen führen, dass die Psychologie (damals ein Teilgebiet der Medizin) die Grundlage aller anderen (humanwissenschaftlichen) Erkenntnisse darstelle: »Aussi est-il inutile d'observer les mœurs, puisqu'on peut les déduire des lois psychologiques«[54], schreibt er etwa in *À l'ombre des jeunes filles en fleurs*. Und später führt er dies noch weiter aus:

> Mais de même qu'il est des corps d'animaux, des corps humains, c'est-à-dire des assemblages de cellules dont chacun par rapport à une seule est grand comme le mont Blanc, de même il existe d'énormes entassements organisés d'individus qu'on appelle nations; leur vie ne fait que répéter en les amplifiant la vie des cellules composantes; et qui n'est pas capable de comprendre le mystère, les réactions, les lois de celle-ci, ne prononcera que des mots vides quand il parlera des luttes entre nations. Mais s'il est maître de la psychologie des individus, alors ces masses colossales d'individus conglomérés s'affrontant l'une l'autre prendront à ses yeux une beauté plus puissante que la lutte naissant seulement du conflit de deux caractères; [...].[55]

Wenn man also den Menschen, sein Denken, seine Imaginationstätigkeit und seine Triebe verstanden hat, dann hat man auch alles andere verstanden. In der Art nun, wie Proust diesen dezidierten Psychologismus inszeniert (und sich damit im Übrigen offensiv gegen Husserls Psychologismuskritik wendet), geht er (methodologisch) offenbar bis zum Begründer der experimentellen Psychologie zurück, jenes Paradigmas also, das zu jener Zeit – auch in der Medizin – vorherrschend war. Speziell für Frankreich wird Théodule Ribot die Rolle des Begründers zugeschrieben.[56] Seit ungefähr 1885 bemüht er sich um eine neue Verbindung von Beobachtung und Experiment, der sich auch Binet, Sollier und Adrien Proust verpflichten.[57]

Doch um die Textstruktur der *Recherche* ganz zu verstehen, muss man sich klarmachen, dass sich auch Ribot auf ein Vorbild stützt – auf Wilhelm Wundt nämlich, der als der eigentliche Begründer der experimentellen Psychologie in Europa gilt.[58] Er ist es, der (in den 1870er Jahren) die ersten Labore der experimentell-psychologischen Forschung einrichtet und damit allererst den europaweiten Boom der psychologischen Experimentalkultur auslöste. Ribot selbst nennt ihn explizit als Grundlage seiner eigenen Neuerungen und steht auch in regem Briefwechsel mit ihm.[59] Und bereits im Jahr 1886 liegt Wundts Basiswerk *Grundzüge der physiologischen Psychologie* in der französischen Übersetzung vor. Gleichwohl nun weist Wundts Methodologie einen zentralen Unterschied zu jener seiner französischen Nachfolger auf. Denn während diese sich auf die Fremdbeobachtung spektakulärer Krankheitsfälle konzentrieren,[60] etabliert Wundt daneben vor allem das Konzept der experimentellen Introspektion, bei dem es darum geht, in experimentell variierten Situationen die eigenen (physiologischen und psychologischen) Reaktionen möglichst genau zu protokollieren.[61] Der (idealiter gesunde) Forscher wird sich damit selbst zum wichtigsten Forschungsobjekt. Durch eine methodisch abgestützte Generalisierung sollen daraus sodann allgemeine psychologische Gesetzmäßigkeiten abgeleitet werden, die auch für die Beschreibung ›gesunder‹ Personen angewendet werden können. Mit dieser Verbindung von Selbst- und Fremdbeobachtung, von Physiologie und Psychologie etabliert er Letztere erstmals als allgemeine wissenschaftliche Disziplin und nicht nur als klinische Forschung. Indem er systematisch naturwissenschaftliche und geisteswissenschaftliche Methoden kreuzt, schlägt er einen Sonderweg in den zeitgenössischen Methodendiskussionen ein.[62]

Prousts Anspielungen auf diese Methodik sind nicht zu übersehen. Die systematische, durchaus experimentell zu nennende Wiederholung und Variation von Situationen ist eines ihrer auffälligsten Strukturmerkmale. Der Protagonist führt überdies ein sehr genaues Protokoll über seine jeweiligen (durchaus auch physiologischen) Reaktionen, wie die folgende Stelle belegt:

> Tandis que je lisais ces mots, mon système nerveux recevait avec une diligence admirable la nouvelle qu'il m'arrivait un grand bonheur.

> Mais mon âme, c'est-à-dire moi-même, et en somme le principal intéressé, l'ignorait encore.[63]

Und im Abgleich seiner Selbst- und Fremdbeobachtungen leitet er hieraus vielfach generelle psychologische Gesetzmäßigkeiten ab.[64]

Natürlich klingt Wundts Methodik der Selbstbeobachtung für nachkantische Ohren geradezu naiv: Wie soll man sich eine Selbstbeobachtung vorstellen, die nicht durch die Verquickung von Beobachter und Beobachtetem systematisch verzerrt wäre?[65] Dementsprechend wurde sie auch viel kritisiert – von Wundts französischen Nachfolgern ebenso wie in der *Recherche* selbst. So ist das Verhältnis zwischen konkretem Erleben und deduzierter Gesetzmäßigkeit dort nicht immer nachvollziehbar, und einige der Sentenzen sind so offensichtlich krude, dass man sich dies nur mit einer Ironisierung erklären kann. Proust zeigt damit, wie problematisch die Annahme ist, durch Selbstbeobachtung zu objektiven Aussagen gelangen zu können. Doch auch in diesem Fall bleibt es nicht bei der Kritik, erneut ist der Bezug janusköpfig. Denn die meisten der mit diesem Verfahren entwickelten immanenten Theorien erweisen sich – vor allem im Nachhinein – als äußerst zukunftsweisend. So etwa Prousts Theorie des Erinnerns, über deren erstaunliche Aktualität und Treffsicherheit die Forschung immer wieder verblüfft ist. Zu seiner Zeit war das Gedächtnis eines der zentralen und besonders heiß diskutierten Forschungsthemen. Durch die damals boomenden Experimente mit den Somnambulen zeigte sich, dass die zeitgenössisch anerkannte englische Assoziationspsychologie, die rein kognitiv argumentierte, nicht alle Erinnerungsphänomene erklären konnte.[66] Deshalb wurde die Untersuchung des Gedächtnisses von Binet, Ribot und Sollier zum zentralen Forschungsdesiderat erklärt, um vor allem unbewusste, emotionale und unwillkürliche Phänomene tieferer Bewusstseinsschichten erfassen zu können.[67] Mit seiner *Recherche* greift Proust diesen Appell sichtlich auf. Unter Verwendung der experimentellen Introspektion liefert er zahlreiche Ergebnisse und Theoriebausteine, die weit über die zeitgenössischen Theorien hinausgehen und der Gedächtnisforschung bis heute neue Wege weisen. Seine Konzepte der unwillkürlichen Erinnerung, des emotionalen Gedächtnisses und der quasi-traumatischen Flashbacks stellen sich also als Ergebnis einer sehr bewussten ›Forschungsarbeit‹ dar; und bis heute inspirieren sich durchaus auch ernstzunehmende Neurowissenschaftler an seinen durch die experimentelle Selbstbeobachtung gewonnenen Einsichten.[68]

Die Selbstbeobachtung vermag in der *Recherche* also offenbar durchaus ein gewisses Maß an Objektivität zu gewährleisten – und dies, obwohl es sich um die Introspektion eines ›Kranken‹ handelt.[69] Ja fast könnte man sagen, dass Proust die Vorteile auslotet, die die Selbstbeobachtung des Kranken zu bieten hat. Denn auf diese Weise können auch die Grenz- und Extrembereiche des Erlebens aus der Innenansicht in die Theoriebildung einfließen.[70] Und bereits Binet betont, dass die an Neurasthenikern beobachteten Phänomene bei aller Differenz durchaus auch zum Teil auf Gesunde verallgemeinerbar sind.[71] Proust kreuzt also die Methodik Wundts und jene seiner französischen Nachfolger, um beide gleichermaßen zu überbieten. Der Synkretismus der Rollen (Kranker und Forscher) dient nicht nur der Kritik, sondern auch der wissenschaftlichen Innovation selbst. Er wendet gleichsam auf sich selbst an, was Hippolyte Taine jedem Psychologen ans Herz legt:

> Tout peintre, poète, romancier d'une lucidité exceptionnelle devrait être questionné et observé à fond par un ami psychologue. On apprendrait de lui la façon dont les figures se forment dans son esprit, sa manière de voir mentalement les objets imaginaires, l'ordre dans lequel ils lui apparaissent, si c'est par saccades involonatires ou grâce à un procédé constant, etc.[72]

Damit schließt sich der Kreis zu Zola. Wie bei jenem arbeitet auch hier der Schriftsteller an der Forschung mit, indem er (Beobachtungs-)Daten liefert und Hypothesen bildet und den Wissenschaften auf diese Weise mal nachfolgt und mal vorauseilt (so Zola in seinem Manifest *Le roman expérimental*).[73] Indem Proust allerdings die Innen- und die Außenperspektive, den forschenden, den ästhetischen und den pathologischen Blick sehr viel konsequenter kreuzt, gelingt ihm die Erforschung des Menschen noch sehr viel tiefschürfender und individualisierter als in der positivistisch-naturalistischen Literatur.

Nun stellt die Medizin im Reigen der Wissenschaften einen Sonderfall dar. Denn sehr viel mehr als die anderen Disziplinen hat sie immer den Praxistest zu bestehen. Medizinische Theorien sind vollkommen sinnlos, wenn ihre Anwendung nicht eine echte Veränderung der Wirklichkeit bewirkt (nämlich die Heilung von Krankheiten). Die Opposition zwischen Theorie und Praxis ist hier also immer schon getilgt: Nach der allgemeinen Grundlagenforschung und der individuellen Diagnostik ist es vor allem die Therapie, in der die Medizin ihr eigentliches Telos findet.

Und auch dieser dritte, performative Aspekt des medizinischen Diskurses spielt in der *Recherche* eine wichtige Rolle.

Therapie und Selbsttherapie in der Recherche

Edward Bizub verdanken wir die Einsicht, dass Proust in der *Recherche* auch therapeutische Aspekte der (zeitgenössischen) Medizin bzw. Psychologie umgesetzt. In seiner gründlichen Studie *Proust et le moi divisé* weist er nach, dass der makrostrukturell inszenierte Erinnerungsvorgang nicht nur die Geschichte einer Berufung abbildet, sondern auch die Phasen einer Psychotherapie, wie sie Sollier in seinem Buch *L'hystérie et son traitement* entwickelt hat.[74] Der erinnernde Rückgang an den Beginn der Krankheit dient hierbei der purgierenden Aufhebung hysterischer Blockaden, da die Hysterie, wie Sollier vorführt, paradoxerweise mit partiellen Anästhesien und (Erinnerungs-)Blockaden verbunden ist, die bis zum Gefühlsverlust gehen können.[75]

Ich möchte hieran anknüpfen und zugleich darüber hinausgehen, indem ich zeige, dass sich Proust auch in diesem Fall nicht mit der bloßen Umsetzung medizinischer Diskursstrukturen zufriedengibt. Auch hier ist sein Umgang mit dem Referenzautor vielmehr durch eine kreative Abwandlung geprägt. Bei Sollier (aber auch in Binets analogem Konzept der *suggestions curatives*[76]) spielt die klare Hierarchie zwischen Arzt und Patient eine wichtige Rolle: Nur wenn sich der Patient dem Arzt völlig unterwirft, kann jener seine Aufgabe erfüllen, ihn zu einem neuen Menschen umzugestalten.[77] Doch just diese für die Therapie basale Struktur wird in der *Recherche* völlig ausgeklammert. Zwar ruft Proust mit expliziten Zitaten und intertextuellen Markern dezidiert Solliers therapeutische Maßnahmen auf[78] – ein Arzt, der seinen Weg kontinuierlich begleitet, wird hierbei jedoch nie erwähnt. Dies mag nun sicherlich zum Teil auf die oben skizzierte Poetik des Skotoms zurückzuführen sein: Da die autoritäre Rolle des Arztes als unangenehm empfunden wird, wird sie möglicherweise vom Protagonisten schlicht verdrängt. Am Textanfang zeigt sich diese Verdrängung sehr deutlich: Offenbar spielt die Szenerie in einem Sanatorium, und das frühe Zubettgehen ist auf eine ärztliche Verordnung zurückzuführen – die Bettruhe und die Isolation stellen nicht von ungefähr zwei wichtige Elemente in Solliers Therapiekonzept dar.[79] In der Beschreibung wird diese Information jedoch so effektiv ausgespart, dass sie lange Zeit von den Interpreten nicht bemerkt wurde.

Doch dies allein erklärt nicht alle Stellen. Andernorts nämlich finden offenbar Selbstverordnungen statt, die sich der Patient ganz ohne Arzt ›verschreibt‹. Marcel, der die Schriften Solliers und Binets sehr gut zu kennen scheint, verordnet sich nach einer Selbstdiagnose die entsprechenden therapeutischen Maßnahmen einfach selbst. Viele der Spaziergänge, der Ortswechsel, der freiwilligen Selbstisolationen sind hierauf zurückzuführen, handelt es sich bei alledem doch um Maßnahmen, die Sollier empfiehlt.[80]

Und dies ist letztlich nur schlüssig, so schlecht, wie die Ärzte in der *Recherche* wegkommen. Zwar müssen Marcel und seine Mutter in der ersten Arztszene erkennen, dass ihr Misstrauen Cottard gegenüber unbegründet war. Erst als Marcel sich an die Verordnung des Arztes hält, genest er von einer Lungenentzündung.[81] Doch alle darauf folgend geschilderten ärztlichen Interventionen stellen kapitale Fehlschläge dar. Vor allem der Tod der Großmutter ist in dieser Hinsicht ein Schlüsselerlebnis, geht er doch wesentlich auf eine ärztliche Fehldiagnose und -behandlung zurück.[82] Nach dieser traumatischen Erfahrung ist es nur verständlich, wenn Marcel sich lieber selbst therapiert: Wenn Künstler offenbar besondere Ärzte benötigen (s. o.), so sieht sich Marcel sichtlich selbst als der beste Arzt. Da er zugleich ein Künstler und medizinisch informiert ist, kann er die Innen- und die Außenperspektive nutzbringend verbinden.[83] Die Kritik an der Medizin wird in der *Recherche* also nicht nur in eine (evasive) Ästhetisierung umgemünzt, sondern führt auch zur Selbstreferentialisierung der medizinischen Verfahren selbst.

Dies zeigt sich besonders an der Inszenierung des Schreibvorgangs. Denn das erinnernde Schreiben des Romans gehört zu dieser Selbsttherapie sichtlich dazu:[84] Nach Sollier ist die Erinnerung für Neurastheniker die Grundlage jeder Therapie,[85] und in der *Recherche* wird das Schreiben ja vor allem als ein Erinnern inszeniert; ein Erinnern zudem, das seinen Ausgang bei einem Sanatoriumsaufenthalt nimmt.[86] Außerdem setzt der Text offenbar mit einer partiellen Amnesie ein – nach Sollier ein wesentliches Symptom der Neurasthenie:[87] Vor dem lösenden Madeleine-Ereignis sind Marcels Kindheitserinnerungen so bruchstückhaft, dass man durchaus von einer Erinnerungsblockade sprechen kann. Marcel macht selbst darauf aufmerksam, dass seine Erinnerung anfangs völlig auf den winzigen Lichtkegel des (traumatischen) *drame du coucher* und der zugehörigen Räumlichkeiten reduziert ist.[88] Erst als er in den Genuss der Madeleine kommt und in sich selbst zu forschen beginnt, löst sich diese Blockade, und die verschütteten Erinnerungen beginnen in ihm emporzusteigen.[89] Und erst durch deren Niederschrift kann er mit dieser Arbeit an sich fortfahren.[90] Neben Sollier schimmert hier die antike Selbstpraxis der Hypomnemata durch: eine Form des Schreibens, die dezidiert als Organon der Selbstsorge gepflegt wird.[91] Marcel selbst macht die therapeutische Wirkung dieser Schreibpraxis namhaft. Denn er bezeichnet seine endlich gefundene schriftstellerische Berufung unter anderem als eine »ärztliche Weisung«, deren Realisierung die innere Beglückung verspricht.[92]

Ein wesentlicher Grund, warum das schreibende Erinnern so beglückend wirkt, besteht darin, dass auf diese Weise noch eine weitere therapeutische Maßnahme realisiert werden kann – die *suggestions curatives* Binets (und Solliers) nämlich. Dort sind damit je verschiedene Weisen der hypnotischen Patientenbeeinflussung durch den Arzt gemeint.[93] Hier kehren sie offenbar als therapeutische Auto-Suggestionen wieder. Und damit schließt sich der Kreis zum Beginn der Ausführungen. Denn für diese Selbsttherapie durch die Kraft der Suggestionen nutzt Marcel nicht nur die Ästhetisierung, sondern auch den wissenschaftlichen Diskurs selbst.[94] Zunächst zur Ästhetisierung.

Ein schönes Beispiel für deren therapeutische Nutzung findet sich in Marcels erster Nacht in seinem Hotelzimmer in Doncière. Das Grauen, das er in fremden Zimmern zunächst empfindet, entsteht vor allem aus der »poesielosen Dämmerung«[95], die ihn umgibt: Da er die unbekannten Räume noch nicht mit seinen Imaginationen ästhetisch-poetisch überformt hat, stürzt das Reale gleichsam nackt auf ihn ein.[96] Hier jedoch entsteht das Grauen gar nicht erst, denn der (ästhetische) Luxus der ihn umgebenden Gegenstände ermöglicht es ihm, sie gleichsam mit poetischen Gedanken zu ›behängen‹ und seine hysterischen Angstgefühle so zu verhindern:

> Or, je m'étais trompé. Je n'eus pas le temps d'être triste, car je ne fus pas un instant seul. C'est qu'il restait du palais ancien un excédent de luxe, [...] qui, détaché de toute affectation pratique, avait pris dans son désœuvrement une sorte de vie: [...]. En somme, l'idée d'un logis, simple contenant de notre existence actuelle et nous préservant seulement du froid, de la vue des autres, était absolument inapplicable à cette demeure, ensemble de pièces, aussi réelles qu'une colonie de personnes, [...]. On tâchait de ne pas déranger et on ne pouvait regarder

sans respect le grand salon qui avait pris, depuis le XVIIIe siècle, l'habitude de s'étendre entre ses appuis de vieil or, sous les nuages de son plafond peint.[97]

Die Ästhetik (oder genauer: die ästhetische Auto-Suggestion) wird hier also gleichsam wie eine künstliche Haut eingesetzt.[98] Marcel macht dieses Verfahren noch an vielen weiteren Stellen im Text namhaft. So etwa, als er etwas später mit Robert und Rahel in einem kleinen Séparée sitzt und sich, um sein Unbehagen zu reduzieren, selbst auf die Anmut der Dinge hinweist. Er erklärt dies folgendermaßen: »Je me le disais parce qu'il me semblait que c'était douer d'un caractère esthétique, et par là justifier, sauver ces heures d'ennui.«[99]

Und strukturell zeigt es sich daran, dass auf Situationen extremer Dysphorie meist eine sehr auffällige Ästhetisierung folgt.[100]

Doch der Protagonist weiß auch den wissenschaftlichen Diskurs therapeutisch zu nutzen. Besonders aussagekräftig hierfür ist der berühmte Anfang von *Sodom et Gomorrhe*. Bei der Schilderung der ›Balz‹ von Charlus und Jupien setzt sich Marcel die Brille eines Insektenforschers auf.[101] Und auch in diesem Fall macht er den therapeutischen Nutzen dieser Überformung später selbst namhaft:

> Quand je ne suivais que mon instinct, la méduse me répugnait à Balbec; mais si je savais la regarder, comme Michelet, du point de vue de l'histoire naturelle et de l'esthétique, je voyais une délicieuse girandole d'azur. Ne sont-elles pas, avec le velours transparent de leurs pétales, comme les mauves orchidées de la mer?[102]

Und etwas später: »Dès que j'eus considéré cette rencontre de ce point de vue, tout m'y sembla empreint de beauté.«[103] Das vielfach als abstoßend und unerträglich Empfundene der Realität wird also dadurch erträglich gemacht, dass man es wissenschaftlich verallgemeinert und auf diese Weise eine Art »astronomische Poesie«[104] darin entdeckt. Die Wissenschaft selbst wird hier als Form der auto-suggestiven Selbsttherapie eingesetzt:

> Et quand nous cherchons à extraire la généralité de notre chagrin, à en écrire, nous sommes un peu consolés peut-être par une autre raison encore que toutes celles que je donne ici, et qui est que penser d'une façon

> générale, qu'écrire, est pour l'écrivain une fonction saine et nécessaire dont l'accomplissement rend heureux, comme pour les hommes physiques l'exercice, la sueur, le bain.[105]

Berücksichtigt man dies, dann werden ganz neue Blicke auf den Text möglich. So lässt sich zum Beispiel die viel kritisierte Ästhetisierung des Krieges in *Le temps retrouvé* nun als Selbsttherapie dekodieren. Indem Marcel seine Aufmerksamkeit nur auf die ästhetischen Aspekte eines Flugzeugangriffs lenkt, erzeugt er gleichsam eine künstliche Partialanästhesie, die seine Furcht auf ein erträgliches Maß reduziert.[106]

Doch auch die Makrostruktur insgesamt erscheint nun in einem neuen Licht. Das auffälligste Strukturmerkmal des Textes besteht sicherlich in der zunehmenden Desillusionierung des Ichs: Die *éducation sentimentale* des Protagonisten führt diesen von der magisch-ästhetischen Weltsicht des Kindes zur trockenen, rationalen Kälte des Blicks, die er als innere Dürre wahrnimmt – auch dies nach Sollier im Übrigen ein Symptom für die Hysterie, für ihr Spätstadium des Gefühlsverlustes nämlich.[107] Dieselbe Bewegung wird auch in der Erzählinstanz realisiert, die ja immer vom erlebenden Ich affiziert ist:[108] In *À l'ombre des jeunes filles en fleurs* ist der medizinisch-wissenschaftliche Diskurs fast völlig abwesend. Als Quellen der Metaphorik dienen vor allem ästhetische und mythologische Schemata. In *Sodom und Gomorrha* dagegen ist das erzählende Ich fast völlig getilgt. Die Gespräche und Geschehnisse werden entweder mit der Kälte der *camera eye*-Technik beschrieben, die Proust sichtlich von Flaubert übernommen hat, oder vielfach sogar nur noch wie ein technisch aufgezeichnetes Protokoll wiedergegeben: Seitenweise trifft man dort auf Dialoge im rein szenisch-dramatischen Modus des *showing*, ohne dass ein vermittelnder Erzähler auftauchen würde. Ganz offenbar wird hier ein massiver Selbstverlust des Protagonisten inszeniert. Die ›Wiederauferstehung‹ des Ichs in *Le temps retrouvé* scheint somit vor allem im Wiederfinden des Magischen zu bestehen: Die lebendig-emotionale Ästhetik scheint die kalte, dürre Wissenschaft abzulösen.[109]

Doch sieht man genauer hin, dann erkennt man, dass das Verhältnis zwischen Ästhetik und Wissenschaft auch hier komplexer ist. Denn sosehr am Ende des Monumentalromans ästhetische und mythische Schemata wiederauftauchen, so präsent ist auch der medizinisch-wissenschaftliche Diskurs. Besonders auffällig zeigt sich dies bei der Matinée der Guermantes: Marcels Beschreibung der Verwandlungen, die das Alter bei seinen Bekannten hervorgerufen hat, verbindet systematisch Bezüge auf Ovids *Metamorphosen* und die Evolutionstheorie.[110] Die Heilung des Ichs und seine endlich stattfindende Berufung zum Schriftsteller bestehen also in der Verbindung der verschiedenen Wahrnehmungsformen – in just der erwähnten ›astronomischen Poesie‹, in der jene Spaltung von Wissenschaft und Ästhetik aufgehoben wird, die sich zu Beginn des 20. Jahrhunderts vollzieht[111] und zur Verarmung und Vereinseitigung beider Diskurse führt. Wenn die Romanpoetik also so auffallend heteroklit ist, wie von der Forschung immer wieder konstatiert wird, so deutet sich darin meines Erachtens nicht ein Scheitern Prousts an.[112] Der Text realisiert vielmehr genau jenes ästhetische, wissenschaftliche und durchaus auch therapeutische Ideal, das Marcel über sein ganzes Leben hinweg entwickelt hat:

> Puisque j'avais décidé qu'elle ne pouvait être uniquement constituée par les impressions véritablement pleines, celles qui sont en dehors du temps, parmi les vérités avec lesquelles je comptais les sertir, celles qui se rapportent au temps, au temps dans lequel baignent et changent les hommes, les sociétés, les nations, tiendraient une place importante.[113]

Bevor ich ein Fazit ziehe, möchte ich zum Schluss noch einen kurzen Blick auf Prousts Verhältnis zu seinen Lesern werfen. Denn offenbar bezieht er auch jene in seine (auch therapeutischen) Bemühungen mit ein. Das Schreiben des Romans dient Marcel bzw. Proust (die beiden Instanzen verschwimmen vor allem am Ende des Romans immer mehr) nämlich nicht nur der egozentrischen Selbstbespiegelung und -beglückung, wie Proust immer wieder vorgeworfen wird. Es ist auch eine Fron: Marcel spricht von der »Qual der Ermüdung«, von einer »Ordensregel«, die zu ertragen ist.[114] Ja, der fertige Roman ist gar eine Opfergabe an die Leser, ein »Schatz«, der sie bereichern soll:

> J'aurais voulu léguer celle-ci à ceux que j'aurais pu enrichir de mon trésor. Certes, ce que j'avais éprouvé dans la bibliothèque et que je cherchais à protéger, c'était plaisir encore, mais non plus égoïste, ou du moins d'un égoïsme [...] utilisable pour autrui.[115]

Dieser Reichtum aber besteht unter anderem auch darin, dass die Leser den Text wie ein »Vergrößerungsglas« verwenden können, um damit gleichsam »in sich selbst zu lesen«:

> Car ils ne seraient pas, selon moi, mes lecteurs, mais les propres lecteurs d'eux-mêmes, mon livre n'étant qu'une sorte de ces verres grossissants [...]; mon livre, grâce auquel je leur fournirais le moyen de lire en eux-mêmes.[116]

Damit können sie ihn (wenn sie denn mögen) aber auch verwenden, um sich in Nachahmung des Protagonisten selbst zu heilen.[117] Eine berühmte Anekdote erzählt, dass die Lektüre der *Recherche* schon einige Suizidgefährdete von ihrem verzweifelten Vorhaben abgehalten hat. Dieser lebensrettende Effekt wurde von Proust offenbar durchaus einkalkuliert: Seine *Recherche* ist – neben vielem anderen – selbst Medizin.[118]

Fazit

Ich habe verschiedene – keineswegs alle – Realisationsformen des *coup d'œil médical* in der *Recherche* nachgezeichnet. Hierbei hat sich gezeigt, dass der ästhetische und der medizinische Diskurs bei Proust hochkomplexe Verbindungen eingehen, bei denen sie wechselseitig sogar ihre Funktionen tauschen können. Der Text inszeniert eine komplex gekreuzte Polyfunktionalität, mit der Diskursgrenzen und diskursive Funktionszuweisungen systematisch verwischt werden. Proust nutzt damit die ganze Komplexität, die die (zumal ästhetische) Textualität bietet: In unzähligen Schichten und Textbühnen werden Bedeutungen übereinander gelagert, eröffnet und dem Leser zur Wahl dargeboten.[119] Man tut ihm also Unrecht, wenn man ihn auf eine zentrale Bedeutung und Intention verpflichten möchte: Weder findet hier nur eine zweckfreie, reine Ästhetisierung statt, noch wird das Ästhetische ausschließlich pragmatisch funktionalisiert, sei es für forschende oder für therapeutische Zwecke. Proust inszeniert vielmehr eine vielschichtige (Funktions-)Fülle, die all diese Aspekte gleichermaßen zu umgreifen vermag.

Auch der Bezug zu den zeitgenössischen (medizinisch-psychologischen) Wissensbeständen ist vielfältig: Mal kritisiert Proust sie, mal nutzt er sie, mal überbietet er sie, mal entwickelt er sie weiter. Damit knüpft er in erstaunlich affirmativer Weise an Zola an: Genau weil die Medizin (noch) keine »exakte Wissenschaft« ist,[120] weil sie also immer noch als Kunst behandelt werden kann,[121] sind die komplexen Austauschbeziehungen allererst möglich. Wenn die *Recherche* also durchaus einen Schwellentext darstellt,[122] so in einem höchst verschlungenen historischen Verlauf, der sich allzu scharfen Gegenüberstellungen von Positivismus und Moderne sperrt. Dies zeigt sich auch daran, dass bereits im Jahr 1889 Versuche unternommen werden, komplexere psychologisch-medizinische Theorien zu entwickeln.[123] Proust knüpft hier sichtlich an und legt – im Raum des Ästhetischen und unter partieller Überbietung seiner Zeit – entsprechend komplexe Theoriebausteine vor.

Anmerkungen

1 Michel Foucault, *Die Geburt der Klinik. Eine Archäologie des ärztlichen Blicks*, Frankfurt a. M. 1988, S. 8.
2 Ebenda, S. 132.
3 Ebenda, S. 8.
4 Ebenda, S. 126, 128.
5 Ebenda, S. 113.
6 Ebenda, S. 127.
7 Ebenda, S. 148.
8 Ebenda, S. 22.
9 Ebenda, S. 208.
10 Siehe dazu auch Liza Gabaston, *Le langage du corps dans* À la Recherche du temps perdu, Paris, 2011, S. 310. Zu den verschiedenen Verbindungsmöglichkeiten zwischen den beiden Diskursen vgl. auch Bettina von Jagow/Florian Steger, *Was treibt die Literatur zur Medizin? Ein kulturwissenschaftlicher Dialog*, Göttingen 2009; sowie Meike Hillen, *Die Pathologie der Literatur. Zur wechselseitigen Beobachtung von Medizin und Literatur*, Frankfurt a. M. u. a. 2003.
11 Zum Kranksein als Grenzerfahrung des Andersseins vgl. Jagow/Steger, *Was treibt die Literatur zur Medizin?*, S. 42.
12 Die enge Verwandtschaft zwischen den Diskursen zeigt sich schon daran, dass Apollo der Gott sowohl der Heilkunst als auch der Künste ist. Zur Medizin als *scientia* und als *ars* vgl. Jagow/Steger, *Was treibt die Literatur zur Medizin?*, S. 7. Erst zu Beginn des 20. Jahrhunderts vollzieht sich jene strikte diskursive Trennung (bzw. funktionale Ausdifferenzierung), die wir heute als selbstverständlich anzunehmen gewohnt sind. Vgl. dazu Alfred Binet, *Les altérations de la personnalité* [1892], Paris ²1902, S. 312. Wie sehr die Medizin noch am Ende des 19. Jahrhunderts in die Nähe der Künste gerückt wird, macht die im Titel dieses Beitrags zitierte Formel Émile Zolas sichtbar (vgl. dazu ders.: *Le roman expérimental* [1880], in: ders., *Les œuvres complètes*, notes et commentaires de Maurice le Blond, texte de l'édition Eugène Fasquelle, 50 Bde., Paris, 1927-1929, Bd. 41, S. 9-50, hier: S. 34). Zola begründet diese Nähe mit einem Argument, auf das, wie sich noch zeigen wird, auch Proust zurückgreift: »On traite encore le médecin d'artiste, parce qu'il y a, en médecine, une place énorme laissée aux conjectures. Naturellement, le romancier méritera davantage ce nom d'artiste,

puisqu'il se trouve plus enfoncé dans l'indéterminé.« (Ebenda) Siehe auch ebenda, S. 11f.: »[...] c'est que précisément la médecine [...] est encore un art, comme le roman.«

13 Vgl. Jagow/Steger, *Was treibt die Literatur zur Medizin*, S. 9ff. Siehe auch Hillen, *Die Pathologie der Literatur*, S. 67ff.

14 Vgl. dazu Honoré de Balzac, *Avant-propos de la Comédie humaine* [1842], in: ders., *La Comédie humaine*, hg. von Pierre-Georges Castex, 12 Bde., Paris 1976-1981, Bd. 1, 1976, S. 7-20.

15 Vgl. Hillen, *Die Pathologie der Literatur*, S. 40.

16 Vgl. Marc Föcking, *Pathologia litteralis. Erzählte Wissenschaft und wissenschaftliches Erzählen im französischen 19. Jahrhundert*, Tübingen 2002, Kap. 4, v.a. S. 212-222. Das Zitat steht auf S. 215.

17 Vgl. dazu Barbara Ventarola, »Der Experimentalroman zwischen Wissenschaft und Romanexperiment. Überlegungen zu einer Neubewertung des Naturalismus«, in: *Poetica* 42 (2010), S. 277-324 sowie dies., »Die experimentelle Ästhetik Zolas. Zur literarischen Umsetzung eines avancierten Naturalismuskonzepts in *La curée* (1871) und *L'œuvre* (1886)«, in: *Romanische Forschungen* 123 (2011), S. 167-209.

18 Zum Konzept der autodiegetischen Erzählung vgl. Gérard Genette, *Die Erzählung*, [3]2010, S. 159. Gemeint ist damit eine narrative Einstellung, bei der der Erzähler zugleich die Hauptfigur der Erzählung ist.

19 Vgl. Marcel Proust, *Auf der Suche nach der verlorenen Zeit*, 3 Bde., hg. und übers. von Eva Rechel-Mertens, Frankfurt a.M. 2000 [im Folgenden: *SZFA*], S. 1650. (An einigen Stellen nehme ich mir die Freiheit kleiner Übersetzungskorrekturen heraus). Im Original heißt es: »un compendium des erreurs successives et contradictoires des médecins« (die französischen Zitate stammen hier und im Folgenden aus: Marcel Proust, *À la Recherche du temps perdu*, 4 Bde., éd. publ. sous la direction de Jean-Yves Tadié, Paris 1987 [im Folgenden: *RTP*], hier: II, 594f.). Siehe dazu auch *SZFA*, S. 1686, 2101ff.

20 Vgl. etwa *SZFA*, S. 1658f., 2523, 2549, 3034. Zur Tradition des *furor poeticus* vgl. Hillen: *Die Pathologie der Literatur*, Kap. 3; sowie Edward Bizub, *Proust et le moi divisé. La Recherche: creuset de la psychologie expérimentale (1874-1914)*, Genève 2006, S. 173.

21 *RTP* II, 601 – *SZFA*, S. 1659: »Ich habe Ihnen gesagt, daß es ohne nervöse Krankheit keinen großen Künstler gibt.« Siehe auch *SZFA*, S. 1659: »Alles, was wir an Großem kennen, ist von Nervösen geschaffen. Sie und keine anderen haben Religionen begründet und Meisterwerke hervorgebracht.« (»Tout ce que nous connaissons de grand nous vient des nerveux. Ce sont eux et non pas d'autres qui ont fondé les religions et composé les chefs-d'œuvre.« *RTP* II, S. 601).

22 Trotz der Namensgleichheit zwischen Marcel Proust und seinem Ich-Erzähler ›Marcel‹ ist keineswegs umstandslos von einer personalen Identität im autobiographischen Sinne auszugehen, da der Text allenfalls als eine fiktionale Autobiographie angesehen werden kann. Dennoch können ›Marcels‹ Reflexionen weitgehend als Ausdruck der Überzeugungen des Autors gedeutet werden. Proust inszeniert mit der Namensgleichheit ein Spiel um die Grenze zwischen Autor und Erzähler, zwischen Abgrenzung und Grenzverwischung, das den gesamten Text

durchzieht. Um den Lesefluss nicht zu stören, lasse ich die Anführungszeichen im Folgenden weg.

23 Zum post-naturalistischen Schreiben als einer Wendung von außen nach innen vgl. Irene Albers, *Sehen und Wissen. Das Photographische im Romanwerk Émile Zolas*, München 2002, S. 338ff.

24 *RTP* I, S. 125f. – *SZFA*, S. 171: »Aber beim Aussprechen des Namens Guermantes bemerkte ich, wie sich in den blauen Augen unseres Freundes ein kleiner dunkler Strich zusammenzog, als würden sie von einer unsichtbaren Spitze geritzt, während die übrige Iris damit reagierte, daß sie Ströme von reinem Blau entsandte. Seine Lidränder wurden dunkler und senkten sich. Am schnellsten erholte sich sein eben noch von einer bitteren Falte gezeichneter Mund, der schon wieder lächelte, während der Blick noch schmerzvoll blieb wie der eines schönen Märtyrers mit von Pfeilen durchbohrtem Leib [...].«

25 Zum Röntgenblick der Mutter vgl. *SZFA*, S. 75.

26 Ich knüpfe damit an Irene Albers an, die diese Technik anhand von Zolas *L'œuvre* analysiert hat. Vgl. dies., *Sehen und Wissen*, S. 287ff. Zur phantastischen Überformung des fotografischen Schreibens siehe auch ebenda, S. 337ff. (zur »photographie phantastique«).

27 Vgl. Soraya de Chadarevian, »Die ›Methode der Kurven‹ in der Physiologie zwischen 1850 und 1900«, in: Hans-Jörg Rheinberger/Michael Hagner (Hg.), *Die Experimentalisierung des Lebens. Experimentalsysteme in den biologischen Wissenschaften 1850/1950*, Berlin 1993, S. 28-49, hier: S. 43ff.

28 *SZFA*, S. 751.

29 Zu Theorien als fehlerhaften optischen Instrumenten vgl. auch *SZFA*, S. 2408, 2549. – Die benannte Problematik wird freilich schon früher erkannt. So sucht der Mediziner Charles Robert Richet, der 1913 den Nobelpreis für Medizin erhält, bereits im Jahr 1902 nach einer »Physiologie des Individuums«, die der »biologischen Individualität« besser gerecht werden könne. Vgl. dazu Ilana Löwy, »Unscharfe Begriffe und föderative Experimentalstrategien. Die immunologische Konstruktion des Selbst«, in: Rheinberger/Hagner, *Die Experimentalisierung des Lebens*, S. 188-206, hier: S. 191f.

30 Vgl. etwa *SZFA*, S. 52.

31 Besonders schön zeigt sich dies bei der Darstellung seiner Tante Léonie. Siehe etwa *SZFA*, S. 69ff.

32 Vgl. Bizub, *Proust et le moi divisé*.

33 *RTP* IV, S. 553 – *SZFA*, S. 4094f.: »[...] denn zwischen uns und den anderen Wesen gibt es eine schmale [...] Trennungszone, so wie ich bei meinen Lektürestunden in Combray eine die Wahrnehmung betreffende entdeckt hatte, die den absoluten Kontakt zwischen der Wirklichkeit und dem Geist verhindert.«

34 Marcel selbst bezeichnet die Liebe mehrmals als ein Mikroskop. Vgl. etwa *SZFA*, S. 2403, 2998.

35 Vgl. etwa *SZFA*, S. 258, 353, 369.

36 Zur neurotischen Grundkonstitution des Autors Proust vgl. auch Reiner Speck, »Toujours au lit«, in: Jürgen Ritte/ders. (Hg.), *Cher ami ... Votre Marcel Proust. Marcel Proust im Spiegel seiner Korrespondenz*, Köln 2009, S. 83-91, hier S. 85. Im Roman macht Marcel dies durchaus auch selbst explizit. Vgl. dazu etwa *SZFA*, S. 653.

37 Siehe etwa *SZFA*, S. 258, 262, 541, 2272.

38 Vgl. etwa *SZFA*, S. 258, S. 803f. – Proust realisiert hier offenbar, was Noam Chomsky Jahre später ausformulieren wird, dass nämlich die Literatur möglicherweise insgesamt die bessere Informationsquelle über den Menschen darstellt als die wissenschaftliche Psychologie. Vgl. Noam Chomsky, *Probleme sprachlichen Wissens*, übers. von Michael Schiffmann, Weinheim 1996, S. 154: »Es ist durchaus möglich und, wie man vermuten könnte, in überwältigender Weise wahrscheinlich, daß wir über das Leben und die menschliche Persönlichkeit aus Romanen immer mehr erfahren werden als durch wissenschaftliche Psychologie.« (Zitiert aus Jonah Lehrer, *Prousts Madeleine. Hirnforschung für Kreative*, München, Zürich 2007, S. 265). Siehe dazu auch Jagow/Steger, *Was treibt die Literatur zur Medizin?*, S. 40

39 *RTP* II, S. 401 – *SZFA*, S. 1386: »Gerade das hatte er getan; aber vielleicht wollte ich ihn bei der Eigenliebe fassen; vielleicht aber war ich auch ehrlich, [...]. Dann setzte ich, sei es unaufrichtig, sei es aus einer wirklichen, durch Dankbarkeit gesteigerten Zuneigung, aus Eigennutz, oder unter dem Eindruck aller der Züge von Madame de Guermantes, die die Natur auch ihrem Neffen Robert hatte zukommen lassen, hinzu: [...].« – Zum eigenen Ich als Fremdem siehe auch *SZFA*, S. 1649, 2421, 4085.

40 Sehr schön zeigt sich dies etwa bei dem ›Maskenball‹ auf der Matinée der Guermantes ganz am Ende des Textes: Marcel bemerkt bei allen anderen, wie sehr sie gealtert sind, nur sich selbst nimmt er hiervon völlig aus, bis er durch deren Aussagen auf diese unangenehme Wahrheit gestoßen wird (vgl. *SZFA*, S. 4085). Diese Inszenierung der schockartigen Selbsterkenntnis macht umso sinnfälliger, wie sehr er sich zuvor in einer Illusion gewiegt hat.

41 Vgl. Binet, *Les altérations de la personnalité*, S. 57. Zu Deutsch: »eine übertriebene Systematisierung der intellektuellen Aktivität, durch welche sie bestimmte Gegenstände besonders fein wahrnehmen, während ihnen andere völlig unbemerkt bleiben.« (Übersetzung von mir)

42 Vgl. beispielhaft etwa *SZFA*, S. 652, 884, 1120, 1614f.

43 *SZFA*, S. 36f., 48, 1120.

44 *SZFA*, S. 206, 225, 631, 1356, 2096.

45 Ich kann dies hier nicht ausführlich zeigen. Die Parallelen fallen aber unmittelbar ins Auge, wenn man sich etwas genauer mit den genannten Texten beschäftigt. Zur medizinisch inspirierten Selbstwahrnehmung Marcels vgl. etwa *SZFA*, S. 206ff., 490, 571, 652ff., 660, 757. Mit Blick auf die *moi successifs* vgl. etwa die folgenden Stellen aus Binet, *Les altérations de la personnalité*: S. 236, 322, 323. Zur großen Rolle, die diese Texte in der *Recherche* spielen, siehe auch Bizub, *Proust et le moi divisé*, S. 97, 135f., 223f. (allerdings ohne Erwähnung Paulhans, der meiner Meinung nach eine geradezu zentrale Bedeutung für die *Recherche* hat).

46 Vgl. *SZFA*, S. 212, 660, 822, 823, 825, 828.

47 Siehe Bizub, *Proust et le moi divisé*, S. 52.

48 *CSB*, S. 641. – »Es ist ein wenig dieselbe Art kluger, fügsamer und kühner Anstrengung, die nötig wäre, wenn ein noch Schlafender seinen Schlaf mit der Intelligenz untersuchen wollte, ohne dass dieser Eingriff zum Erwachen führte. Es sind besondere Vorkehrungen nötig. Doch obwohl diese Arbeit scheinbar einen Widerspruch darstellt, so ist sie doch nicht unmöglich.« (Übersetzung von mir)

49 Vgl. etwa Zola, *Le roman expérimental*, S. 17f., 24, 42, 48f.

50 Auf die Analogien zwischen Zola und Proust habe ich bereits aufmerksam gemacht. Vgl. dazu Ventarola, »Der Experimentalroman«, Anm. 114; dies., »Die experimentelle Ästhetik Zolas«, Anm. 61 und Anm. 108. Ich möchte diesen Gedanken hier weiterverfolgen.

51 Vgl. Barbara Ventarola, »In den Zwischenräumen des Bewusstseins. Der Halbschlaf als epistemologische, bewusstseinstheoretische und poetologische Metapher in Prousts *Recherche*«, in: Jochen Achilles/Roland Borgards/Brigitte Burrichter (Hg.), *Liminale Anthropologien. Zwischenzeiten, Schwellenphänomene, Zwischenräume in Literatur und Philosophie*, Würzburg 2012, S. 209-246.

52 *RTP* IV, S. 482 – *SZFA*, S. 3996: »Da wir aber fern von den Individuen leben, da wir unsere stärksten Gefühle, wie meine Liebe zu meiner Großmutter, zu Albertine es gewesen waren, nach einigen Jahren nicht mehr kennen, [...], wäre es dann nicht nötig, sie [...] zunächst in eine allgemein verständliche, aber wenigstens beständige Sprache zu übersetzen [...]? Wird nicht sogar, wenn es uns gelingt, das Gesetz der Wandlung zu erklären, das uns jene Worte unverständlich gemacht hat, unsere Schwäche zu einer neuen Stärke werden?« – Vgl. auch *SZFA*, S. 705, 1406, 3928, 3977.

53 Siehe ausführlich dazu Barbara Ventarola, *Transkategoriale Philologie. Liminales Denken bei Gottfried Wilhelm Leibniz und Marcel Proust* (in Vorb.), Kap. V.

54 *RTP* I, S. 504 – *SZFA*, S. 676: »Daher ist es auch ganz überflüssig, Beobachtungen über die Sitten anzustellen, sie gehen logisch aus psychologischen Gesetzen hervor.«

55 *RTP* IV, S. 350 (Hervorhebung von mir) – *SZFA*, S. 3809 (Hervorhebung von mir): »Aber ebenso wie es Tierkörper und Menschenkörper gibt, das heißt Zellansammlungen, deren jede, bezogen auf eine einzelne Zelle, groß ist wie der Montblanc, gibt es eine ungeheure, organisierte Anhäufung von Individuen, die man Nationen nennt und deren Leben, in größerem Maßstab nur, das Leben der Zellen wiederholt, aus denen sie sich zusammensetzen; wer nicht imstande ist, das Geheimnis, die Reaktion, die Gesetze dieses Mikrokosmos zu verstehen, wird immer nur leere Worte gebrauchen, wenn er von Kämpfen unter Nationen spricht. *Beherrscht er jedoch die Psychologie der Individuen*, dann bekommen die kolossalen Massen von Individuen, die zusammengeballt einander entgegentreten, in seinen Augen eine machtvollere Schönheit als der Kampf, der sich nur aus dem Konflikt zweier Charaktere ergibt; [...].«

56 Vgl. Bizub, *Proust et le moi divisé*, S. 16ff.; Olav Krämer, *Denken erzählen. Repräsentationen des Intellekts bei Robert Musil und Paul Valéry*, Berlin, New York 2009, S. 40ff.

57 Ebenda.

58 Vgl. dazu etwa Gerd Jüttermann (Hg.), *Wilhelm Wundts anderes Erbe. Ein Missverständnis löst sich auf*, Göttingen 2006, S. 9 und S. 13-31; Jochen Fahrenberg, »Die Wissenschaftskonzeption der Psychologie bei Kant und Wundt«, in: *e-Journal Philosophie der Psychologie*, März 2008 (http://www.jp.philo.at/texte/FahrenbergJ2.pdf), S. 10ff.; Krämer, *Denken erzählen*, S. 35ff.

59 Vgl. dazu v.a. Théodule Ribot, *La psychologie allemande contemporaine*, Paris 1879.

60 Einige davon erlangten geradezu Berühmtheit und erhielten so skurrile Namen

wie Félida, Emile X., le sergeant de Bazeilles etc. Vgl. dazu Bizub, *Proust et le moi divisé,* S. 15ff.

61 Vgl. dazu Fahrenberg, »Die Wissenschaftskonzeption der Psychologie«, S. 13ff.

62 In seinen zahlreichen Texten wendet Wundt seine neue Methode auch auf die Völkerpsychologie und die Mythostheorie an und gelangt so zu zahlreichen neuen Einsichten. Vgl. dazu Fahrenberg, »Die Wissenschaftskonzeption der Psychologie«, S. 11ff. Zu Wundts Durchkreuzung der Disziplinengrenzen siehe auch Jüttermann, »Wilhelm Wundt – der missverstandene Geisteswissenschaftler«, in: ders., *Wilhelm Wundts anderes Erbe,* S. 13-31.

63 *RTP* I, S. 491 – *SZFA*, S. 660: »Während ich diese Worte las, nahm mein Nervensystem bewundernswert schnell die Neuigkeit zur Kenntnis, daß mir ein großes Glück widerfahren sei. Meine Seele aber, das heißt ich selbst und damit der, den es vor allem anging, wußte noch nichts davon.«

64 Siehe etwa *SZFA*, S. 158, 643, 774, 3992, 774, 824, 1076, 2234ff. Besonders schön zeigt sich dies in folgendem Satz auf S. 824, der dieses Verfahren im Modus der Ankündigung explizit ausformuliert: »Auch wenn erst aus Anlaß einer späteren Liebe von den verschiedenen Formen des Kummers die Rede sein soll, [...].« (»En réservant de décrire à l'occasion d'un amour ultérieur les formes diverses du chagrin, [...]«), *RTP* I, S. 616.

65 Wundt hat sich selbst intensiv mit Kant und den kantisch inspirierten Vorwürfen auseinandergesetzt. Vgl. dazu Fahrenberg, »Die Wissenschaftskonzeption der Psychologie«, S. 15ff.

66 Vgl. dazu etwa Binet, *Les altérations de la personnalité,* S. 243f. Eine griffige Darstellung der Assoziationspsychologie findet sich bei Krämer, *Denken erzählen,* S. 26ff. Zur um 1900 stattfindenden Abwendung davon vgl. ebenda, S. 35.

67 Vgl. etwa Binet, *Les altérations de la personnalité,* S. 243.

68 Siehe etwa Russel Epstein, »Conscioussness, art, and the Brain. Lessons from M. Proust«, in: *Consciousness and Cognition* 13 (2004), S. 231-240; Donald Dryden, »Memory, imagination, and the cognitive value of the arts«, in: *Consciousness and Cognition* 13 (2004), S. 254-267; David Galin, »Aesthetic experience: Marcel Proust and the neo-Jamesian structure of awareness«, in: *Consciousness and Cognition* 13 (2004), S. 241-253. Vgl. dazu auch Lehrer, *Prousts Madeleine,* S. 135ff.

69 Siehe dazu etwa *SZFA*, S. 2116: »[...] es ist doch so, daß nur das Leiden an einer Sache uns möglich macht, deren Mechanismen, welche man sonst gar nicht kennen würde, zu bemerken, zu begreifen und zu analysieren.« (»[...] c'est que le mal seul fait remarquer et apprendre et permet de décomposer les mécanismes que sans cela on ne connaîtrait pas«, *RTP* III, S. 51f.)

70 Vgl. dazu etwa *SZFA*, S. 881ff., 3075. Interessant ist hier vielleicht der Hinweis, dass Ribot die Krankheit als ein besonders aussagekräftiges Experiment der Natur bezeichnet, mit dem gleichsam auf natürliche Weise sehr besondere Bedingungen geschaffen werden. Vgl. dazu ders.: *Les maladies de la volonté* [1882], Paris [5]1888, S. 49.

71 Vgl. Binet, *Les altérations de la personnalité,* S. 189, 197, 217, 236.

72 Vgl. Taine, Hippolyte, *De l'intelligence* [1870], Paris [6]1892, S. 14 (zitiert nach Bizub, *Proust et le moi divisé,* S. 18, Übersetzung von mir): »Jeder Maler, Dichter oder Romanschriftsteller mit einem außergewöhnlichen Scharfblick sollte gründ-

lich von einem befreundeten Psychologen befragt oder beobachtet werden. Man erhielte von ihm Aufschlüsse über die Art und Weise, wie die Figuren sich in seinem Geist bilden, wie er die imaginären Gegenstände innerlich sieht, über die Reihenfolge, in der sie ihm erscheinen, ob dies durch unwillkürliche Aufwallungen geschieht oder dank eines kontinuierlichen Prozesses etc.«

73 Vgl. Zola, *Le roman expérimental*, S. 48-50.

74 Vgl. Bizub, *Proust et le moi divisé*, insbes. die »Seconde Partie« (S. 145 ff.). Bizub macht auch darauf aufmerksam, dass Proust selbst in den Jahren 1906/7 für eine psychotherapeutische Behandlung Solliers Sanatorium besucht hat und also durchaus aus eigenen Erfahrungen schöpfen kann. Vgl. ebenda, S. 24, 151 ff., 155 ff.

75 Vgl. dazu Paul Sollier, *L'hystérie et son traitement*, Paris 1901, S. 6, 12, 14 f., 16 f., 29, 31 f., 136 f., 141 f.; Bizub, *Proust et le moi divisé*, S. 152 ff., 195-199, 206 ff., 223, 250.

76 Siehe dazu Binet, *Les altérations de la personnalité*, S. 224, 234 ff.

77 Vgl. Sollier, *L'hystérie et son traitement*, S. 142 ff., 145, 155.

78 Ausführliche diesbezügliche Nachweise finden sich bei Bizub, *Proust et le moi divisé*.

79 Vgl Sollier, *L'hystérie et son traitement*, S. 74 ff. (zur Isolation), S. 99 ff. (zur Bettruhe). Eine ausführliche Begründung dieser Lesart findet sich bei Ventarola: »In den Zwischenräumen des Bewusstseins«, Kap. 2.

80 Sollier, *L'hystérie et son traitement*, S. 130 ff. (zu Ortswechseln), S. 105 ff. (zur körperlichen Bewegung), S. 74 ff. (zur Isolation). Sollier fügt bezeichnenderweise auch noch die Anregung der einzelnen Sinne durch Geschmacks- und Geruchsreize sowie durch Bilder und Töne hinzu (S. 130 ff.). In *SZFA*, S. 847 macht Marcel etwa die therapeutischen Ortswechsel namhaft.

81 Vgl. *SZFA*, S. 652 ff., insbes. S. 658.

82 *SZFA*, S. 1649 ff.

83 Diese Textstruktur passt sehr gut zu Prousts eigenem Verhältnis der Ärzteschaft gegenüber. Zu Proust als sehr kritischem Patienten vgl. etwa Speck, »Toujours au lit«, S. 86.

84 Proust bezeugt hier eine große Nähe zu Virginia Woolf, die ihr Schreiben selbst als einen therapeutischen Vorgang beschrieben hat. Vgl. dazu Lehrer, *Prousts Madeleine*, S. 242.

85 Sollier, *L'hystérie et son traitement*, S. 136 f., S. 141 f. Siehe dazu auch Bizub, *Proust et le moi divisé*, S. 195 ff., 198 ff., 207.

86 Vgl. dazu Ventarola, »In den Zwischenräumen des Bewusstseins«, Kap. 2.

87 Sollier, *L'hystérie et son traitement*, S. 31 f.

88 *SZFA*, S. 61-63.

89 *SZFA*, S. 63-67. Zur forschenden Selbstzuwendung vgl. ebenda, S. 64.

90 Zum eigenen gelebten Leben als Hauptgegenstand seines Schreibens vgl. *SZFA*, S. 3990. Zu den Verflechtungen zwischen Schreiben und Leben, mit denen die Sonderstellung der quasi-autobiographischen *ex post*-Perspektive ausgehöhlt wird, vgl. Ventarola: »In den Zwischenräumen des Bewusstseins«, Kap. 2.3.

91 Zu Prousts Bezugnahme auf die philosophische Tradition der Selbstsorge vgl. Ulrike Sprenger, »›Un plus profond moi-même‹ – Marcel Prousts Selbstsorge«,

in: Maria Moog-Grünewald (Hg.), *Autobiographisches Schreiben und philosophische Selbstsorge*, Heidelberg 2004, S. 139-152. Sprenger reduziert diese Bezugnahme allerdings auf die Annahme ihres Scheiterns, was, wie die folgenden Überlegungen zeigen, dem Text nicht in seiner ganzen (von Proust intendierten) Bedeutungsfülle gerecht wird.

92 *SZFA*, S. 4174. (*RTP* IV, S. 610: »le suivre comme un regime«).

93 Vgl. dazu Binet, *Les altérations de la personnalité*, S. 224, 243; Sollier, *L'hystérie et son traitement*, S. 150ff.

94 Zu betonen ist freilich, dass sich die Funktionen der Ästhetisierung und des wissenschaftlichen Diskurses nicht hierauf beschränken. Es handelt sich dabei nur um zusätzliche Facetten, die Proust ihnen zuweist – und damit die gängige Opposition zwischen Ästhetisierung und Pragmatisierung systematisch aufhebt.

95 RTP II, S. 26: »ce clair-obscure sans poésie«.

96 Vgl. dazu v.a. seine erste Nacht in Balbec, *SZFA*, S. 876-878 und S. 881f. – Proust wendet sich hier sichtlich gegen den zeitgenössischen und in Heideggers Triebmetaphysik kulminierenden Kult der Suche nach einer vor-diskursiven Sphäre der Realität, indem er aufweist, dass sich die ›Wahrheit‹ des Ichs allererst im Diskursiven (und damit durchaus Kontingenten) vervollständigt, und zwar genau deshalb, weil damit Phänomene der ästhetisierenden und fiktionalisierenden Wirklichkeitsüberformung möglich werden. Siehe ausführlich dazu Ventarola, »In den Zwischenräumen des Bewusstseins«, sowie dies., *Transkategoriale Philologie*, Kap. V.

97 *RTP* II, S. 381f. – *SZFA*, S. 875: »Doch diesmal hatte ich mich getäuscht. Ich hatte keine Zeit zur Traurigkeit, denn nicht einen Augenblick war ich allein. Von dem alten Palais nämlich war ein Überschuß an Luxus übriggeblieben, [...] der nun, jedes praktischen Sinnes bar, in seiner Zwecklosigkeit ein Eigenleben führte [...]. Die Idee einer bloßen Unterkunft, eines schlichten Behältnisses für unsere gegenwärtige Existenz, einer Sache, die uns einzig vor Kälte und den Blicken der anderen schützt, ließ sich jedenfalls durchaus nicht auf diese Behausung anwenden, dieses System von Räumen, die alle die Wirklichkeit von Personen besaßen, [...]. Man bemühte sich, den großen Salon nicht zu stören, den man ohne großen Respekt nicht betrachten konnte und der sich seit dem achtzehnten Jahrhundert daran gewöhnt hatte, sich zwischen altgoldenen Pfeilern unter dem Wolkenhimmel einer gemalten Decke zu erstrecken.« – Man beachte, wie Proust die therapeutische Wirkung des Ästhetischen hier genau aus seiner Zweckfreiheit ableitet und damit erneut gängige Oppositionsbildungen durchkreuzt.

98 Vgl. dazu die gesamte Szene in *SZFA*, S. 1359-1368, v.a. S. 1360-1363.

99 *RTP* II, S. 469 – *SZFA*, S. 1478f.: »[...] Ich sagte es mir in dieser Form, weil ich dadurch den Vorgängen einen ästhetischen Wert zuerkennen und so jene in Unlust verbrachten Stunden nachträglich rechtfertigen und für mich retten wollte.«

100 Vor allem in dekonstruktivistischen Lesarten hat es sich durchgesetzt, diese Abfolge genau umgekehrt zu lesen, also als ein wiederholter Absturz der Euphorie in die Dysphorie. Sicherlich ist auch diese Struktur in der *Recherche* präsent – aber eben nicht als einzige Realisationsform.

101 Vgl. *SZFA*, S. 2080.

102 *RTP* III, S. 28 – *SZFA*, S. 2080: »Als ich nur meinem Instinkt folgte, flößten in Balbec die Quallen mir Widerwillen ein; aber wenn es mir gelang, sie wie Michelet vom naturwissenschaftlichen und ästhetischen Standpunkt anzuschauen, sah ich in ihnen entzückende, blaßblaue, durchsichtig schimmernde Geschmeide. Sind sie nicht mit dem durchscheinenden Samt ihrer Blütenblätter die zartvioletten Orchideen des Meeres?«

103 *RTP* III, S. 29 – *SZFA*, S. 2082: »Sobald ich diese Begegnung aus einem solchen Gesichtspunkt betrachtete, schien mir alles in Schönheit getaucht.«

104 *SZFA*, S. 2104 – *RTP* III, S. 43: »une poésie presque astronomique«.

105 *RTP* IV, S. 480f. – *SZFA*, S. 3994: »Wenn wir aber das Allgemeingültige an unserem Kummer herauszustellen und darüber zu schreiben versuchen, so fühlen wir uns etwas getröstet, [...] nämlich dadurch, daß das Denken auf eine allgemeingültige Art und das Schreiben für den Schriftsteller eine gesunde und notwendige Funktion ist, deren Ausübung ihn in gleichem Maße beglückt wie den rein körperlich lebenden Menschen der Sport, der vergossene Schweiß und das Bad.«

106 *SZFA*, S. 3789ff.

107 Sollier, *L'hystérie et son traitement*, S. 29.

108 Vgl. dazu Rainer Warning, »Romantische Tiefenperspektivik und moderner Perspektivismus: Chateaubriand – Flaubert – Proust«, in: ders., *Proust-Studien*, München 2000, S. 11-33.

109 Verkompliziert wird diese Struktur durch mehrere scheiternde Konversionen, bei denen der Protagonist bereits früher mehrfach glaubt, seine Fähigkeit zu einem magischen Fühlen wiedergefunden zu haben, die sich jedoch allesamt als nur vorübergehende Zustände herausstellen. Vor allem die »Intermittences du cœur« stellen eine solche scheiternde Konversion dar. Doch dies (sowie den damit inszenierten kritischen Dialog mit Augustinus) werde ich in einer anderen Veröffentlichung vorführen.

110 Den Bezug auf die Evolutionstheorie markiert Proust vor allem bei den Isotopien, die die Überleitungen zwischen den Beschreibungen der einzelnen ›Spezies‹ des Alterns skandieren. Vgl. etwa *SZFA*, S. 4025, 4038, 4040f.

111 Siehe dazu oben Anm. 12.

112 So etwa die These von Warning, »Romantische Tiefenperspektivik«, S. 29f., sowie sein Vorwort zum gesamten Band, S. 7.

113 *RTP* IV, S. 510 – *SZFA*, S. 4035: »Da ich in mir entschieden hatte, daß dieser Stoff nicht einzig aus wirklich erfüllten Eindrücken bestehen könne, solchen, die außerhalb der Zeit gelegen waren, würden unter den Wahrheiten, mit denen ich sie hier und da aufzufüllen gedachte, auch solche, die sich auf die Zeit beziehen, auf die Zeit, in welcher die Menschen, die Gesellschaften, die Nationen weben und sich wandeln, einen bedeutenden Raum einnehmen.«

114 *SZFA*, S. 4174 – *RTP* IV, S. 609f.: »le supporter comme une fatigue, l'accepter comme une règle«.

115 *RTP* IV, S. 613 – *SZFA*, S. 4179: »Ich hätte diesen [den Ewigkeitswert der eigenen Glücksgefühle, Anm. B. V.] gern an diejenigen weitergegeben, die ich mit meinem Schatz hätte bereichern können. Gewiß, was ich in der Bibliothek empfunden hatte und in meinem Inneren zu erhalten versuchte, war nur etwas wie ein

Vergnügen, dies aber war nicht egoistisch mehr, oder doch mindestens durch einen Egoismus bestimmt [...], der für die anderen nutzbar zu machen war.«

116 *RTP* IV, S. 610 – *SZFA*, S. 4174f.: »Denn sie [meine Leser, Anm. B. V.] würden meiner Meinung nach nicht meine Leser sein, sondern die Leser ihrer selbst, da mein Buch nur etwas wie ein Vergrößerungsglas sein würde, [...] – mein Buch, durch das ich ihnen ermöglichen würde, in sich selbst zu lesen.«

117 Dabei handelt es sich, wie erneut zu betonen ist, nur um ein Lektüreangebot unter vielen.

118 Wenn die beiden Diskurse also für gewöhnlich dergestalt funktional ausdifferenziert werden, dass die Medizin für die Heilung zuständig ist und die Literatur für die intellektuelle Bereicherung (vgl. Jagow/Steger, *Was treibt die Literatur zur Medizin?*, S. 13), so nimmt Proust gleichsam eine chiastische Kreuzung ihrer Funktionen vor.

119 Zu einer entsprechenden Texttheorie vgl. Ventarola, *Transkategoriale Philologie*, Kap. III.

120 *SZFA*, S. 2103 – *RTP* III, S. 42: »La médecine n'est pas une science exacte.«

121 Vgl. dazu nochmals die in Anm. 12 zitierten Stellen aus Zolas Schrift *Le roman expérimental*.

122 Vgl. Antoine Compagnon, *Proust entre deux siècles*, Paris 1989.

123 Siehe etwa Frédéric Guillaume Paulhan, *L'activité mentale et les éléments de l'esprit*, Paris 1889, S. 5-16.

Prousts *Recherche* – Erzählen im Spiegel der Diätetik

Kirsten von Hagen

Dietrich von Engelhard zufolge ist Diätetik als Teil der medizinischen Therapie anzusehen.[1] In der Medizin der Antike und des Mittelalters wird Diätetik der medikamentösen Therapie und dem chirurgischen Eingriff übergeordnet. In den Bereich der Diätetik zählt nicht nur das Essen und Trinken, sondern nach Galen sind sechs Grundbereiche (»sex res non naturales«) zu unterscheiden: Licht und Luft (»aer«), Essen und Trinken (»cibus und potus«), Bewegung und Ruhe (»motus et quies«), Schlafen und Wachen (»somnus et vigilia«). Nach Galen sind die genannten Bereiche nicht natürlich, weil sie zwar wie die ›res naturales‹ die Physiologie betreffen, aber im Gegensatz zu diesen einer kulturellen Bearbeitung und Regelung durch den Menschen bedürfen.[2] Auch wenn sich im Zuge der Säkularisierung das Konzept der Diätetik verändert und sich der therapeutische Schwerpunkt von der Diätetik zur medikamentösen Behandlung und zur Operation verlagert, ist doch in literarischen Texten des 19. und frühen 20. Jahrhunderts ein Fortleben dieser Tradition zu beobachten.[3] Auch in medizinischen Schriften von Joseph Bigel (*Manuel diététique de l'homoeophatie*, 1833), Adrien Proust (*Traité d'hygiène*, 1881) oder Paul Sollier spielen diätetische Überlegungen eine Rolle.

Yoshida weist darauf hin, dass die Therapie von nervös bedingten Krankheiten, zu denen auch asthmatische Beschwerden gezählt wurden, gegen Ende des 19. Jahrhunderts nicht sehr weit entwickelt war. Neben Hydro-, Elektro-, Isolations-, einer rudimentären Psychotherapie und der Verordnung von Medikamenten nennt er gleichberechtigt die Diät als Behandlung.[4] Ich möchte an ausgewählten Stellen der *Recherche* aufzeigen, wie sich Proust einerseits in die Tradition der »sex res non naturales« einschreibt, andererseits indes neue Impulse des Spannungsverhältnisses von Diätetik – Diät – Medizin aufnimmt und für sein eigenes Schreiben produktiv macht. So verweist die dem Erzähler von Doktor Cottard verordnete Milchdiät zugleich auf die immer wieder erwähnte Milchkur Paul Solliers, mit der er die »troubles de la mémoire« von Proust zu kurieren suchte. Gleichzeitig figuriert die Milch in verschiedenen amourösen und poetischen Kontexten und avanciert zu einer Metapher des Schreibprozesses selbst.

Schlafen und Wachen

Von der Unfähigkeit, Schlaf zu finden, ist gleich im ersten Band der *Recherche* die Rede. Keine Frage, das *drame du coucher* präfiguriert als Urszene die gesamte *Recherche*. Es geht um das Wachen zur Schlafenszeit an verschiedenen Orten und zu verschiedenen Zeiten. Nun wissen wir indes mittlerweile, wie zentral das Schlafen für die Gedächtnisleistung ist, dass im Schlaf Informationen vom Hippocampus in den Neocortex transferiert werden[5] (vgl. den Beitrag von Achim Peters in diesem Band), und damit auch für das Schreibprojekt des Erzählers. Im weiteren Verlauf der *Recherche* wird sich die Schlaf-Frage an mehreren Stellen leitmotivisch wiederholen. So kann Marcel in Balbec nur schlafen, wenn die Großmutter ihm durch die sie trennende Wand signalisiert, dass sie in seiner Nähe ist. Auch Tante Leonie, die doch gleichsam ständig ruht, findet häufig des Nachts keinen Schlaf. Viel ist von Spaziergängen an der frischen Luft die Rede, etwa zu den beiden Seiten von Combray. Landschaften, wie das Seebad in Balbec, werden um der Gesundheit willen bereist, auf die Reise nach Venedig muss aus gesundheitlichen Gründen zunächst verzichtet werden, stattdessen werden vom Arzt tägliche Spaziergänge unter Aufsicht in den Anlagen der Champs-Élysées empfohlen. In späteren Jahren legt der Erzähler vornehmlich Wege in der Kutsche, der Bahn oder gar im offenen Automobil zurück, seltener zu Fuß.

Vor allem die Großmutter repräsentiert jene »hygiène de vie«, die an die Bereiche »aer« und »motus« der Diätetik denken lässt und an Adrien Prousts *L'Hygiène du neurasthénique*. Georges Gilles de la Tourette empfielt in seiner Abhandlung *Les États neurasthéniques* zusätzlich zu einer strengen Diät einen Spaziergang nach dem Essen oder eine längere Ruhephase auf der Chaiselongue, um Verdauungsprobleme zu vermeiden. Nicht förderlich dagegen sei eine intellektuelle Beschäftigung oder gar anregende Diskussionen.[6] Auch Adrien Proust rät zur Mäßigung in Sachen Arbeit und Ernährung und zur körperlichen Ertüchtigung, insbesondere in Form eines Spaziergangs.[7] Derart, so Adrien Proust und Gilbert Ballet, werde der Blutkreislauf angeregt, der Sauerstoffaustausch verbessert und somit auch die Verdauung. Von »circulation« ist gleich zwei Mal die Rede in diesem kurzen Absatz: »Il [l'exercice musculaire] active la circulation sanguine, accroît les échanges respiratoires [...] enfin, en provoquant la contraction des muscles des parois abdominales, il produit une sorte de massage des organes creux situés dans cette cavité qui peut faciliter la circulation des matières qu'ils contiennent.«[8] Während die Großmutter sich regelmäßig nach dem Essen im Garten die Beine vertritt, bleibt der Ich-Erzähler auf Anraten des Vater an regnerischen Tagen auf seinem Zimmer und liest, was von der Großmutter nicht gebilligt wird. So äußert sie: »Ce n'est pas comme cela que vous le rendrez robuste et énergique, disait-elle tristement, surtout ce petit qui a tant besoin de prendre des forces et de la volonté.«[9] Wright zufolge steht die Großmutter damit für einen Schlüsselbegriff Prousts, »volonté«.[10] Zusammen mit »force« wird diese besonders häufig genannt, wenn es darum geht, das Gelingen oder mögliche Misslingen des Schreibprojektes des Erzählers zu beschreiben. Die Großmutter ist zugleich eine moralische Instanz, wenn es um die Therapie eines Asthmaanfalles in Form von Alkoholika geht, und inkorporiert ein gleichsam medizinisches Wissen der Epoche, das auf die Bereiche »aer« und »motus« der Diätetik zurückzuführen ist und das von den fiktiven Ärzten der *Recherche* nicht immer in gleicher Weise repräsentiert wird. Die Großmutter hegt gewissermaßen eine gesunde Distanz ärztlicher Therapie gegenüber: Als der Arzt, der wegen eines Fieberanfalls des Erzählers nach Balbec gerufen wird, einige Pharmazeutika verschreibt, nimmt die Großmutter diese mit einem nur vorgetäuschten Respekt entgegen, der indes zugleich von ihrer Entschlossenheit zeugt, ihrem Enkel keines davon zu verabreichen, sondern stattdessen das Angebot von Madame de Villeparisis anzunehmen, »de nous faire quelques promenades en voiture.«[11] Der Erzähler selbst ist anfänglich bereit, sich den ärztlichen Ratschlägen der Hygiene zu unterwerfen, wird dann aber durch seine Vorliebe für anregende Getränke – vornehmlich Kaffee – und seine mondänen Präferenzen wieder vom rechten Weg abgebracht:

> Et, notre médecin ayant trouvé plus prudent de m'avertir des graves risques auxquels pouvait m'exposer mon état de santé, et m'ayant tracé toutes les précautions d'hygiène à suivre pour éviter un accident, je subordonnais tous les plaisirs au but que je jugeais infiniment plus important qu'eux, de devenir assez fort pour pouvoir réaliser l'œuvre que je portais peut-être en moi, j'exerçais sur moi-même depuis que j'étais à Balbec un contrôle minutieux et constant. [...] Mais quand nous arrivions à Rivebelle, aussitôt, à cause de l'excitation d'un plai-

sir nouveau [...] disparaissait ce mécanisme précis de prudente hygiène.[12]

Schon hier deutet sich an, dass die Gesundheit – wie auch die notwendige Kraft – und der Wille zum Schreiben eng miteinander verknüpft sind und dass sie beide immer wieder im Kontext einer gesunden Lebensführung im Zeichen der Diätetik diskutiert werden.

Steht die Großmutter vor allem für eine körperliche Ertüchtigung an der frischen Luft[13], wie sie von der Diätetik in abgewandelter Form Eingang gefunden hat in die Hygiene-Abhandlungen der Zeit, so ist es des weiteren vor allem der zweite Bereich, der des Essens und Trinkens (»cibus und potus«), der zentral ist in der *Recherche*, was vielleicht bereits als Indiz für die Verschiebung von Diätetik zur Diät im 19. Jahrhundert zu werten ist. In diesem Kontext ist auch ein Blick in Adrien Prousts *L'Hygiène du neurasthénique* von 1897 aufschlussreich. Hier heißt es: »La maladie de Reichmann est en effet une complication trop exceptionnelle des états neurasthéniques pour que nous puissions, sans dépasser outre mesure les limites de notre sujet, en exposer le traitement et la diététique«.[14] Behandlung und Diätetik werden hier in einem Atemzug genannt. Diätetik scheint sich dabei indes vor allem auf Ernährung zu beziehen, schreibt Adrien Proust doch in seinem *Traité d'hygiène* von 1881: »Une fois déclaré, il guérit par les mêmes soins diététiques [...]. Tous les fruits, tous les végétaux frais entrant dans l'alimentation des marins, des prisonniers, des assiégés, etc., sont d'excellents ...«[15]

In Prousts Werk verbinden sich Vorstellungen der antiken Diätetik, wie sie noch in einigen Werken des 19. Jahrhunderts figuriert, mit denen einer modernen, Psychologisches und Physiologisches verknüpfenden medizinischen Therapie, wie sie etwa Sollier in Frankreich oder Herbart in Deutschland vertraten.[16]

Für meine Analyse ist indes vor allem der Hinweis auf die Getränke interessant, die eben auch in der Lage sind, bestimmte Sensationen hervorzurufen und Blockaden – seien es solche neurasthenischer oder künstlerischer Art – zu beseitigen. Vom störenden, da anregenden Kaffeegenuss und einem dem Mondänen zugeordneten Genuss von Alkoholika war bereits die Rede, ein anderes Getränk, das u. a. im Kontext einer gesunden Lebensweise diskutiert wird, ist die Milch.

Liest man in Joseph Bigels *Manuel diététique de l'homoeophatie* (1833), Kalbfleisch sei nicht empfehlenswert für eine gesunde Ernährung, weil das zu verzehrende Tier v. a. mit Milch großgezogen wurde, so empfiehlt er dem kranken Leser seines Manuals, welches deutlich macht, dass ein enger Zusammenhang zwischen richtiger Ernährung und Gesundheit besteht, er solle vor allem Wasser trinken oder Milch und Bier mit Wasser verdünnt.[17] Das Besondere an Bigels diätetischer Betrachtung ist, dass es nicht nur darum geht, *was* gegessen wird, sondern – wie der Titel ja bereits verdeutlicht –, in welcher Art es zu sich genommen wird. So ist etwa Pfeffer dem Menschen nicht zuträglich, kann aber in homöopathischer Dosis genossen durchaus heilsame Kräfte entfalten.[18]

Auch in Jean-Baptiste Fonssagrives *Hygiène alimentaire* (1867) ist zu lesen, Milch sei sowohl als Nahrung als auch als Getränk bei Kranken schon seit der Antike sehr verbreitet, da sie leicht zu verdauen sei: »facile à digérer«. Milch gilt somit nicht nur als flüssige, sondern zugleich als feste Nahrung.[19] Auch hier gilt Diätetik als therapeutisches Mittel, wie bereits der Untertitel verdeutlicht. Es wird darauf hingewiesen, dass warme Milch nicht so leicht verdaulich sei, während Milch mit Zucker besonders gut verdaut werde. Kranken wird aber auch empfohlen, einen Kräutertee, eine »tisane«, zu trinken.[20]

Halten wir fest: Es kommt nicht nur auf die Nahrungsmittel an sich an, sondern auch die Dosis ist entscheidend, ebenso wie die Temperatur oder die Konzentration (oder der Aggregatzustand), die alle dazu beitragen sollen, dass die Nahrung gut verdaulich ist, sprich, dass keine Stockung oder Starre im menschlichen Organismus verursacht wird. Ebenso entscheidend ist der Zeitfaktor, wann oder wie oft ein Getränk oder Nahrungsmittel zu sich genommen wird. Milch wird zudem besonders häufig mit einem frühen, kindlichen Zustand in Verbindung gebracht.

Édouard Brissaud, dessen Werke Proust in der Bibliothek seines Vaters konsultieren konnte und der Donald Wright[21] zufolge zentral war für die hygienischen und diätetischen Kenntnisse Marcel Prousts, empfiehlt im fünften Band des *Traité de médecine*, dass es ratsam sei, Kranke erst einmal an Milch zu gewöhnen, bevor sie ein anderes Nahrungsmittel zu sich nehmen: »Il faut avoir soin de les y habituer progressivement, en exigeant d'eux qu'ils prennent le lait à heures fixes [...]. Mais, avant d'abandonner définitivement le lait, on devra chercher par tous les moyens à le rendre supportable.«[22]

Und in seiner *Histoire des expressions populaires relatives à l'anatomie, à la physiologie et à la médecine* von 1892 äußert sich Brissaud folgendermaßen: »Le lait ne forme-t-il pas des grumeaux? Grumeau et gourme sont, de par leur étymologie, une seule et même chose. Lorsque les croûtes s'indurent en vieillissant, elles prennent le nom de ›galons‹; mais la gale vraie n'est pour rien.«[23] Solche Betrachtungen etymologischer Art, die in dem Werk häufig begegnen, erinnern nicht von ungefähr an die Auftritte Cottards in der *Recherche*, der durch unbeholfene Anmerkungen und Bonmots im Kreis der Verdurins berühmt-berüchtigt ist, aber als Arzt durchaus geschätzt wird und dessen Ratschlag, das Asthma des Erzählers zu kurieren, sich auf eine einfache Formel bringen lässt: »lit et lait«.

Cottard, der in Sachen Kunst kein sicheres Geschmacksurteil zu treffen vermag, verfügt in der Medizin über die mysteriöse Gabe (»ce don mysterieux«), die Symptome seiner Patienten exakt zu diagnostizieren, was ihn auch im Falle des Ich-Erzählers, dessen Symptome auf verschiedene Ursachen und mögliche Behandlungen verweisen, nur kurz zögern lässt. Seine Verordnung ist ebenso kurz wie simpel: »Purgatifs violents et drastiques, lait pendant plusieurs jours, rien que du lait. Pas de viande, pas d'alcool.« Als die Mutter befürchtet, diese Rosskur könnte ihrem ohnehin schon nervösen Sohn noch mehr schaden, legt Cottard nur die Maske professioneller Autorität an und wiederholt: »Donnez-moi une plume. Et surtout au lait. Plus tard, quand nous aurons jugulé les crises et l'agrypnie, je veux bien que vous preniez quelques potages, puis des purées, mais toujours au lait, au lait. Cela vous plaira, puisque l'Espagne est à la mode, ollé! ollé!«[24]

In zahlreichen Diätetiken des 19. Jahrhunderts wird bereits darauf hingewiesen, dass Fleisch, in zu großen Mengen genossen, nicht förderlich für die Gesundheit ist und deshalb als ebenso gefährlich wie Alkohol gilt. Auch die Milchkur figuriert in zahlreichen Behandlungsmethoden für Neurastheniker und Asthmatiker, aber die Art, wie Cottard dies hier vorträgt, insbesondere seine – stets wiederholte – Plaisanterie der Spanienmode in Form der Homophonie lassen Cottard ungeachtet des Erfolgs seiner Behandlungsmethode insgesamt in einem zweifelhaften Licht erscheinen. Vorherrschend ist trotz der exakten Diagnose und Verordnung ein komischer Effekt, der besonders durch die Emphase und Radikalität betont wird, die auf Einseitigkeit hindeutet und die den diätetischen Ansatz ins diätische wendet, ihn ridikülisiert und den Arzt in die Tradition Molières stellt.[25] Signifikant für diesen Diskurs ist einmal mehr, dass Cottard und mit ihm der gesamte diätetische Komplex komplexer sind, als sie auf den ersten Blick scheinen mögen. Denn trotz des offensichtlich komischen Effekts, der den Arzt und mit ihm die Verordnung zunächst in zweifelhaftes Licht taucht, gibt ihm der Erfolg, der sich erst einstellt, als man seinen Rat nach anfänglichem Widerstand doch noch befolgt, Recht, so dass er in der Retrospektive gar als ›großer Arzt‹ erscheint:

> Alors nous comprîmes que Cottard [...] avait discerné que ce qui prédominait à ce moment-là en moi, c'était l'intoxication, et qu'en faisant couler mon foie et en lavant mes reins, il décongestionnerait mes bronches, me rendrait le souffle, le sommeil, les forces. Et nous comprîmes que cet imbécile était un grand clinicien.[26]

Derart hat die Milchkur die Blockade, die Verstopfung beseitigt, die Organe gereinigt und für einen gesunden Kreislauf gesorgt, der dem Kranken seinen Atem, den Schlaf und schließlich auch die Kraft zurückgegeben hat. Diese Vorstellung findet sich auch in zahlreichen Abhandlungen zur Hygiene und Diätetik der Zeit an zentraler Stelle. Bemerkenswert ist weiterhin, dass trotz des markanten Auftritts des Arztes der Großteil der medizinischen Analyse vom Erzähler selbst übernommen wird, der seinen Zustand retrospektiv und aus der bereits beschriebenen Verdopplung des Ich exakt zu rekonstruieren weiß.

Ein wichtiger Referenzpunkt für die Milchkur, die Doktor Cottard dem Ich-Erzähler verordnet, sind sicherlich die Anmerkungen von Sollier zur Hysterie und ihrer Behandlung. Proust begab sich von Dezember 1905 bis Januar 1906 in Solliers Klinik in Boulogne-Billancourt, um eine sechswöchige Isolationskur zu machen, mit dem Ziel, seine asthmatischen Beschwerden zu kurieren und seinen Schlaf-Wach-Rhythmus zu verbessern, was schlussendlich zu einer größeren literarischen Kreativität beitragen sollte. Solliers Isolationstherapie, die auf Erkenntnissen von Esquirol, Jules Dejerine und anderen Neurologen basiert und u. a. von Charcot angewendet wurde, bestand darin, dass der Patient sich einem Aufenthalt im Krankenhaus unterzog und derart von seiner üblichen sozialen Umgebung isoliert wurde, nur mehr Kontakt mit seinem Arzt und mit ein oder zwei Mitarbeitern hatte. Psychologische Regression sollte, so ist bei den Neurologen Julien Bogousslavsky und Olivier Walusinski zu lesen, durch eine einwöchige Phase hergestellt werden, in der

der Patient sich nur im Bett aufhält und alleine Milchprodukte zu sich nimmt.[27] Derart sollte eine Abhängigkeit des Patienten vom Arzt etabliert werden, die eine Therapie beförderte, die darin bestand, durch »involuntary memories« ein Wiedererleben hervorzurufen, »in order to obtain a new mental and affective balance, which would lead to improvement of the reported symptoms.« [28] Allzu viel ist von dieser Therapie nicht bekannt, von Proust selbst ist in seiner Korrespondenz nur überliefert, die Kur sei schmerzhaft und wenig hilfreich gewesen.[29] Edward Bizub, der sich in seiner Studie *Proust et le moi divisé* mit der Bedeutung Freuds und Solliers für Proust auseinandergesetzt hat, betont, dass Sollier das Zusammenwirken von psychotherapeutischen Sitzungen mit anderen Formen der Behandlung vertreten habe: »Il utilise la mécanothérapie, l'hydrothérapie, l'éléctricité, la métallothérapie et les aimants pour provoquer des ›excitations fonctionnelles‹«.[30] Blockaden, die zu einer Hysterie führen, die ihren Ausdruck beispielsweise in Schlaflosigkeit oder Nahrungsverweigerung findet, sollen durch körperliche Reaktionen, hervorgerufen etwa durch den Druck auf einen bestimmten Punkt des Fußes, aufgehoben werden.[31] So schreibt Sollier in *Genèse et nature de l'hystérie: recherches cliniques et expérimentales de psycho-physiologie* (1897), wie er mit Hilfe der Elektrisationstherapie (»éléctrisation faradique«) einer Patientin, der allein der Geruch von Essen Ekel bereitet hat, die Lust am Essen wieder zurückgegeben habe.[32] In der *Recherche* ist es vor allem die Tante des Erzählers, die unter Appetitlosigkeit leidet und die seit dem Tod ihres Ehemannes zunächst das Haus, dann das Zimmer, schließlich das Bett nicht mehr verlassen hat, »toujours couchée dans un état incertain de chagrin, de débilité physique, de maladie, d'idée fixe et de dévotion«.[33] Tante Leonie nimmt höchstens einen Tee zu sich oder Vichy-Wasser, das ihr nach zwei Stunden noch schwer im Magen zu liegen scheint, so dass sie Besucher fürchtet, die ihr weismachen wollen, was ihr fehle sei ein gutes blutiges Beefsteak und ein Spaziergang. Dieses fast schon ins Parodistische gesteigerte Porträt ähnelt nicht von ungefähr den genauen Beschreibungen der Symptome, die etwa Sollier in seinen Betrachtungen zur Hysterie anfertigt und denen zufolge Tante Leonie unter Sitiophobie, einer Angst vor Nahrung, leide. In *Guide pratique des maladies mentales séméiologie, pronostic, indications* (1893) äußert er sich zur Ernährung der Kranken, die zentral sei, um Krankheiten rechtzeitig zu erkennen: »L'alimentation est importante à surveiller. Quand le malade réfuse de manger il faut savoir si c'est par indifférence ou par idée délirante. La sitiophobie est une de plus graves complications de la folie.«[34] Leiden Melancholiker und Hypochonder fast immer unter Verdauungsproblemen, gelte es die Verstopfung in jedem Fall vehement zu bekämpfen: »La constipation doit être énergiquement combattue dans tous les cas.«[35]

Während Cottard dem jungen Ich-Erzähler nichts als Milch empfielt, wendet Sollier Bogousslavsky und Walusinski[36] zufolge eine Milchdiät an, wenn es darum geht, den Kranken zu isolieren, ihn derart in einen kindlichen Zustand zurückzuversetzen und bei ihm ein Abhängigkeitsverhältnis von seinem Arzt hervorzurufen. Schaut man sich die Schriften Solliers an, stellt sich der Fall ungleich komplexer dar. In *L'hystérie et son traitement* schreibt der Psychiater, dass Milch – anders als in der berühmten Diät des Proust'schen Cottard – gerade nicht bei Kranken zu empfehlen sei: »On doit donc s'efforcer de réveiller cette sensibilité des voies digestives, et au lieu de gaver les malades de lait ou de substances non excitantes pour la muqueuse digestive, s'adresser au contraire aux aliments les plus capables de provoquer la sécrétion gastrique et les contractions du tube digestif.«[37]

In demselben Abschnitt weist er nochmal darauf hin, wie wichtig es sei, Hysteriker normal zu ernähren, um derart den gesunden Austausch zu befördern und die zelluläre Irritation zu beheben, was als erster Schritt für ein Wiederwachen zerebraler Funktionen zu betrachten sei.[38]

Doch Sollier sieht nicht nur die Ernährung als zentral an, wenn es darum geht, bestimmte nervös bedingte Krankheiten zu kurieren, er befürwortet auch – ganz im Einklang mit der klassischen Diätetik, der »sex res non naturales« – Luft und Licht:

> Tout ce qui contribue à l'activité organique doit être employé. C'est ainsi que la lumière, le grand air, ne peuvent avoir qu'une bonne influence, et j'avoue ne pas comprendre le système préconisé par certains auteurs et qui consiste à pratiquer l'isolement de la façon suivante: placer la malade dans une chambre sombre, dans un lit dont les rideaux sont fermés, loin de tout bruit.[39]

Und er weist im selben Atemzug die ihm zugeschriebene Milchdiät zurück, da sie höchstens bei sehr leicht zu beeindruckenden jungen Menschen aus einer niederen sozialen Schicht erfolgreich sei und auch dann nur, um *ein* vorherrschendes Hysteriemerkmal zu beseitigen, nicht aber mehrere, wie sie zumeist die Regel seien.[40]

Nun hat Proust selbst – in einer oft zitierten Passage des ersten Bandes der *Recherche* – den Begriff der Diätetitk verwendet, noch dazu in einem Kontext, der einen medizinischen mit dem künstlerischen Diskurs verbindet. Bei einem seiner Spaziergänge setzt sich der Ich-Erzähler ans Ufer der Vivonne und wirft kleine Brotbrocken ins Wasser, um damit wie die Jungen aus dem Dorf Fische zu fangen. Doch die Brotstücke transformieren das zuvor so klare Wasser, das eine Vorstellung von kühler Frische aufruft, in einen Eindruck ganz anderer Art. Dieser weist eine auffällige Nähe zur Vorstellung eines Verdauungsapparates auf, der durch die ungewohnte Speise sofort in einen Zustand ungesunder Obstipation gerät. Diese Opposition von Mobilität und Immobilität wird im weiteren Verlauf der Passage weiter fortgeführt. Nachdem die Vivonne zunächst Frische und Nachhaltigkeit suggerierte, kommt der Erzähler zu einem Bereich, der kränklich, morbide ist, in dem die Seerose zur Immobilität und ewiger Wiederholung verurteilt ist:

> Je la retrouvais de promenade en promenade, toujours dans la même situation, faisant penser à certains neurasthéniques au nombre desquels mon grand-père comptait ma tante Léonie, qui nous offrent sans changement au cours des années le spectacle des habitudes bizarres qu'ils se croient chaque fois à la veille de secouer et qu'ils gardent toujours; pris dans l'engrenage de leurs malaises et de leurs manies, les efforts dans lesquels ils se débattent inutilement pour en sortir ne font qu'assurer le fonctionnement et faire jouer le déclic de leur diététique étrange, inéluctable et funeste. Tel était ce nénufar, pareil aussi à quelqu'un de ces malheureux dont le tourment singulier, qui se répète indéfiniment durant l'éternité, excitait la curiosité de Dante, et dont il se serait fait raconter plus longuement les particularités et la cause par le supplicié lui-même, si Virgile, s'éloignant à grands pas, ne l'avait forcé à le rattraper au plus vite, comme moi mes parents.[41]

Proust verwendet demnach bereits im ersten Band der *Recherche*, in *Du côté de chez Swann*, den Begriff der Diätetik im Kontext der Krankheit der Tante Léonie. Indes nicht in Form eines medizinischen Berichtes oder der nüchternen Verordnungen des Doktor Cottard, sondern in einer poetisch höchst verdichteten Passage, die zudem an ihrem Ende gleich zwei Gewährsmänner sublimer Autorschaft nennt: Dante und Virgil.

Von einer erweiterten Beschreibung der Pflanze geht sie über zu einem medizinischen Diskurs, der die Familiengeschichte berührt, und mündet in einer Konklusion, einem Vergleich mit einem der Unglücklichen in Dantes *Inferno*, der schließlich aufgelöst wird durch eine ironische Brechung, einen Kontrast mit der zuvor evozierten dramatischen Spannung: So hat der kindliche Held dieses Drama der Seerose nur imaginiert und wird selbst noch von seinen Eltern beschützt.[42] Dieses »glissement de sens et de discours«, das sich in der Wahl des jeweiligen Vokabulars niederschlägt, weist auf eine Nähe von medizinischem und künstlerischem Diskurs hin, wie er konstitutiv ist für die *Recherche*. Der vergebliche Kampf der Seerose gegen die Strömung liest sich wie die Transposition manischer Symptomatologie in den pflanzlichen Bereich. Weisen zahlreiche symptomatische Beschreibungen der Epoche wie etwa die von Brissaud selbst bereits einen dramatischen Duktus auf, so wird dieser in Form eines Pastiches hier noch gesteigert.[43] Die Passage hat trotz der komischen Auflösung am Schluss eine gewisse Nachhaltigkeit. Sie weist gleichsam über die Untiefen einer medizinischen Betrachtung hinaus auf eine subtile Beobachtung des anderen, der doch nur ein verzerrtes Abbild des eigenen Ichs ist. Indem Krankheit und ihre mögliche Behandlung künstlerisch-poetisch verdichtet wird, gewinnt die Selbstbeobachtung als ihr Teil therapeutische Funktion. So entdeckt der Ich-Erzähler in *La Prisonnière* in einer mystischen Vorstellung der Wanderschaft der Seelen in sich selbst die Seele seiner Tante Léonie. Bei aller Unterschiedlichkeit verbinden die beiden ihre Manien, die sie zur Immobilität verurteilen.[44] Marie Miguet-Ollagnier zufolge ist dieses vorübergehend infernalische Wasser der Vivonne als Versuchung des Ich-Erzählers zu lesen, sich ebenfalls in seine eigenen bizarren Gewohnheiten einzuschließen, mit dem Risiko »de n'aborder sur aucun rivage, de ne jamais accéder à l'éxistence littéraire.«[45] Es geht um die Angst des Helden zu versagen, aber auch um die eigenen krankhaften und nervös bedingten Gewohnheiten, wie das »drame du coucher« sie präfiguriert. Schreiben ist in dem Kontext somit auch als ein Teil der Diätetik zu lesen. Am prominentesten hat diese Relation der Wiener Arzt, Schriftsteller und Pädagoge Ernst Freiherr von Feuchtersleben vertreten, dessen Buch *Zur Diätetik der Seele* (1838) zu einem Bestseller des 19. Jahrhunderts avancierte und der als Vorläufer der Psychotherapie, als Pionier der Psychosomatik bezeichnet wurde.[46]

In seinem Werk *Zur Diätetik der Seele* figuriert Schreiben als »wahrhaft diätetisches Stärkungsmittel«[47]; die echte Diät wird als »Kunstwerk des Lebens« bezeichnet.[48] Dahinter steht indes die Überlegung der Mäßigung und Selbstbeherrschung, der Kontrolle der Leidenschaften. In der *Diätetik der Seele* heißt es: »Es ist das höchste Thema der Seelendiätetik: die Gewalt der Bildung über die dunklen Kräfte der sinnlichen Natur zu erörtern.«[49] Vorherrschend ist wie schon bei dem Spätaufklärer Christian Garve ein Prinzip der Mäßigung: Weder darf der Körper durch die zu große Irritation der Nerven leiden noch der Verstand durch zu lebhafte Vorstellungen; dieses diätetische Prinzip des Maßhaltens gilt auch in der Literatur.[50] Die umfassende Diätetik der Seele und des Körpers avanciert, wie Barbara Thums ausführt, zur »Hermeneutik der Lebensführung und Lebenskunst des bürgerlichen Selbst«.[51] Die Literatur macht dabei produktiv, was an die extremen Pole dieses geforderten Gleichgewichts von weder zu viel noch zu wenig abgedrängt wird, Thums argumentiert, die Diätetik gebe auf Grund der binären Organisation ihres Diskurses eine Metastruktur vor, in die sich die Diskurse der Moderne eingliedern lassen.[52]

Auch in der *Recherche* findet sich wiederholt die Inszenierung einer solchen Betrachtung, bei der Schreiben als Therapie im Kontext einer gesunden Lebensführung im Zeichen der Diätetik figuriert. Die *Recherche* ist vor allem auch die Genese des Schreibens selbst, das Ins-Werk-Setzen eines künstlerischen Selbstfindungsprozesses. Aber es ist nicht einfach das Schreiben eines zu fixierenden Ich, weder Bekenntnis noch Autobiographie oder Tagebuch, wie Tadié gezeigt hat, der die Genese des Werkes, vom Erzählen in der dritten Person in *Jean Santeuil* bis zum trügerischen »je« in der *Recherche* in den Blick rückt: »Mais le je don't il découvre l'emploi n'est plus celui de la confidence, c'est un je qui est aussi un il; passé par le purgatoire de la troisième personne, il rompt avec le moi de Proust pour devenir personnage.«[53] Der künstlerische Selbstfindungsprozess ist somit immer schon viel komplexer, als Feuchtersleben dies suggeriert. Implizit ist zudem hiermit eine kritische Distanznahme zum herrschenden Diskurs einer Epoche verknüpft, in der der Arzt als der berufene Kritiker der Literatur figuriert, eine Haltung, die auf einer Pathologisierung künstlerischer Prozesse und kultureller Erscheinungen beruht.[54]

Wright weist darauf hin, dass in der *Recherche*, anders als noch in *Jean Santeuil*, durch die Verdopplung des Ich erst die Möglichkeit bestehe, sich selbst von außen wahrzunehmen und zu studieren: »Le narrateur-scripteur de la *Recherche* examinera rétrospectivement son état antérieur à l'aide d'un changement d'habitude.«[55] Anders als Wright, der darin einen Effekt der Schriften Bergsons sieht, möchte ich argumentieren, dass sich dies auch als umfassende Form der Diätetik, einer Diätetik der Seele, wie Feuchtersleben das genannt hat, lesen lässt, die indes in die Moderne gewendet wird, sprich, ständig von der Möglichkeit des Scheiterns bedroht ist und deshalb keine gradlinige Entwicklung zeitigt, sondern eine der konstanten Brüche und Misserfolge.

Es geht um die detaillierte Beschreibung eines Affekts, wie im *drame du coucher*, und um dessen langsame und allmähliche Überwindung, wozu insbesondere die genaue Aufzeichnung – ebenso wie die verordneten anderen diätetischen Maßnahmen, wie die Bewegung oder die Milchdiät – beitragen sollen, wie die inszenierte Künstlerwerdung nicht ohne ironische Brechung impliziert. So ist es kein Zufall, dass der Begriff der Diätetik gerade in diesem Kontext verwendet wird, des verstopften Flusses, der sowohl auf den Fluss des Lebens verweist wie auch auf den menschlichen Körper. War die Säftelehre in vielen diätetischen Ratgebern des 19. Jahrhunderts nach wie vor virulent[56], so auch die Vorstellung, nicht nur die Art der Speisen sei zentral für einen gesunden Organismus, sondern auch, in welchen Dosen und welchem Aggregatzustand sie zu sich genommen werden. Was für die Herstellung einer perfekten Speise wie des »bœuf mode« der Köchin Françoise gilt, das gilt auch für die eines Kunstwerkes wie der *Recherche*, das aus der sorgfältigen Auswahl, Abwägung, Komposition und Durchdringung der Zutaten besteht.

Die in der Diätetik häufig thematisierten unterschiedlichen Aggregatzustände werden in einer anderen zentralen Passage in Szene gesetzt, die selbst eben jene poetische Verdichtung der Eindrücke durch die Sprache zelebriert, die einer solch alltäglichen Verrichtung, wie es das Aufwärmen von Milch darstellt, ihren besonderen Reiz als Kunstwerk verleiht. Wie Christine Ott gezeigt hat, hat die Milch als poetologische Speise Tradition. Postuliert Rousseau indirekt ein Schreiben, das ebenso unverfälscht fließen soll wie Tränen oder Muttermilch[57], so figuriert die Milch in der *Recherche* nicht nur im Kontext der Cottard'schen Verordnung, sie steht auch für die Kraft der Imagination, für ein gelungenes Kunstwerk, das doch von steter Auflösung bedroht ist. In der Passage, auf die ich referiere, ist bezeichnenderweise von dem Kranken die Rede, dem Liebeskranken. Seit Wright wissen wir, dass Liebe bei Proust jenen neurasthenischen Krankheitsbildern gleicht, wie sie so häufig in der *Recherche* beschrieben werden.[58] Der Erzähler überlegt, wie gut es wäre, wenn man den Liebeskranken als Heilmittel einfach die Fähigkeit zu leiden nehmen könnte, wie man denjenigen, die unter Lärm leiden, die Ohren verstopft. Der die Ohren verstopft hat, der Taube, aber nimmt auch das Geräusch der überkochenden Milch nicht mehr wahr, so dass er gezwungen ist, mit den Augen den Vorgang des Erhitzens der Milch genau zu überwachen: »Celui qui est devenu entièrement sourd ne peut même pas faire chauffer auprès de lui une bouillotte de lait sans devoir guetter des yeux, sur le couvercle ouvert, le reflet blanc, hyperboréen, pareil à celui d'une tempête de neige et qui est le signe prémonitoire auquel il est sage d'obéir en retirant, comme le Seigneur arrêtant les flots, les prises électriques.«[59] Ott hat gezeigt, wie die Passage zum Schauplatz einer dichterischen De- und Rekomposition avanciert.[60] Für unseren Kontext ist entscheidend, dass hier von einem möglichen dichterischen Scheitern die Rede ist, einem Kontrollverlust, angedeutet durch Sturm und gekippte Segel, der aber gerade noch durch die Magnolienblätter aufgefangen wird. Der poetische Effekt am Schluss ist das Ergebnis der genauen Beobachtung der Emotionen und ihrer psychologischen Gesetze, mithin der Krankheit der Liebe, die zwar die Imagination, die Gefühlsaufwallung benötigt, diese aber schließlich durch Kondensation wieder zurückführt in ein gelungenes Sprachkunstwerk. Vorherrschend ist auch hier noch ein Maßhalten, das den künstlerischen Schaffensprozess wie eine gesunde Lebensführung unter die Prämisse der wohlkalkulierten Lebens- und Triebenergien stellt. In den Bemerkungen, die zu dieser verdichteten Passage führen, ist von einer bewussten Abschirmung durch das Ausschalten äußerer Einflüsse in Form von Lärm die Rede, wie sie auch in zahlreichen Hygiene-Ratgebern figuriert und ja auch vom Erzähler immer wieder als mondäne Ablenkung dem zu schreibenden Kunstwerk oppositionär gegenübergestellt wird.

Wie die Milch hier fest und flüssig zugleich, so ist das geglückte, da verdichtete Kunstwerk von ständiger Auflösung bedroht, wie auch der künstlerische Schöpfungsakt selbst von einem rigiden Régime abhängt, wie immer wieder in Auseinandersetzung mit den Schriften zur Diätetik diskutiert wurde.

Aber wie die Szene mit der überkochenden Milch deutlich macht, ist dies nicht um den Preis der Selbstbeherrschung und Mäßigung allein zu haben, vielmehr müssen auf verschiedensten Wegen die Sensibilität, die Sinne geweckt werden, auch unter der Gefahr, dass diese, um im Bilde zu bleiben, temporär überkochen, einen Überschuss an Eindrücken produzieren. Hierin manifestiert sich ein deutlicher Bruch mit den Vorstellungen einer Diätetik der Seele à la Feuchtersleben.

Es ist sicher kein Zufall, dass gerade die Milch einen so zentralen Stellenwert einnimmt, steht sie doch für einen präkindlichen Urzustand der Harmonie und der Bindung an die Mutter, der so zwar für immer verloren ist, dessen suggestive Kraft der Milch jedoch trotz aller kritischen Impulse etwa durch Freuds Psychoanalyse um 1900 noch anhaftet. Interessant ist in dem Kontext einmal mehr die Schlüsselstelle für die Erinnerungspoetik der *Recherche,* die in Lindenblütentee getauchte Madeleine, die hier sinnbildhaft für die *mémoire involontaire* steht. Es ist bezeichnenderweise die Mutter, die dem jungen Protagonisten dieses in Tee getauchte Gebäck reicht, dessen Genuss dazu führt, dass ihm ganz Combray und seine Umgebung wieder gegenwärtig wird, ihm aus der Tasse Tee emporsteigt. Nun könnte man argumentieren, dass es der Tee, nicht aber die Milch ist, die in diesem Kontext eine Rolle spielt. Ein Blick auf die Genese des Romans zeigt indes, dass es zahlreiche Vorstufen zu der Szene gibt, bei der zunächst der Großvater einen Zwieback in den Tee taucht, den er dem Erzähler reicht, dann die Köchin, die ihm ein paar Scheiben geröstetes Brot gibt, die sie ihm zusammen mit dem Tee anbietet. Wie Luzius Keller zeigt, führt die Szene aber über die Genese des Romans hinaus zu Wagner: Wagner hatte in einem Brief vom 9. Mai 1859 Matilde Wesendonck für eine Schachtel Zwieback gedankt. Der große Komponist, der gerade am Anfang des dritten Aktes von *Tristan und Isolde* arbeitete, mithin einer Szene, in der das von Proust im Albertine-Zyklus beschworene Schalmei-Motiv zum Tragen kommt, das ebenfalls zentral ist für die Erinnerung, befand sich in einer tiefen Schaffenskrise. Er litt gleichsam unter einer Schreibblockade, von der ihn nur der »süße, altgewohnte Zwieback, in Milch getaucht« befreien konnte, der »auf einmal alles wieder ins rechte Geleise« brachte.[61] Der Weg führt in der Romangenese vom einfachen Zwieback zur erotisch kodierten Madeleine, die zahlreiche Assoziationen aufruft, von den männlichen zu den weiblichen Figuren, und insbesondere der Mutter, die hier zentral an das Gelingen des Schreibprozesses, der ja immer eng an die Erinnerung geknüpft ist, gebunden ist. Mit den »Petites Madeleines« schließlich schreibt sich der Autor selbst mit seinen Initialien in sein Werk ein.[62] Die Ambiguität zwischen der Präsenz der Mutter und der Realpräsenz Maria Magdalenas verweist dabei auch auf die in dieser Szene abwesende Milch, die immer schon beides impliziert: das Nährende und das erotisch und inzestuös kodierte Begehren, die Transgression, die ja im die Madeleine-Szene präfigurierenden *drame du coucher* ebenfalls präsent ist. Die diätetischen Schriften fungieren einmal mehr als erzählerische Matrix, wenn

Proust angesichts des Besuches beim Prince de Guermantes im letzten Band der *Recherche* feststellt, dass dieser ihm schon lange kein Herzklopfen mehr verursache, das er das Privileg des ›âge de croyances‹ verloren habe, als ein solcher Besuch ähnlich faszinierend war wie der Eintritt in ein Märchenreich. Er vergleicht seinen Zustand mit dem Stadium eines Erwachsenen, der nicht mehr in der Lage sei, große Mengen Milch zu verdauen:

> C'était qu'il était encore à l'âge des croyances, mais je l'avais dépassé, et j'avais perdu ce privilège, comme après la première jeunesse on perd le pouvoir qu'ont les enfants de dissocier en fractions digérables le lait qu'ils ingèrent, ce qui force les adultes à prendre, pour plus de prudence, le lait par petites quantités, tandis que les enfants peuvent le téter indéfiniment sans reprendre haleine.[63]

Diese Bemerkung präludiert bezeichnenderweise die Stelle, an der die beiden ungleichen Pflastersteine beim Erzähler eine *mémoire involontaire* evozieren, die schließlich zusammen mit weiteren solcher euphorischen Erlebnisse, endlich das schon lange gehegte Schreibprojekt des Erzählers ins Werk setzen.

Anmerkungen

1 Vgl. Dietrich von Engelhard, »Diätetik«, in: Werner E. Gerabek/Bernhard D. Haage (Hg.), *Enzyklopädie Medizingeschichte*, Berlin 2005, S. 299-303, S. 303.
2 Vgl. Barbara Thums, »Moralische Selbstbearbeitung und Hermeneutik des Lebensstils: Zur Diätetik in Anthropologie und Literatur um 1800«, in: Maximilian Bergengruen/Roland Borgards/Johannes Friedrich Lehmann (Hg.), *Die Grenzen des Menschen: Anthropologie und Ästhetik um 1800*, Würzburg 2001, S. 97-112, S. 98.
3 Vgl. von Engelhard, »Diätetik«, S. 158f.
4 Jo Yoshida, »Proust et la maladie nerveuse«, in: *La Revue des lettres modernes, Marcel Proust*, nr. 1067-1072, (1992), S. 101-119, S. 106.
5 Vgl. W. Plihal/J. Born, »Effects of early and late nocturnal sleep on declarative and procedural memory«, in: *Journal of Cognitive Neuroscience* 9 (1997), S. 534-547.
6 Georges Gilles de la Tourette, *Les États neurasthéniques, cliniques – diagnostic – traitement*, Paris 1900, S. 74.
7 Adrien Proust, *Élements d'hygiène*, Paris 1892, S. 38.
8 Adrien Proust/Gilbert Ballet, *L'Hygiène du neurasthénique*, Paris 1897, S. 247.
9 *RTP* I, S. 11 – *SvZ* I, S. 18: »›Auf diese Weise wird er nie robust und energisch wer-

den‹, pflegte sie traurig zu äußern, ›gerade dieser Kleine, der es so nötig hätte, zu Kräften zu kommen und seinen Willen zu stählen‹.«

10 Donald Wright, *Du discours médicale dans* À la Recherche du temps perdu: *Science et Souffrance*, Paris 2007, S. 120.

11 *RTP* II, S. 64 – *SvZ* II, S. 398: »gemeinsame Spazierfahrten mit ihr im Wagen zu machen«.

12 *RTP* II, S. 166 – *SvZ* II, S. 551 f.: »Da unser Arzt aber vorsichtigerweise auf die großen Gefahren aufmerksam gemacht hatte, die mein Gesundheitszustand in sich berge, und mir mehrere Vorschriften für mein gesundheitliches Verhalten mitgegeben hatte, um jede Komplikation zu vermeiden, stellte ich alle Vergnügungen jenem einen Zweck nach, den ich für unendlich viel wichtiger hielt als sie, nämlich kräftig genug zu werden, um das Werk zu schaffen, das ich vielleicht in mir trug, und so übte ich, seitdem ich in Balbec war, eine gewissenhafte ständige Kontrolle über mich selber aus. [...] Sobald wir aber in Rivebelle ankamen, trat infolge der Erregung durch ein neues Vergnügen [...] der genau funktionierende Mechanismus einer hygienischen Vorsorge, die zum Schutz dieser Zwecke erfunden war, außer Kraft.«

13 Als Ironie-Signal im Kontext der Inszenierung dieser Präferenz ist zu werten, dass sich im Fall der Großmutter der Spaziergang in der letzten Lebensphase gerade als nicht heilsam erweist und mit beiträgt zu ihrem plötzlichen Tod.

14 Adrien Proust/Gilbert Ballet, *L'Hygiène du neurasthénique*, S. 209.

15 Adrien Proust, *Traité d'hygiène*, Paris 1881, S. 844.

16 Vgl. Edward Bizub, *Proust et le moi divisé. La* Recherche *: creuset de la psychologie expérimentale (1874-1914)*, Genf 2006, S. 230.

17 Joseph Bigel, *Manuel diététique de l'homoeophatie*, Paris 1833, S. 62 f.

18 Ebenda, S. 3.

19 Jean-Baptiste Fonssagrive, *Hygiène alimentaire des malades, des convalescents et des valétudinaires ou Du régime envisagé comme moyen thérapeuthique*, Paris 1867, S. 189.

20 Fonssagrive, *Hygiène alimentaire*, S. 23.

21 Wright, *Du discours médicale dans* À la Recherche du temps perdu, S. 83.

22 Charles Bouchard/Joseph Babinski/Edouard Brissaud, *Traité de medicine*, Bd. 5, Paris 1902, S. 604.

23 Édouard Brissaud, *Histoire des expressions populaires relatives à l'anatomie, à la physiologie et à la médecine*, Paris 1892, S. 221.

24 *RTP* I, 488 – SvZ II, S. 104: »›Geben Sie mir eine Feder. Und vor allem Milchdiät. Später, wenn wir über die Anfälle und die Schlaflosigkeit hinweg sind, kann er etwas Suppe bekommen, auch Brei, doch immer mit Milch; „au lait, au lait“, wiederholte er. ›Das muß Ihnen doch gefallen, junger Mann, Spanien ist ja jetzt Mode, Olé, Olé‹«.

25 Vgl. Sandrine Battistini, »Du côté de la médecine dans *À la recherche du temps perdu*«, in: *Stratégies du contexte: actes du colloque de la relève suisse en littératures française et italienne modernes*, hg. von Sylvie Jeanneret/Thomas Hunkeler, Bern 2006, S. 71-82, S. 76.

26 *RTP* II, S. 490 – *SvZ* II, S. 105: »Da mußten wir einsehen, daß Cottard, der [...] den im Augenblick bei mir vorherrschenden Zustand erkannt und vorausgesehen

hatte, daß eine Anregung der Lebertätigkeit und Durchspülung der Nieren meine Bronchien befreien und mir unbehinderte Atmung, Schlaf und Kräfte wiedergeben würden. Wir mußten einsehen, daß dieser Dummkopf ein hervorragender Diagnostiker war.«

27 Von dieser Isolationstherapie, in der der Kranke nur Milchprodukte zu sich nimmt, sprechen auch Albers und Engel, siehe Philipp Engel/Irene Albers, »Prousts Poetik der ›affektiven Erinnerung‹: Historische und aktuelle Perspektiven«, in: *Comparatio* 2/2 (2010), S. 199-217, hier S. 207.

28 Julien Bogousslavsky/Olivier Walusinski, »Marcel Proust and Paul Sollier: The Involontary Memory Connection« (http://baillement.com/lettres/sollier_english.html).

29 *Corr.* VI, S. 110-113, und Wright, *Du discours médicale dans* À la Recherche du temps perdu, S. 128.

30 Bizub, *Proust et le moi divisé,* S. 227.

31 Vgl. ebenda, S. 229.

32 Paul Auguste Sollier, *Genèse et nature de l'hystérie: recherches cliniques et expérimentales de psycho-physiologie*, Paris 1897, S. 76.

33 *RTP* I, S. 49 – *SvZ* I, S. 73: »[...] lag einfach in einem zwischen Kummer, physischer Hinfälligkeit, Krankheit, Wahnvorstellungen und Frömmigkeit schwankenden Zustand da.«

34 Paul Auguste Sollier, *Guide pratique des maladies mentales séméiologie, pronostic, indications*, Paris 1893, S. 24.

35 Ebenda, S. 24. Im 19. Jahrhundert wird auch die Anorexie als Krankheitsbild entdeckt, dem vor allem psychische Ursachen zugeschrieben werden und das von Sollier als Form der Hysterie wahrgenommen wird, die entweder allein (»hystérie monosymptomatique«) auftrete oder zusammen mit anderen Neurosen. (Vgl. Audrey Arnoult, *Le traitement mediatique de l'anorexie mentale, entre presse d'information generale et presse magazine de sante*, Institut d'Etudes Politiques de Lyon 2006, [http://www.memoireonline.com/09/08/1526/m_le-traitement-mediatique-de-l-anorexie-mentale21.html]).

36 Bogousslavsky/Walusinski, »Marcel Proust and Paul Sollier: The Involontary Memory Connection«.

37 Paul Auguste Sollier, *L'hystérie et son traitement*, Paris 1914, S. 104f.

38 Ebenda, S. 105.

39 Ebenda, S. 105f.

40 Ebenda, S. 108.

41 *RTP* I, S. 166f. – *SvZ* I, S. 247: »Ich fand sie von einem Spaziergang zum anderen wieder vor, immer in gleicher Lage, so daß ich an gewisse Neurastheniker denken mußte – zu denen mein Großvater auch meine Tante Léonie rechnete –, die uns durch Jahre hindurch immer das gleiche Schauspiel ihrer bizarren Gewohnheiten gewähren, von denen sie stets annehmen, daß sie sie in Kürze aufgeben werden, und die sie stets beibehalten; einmal vom Räderwerk ihres Mißbehagens und ihrer Schrullen erfaßt, machen sie unnütze Anstrengungen, um sie abzulegen, und sichern dadurch nur umso zuverlässiger das Funktionieren, das Auslösungssystem ihrer seltsamen, unausweichlichen und verderblichen Lebensweise. So war diese Seerose, die zugleich auch noch an jene Unglücklichen erinnerte, durch deren un-

aufhörlich in alle Ewigkeit sich erneuernde Qual die Neugier Dantes erregt wurde, der sich ihre Eigenart und die Gründe dafür noch ausführlicher von den Gepeinigten selbst hätte erzählen lassen, wenn ihn nicht der mächtig ausschreitende Vergil gezwungen hätte, ihm schleunigst nachzueilen, so wie es mir mit meinen Eltern erging.«

42 Vgl. Gemma Pappot, »L'Inferno de Proust à la lumière de Dante«, in: Sjef Houppermans et al. (Hg.), *Marcel Proust aujourd'hui*, Amsterdam 2003, S. 91-118, S. 100.

43 Vgl. Wright, *Du discours médicale dans* À la Recherche du temps perdu, S. 101 f.

44 *RTP* III, S. 78: »Or, bien que chaque jour j'en trouvasse la cause dans un malaise particulier qui me faisait si souvent rester couché, un être, non pas Albertine, non pas un être que j'aimais, mais un être plus puissant sur moi qu'un être aimé, s'était transmigré en moi, despotique au point de faire taire parfois mes soupçons jaloux, ou du moins de m'empêcher d'aller vérifier s'ils étaient fondés ou non: c'était ma tante Léonie.«

45 Marie Miguet-Ollagnie, *La mythologie de Marcel Proust*, Paris 1982, S. 181.

46 Vgl. Karl Pisa, *Ernst Freiherr von Feuchtersleben: Pionier der Psychosomatik*, Wien/Köln/Weimar 1998.

47 Ernst Freiherr von Feuchtersleben, *Zur Diätetik der Seele*, Wien 1846 (4. Aufl.), S. 155.

48 Ernst Freiherr von Feuchtersleben, *Zur Diätetik der Seele*, Wien 1852 (9. Aufl.), S. 50.

49 Feuchtersleben, *Zur Diätetik der Seele*, 1846, S. 54.

50 Vgl. Thums, »Moralische Selbstbearbeitung und Hermeneutik des Lebensstils: Zur Diätetik in Anthropologie und Literatur um 1800«, S. 105 u. 109.

51 Ebenda, S. 103.

52 Ebenda, S. 107 u. 109.

53 Jean-Yves Tadié, *Proust et le roman: Essai sur les formes et techniques du roman dans* À la recherche du temps perdu, Paris 2003, S. 21.

54 Vgl. Christian von Zimmermann, *Biographische Anthropologie: Menschenbilder in lebensgeschichtlicher Darstellung (1830-1940)*, Berlin 2006, S. 220.

55 Wright, *Du discours médicale dans* À la Recherche du temps perdu, S. 56.

56 Obwohl bereits von Paracelsus Mitte des 16.Jh.s heftig kritisiert, blieb die Säftelehre oder Humoralpathologie bis zur Einführung der Zellularpathologie durch Rudolf Virchow (1858) im 19. Jh. dominierend für die Naturwissenschaften und auch für die damalige Medizin. (Vgl. http://de.wikipedia.org/wiki/Humoralpatho logie)

57 Vgl. Christine Ott, *Feinschmecker und Bücherfresser*. Esskultur und literarische Einverleibung als Mythen der Moderne, München 2011, S. 428.

58 Vgl. Wright, *Du discours médicale dans* À la Recherche du temps perdu, S. 186 ff.

59 *RTP* IV, S. 436 – *SvZ* III, S. 102: »Wer völlig taub ist, kann nicht einmal neben sich Milch in einem Kochkessel erhitzen, ohne mit den Augen im geöffneten Deckel den weißen, hyperboreischen, schneesturmartigen Reflex zu beobachten, jenes Warnsignal, dem man klüglich dadurch Rechnung trägt, daß man – wie der Herr den Wogen gebietet – den Stecker aus der Dose zieht.«

60 Siehe Ott, *Feinschmecker und Bücherfresser*, S. 429.

61 Richard Wagner, zitiert nach Luzius Keller, »Madeleine«, in: ders., *Marcel Proust Enzyklopädie: Handbuch zu Leben, Werk, Wirkung und Deutung*, Hamburg 2009, S. 532-535, S. 534.
62 Vgl. ebenda, S. 533.
63 *RTP* IV, S. 436 – *SvZ* VII, S. 245.

Marcel Proust ausstellen. Reflexionen über den kuratorischen Umgang mit Beständen der Bibliotheca Proustiana im Rahmen der Tagung »Prousts *Recherche* und die Medizin«

David Keller und Julie Müller

Als der vorgesehene Bestand an Literatur für die im Mai 2012 geplante Ausstellung im Rahmen der Tagung *Marcel Proust und die Medizin* aus der Bibliotheca Proustiana in Lübeck eintraf, dominierte das Staunen vor der Pracht und der Vielfalt des zugesandten Materials. Der Arbeitstitel *Prousts Recherche und die Medizin* stellt in der Tat jeden Proust-Kenner und -Leser vor eine Art Elementargleichung, die die Biographie und das literarische Werk Marcel Prousts so schlüssig zusammenfasst, dass beide Komponenten kaum separat betrachtet werden können. Wie die Korrespondenz bestens veranschaulicht, wurde Prousts Leben von Dauererkrankungen, ärztlichen Diagnosen, starken Medikamentationen und einer anhaltenden Todesangst bestimmt. Dieses bereits seit Kindheit aufgezwungene Leben im Abseits und die damit verbundene Beobachtung der schleichenden Zersetzung des eigenen Körpers förderten bei ihm einen einzigartigen *coup d'œil médical*, der sowohl die physiologischen Phänomene als auch die soziokulturellen Besonderheiten des klinisch geprägten familiären Milieus raffiniert sezierte. Nicht nur die Summe der Erkrankungen, die Vielfalt der Ärzte- und Witzfiguren oder das visionäre Wissen Marcel Prousts im Bereich der Psychosomatik und der Neuropsychologie in der *Recherche* sind verwunderlich. Auch wenn die Ausstellung im Pavillon der Overbeck-Gesellschaft zu Lübeck diese Diversität dokumentieren wollte, sollte der rote Faden eher darin liegen, den kaleidoskopartigen Charakter von Prousts literarisch-medizinischem Blick offenzulegen. Dies gelang durch einen Rundgang in drei Etappen, der Ursprung, Beschaffenheit sowie besondere Komponenten dieses Blicks anschaulich machte.[1]

Overbeck-Gesellschaft, Verein von Kunstfreunden e. V., Lübeck

Raum 1 – Ursprung

Empfangen wurden die Besucher der Ausstellung mit der Präsentation der Erstausgabe von *Du côté de chez Swann*, die Proust 1913 durch den Verleger Bernard Grasset drucken ließ und die in der Ausstellung optisch mit einem fotografischen Porträt des Schriftstellers Marcel Proust aus dem Jahre 1900 flankiert wurde. Auf der gegenüberliegenden Wand waren als Spiegelbild platziert vier Biographietafeln und die Porträts der Proust-Familie ausgestellt. Denn gerade in diesem Spannungsfeld zwischen Biographie und literarischer Fiktion siedelt sich der Ursprung von Prousts einzigartigem *coup d'œil médical* an.

Seine schwere Asthmaerkrankung zwingt Proust bereits seit der frühen Kindheit zu einer ausgeprägten Fähigkeit zur Introspektion. Die zweidimensionale Beobachterstellung, die er als Patient sowohl intern gegenüber der eigenen Symptomatik als auch extern gegenüber der medizinischen Diagnostik annehmen muss, wurde anhand von biographischem Material veranschaulicht. Als Sohn des angesehenen Hygienikers Adrien Proust verkehrt der Patient Marcel Proust in den exklusiven Kreisen der medizinischen Gesellschaft und kommt so mit einem Fach-

Overbeck-Gesellschaft, Verein von Kunstfreunden e. V., Lübeck

wissen und mit soziokulturellen Haltungen in Berührung, die er in der *Recherche* vielfach skizziert.[2]

In einer ersten Vitrine wurden die bekanntesten Werke des Doktors Adrien Proust, begleitet von einigen Kindheitsporträts aus dem Atelier von Paul Nadar, ausgestellt.[3] Gestützt durch den biographisch-kritischen Essay von Christian Péchenard *Proust et son père* einerseits und von der Monographie von Robert Soupault *Marcel Proust du côté de la médecine* andererseits, sollte der hier dargebotene Bestand für die Prägung der etablierten Medizin auf Prousts Denken und Werk zeugen. In der danebenliegenden Vitrine wurde, im Kontrast dazu, das Leiden des Kranken und Dauerpatienten am Beispiel von einzelnen Auszügen aus seiner Korrespondenz ausgestellt.[4] Die intime Stimme, die daraus erklingt, macht die Intensität und die Häufigkeit der Anfälle eindrücklich, die ihn plagten. Dass Prousts Existenz bis zum Schluss von Todesangst geprägt war, zeigt sich am Beispiel eines Briefes an Madame C. vom 17 Oktober 1914:

17 Octobre 1914.

Chère Madame,

Vous avez deviné j'espère, à travers mon silence, l'émotion avec laquelle j'avais lu votre lettre, et que ce silence, ce retard à vous répondre avaient une raison. C'est celle-ci: j'ai été pris dans le train, en quittant Cabourg, d'une crise d'étouffement infiniment plus violente que mes crises quotidiennes; par malchance, les médicaments qui auraient pu me calmer étaient dans une malle enregistrée. Le chef de train qui n'était pas «un ami de Montaigne» refusa au serviteur qui m'accompagnait (et auquel je n'avais rien pu demander étant incapable de parler, mais qui voyait ma souffrance) de chercher dans les bagages. Enfin l'autre croyant que j'allais mourir, monte plus ou moins de force dans le fourgon des bagages, cherche dans les malles en cours de route, et enfin à Evreux arrive avec le remède. Mais je suis resté quelques jours bien incapable d'écrire. [...]. [5]

Am Ende einer Lektüre, die Prousts Leben als einen einzigen Kreuzweg definierte, traf der Blick des Besuchers auf ein Abbild des Proust-Leichnams aus dem Sammelband von Jürgen Ritte und Reiner Speck.[6] Auf einer Doppelseite wurde hier der klinisch-reale Tod des Marcel Proust mit dem fiktiven Todesfall Bergottes in *La Prisonnière* in Korrespondenz

Overbeck-Gesellschaft, Verein von Kunstfreunden e. V., Lübeck

gesetzt. Diese Textstelle wurde von Proust erst ein Jahr vor seinem Tod zu dem Zyklus hinzugefügt. Sie präfigurierte ein Sterben, welches sich im Fall Marcel Prousts bereits seit Jahren durch immer heftiger und häufiger werdende Krisen anbahnte, und verarbeitete insbesondere einen Vorfall, der sich im Pariser Museum des Jeu de Paume im Mai 1921 ereignete, als Proust am Arm seines Freundes Jean-Louis Vaudoyer einen Zusammenbruch vor der *Vue de Delft* von Vermeer erlitt, wie er es ein paar Wochen zuvor in einem Brief an Etienne de Beaumont vorausgesagt hatte:

> J'ai été depuis quelque temps si [...] mourant que je vois peu de chances pour cette visite. [...] Le plus pratique serait peut-être qu'à la fin d'une nuit j'allasse [l'imparfait dérange tout] une matinée visiter à la fois Ingres et Wermeer. Mon médecin m'interdira sans doute cette visite de jour et vous n'auriez je suppose aucun agrément à ce que je fusse, par attaque, mort subite etc. le »fait divers« de votre exposition, qui, réunissant tant de chef-d'œuvres se passera aisément du »chien écrasé«.[7]

Raum 2 – Poetik des Leidens

Dem zweiten Raum wurde die Funktion zugewiesen, die poetisch-literarische Verarbeitung von Prousts medizinischem Wissen und seinen körperlichen Beschwerden anhand von einzelnen Beispielen aus der *Recherche* zu belegen. Dass Proust von einer Vielzahl somato-psychischer Syndrome geplagt wurde und aus einem ebenso großen Arsenal an Behandlungsansätzen schöpfte, wurde für die Ausstellungsbesucher anhand zweier Wandtafeln anschaulich gemacht.

Plakat 1 (links): Der kranke Proust

Arthritis
Depression
Dyspepsie
Asthma
Pneumonie
Neurasthenie
Mittelohrentzündung
Kopfschmerzen
Insomnie
Heuschnupfen

Plakat 2: (rechts) Prousts Medikamente und Therapien

Atemwegs- und Lungenerkrankungen
– Stramonium-Zigaretten (Stechapfel)
– Legras-Inhalationspulver
– Epinephrin
– Koffein
– Räuchermittel (z. B. Escouflaire-Pulver)
– Isolation
– Autosuggestion nach Coué
– Opium
– Morphium
– Behandlung mit Saugläsern
Arthritis
– Massagen mit Tinkturen
Magenprobleme
– Natriumhydrogencarbonat
Konstipation
– Abführmittel
– Darmspülungen und Einläufe
Nervosität
– pflanzliche Sedativa (z. B. Baldrian)
– Barbiturate (z. B. Barbital)

Als Parallele zu dem medizinisch-historischen Fallbericht wurden vier Textstellen aus der *Recherche* auf einzelnen schmalen Säulen platziert.[8] So konnten die Besucher der Ausstellung einen perspektivischen Blick über die kathartische Verarbeitung von Prousts Krankheitsgeschichte in seiner *Recherche* gewinnen. Die dargebotenen Textstellen belegten deutliche Schnittpunkte mit der Biographie: u. a. Berichte über Insomnie, Asthma-Anfälle oder die Befolgung von ärztlichen Verordnungen, die meistens in einer meisterhaften Beweisführung für Prousts kunstvolle Beherrschung der medizinischen Diagnostik und ihrer Rhetorik gipfeln:

> Da die Erstickungsanfälle auch noch anhielten, als die schon lange ausgeheilte Lungenentzündung keine Erklärung mehr dafür bot, ließen meine Eltern Professor Cottard kommen. Für einen Arzt, der in einem solchen Fall zu Rate gezogen wird, genügt es nicht, sein Metier zu kennen. Angesichts von Symptomen, die von drei oder vier verschiedenen Krankheiten herrühren können, entscheidet letzten Endes sein richtiger Instinkt, sein sicherer Blick, mit welcher er es bei fast gleichen Anzeichen mit größter Wahrscheinlichkeit zu tun hat. Diese geheimnisvolle Gabe schließt keineswegs eine Überlegenheit auch der anderen Bezirke des Geistes ein, und selbst ein höchst gewöhnlicher Mensch, der sich zu den schlechtesten Werken von Musik und Malerei hingezogen fühlt, dem jede geistige Neugier abgeht, kann sie besitzen. In meinem Fall konnte der äußerlich erhobene Befund ebensogut durch Nervenkrämpfe, durch beginnende Tuberkulose, durch Asthma, durch Atmungsbeschwerden infolge einer Nahrungsmittelvergiftung mit gleichzeitig bestehender Niereninsuffizienz, durch chronische Bronchitis wie durch einen komplexen Krankheitszustand, an dem mehrere dieser Faktoren mitwirkten, hervorgerufen sein. Die Krämpfe hätten nun aber eine Kur der Nichtbeachtung verlangt, die Tuberkulose sorgfältige Pflege und eine Art von Überernährung, die für einen Arthritiker oder Asthmatiker unzuträglich gewesen wäre und verhängnisvoll werden konnte im Falle einer Nahrungsmittelvergiftung, die ihrerseits wiederum eine Behandlungsweise erfordert, die einen Tuberkulösen zugrunde richten kann. Doch Cottard verordnete nach nur kurzem Zögern mit Entschiedenheit: »Reichlich drastische Abführmittel, ein paar Tage lang Milch, nichts als Milch. Kein Fleisch, kein Alkohol.«[9]

Die zahlreichen medizinischen Fallberichte aus der *Recherche* lassen sich oft als palimpsestische Folie der Krankenakte Marcel Prousts lesen. Im Gegensatz zum deutlichen Versagen der wissenschaftlichen Medizin gegenüber Proust als Patienten erbringt die erzählte Medizin aus der *Recherche* jedoch offensichtlich Wunder. Die real erlebten Schmerzen werden in Prousts literarischem Werk über das Wort poetisiert, sublimiert und so letztlich aufhoben. Diese Heilkraft der Literatur bezeugte in der Ausstellung eine Textstelle aus *Guermantes II*, die von der Agonie der Großmutter erzählt:

> Der Arzt nahm eine Morphiuminjektion vor und ließ zur Erleichterung der Atmung Sauerstoff kommen. Meine Mutter, der Doktor, die Schwester hielten die Beutel; sobald einer aufgebraucht war, reichte man ihnen einen anderen. Ich war einen Augenblick aus dem Zimmer gegangen. Als ich wieder zurückkam, war etwas wie ein Wunder geschehen: zu der Begleitung eines gedämpften Surrens schien meine Großmutter an uns einen langen seligen Sang zu richten, der das Zimmer rasch mit seiner Musik durchwob. Ich begriff bald, daß er kaum weniger unbewußt war und ebenso mechanisch wie vorher das Röcheln. Vielleicht spiegelte er ganz schwach ein durch das Morphium bewirktes Wohlgefühl wider. Er ergab sich vor allem, da die Luft nicht mehr in ganz der gleichen Weise durch die Bronchien ging, aus einem Registerwechsel in der Atmung. Durch die Doppelwirkung des Sauerstoffs und des Morphiums befreit, kam der Atem meiner Großmutter nicht mehr gequält und stöhnend aus ihrer Brust, sondern glitt rasch und leicht wie ein Schlittschuhläufer dem köstlichen Fluidum zu. Vielleicht mischten sich unter ihren Hauch, der so fühllos war wie der Wind in der Flöte eines Schilfrohrs, in diesem Gesang ein paar menschlichere Seufzer, die, beim Nahen des Todes sich lösend, wie Regungen von Leid oder Glück eines Wesens wirken, das schon nicht mehr fühlt, und fügten, ohne dessen Rhythmus zu verändern, einen melodischeren Klang zu dem langausgesponnenen Thema hinzu, das immer höher anstieg, dann wieder heruntersank, um gleich darauf aus der leicht gewordenen Brust von neuem dem Sauerstoff nachzueilen. Dann, wenn er ganz hoch oben angelangt war und mit Macht die hohe Note hielt, schien der Gesang, mit einem wie in höchster Lust flehentlichen Flüstern vermischt, für Augenblicke überhaupt zu vergehen, so wie eine Quelle versiegt.[10]

Durch die mikroskopische Fokalisation der Erzählperspektive auf minimalistische Details wird die Agonie zur Musik. Der physiologische Schmerz wird aufgehoben, verwandelt in eine symphonische Melodie organischer Rhythmen. Durch den Gesang des nun dadurch weich gewordenen Atems scheint der von der Krankheit gegeißelte Körper der Großmutter letztlich wieder ins Leben gerufen zu werden. Die literarische Darstellung von physiologischen Symptomen greift in der *Recherche* dezidiert auf Motive der christlichen Passion zurück. In Betracht des Krankhaften entwickelt Proust über das Wort eine Ästhetik der Wiederauferstehung – des von der Krankheit gezeichneten, zerfallenden Körpers und der daran verlorenen Zeit.[11] Für die Ausstellung wurde diese Auslegung anhand einer Textstelle verdeutlicht, in der Doktor du Boulbon, eine der seltenen positiven Arztfiguren der *Recherche*, das nervöse Leiden der Großmutter zum Anlass nimmt, um über die schöpferische und kulturstiftende Kraft nervöser Künstler zu sinnieren. Hier wird die christliche Passions-Metapher in einem direkten Bezug zu Prousts Künstlerdefinition wiederaufgegriffen:

> Alles, was wir an Großem kennen, ist von Nervösen geschaffen. Sie und keine anderen haben Religionen begründet und Meisterwerke hervorgebracht. Niemals wird die Welt genügend wissen, was sie ihnen verdankt, noch vor allem, was sie gelitten haben, um es ihr zu schenken. Wir genießen kunstvolle Musik, schöne Bilder, tausend erlesene Köstlichkeiten, doch wissen wir nicht, was sie ihre Schöpfer an Schlaflosigkeit, an Tränen, an krampfhaftem Lachen, an Nesselfieber, Asthma, Epilepsie gekostet haben, oder an Todesangst, die schlimmer als alles ist und die Sie vielleicht kennen, Madame.[12]

Das Schlusswort bekam in diesem Raum Paul Morand, dessen *Ode an Marcel Proust* das am Beispiel der *Recherche* erarbeitete Motiv des Künstlers als Propheten-Figur wiederaufgreift und mit Prousts Biographie sowie den Bildern seiner Agonie zusammenführt:[13]

> Ombre
> Née de la fumée de vos fumigations,
> Le visage et la voix
> Mangés
> Par l'usage de la nuit
> Céleste,
> Avec sa vigueur, douce, me trempe dans le jus noir
> De votre chambre
> Qui sent le bouchon tiède et la cheminée morte.
>
> Derrière l'écran des cahiers,
> Sous la lampe blonde et poisseuse comme une confiture,
> Votre visage gît sous un traversin de craie.

Vous me tendez des mains gantées de filoselle;
Silencieusement votre barbe repousse
Au fond de vos joues.
Je dis:
– vous avez l'air d'aller fort bien.
Vous répondez:
– Cher ami, j'ai failli mourir trois fois dans la journée.

(…)

Proust, à quels raouts allez-vous donc la nuit
Pour en revenir avec des yeux si las et si lucides?
Quelles frayeurs à nous interdites avez-vous connues
Pour en revenir si indulgent et si bon?
Et sachant les travaux des âmes
Et ce qui se passe dans les maisons,
Et que l'amour fait si mal?

Étaient-ce de si terribles veilles que vous y laissâtes
Cette rose fraicheur
Du portrait de Jacques-Émile Blanche?
Et que vous voici, ce soir,
Pétri de la pâleur docile des cires
Mais heureux que l'on croie à votre agonie douce
De dandy gris perle et noir?

Raum 3 – Proust als Gegenstand kulturwissenschaftlicher Reflexion

Proust im Spiegel der Psychoanalyse

Notre moi est fait de la superposition de nos états successifs. Mais cette superposition n'est pas immuable comme la stratification d'une montagne. Perpétuellement des soulèvements font affleurer à la surface des couches anciennes.[14]

Schon diese kurze Reflexion über das Ich, seinen schichtartigen Aufbau und seine dynamische Gestalt, die der Erzähler der *Recherche* anstellt, erinnert an die klassische Psychoanalyse Sigmund Freuds. Es verwundert

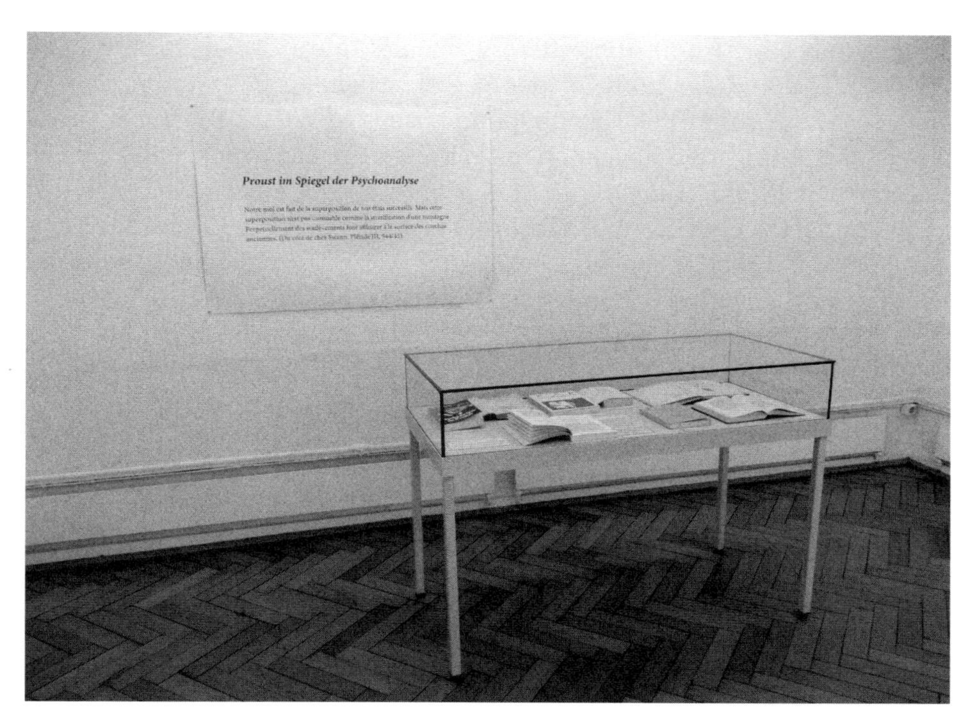

Overbeck-Gesellschaft, Verein von Kunstfreunden e. V., Lübeck

daher nicht, dass Prousts Werdegang und literarisches Lebenswerk im Verlauf des 20. Jahrhunderts zu bevorzugten Gegenständen psychoanalytischer Auseinandersetzung und Interpretation geworden sind. Proust selbst hat Freuds psychoanalytische Abhandlungen jedoch nie gelesen – erst zwei Jahre vor seinem Tod wurde die erste psychoanalytische Schrift von Sigmund Freud auf Französisch publiziert.[15] Andererseits hatte Proust profundes Wissen über psychologische Prozesse und kam wegen Charcot – sein Vater arbeitete in dessen Pariser Institut – auch in Berührung mit Vorstellungen, die wieder auf Freud zurückwirkten.[16] Die Literaturwissenschaft hat deshalb immer wieder darauf aufmerksam gemacht, dass Proust gewisse psychodynamische Vorstellungen, die erst später in der Psychoanalyse expliziert werden sollten, antizipiert habe.

Ziel der Ausstellung in der Overbeck-Gesellschaft war es, die lange Tradition psychoanalytischer Arbeit an und mit Prousts *Recherche* anhand ausgewählter Monographien kaleidoskopartig anschaulich zu machen.[17] Als Ausgangspunkt wurde dabei Jacques Rivières komparatistische Arbeit *Quelques progrès dans l'étude du cœur humain: Freud et Proust* ausgewählt, die schon Mitte der zwanziger Jahre, wenige Jahre nach Prousts Tod und ein Jahr vor der Veröffentlichung des letzten Bandes der *Recherche*, inhaltliche Korrespondenzen zwischen der Proust'schen Psychologie und der Psychoanalyse Freuds in den Blick nahm.[18] Die zahlreichen Publikationen, die in den Folgejahren entstanden, machen die Faszination deutlich, mit der Proust und seine *Recherche* als klinisch-pathologische ›Fallgeschichte‹ beziehungsweise Untersuchungsmaterial von der psychoanalytischen Bewegung rezipiert wurden. Das Interesse der Psychoanalyse an der *Recherche* ist dabei nicht zuletzt durch ihren Aufbau mitbedingt worden, erinnert sie doch schon in ihrer Struktur an eine psychologische Fallbeschreibung, bei der verschiedene Entwicklungs- und Lebensphasen zu einem komplexen Nebeneinander verwoben werden.[19] Auch die traditionelle psychologische Literaturinterpretation hat sich intensiv mit Marcel Proust beschäftigt und immer wieder darauf hingewiesen, dass zahlreiche Aspekte, die in der *Recherche* verhandelt werden, eine hohe Passung zu Freudianischen Theoremen aufweisen.[20] Diese reichen vom Ödipuskomplex, dem Unbewussten und seinem plötzlichen ›Sichtbarwerden‹ in Fehlleistungen oder psychosomatischen Symptomen, bis hin zur Traumdeutung und zu Übertragungsprozessen.[21]

Proust als Pionier der Kognitions- und Neurowissenschaft

> Tous ces souvenirs ajoutés les uns aux autres ne formaient plus qu'une masse, mais non sans qu'on pût distinguer entre eux – entre les plus anciens, et ceux plus récents, nés d'un parfum, puis ceux qui n'étaient que les souvenirs d'une autre personne de qui je les avais appris – sinon des fissures, des failles véritables, du moins ces veinures, ces bigarrures de coloration qui, dans certaines roches, dans certains marbres, révèlent des différences d'origine, d'âge, de »formation«.[22]

Prousts *Recherche* ist ein Roman über die Erinnerung, ihre Voraussetzungen, Möglichkeitsbedingungen und Folgen.[23] Als zentrales Motiv zieht sich das Verhältnis von Erinnern und Vergessen wie ein roter Faden durch sämtliche Bände des Romans. Das autobiographische Gedächtnis, so macht Proust auf poetische Weise deutlich, ist kein passives Aufschreibesystem, das Ereignisse und Gegebenheiten ›objektiv‹ speichert, um diese dann zu gegebener Zeit verfügbar zu machen. Vielmehr macht der Erzähler Marcel bei dem Versuch, sich seines Lebens zu erinnern, die Erfahrung, dass das Gedächtnis ein dynamisches Gefüge ist, das Episoden, Details und Ereignisse allenfalls selektiv speichert. Das, was sich als Erinnerung zeigt, erscheint als subjektiv eingefärbtes, aus Fragmenten zusammengesetztes Konstrukt. Dieses Konstrukt ist keinesfalls statisch und unveränderlich, sondern immer instabil und ungenau und somit in einem permanenten Modus der Veränderung begriffen. Auch erscheint das Gedächtnis als widerspenstig, das sich mitunter der volitionalen Kontrolle entzieht: Erst die produktive Kraft der *mémoire involontaire* vermag die Vergangenheit plastisch auferstehen zu lassen.

Was für die Psychoanalyse in der zweiten Hälfte des 20. Jahrhunderts galt, lässt sich – wenn auch gänzlich anders gelagert – bei den Kognitions- und Neurowissenschaften seit der Wende zum 21. Jahrhundert beobachten: Marcel Prousts präzise Beschreibung autobiographischer Gedächtnisprozesse in der *Recherche* wird hier einerseits als anschauliches und treffsicheres Beispiel für die Dynamik von Erinnerungsvorgängen herangezogen, dient zugleich aber auch als ›theoretisches Postulat‹, das einer empirisch-experimentellen Überprüfung zugeführt werden kann.[24]

Das Motiv der Erinnerung und seine Resonanz in der modernen kognitions- und neurowissenschaftlichen Forschung wurde in der Ausstellung anhand von Szenen aus Stéphane Heuets *Graphic Novel*-Adaption von *Du côté de chez Swann* aufgegriffen, die den Schlüsselmoment der gustatorisch evozierten *mémoire involontaire* bildhaft umsetzt: In Combray lässt sich Marcel von seiner Mutter zu einer Tasse Tee überreden, die ihm mit einer Madeleine serviert wird. Der Geschmack des Tees, zusammen mit der aufgeweichten Madeleine, lässt in Marcel ein unerwartetes Glücksgefühl hochkommen, gefolgt von der unwillkürlichen Erinnerung an eine frühe biographische Szene, in der ihm seine Tante Léonie ebenfalls Tee mit einer Madeleine serviert.[25] Der aktuelle Rekurs auf Marcel Proust in der kognitions- und neurowissenschaftlichen Forschung wurde in der Ausstellung wieder anhand exemplarischer Publikationen aus unterschiedlichen Kontexten herausgearbeitet. So gibt es eine ganze Reihe von internationalen Studien, die der Frage nachgehen, inwiefern olfaktorische Reize Einfluss auf den Abruf und die Verfügbarkeit spezifischer autobiographischer Erinnerungen nehmen. Eine Auswahl von sechs dieser Studien, die dieses Phänomen unter dem Stichwort der »Proustian Hypothesis« beziehungsweise des »Proust Phenomenon« in den Blick nehmen, wurde dazu fächerartig an der Ausstellungswand montiert, konnte von den Ausstellungsbesuchern aber zur Lektüre abgenommen werden.[26] Dass Prousts Reflexionen über die Dynamik des Erinnerns auch außerhalb der *scientific community* auf reges Interesse gestoßen sind, wurde an zwei neueren Veröffentlichungen aus dem Segment der populärwissenschaftlichen Literatur demonstriert: So nimmt der Neurowissenschaftler und Publizist Jonah Lehrer Marcel Proust als Ausgangspunkt, um über das Wissen in den Künsten und ihr Verhältnis zu den Naturwissenschaften nachzudenken.[27] Was die Neurowissenschaften über das Gedächtnis erst im Verlauf des späten zwanzigsten Jahrhunderts herausgefunden hätten, so Lehrer, habe Proust in der *Recherche* bereits auf literarische Weise herausgearbeitet. Auch Jean-Yves Tadié, Professor für französische Literatur, sucht in seinem Buch *Im Gedächtnispalast*, das er zusammen mit seinem Bruder, dem Neurochirurgen Marc Tadié, verfasst hat, nach Korrespondenzen zwischen der geisteswissenschaftlichen Beschäftigung mit dem Gedächtnis und neurologischen Befunden.[28]

Der Berufsstand der Mediziner in der Recherche

> Les erreurs des médecins sont innombrables. Ils pèchent d'habitude par optimisme quant au régime, par pessimisme quant au dénouement.[29]

Die letzte Station der Ausstellung wechselte von einem ›externen‹ wissenschaftlichen Blick auf Proust zu einem ›internen‹, bei dem der Autor und Erzähler wieder den Ausgangspunkt bildete. Nicht Marcel Proust als ›Untersuchungsmaterial‹ oder ›Fallstudie‹ der Medizin wurde hier zum Gegenstand der Betrachtung, sondern Prousts kritisch-ironische Auseinandersetzung mit dem Berufsstand der Mediziner in der *Recherche*. Die Charakterisierung verschiedener Ärzte ist zugleich der Ausgangspunkt für Reflexionen über die Medizin im Allgemeinen, ihre Wissenschaftlichkeit und ihre (Un-)Möglichkeiten.

Proust konnte hier aus einem reichen Schatz an persönlichen Erfahrungen schöpfen, die er aufgrund eigener Gesundheitsbeschwerden in der Rolle als Patient und Ratsuchender sammelte.[30] Darüber hinaus war der Beruf des Mediziners schon durch seinen Vater Adrien Proust und den jüngeren Bruder Robert Proust in der eigenen Familie omnipräsent. Gerade der Salon von Adrien Proust fungierte für Marcel Proust als ideales Terrain, um die Pariser Ärzteschaft einer genauen Beobachtung zu unterziehen. Es verwundert daher nicht, dass die Ärztefiguren, die in der *Recherche* gezeichnet werden, mitunter auf reale Mediziner aus

Overbeck-Gesellschaft, Verein von Kunstfreunden e. V., Lübeck

dem unmittelbaren sozialen Umfeld von Marcel Proust verweisen. Die Proust-Forschung hat sich – gestützt durch biographische Informationen, die Selbstauskünfte des Verfassers oder aber Rekonstruktionsbemühungen vonseiten der Literaturwissenschaft – gewissermaßen auf Spurensuche begeben, um Parallelen und Überschneidungen zwischen den fiktionalen Charakteren der *Recherche* und realen Personen auszumachen.[31]

Prousts ambivalente und ironisch-distanzierte Betrachtung der Ärzteschaft zeigt sich in konzentrierter Form vor allem in den Passagen, in denen Marcel die zunehmende Verschlechterung des Gesundheitszustandes der Großmutter und die daraufhin unterbreiteten Therapievorschläge seitens der vermeintlichen Experten schildert. Die fünf Arzt-Typen, die dabei in rascher Abfolge auf den Plan treten, bildeten auch den Schwerpunkt des Ausstellungsteils: Ihre Mentalitäten und Eigenarten wurden anhand kurzer Textpassagen anschaulich gemacht, in denen die Großmutter als Patientin im Mittelpunkt steht. Der erste Arzt, der an das Krankenbett der Großmutter gerufen wird, ist Doktor Cottard. In seiner Herangehensweise zielgerichtet und pragmatisch, wird Doktor Cottard als Repräsentant des gesamten Ärztestandes gezeichnet, der sich im Verlauf der *Recherche* von einem Dilettanten hin zu einem begabten Kliniker entwickelt.[32] Da die von ihm empfohlene Milchdiät jedoch keine Linderung herbeizuführen vermag, ist dies Anlass für Marcel, kritisch über die vermeintliche Faktizität und Validität ärztlichen Wissens nachzudenken: Als »Kompendium aufeinanderfolgender und einander widersprechender Irrtümer« reklamiere die Medizin etwas als Wahrheit, das dann nach einigen Jahren aufgrund neuer Erkenntnisse wieder revidiert würde. Doktor Cottard ist auch die Arztfigur, bei der die Proust-Forschung zahlreiche reale Vorbilder ausmachen konnte, die von bedeutenden französischen Ärzten wie Broca, Guyon oder Doyen bis hin zu Modeärzten der gehobenen Bourgeoisie wie Pozzi, Brissaud und Robin reichen. Den Chirurgen Samuel Pozzi (1846-1918) beispielsweise lernte Proust im Alter von 15 Jahren persönlich kennen, als dieser die Familie bei einem Abendessen besuchte.[33] Pozzi, der vor allem Patienten aus dem höheren Bürgertum behandelte, wurde 1884 auf den ersten Lehrstuhl für Gynäkologie in Frankreich berufen.

Anschließend versucht sich Dr. du Boulbon, ein vor allem auf dem Gebiet der nervösen Leiden ausgewiesener Experte, an der Behandlung der Großmutter. Nach Professor E., der eigentlich keine Zeit für die Patienten aufbringen will, und Spezialist X., der sämtliche Erkrankungen monokausal auf die Nase zurückführt und mit kontaminiertem Untersuchungsbesteck arbeitet, sodass in der Folge alle Anwesenden einen Katarrh entwickeln, tritt schließlich Georges Dieulafoy auf, der nur noch den Tod der Großmutter bestätigt. Mit der Namenwahl bezieht sich Proust explizit auf Professor Georges Dieulafoy (1839-1911), der 1896 eine Professur für Pathologie an der Sorbonne erhielt und vor allem wegen einer Apparatur zur Aspiration von Absonderungen Bekanntheit erlangte.

Für die Ausstellung wurden die Typologien der fünf Spezialisten mit Referenzliteratur zu Marcel Prousts Auseinandersetzungen mit dem Ärztestand und zwei Katalogen mit Atelierfotografien aus dem Fotostudio von Paul Nadar in Beziehung gesetzt, die Samuel Pozzi und Georges Dieulafoy zeigen.[34] Paul Nadar hatte das Studio 1874 von seinem Vater Félix Nadar übernommen und war bekannt für seine Portraitaufnahmen von Künstlern, Intellektuellen und Adelsfamilien aus dem Viertel Faubourg Saint-Germain.[35] Da sich auch Marcel Proust und sein Bruder in dem Studio fotografieren ließen, vermitteln die Bilder den Ausstellungsbesucherinnen und -besuchern einen ersten Eindruck von dem sozialen und kulturellen Milieu, seinen spezifischen Selbstdarstellungstechniken und Konventionen, in dem sich Marcel Proust bewegte.

Fazit

Kaum ein anderes Werk des späten 19. und frühen 20. Jahrhunderts vermischt mit größerer Raffinesse modernes wissenschaftlich-medizinisches Wissen, Witz, Poesie und religiöse Erlösungsbilder. Gerade in der Verflechtung dieser Komponenten liegt die Einzigartigkeit von Prousts *coup d'œil médical* begründet. Die Position, die Prousts *Recherche* gegenüber der medizinischen Wissenschaft und Praxis einnimmt, erscheint dabei als ambivalent: Vertraut mit verschiedenen Betrachterstandpunkten und Rollenerfahrungen – mal als externer kritischer Beobachter, als unmittelbar betroffener Patient, der auf den Rat medizinischer Experten angewiesen ist, oder aber als Meister der Selbstbeobachtung eigener somato-psychischer Vorgänge – Proust schwankt zwischen einem ernsten und einem ironisierend-lachenden Blick. Kommt dem Letzteren eine befreiende und kathartische Funktion zu, wohnt ihm jedoch auch ein tragisches Moment inne: Das Lachen ist zugleich ein Lachen über den eigenen körperlichen Zerfall und über die Medizin, die diesen Prozess trotz ihres Anspruchs auf Heilung nicht aufhalten konnte.

Anmerkungen

1 Diese Ausstellung wäre nicht möglich gewesen ohne die Unterstützung durch Prof. Dr. Reiner Speck, der bereit war, für das Projekt umfangreiche Literaturbestände aus seiner Bibliothek zur Verfügung zu stellen. Besonderer Dank gilt auch der Leiterin der Overbeck-Gesellschaft, Marlies Behm, die das Projekt von Anbeginn vor Ort beratend begleitete.

2 Vgl. hierzu die Inhalte von Raum 2 und 3.

3 Zu Professor Adrien Proust wurden ausgestellt: die Biographie von Robert Le Masle, *Le Professeur Adrien Proust (1834-1903)*, Paris 1935, sowie seine Hauptwerke zu Cholera, Hygiene und Neurasthenie: *Choléra: Etiologie et prophylaxie*, Paris 1883; *Traité d'hygiène*. 2. ed., Paris 1881; *L'hygiène de l'obèse*, Paris 1897; *Traité d'hygiène du neurasthénique*, 2. ed., Paris 1900. Die ausgestellten Portraits stammten aus Anne-Marie Bernards *Le monde de Proust vu par Paul Nadar*, Paris 1999.

4 Ausgestellt wurden: Marcel Proust, *Lettres à Madame Scheikévitch*, Paris 1928; Marcel Proust/Jacques Rivière, *Correspondance 1924-1922*, Paris 1976; Marcel Proust, *Correspondance avec sa mère 1887-1905*, Paris 1953; Marcel Proust, *Lettres à Madame C.*, Paris 1946.

5 Marcel Proust, *Lettre à Madame C.*, Paris 1946. S. 119.

6 Jürgen Ritte/Reiner Speck (Hg.), *Cher ami ... votre Marcel Proust*. Marcel Proust im Spiegel seiner Korrespondenz. Briefe und Autographen aus der Bibliotheca Proustiana Reiner Speck, Köln 2009.

7 Marcel Proust, Brief vom 9. Mai 1921 an Etienne de Beaumont, zitiert nach Luzius Keller, »›C'est ainsi que j'aurai du écrire‹. Proust devant Wermeer«, in: Sjef Houppermans et al. (Hgg.), *Marcel Proust aujourd'hui* n°7, Amsterdam/New York 2009.

8 Die Textstellen wurden nach der Frankfurter Ausgabe der Werke Prousts von Luzius Keller präsentiert, um auch einem nicht franko-romanistischen Publikum den inhaltlichen Zugang zu ermöglichen. Ausgestellt wurden 1) aus *Unterwegs zu Swann*, (*SvZ* I, S. 8-9: »Zärtlich drückte ich meine Wangen an die schönen Wangen des Kissens« bis »bevor ich in die Welt der Träume zurückkehrte»; 2) aus *Im Schatten jünger Mädchenblüte (SvZ* II, S. 103-104: von »Da die Erstickungsanfälle auch noch anhielten« bis »ein paar Tage lang Milch, nichts als Milch. Kein Fleisch, kein Alkohol«; 3) aus *Guermantes II* (*SvZ* III, S. 476-477: von »Der Arzt nahm eine Morphiuminjektion vor« bis »für Augenblicke überhaupt zu vergehen, so wie eine Quelle versiegt«; 4) aus *Guermantes II* (SvZ III, S. 427-428: von »Alles, was wir an Großem kennen« bis »an Todesangst, die schlimmer als alles ist und die Sie vielleicht kennen, Madame.«

9 *SvZ* II, S. 103-104.

10 *SvZ* III, S. 476-477.

11 Zur christlichen Thematik in der *Recherche* und insbesondere zur Transsubstantiations-Motivik vgl. Julia Kristeva, *Le temps sensible. Proust et l'expérience littéraire*, Paris 2000.

12 *SvZ* III, S. 427f.

13 Paul Morand, *Poèmes (1914-1924)*, Paris 1924.

14 *RTP* III, S. 544f. (*Albertine disparue*) – *SvZ* VI, S. 192: »Unser Ich besteht aus der Schichtung aufeinanderfolgender Zustände. Doch diese Schichtenbildung ist nicht starr wie eine Gebirgsformation. Immer wieder führen Aufbrüche im Innern alte Lagen an die Oberfläche empor.«

15 Siehe Gregor Schuhen, »Biopolitische Schwelle um 1900. Prousts Ars Erotica zwischen Psychopathologie und Psychoanalyse«, in: Walburga Hülk/Ursula Renner (Hg.), *Biologie, Psychologie, Poetologie*. Akten der Sektion »Nerven, Zellen, Elementarteilchen« des Frankoromanistentages in Aachen September 2002, Würzburg 2005, S. 243-259, hier S. 249f.

16 Jack Jordan, »The unconscious«, in: Richard Bayles (Hg.), *The Cambridge Companion to Proust*, Cambridge 2001, S. 100-116, hier S. 102.

17 Zu den ausgestellten Publikationen gehörten unter anderem Milton L. Miller, *Psychanalyse de Proust*, Paris 1977; Bernd Urban/Winfried Kudszus (Hg.), *Psychoanalytische und psychopathologische Literaturinterpretation*, Darmstadt 1981; Gertraude Wetzel, *Narziß auf der Suche nach der verlorenen Zeit: Heilung des Selbst durch künstlerische Produktion? Eine psychoanalytisch-psychologische Textuntersuchung*, Bremen 1984; Charles Bouazis, *Ce que Proust savait du symptôme*, Paris 1992; Julia Kristeva, *Le temps sensible: Proust et l'expérience littéraire*, Paris 1994; *Revue Française de Psychanalyse: Marcel Proust visiteur des psychanalystes*, Paris 1999.

18 Jacques Rivière, *Quelques progrès dans l'étude du cœur humain: Freud et Proust*, Paris 1926.

19 Vergleiche Horst Lederer, »Psychographie und Psychokritik«, in: Reiner Speck

(Hg.), *Marcel Proust. Werk und Wirkung*, Frankfurt a.M. 1982, S. 52-68, hier S. 56.

20 Ebenda.

21 Siehe zum Beispiel Malcolm Bowie, *Freud, Proust and Lacan: Theory as Fiction*, Cambridge 1988. Für eine Auseinandersetzung mit Prozessen der Übertragung in der *Recherche* siehe Malcolm Bowie, »Proust und die Psychoanalyse«, in: Dieter Ingenschay/Helmut Pfeiffer (Hg.), *Marcel Proust und die Kritik*, Frankfurt a. M. 2000, S. 171-186.

22 *RTP* I, S. 186 – *SvZ* I, S. 272: »Alle diese aneinandergefügten Erinnerungen bildeten eine Art Masse, dennoch gab es zwischen den älteren und den neueren, solchen, die aus einem Aroma aufgestiegen und solchen, die eigentlich Erinnerungen anderer Menschen waren, von denen ich sie erst übernahm, wenn nicht gerade Risse oder richtige Brüche, so doch kleine Spalten oder wenigstens Äderungen und farbliche Unterschiede, wie sie bei manchen Gesteinsbildungen, besonders den Marmorarten, auf die Verschiedenheit des Ursprungs, des Alters oder der ›Formation‹ zurückzuführen sind.«

23 Siehe hierzu Rainer Warning, »Vergessen, Verdrängen und Erinnern in der *Recherche*«, in: ders., *Proust-Studien*, München 2000, S. 141-177, und Elisabeth Gülich, »Die Metaphorik der Erinnerung in Prousts *A la recherche du temps perdu*«, in: *Zeitschrift für französische Sprache und Literatur* 75 (1965), S. 51-74.

24 Siehe zum Beispiel Jean Delacour, »Proust's contribution to the psychology of memory: The reminiscences from the standpoint of cognitive science«, in: *Theory & Psychology* 11 (2001), S. 255-271.

25 Marcel Proust, *À la recherche du temps perdu. Du côté de chez Swann: Combray. Adaptation et dessins Stéphane Heuet*, Paris 1998, S. 15-16, sowie Marcel Proust, *Auf der Suche nach der verlorenen Zeit: Unterwegs zu Swann. Adaptation und Zeichnung: Stéphane Heuet*, München ²2011.

26 Kohsuke Yamamoto, »The characteristics of involuntary autobiographical memories cued by odor: A diary study of the Proust phenomenon«, in: *The Japanese Journal Of Cognitive Psychology* 6 (2008), S. 65-73; Simon Chu/John J. Downes, »Long live Proust: The odour-cued autobiographical memory bump«, in: *Cognition* 75 (2000), S. B41–B50; Rachel S. Herz/Jonathan W Schooler, »A naturalistic study of autobiographical memories evoked by olfactory and visual cues: Testing the proustian hypothesis«, in: *The American Journal of Psychology* 115 (2002), S. 21-32; Marieke B.J. Toffolo/Monique A.M. Smeets/Marcel A. van den Hout, »Proust revisited: Odours as triggers of aversive memories«, in: *Cognition & Emotion* 26 (2012), S. 83-92; Jean Delacour, »Proust's contribution to the psychology of memory. The reminiscences from the standpoint of cognitive science«, in: *Theory and Psychology* 11 (2001), S. 255-271.

27 Lehrer, Jonah, *Prousts Madeleine. Hirnforschung für Kreative*, München/Zürich 2010.

28 Jean-Yves Tadié/Marc Tadié, *Im Gedächtnispalast. Eine Kulturgeschichte des Denkens*. Aus dem Französischen von Hainer Kober, Stuttgart 2003.

29 *RTP* II, S. 641 – *SvZ* IV, S. 65: »Die Irrtümer der Ärzte sind ohne Zahl. Gewöhnlich sind sie zu optimistisch mit Bezug auf die Diät des Kranken, zu pessimistisch aber, was den Ausgang des Leidens betrifft.«

30 Proust selbst war zeit seines Lebens auf der Suche nach einem für ihn und seine Belange ›adäquaten‹ Arzt. Siehe Reiner Speck, »Proust und die Medizin«, in: ders. (Hg.), *Marcel Proust. Werk und Wirkung*, S. 28-51, hier S. 40.
31 Siehe hierzu William Howard Adams, *A Proust souvenir*, New York 1984.
32 Siehe Speck, »Proust und die Medizin«, S. 38f.
33 Siehe Adams, *A Proust souvenir*, S. 34.
34 Siehe Reiner Speck, »Marcel Proust und die Medizin (I)«, in: *Deutsches Ärzteblatt* 79 (1982) 46, S. 76-85; Adams, *A Proust souvenir*; Adams, *Prousts Figuren und ihre Vorbilder*. Photos von Paul Nadar. Text von William Howard Adams. Aus dem Amerikanischen von Christoph Groffy, Frankfurt a. M. 1988.
35 Siehe Adams, *A Proust souvenir*, S. 12f.

Abkürzungsverzeichnis

Bei französischen Proust-Zitaten werden folgende Abkürzungen verwendet:

Corr	*Correspondance*, hg. und annotiert von Philip Kolb, Paris 1970-1993, 21 Bde.
CSB	*Contre Sainte-Beuve*, hg. von Pierre Clarac (Bibliothèque de la Pléiade), Paris 1971
JS	*Jean Santeuil* précédé de *Les plaisirs et les jours*, hg. von Pierre Clarac unter Mitarbeit von Yves Sandre (Bibliothèque de la Pléiade), Paris 1971
RTP I-IV	*À la recherche du temps perdu* Bd. I-IV, hg. von Jean-Yves Tadié unter Mitarbeit von Florence Callu u.a. (Bibliothèque de la Pléiade), Paris 1987-1989

In deutscher Übersetzung wird Proust nach der Frankfurter Ausgabe (hg. von Luzius Keller) zitiert:

EC	*Essays, Chroniken und andere Schriften* (Werke I, Band 3), Frankfurt/M. 1992
FT	*Freuden und Tage und andere Erzählungen und Schriften aus den Jahren 1892-1896* (Werke I, Band 1), Frankfurt/M. 1988
GSG	*Gegen Sainte-Beuve* (Werke III, Band 3), Frankfurt/M. 1997
JSdt	*Jean Santeuil* (Werke III, Bände 1/2), Frankfurt/M. 1992
NV	*Nachgeahmtes und Vermischtes* (Werke I, Band 2), Frankfurt/M. 1989
SvZ	*Auf der Suche nach der verlorenen Zeit*, aus dem Französischen übersetzt von Eva Rechel-Mertens, revidiert und hg. von Luzius Keller (Werke II, Bd. 1-7), Frankfurt/M. 2004
SvZ I	*Unterwegs zu Swann*
SvZ II	*Im Schatten junger Mädchenblüte*
SvZ III	*Guermantes*
SvZ IV	*Sodom und Gomorrha*
SvZ V	*Die Gefangene*
SvZ VI	*Die Flüchtige*
SvZ VII	*Die wiedergefundene Zeit*

Zu den Autorinnen und Autoren dieses Bandes

Edward Bizub hat nach dem PhD zu Becketts Theater an der Sorbonne und einem weiteren PhD in Vergleichender Literaturwissenschaft über Proust und Ruskin an der Universität Genf am Collège de Saussure ebendort Anglistik und an den Universitäten Genf und Lausanne Vergleichende Literaturwissenschaft gelehrt. Er ist Autor zweier Bücher zu Proust (*La Venise intérieure. Proust et la poétique de la traduction*, 1991, und *Proust et le moi divisé. La Recherche: creuset de la psychologie expérimentale: 1874-1914*, 2006). Das zweite Buch erschien 2013 in Mexico in einer spanischen Übersetzung unter dem Titel *Marcel Proust y el Yo Dividido. En busca del Tiempo perdido: crisol de la psicología experimental (1874-1914)*. Sein Buch *Beckett et Descartes dans l'œuf. Aux sources de l'œuvre beckettienne: De Whoroscope à Godot* erschien im April 2012. Er hat ferner zahlreiche Artikel zu Proust und Beckett in namhaften Fachzeitschriften veröffentlicht.

Cornelius Borck ist Professor für Geschichte, Theorie und Ethik der Medizin und Naturwissenschaften an der Universität zu Lübeck, wo er nach einer Professur an der McGill University, Kanada (2004-2007) seit 2007 das Institut für Medizingeschichte und Wissenschaftsforschung leitet. Zu seinen Arbeitsschwerpunkten zählen die Hirnforschung zwischen Medientechnik und Neurophilosophie, Mensch-Maschine-Verhältnisse in Kunst und Wissenschaft sowie Ästhetik und Epistemologie des Experiments. Er veröffentlichte neben zahlreichen Aufsätzen u.a. die Monographie *Hirnströme. Eine Kulturgeschichte der Elektroenzephalographie* (2005).

Dagmar Bruss studierte zunächst Wirtschaftswissenschaften an der Universität Stuttgart-Hohenheim, später Italianistik und Philosophie in Hamburg. Anschließend war sie wissenschaftliche Mitarbeiterin am Institut für Romanistik der Universität Hamburg. In ihrer Dissertation beschäftigt sie sich mit dem 19. Jahrhundert und der Jahrhundertwende in komparatistischer Perspektive mit anthropologischem Schwerpunkt, insbesondere mit Verwandtschaftsforschung.

Inge Crosman Wimmers ist Professorin emerita of French Studies an der Brown University (Providence, RI). Ihre wichtigsten Veröffentlichungen sind *Metaphoric Narration: The Structure and Function of Metaphors in* A la recherche du temps perdu (1978); *Poetics of Reading: Approaches to the Novel* (1988); *Proust and Emotion: The Importance of Affect in* A la recherche du temps perdu (2003); *The Reader in the Text. Essays on Audience and Interpretation* (hg. mit Susan Suleiman, 1980) und *Approaches to Teaching Proust's Fiction and Criticism* (hg. mit Elyane Dezon-Jones, 2003). Arbeitsschwerpunkte: Französische Literatur vom 17. bis zum 20. Jahrhundert; Proust; Narratologie; Rezeptionsästhetik – insbesondere Wechselbeziehungen von Literatur, Emotionen und Rezeption, aus einer psychologischen, philosophischen und ästhetischen Perspektive.

Anna Magdalena Elsner ist Leverhulme Early Career Fellow am Department of French und am Centre for the Humanities and Health am King's College, London.

Sie ist Mitglied der *Équipe Proust* am Institut des Textes et Manuscrits Modernes (ITEM), Paris, und hat eine Reihe von Artikeln zu Proust, Freud und zum Dokumentarfilm veröffentlicht. Sie ist die Mitherausgeberin von *Anamnesia: Private and Public Memory in Modern French Culture* (2009) und beendet momentan ihre Monographie zur Trauerdarstellung und Kreativität in *À la recherche du temps perdu*. In ihrem aktuellen Forschungsprojekt analysiert sie die Darstellung von Arzt-Patient Beziehungen in französischer Literatur und im französischen Film des 20. Jahrhunderts.

Philipp Engel ist derzeit Visiting Researcher am Institute of French and Italian der Stanford University. Er hat in Freiburg, Paris und Berlin Allgemeine und Vergleichende Literaturwissenschaft und Philosophie studiert und war von 2010 bis 2013 wissenschaftlicher Mitarbeiter im Projekt »Erforschung neurobiologischer Korrelate ästhetischer Emotionen« am Cluster »Languages of Emotion« der Freien Universität Berlin. In seinem Dissertationsprojekt untersucht er die Bezüge zwischen Empirie, Phänomenologie und Poetik der Erinnerung um 1900. Veröffentlichungen u. a.: (zusammen mit Irene Albers) »Prousts Poetik der ›affektiven Erinnerung‹: Historische und aktuelle Perspektiven«, in: *Comparatio*, 2 (2010), 2, S. 199-217. Forschungsschwerpunkte: Literatur- und Medientheorie, historische Epistemologie, philosophische und psychologische Ästhetik.

Marc Föcking ist Professor für italienische und französische Literatur an der Universität Hamburg, wo er nach dem Studium der Romanistik, Germanistik und Philosophie in Bonn, München, Mailand und Berlin, der Dissertation zum italienischen Barock und der Habilitation zu Literatur und Medizin im französischen 19. Jahrhundert seit 2003 lehrt. Seine wichtigsten Schwerpunkte in der Forschung sind italienische Renaissance und Barock (*Rime sacre und die Genese des barocken Stils*, 1994), Medizin und Literatur im italienischen und französischen 19. und frühen 20. Jahrhundert (*Pathologia litteralis. Wissenschaftliches Erzählen und erzählte Wissenschaft im französischen 19. Jahrhundert*, 2002), Lyrik der Moderne in Frankreich und Italien (»Lyrik und Strukturalismus – poststrukturalistische Lyrik«, 2010) und ästhetische Grenzgebiete (*James Bond – Anatomie eines Mythos*, hg. mit Astrid Böger, 2012).

Boris Roman Gibhardt ist wissenschaftlicher Mitarbeiter an der Universität Bielefeld. Von 2009 bis 2013 war er wissenschaftlicher Mitarbeiter am Deutschen Forum für Kunstgeschichte, Paris, sowie Assistenz-Kurator der Ausstellung »De l'Allemagne, 1800-1939« (Musée du Louvre, 2013). Veröffentlichungen u. a.: *Das Auge der Sprache. Ornament und Lineatur bei Marcel Proust*, Berlin, Deutscher Kunstverlag 2011 (zugleich Dissertation, Freie Universität Berlin 2009); »Le sourire de la ligne. Ornement arabesque et perception littéraire chez Marcel Proust«, in: *Bulletin d'Informations Proustiennes* (Sonderheft *Centenaire de Swann*), 43, 2013, S 85-94; *Marcel Proust et les arts décoratifs. Poétique, matérialité, histoire* (hg. mit Julie Ramos, 2013).

Judith Kasper arbeitet als wissenschaftliche Mitarbeiterin am Institut für Romanische Philologie der Universität München. Seit April 2012 ist sie für das DFG-geförderte Forschungsprojekt »Der traumatisierte Raum. Topographie, Dissemination und Übertragung des Holocaust«, das mit einer »eigenen Stelle« an der Universität

Potsdam angesiedelt ist, freigestellt. Ihre wichtigsten Publikationen: *Sprachen des Vergessens. Proust, Perec und Barthes zwischen Verlust und Eingedenken*, 2003; *Trauma e nostalgia. Per una lettura del concetto di ›Heimat‹*, 2009. Ihre Forschungsschwerpunkte sind die französische Literatur des 19. und 20. Jahrhunderts, italienische Literatur des 20. Jahrhunderts, Literaturtheorie, Psychoanalyse, Psychiatriegeschichte, Raumwissenschaften, Gedächtnistheorie.

David Keller hat Psychologie an der Universität Potsdam (Dipl.-Psych., 2009) sowie Kulturwissenschaft und Kunstgeschichte an der Humboldt-Universität zu Berlin und der University of British Columbia, Vancouver (M. A., 2011) studiert. Seit April 2012 ist er wissenschaftlicher Mitarbeiter am Institut für Medizingeschichte und Wissenschaftsforschung der Universität zu Lübeck und assoziiertes Mitglied am Zentrum für Kulturwissenschaftliche Forschung Lübeck. Seine Forschungsschwerpunkte liegen im Bereich der Medien- und Wissensgeschichte der Humanwissenschaften, insbesondere der Psychologie und Psychiatrie.

Julie Müller studierte Romanistik, Latinistik und Germanistik in Paris, Münster und Hamburg. Seit 2012 ist sie wissenschaftliche Mitarbeiterin am Institut für Romanistik der Universität Hamburg. Sie arbeitet an einer Dissertation über das Thema: »Alkoholismus und Acedia: Die Trunksucht als Todsünde in medizinischen und literarischen Erzählungen des späten 19. Jahrhunderts«. Ihre Forschungsschwerpunkte sind die französische Literatur des 19. und 20. Jahrhunderts, Austauschprozesse zwischen Medizin, Literatur und Religion, Psychiatriegeschichte und Wahrnehmungspsychologie (psychisches Zeiterleben).

Achim Peters ist Professor für Innere Medizin und Diabetologie an der Universität zu Lübeck. 1977 war er Bundessieger im Bundeswettbewerb Mathematik; 1997 wurde er mit dem Silvia-King-Preis der Deutschen Diabetes-Gesellschaft ausgezeichnet. Seit 15 Jahren arbeitet er als Hirnforscher an dem Thema, wie psychosozialer Stress zu Herzkreislauferkrankung, Depression, Alzheimer-Krankheit oder Gewichtzunahme führt. Heute leitet er die von der Deutschen Forschungsgemeinschaft eingerichtete Klinische Forschergruppe »Selfish Brain: Gehirnglukose und metabolisches System« und hat neben mehr als hundert Artikeln in medizinischen und neurowissenschaftlichen Fachzeitschriften die beiden Sachbücher *Das egoistische Gehirn* (2011) und *Mythos Übergewicht* (2013) veröffentlicht. Als Mitglied des Hamburger Proust-Lesekreises veröffentlichte er auch Aufsätze zu Marcel Proust.

Kirsten von Hagen ist seit 2013 Professorin für Französische und Spanische Literatur- und Kulturwissenschaft an der Justus-Liebig-Universität Gießen. Nach dem Studium der Romanistik, Komparatistik und Anglistik an den Universitäten Bonn, Oxford und Reims wurde sie 2006 mit einer Arbeit über die Figur der Zigeunerin in Literatur, Oper und Film habilitiert (*Inszenierte Alterität. Zigeunerfiguren in Literatur, Oper und Film*, 2009). Ihre Arbeitsschwerpunkte sind Europäische Literatur des 19. und 20. Jahrhunderts, Intermedialität, Interkulturalität, literarische Inszenierungen von Essenskulturen (v. a. in der *Recherche* Marcel Prousts), Oper und Literatur; der romanische Autorenfilm; das Roadmovie in der Romania. Veröffentlichungen: *Intermediale Liebschaften: Mehrfachadaptationen von Choderlos de Laclos'* Les Liaisons dangereuses, 2002), »›Ein unerhörtes Glücksgefühl ...‹ – Von der Kunst des Genießens bei Marcel Proust«, *Proustiana* XXIV (2006); *Opernwelten. Oper – Raum – Medien*, 2012.

Barbara Ventarola ist Vertretungsprofessorin für Romanische Philologie sowie für Allgemeine und Vergleichende Literaturwissenschaft an der Freien Universität Berlin. Sie wurde 2013 mit einer Arbeit über das liminale Denken bei Gottfried Wilhelm Leibniz und Marcel Proust habilitiert. Ihre Forschungsschwerpunkte sind Literatur-, Kultur- und Medientheorie, historische Anthropologie und Antikenrezeption in Mittelalter und Früher Neuzeit, Wissenskulturen des 17. und 18. Jahrhunderts, europäische und lateinamerikanische Erzählliteratur des 19. und 20. Jahrhunderts, Ästhetik zwischen Autonomie und Engagement, Utopietheorie, Fiktionalität, Wissen(schaft)sgeschichte. Derzeit bereitet sie unter anderem einen Band zu Prousts Gesellschaftstheorie vor.

Edi Zollinger ist Privatdozent für Französische und Vergleichende Literaturwissenschaften an der Ludwig-Maximilians-Universität München. Nach einer Studie zu Flaubert und Victor Hugo (*Arachnes Rache*, 2007) ist im März 2013 seine zweite Monographie *Proust – Flaubert – Ovid* erschienen. Er arbeitet hauptsächlich zum Roman des 19. und 20. Jahrhunderts, zur Intertextualität und zur Mythographie, im Speziellen zu Ovids Arachne-Mythos.

Dagmar Wieser hat nach dem Studium der Romanistik in Bern, Genf und Padua in Bern zu Nerval promoviert und arbeitet nach einer Zeit als wissenschaftliche Assistentin an der Universität Zürich gegenwärtig an ihrer Habilitation zu *Proust: le roman de l'intrusion*. Forschungsschwerpunkte sind Literatur und Psychoanalyse und historische Poetiken im sozialen Kontext. Sie hat zur französischen Lyrik des 19. und 20. Jahrhunderts (Baudelaire, Nerval, Leopardi, Bonnefoy) und zum Roman des 20. Jahrhunderts (M. Proust und Carlo Emilio Gadda) publiziert und gibt Gérard de Nervals Übersetzungen aus dem Deutschen heraus. Soeben ist von ihr und Patrick Labarthe erschienen: *Baudelaire, Nerval: poétiques comparées* (2014).

Das Werk von Marcel Proust im Suhrkamp und Insel Verlag

Werke. Frankfurter Ausgabe
Herausgegeben von Luzius Keller
12 in 13 Bänden. 8200 Seiten. Leinen und Leder
Werke I: Erzählungen, Essays, Kleine Schriften
- Band 1: Freuden und Tage und andere Erzählungen und Skizzen aus den Jahren 1892-1896. Aus dem Französischen von Luzius Keller; für »Der Gleichgültige«: Elisabeth Borchers. 1988. 342 Seiten. Leinen und Leder.
- Band 2: Nachgeahmtes und Vermischtes. Aus dem Französischen von Henriette Beese, Ludwig Harig und Helmut Scheffel. 1989. 373 Seiten. Leinen und Leder
- Band 3: Essays, Chroniken und andere Schriften. Aus dem Französischen von Henriette Beese, Luzius Keller und Helmut Scheffel. 1992. 659 Seiten. Leinen und Leder

Werke II: Auf der Suche nach der verlorenen Zeit
7 Bände. 5300 Seiten. Leinen und Leder
- Band 1: Auf der Suche nach der verlorenen Zeit. Unterwegs zu Swann. Aus dem Französischen von Eva Rechel-Mertens. Revidiert von Luzius Keller. 1994. 714 Seiten. Leinen und Leder (Leinen vergriffen)
- Band 2: Auf der Suche nach der verlorenen Zeit. Im Schatten junger Mädchenblüte. Aus dem Französischen von Eva Rechel-Mertens. Revidiert von Luzius Keller und Sibylla Laemmel. 1995. 852 Seiten. Leinen und Leder
- Band 3: Auf der Suche nach der verlorenen Zeit. Guermantes. Aus dem Französischen von Eva Rechel-Mertens. Revidiert von Luzius Keller und Sibylla Laemmel. 1996. 997 Seiten. Leinen und Leder
- Band 4: Auf der Suche nach der verlorenen Zeit. Sodom und Gomorrha. Aus dem Französischen von Eva Rechel-Mertens. Revidiert von Luzius Keller. 1999. 900 Seiten. Leinen und Leder
- Band 5: Auf der Suche nach der verlorenen Zeit. Die Gefangene. Aus dem Französischen von Eva Rechel-Mertens. Revidiert von Luzius Keller und Sibylla Laemmel. 2000. 680 Seiten. Leinen und Leder
- Band 6: Auf der Suche nach der verlorenen Zeit. Die Flüchtige. Aus dem Französischen von Eva Rechel-Mertens. Revidiert von Luzius Keller und Sibylla Laemmel. 2001. 500 Seiten. Leinen und Leder (vergriffen)
- Band 7: Auf der Suche nach der verlorenen Zeit. Die wiedergefundene Zeit. Aus dem Französischen von Eva Rechel-Mertens. Revidiert von Luzius Keller. 2002. 640 Seiten. Leinen und Leder. Vergriffen

Werke III: Aus dem Nachlaß
- Band 1 und 2: Jean Santeuil. Herausgegeben von Mariolina Bongiovanni Bertini. Aus dem Französischen von Eva Rechel-Mertens. Revidiert und ergänzt von Luzius Keller. 1992. 1214 Seiten. Leinen und Leder
- Band 3: Gegen Sainte-Beuve. Herausgegeben von Mariolina Bongiovanni Bertini in Zusammenarbeit mit Luzius Keller. Aus dem Französischen von Helmut Scheffel. 1997. 300 Seiten. Leinen und Leder

Supplementband: Nachgelassenes und Wiedergefundenes. Herausgegeben von Luzius Keller. Aus dem Französischen von Melanie Walz. 2007. 555 Seiten. Leinen und Leder (Leder vergriffen)

Auf der Suche nach der verlorenen Zeit
Sieben Bände in Kassette. Herausgegeben von Luzius Keller. Übersetzt von Eva Rechel-Mertens. Revidiert von Luzius Keller und Sibylla Laemmel. 5300 Seiten. Leinen
- Sieben Bände in Pappschuber. 5300 Seiten
- Aus dem Französischen von Eva Rechel-Mertens. Erste deutsche Ausgabe in 7 Bänden. 1953-1957. Vergriffen
- Dünndruckausgabe in 3 Bänden. 1967. 4195 Seiten. Seidenleinen. Vergriffen
- Geschenkausgabe in zehn Bänden mit Dekorüberzug im Schmuckschuber. 1979. 1997. 4185 Seiten. Vergriffen

In den suhrkamp taschenbüchern:

Auf der Suche nach der verlorenen Zeit. Sieben Teile in zehn Bänden in Kassette. 1984. 1993. Vergriffen
Einzelbände:
- Erster Teil: In Swanns Welt. 1981. 1998. st 644. 564 Seiten. Vergriffen
- Zweiter Teil: Im Schatten junger Mädchenblüte. Zwei Bände. 1981. 1998. st 702. 693 Seiten. Vergriffen
- Dritter Teil: Die Welt der Guermantes. Zwei

Bände. 1982. 1998. st 754. 786 Seiten. Vergriffen
- Vierter Teil: Sodom und Gomorra. 1982. 1999. st 822. 722 Seiten. Vergriffen
- Fünfter Teil: Die Gefangene. 1983. 1999. st 886. 556 Seiten. Vergriffen
- Sechster Teil: Die Entflohene. 1983. 1999. st 918. 379 Seiten
- Siebter Teil: Die wiedergefundene Zeit. 1984. 1998. st 988. 507 Seiten

- Drei Bände in Kassette. 2000. st 3209. 4195 Seiten. Vergriffen

- Auf der Suche nach der verlorenen Zeit. Sieben Bände in Kassette. 2004. st 3641-3647. Auch einzeln lieferbar

- Sieben Bände in Kassette. 2011. TN 06175

Briefe:

- Briefe zum Leben. Herausgegeben und aus dem Französischen von Uwe Daube. 1969. 1978. st 464. 741 Seiten. Vergriffen
- Briefe zum Werk. Aus dem Französischen von Wolfgang A. Peters. Ausgewählt und herausgegeben von Walter Boehlich. 1964. 526 Seiten. Leinen und Leder. Vergriffen
- Briefwechsel mit der Mutter. Ausgewählt und aus dem Französischen von Helga Rieger. Mit einem Nachwort und Anmerkungen von Philip Kolb. 1970. 1982. BS 239. 162 Seiten.

Einzelausgaben:

- Combray. Aus dem Französischen von Eva Rechel-Mertens. 1977. 1978. BS 574. 248 Seiten. Vergriffen. Lieferbar als BS 1321. 1999. 376 Seiten; it 2878. 2003. 250 Seiten
- Eine Liebe von Swann. Aus dem Französischen von Eva Rechel-Mertens. 1970. 1991. BS 267. 259 Seiten. Vergriffen. Lieferbar in der Überarbeitung von Luzius Keller unter dem Titel: Eine Liebe Swanns. 1995. 1997. BS 1185. 306 Seiten
- Freuden und Tage. Illustrationen von Madeleine Lemaire. Vorwort von Anatole France und vier Stücke für Klavier von Reynaldo Hahn. Aus dem Französischen von Luzius Keller. Eingerichtet nach der Erstausgabe, erschienen 1896 bei Calmann Lévy, Paris 1988. Engl. Brosch. im Leinen-Schuber. Vergriffen. Lieferbar als BS 1297. 1998. 270 Seiten
- Freuden und Tage. Aus dem Französischen von Luzius Keller. Mit einem Vorwort von Anatole France. Großdruck. 1997. it 2370. 388 Seiten. Vergriffen
- Der Gleichgültige. Erzählung in zwei Sprachen. Mit einem Vorwort von Philip Kolb. Aus dem Französischen von Elisabeth Borchers. Anmerkungen von Philip Kolb. Zweisprachige Ausgabe. 1984. 1996. st 1004. 99 Seiten. Vergriffen
- Guermantes. Übersetzt von Walter Benjamin und Franz Hessel. In: Walter Benjamin, Gesammelte Schriften, Supplement III. Herausgegeben von Hella Tiedemann-Bartels. 1987. 596 Seiten. Leinen und kartoniert
- Im Schatten junger Mädchen. Übersetzt von Walter Benjamin und Franz Hessel. In: Walter Benjamin, Gesammelte Schriften, Supplement II. Herausgegeben von Hella Tiedemann-Bartels. 1987. 535 Seiten. Leinen (vergriffen) und kartoniert
- Jean Santeuil. 2 Bände. Aus dem Französischen von Eva Rechel-Mertens. 1965. 1094 Seiten. Leinen. Vergriffen
- Sur la lecture – Tage des Lesens. Faksimile der Handschrift aus der Bibliotheca Proustiana Reiner Speck. Mit Transkription, Kommentar und Essays herausgegeben von Jürgen Ritte und Reiner Speck. Faksimile und Begleitband in Schmuckkassette. Zusammen 212 Seiten. Vergriffen
- In Swanns Welt. Auf der Suche nach der verlorenen Zeit. Aus dem Französischen von Eva Rechel-Mertens. 1997. 1998. st 2671. Romane des Jahrhunderts. 564 Seiten
- Tage der Freuden. Aus dem Französischen von Ernst Weiß. 1965. 1985. BS 164. 214 Seiten. Vergriffen
- Tage des Lesens. Drei Essays. Aus dem Französischen von Helmut Scheffel. 1974. 1985. BS 400. Revidierte Neuausgabe 1994. BS 1166. Vergriffen. it 2718. 123 Seiten. Vergriffen

Zu Marcel Proust:

- Marthe Princesse Bibesco: Begegnung mit Marcel Proust. Aus dem Französischen von Eva Rechel-Mertens. 1991. it 1349. 151 Seiten. Vergriffen
- Brassaï: Proust und die Liebe zur Photographie. Mit 16 Photographien von Brassaï. Aus dem Französischen von Max Looser. 2001. 192 Seiten. Gebunden. Vergriffen
- Ronald Hayman: Marcel Proust. Die Geschichte seines Lebens. Aus dem Englischen

von Max Looser. 2000. 840 Seiten. Gebunden. Auch lieferbar als st 3311. 2002
- Hans Robert Jauß: Zeit und Erinnerung in Marcel Prousts »À la recherche du temps perdu«. Ein Beitrag zur Theorie des Romans. 1986. stw 587. 366 Seiten
- Luzius Keller: Proust lesen. Mit zahlreichen Textbeispielen. 1991. st 1839. 293 Seiten. Vergriffen
- Luzius Keller: Proust im Engadin. Mit zahlreichen, teils farbigen Abbildungen. 1998. 127 Seiten. Gebunden. Vergriffen
- Olof Lagercrantz: Marcel Proust oder Vom Glück des Lesens. Aus dem Schwedischen von Angelika Gundlach. 1995. 206 Seiten. Leinen. 1997. BS 1249, vergriffen
- Anka Muhlstein: Die Bibliothek des Monsieur Proust. Aus dem Englischen von Christa Krüger. 2013. 160 Seiten
- Mit Proust durch Paris. Literarische Spaziergänge. Von Rainer Moritz. Mit farbigen Photographien von Angelika Dacqmine. it 2992. 176 Seiten. Vergriffen
- Georg D. Painter: Marcel Proust. Eine Biographie. Teil I. Aus dem Englischen von Christian Enzensberger. 1962. 538 Seiten mit Abbildungen. Teil II. Aus dem Englischen von Ilse Wodtke. 1968. 668 Seiten mit Abbildungen. st 561. Zwei Bände. 1980. 1986. Vergriffen
- Marcel Proust. Leben und Werk in Texten und Bildern. Von Renate Wiggershaus. 1992. it 1348. 350 Seiten
- Marcel Proust. Leseerfahrungen deutschsprachiger Schriftsteller von Theodor W. Adorno bis Stefan Zweig. Herausgegeben von Achim Hölter. 1998. st 2791. 365 Seiten. Vergriffen
- Proust für Gestreßte. Ausgewählt von Reiner Speck. it 2866. 2002. 140 Seiten
- Marcel Proust – zwischen Belle Époque und Moderne. Hg. Reiner Speck und Michael Maar. Katalogbuch zur Ausstellung (Hamburg 1999), mit zahlreichen Abbildungen. 1999. 400 Seiten. Broschiert. Vergriffen
- Das Proust-Album. Leben und Werk im Bild. Zusammengestellt und erläutert von Pierre Clarac und André Ferré. Aus dem Französischen von Hilda von Born-Pilsach. Mit 412 Illustrationen. 1975. 1988. 340 Seiten. Leinen. Vergriffen
- Das Marcel-Proust-Lexikon. Von Philippe Michel-Thiriet. Aus dem Französischen von Rolf Wintermeyer. 1992. 514 Seiten. Leinen. Vergriffen. st 3049. 1999. Vergriffen
- Prousts Figuren und ihre Vorbilder. Photos von Paul Nadar. Text von William Howard Adams. Aus dem Amerikanischen von Christoph Groffy. 1988. 253 Seiten. Leinen. Vergriffen. Lieferbar als it 2640. 2000. 228 Seiten
- Jean-Yves Tadié: Marcel Proust. Aus dem Französischen von Henriette Beese. Mit einer Auswahl-Bibliographie deutschsprachiger Proust-Literatur von Angelika Corbineau-Hoffmann. 1987. 480 Seiten. Leinen. Vergriffen
- Jean-Yves Tadié, Marcel Proust. Biographie. Aus dem Französischen von Max Looser. 2008. 1266 Seiten
- Ursula Voß: Kleider wie Kunstwerke. Marcel Proust und die Mode. Mit zahlreichen Abbildungen. 2002. IB 1232. 104 Seiten

Bisherige Publikationen der Marcel Proust Gesellschaft im Insel Verlag:

- Marcel Proust. Werk und Wirkung. Herausgegeben von Reiner Speck. 1982. 256 Seiten. Mit einem Faltblatt. Engl. Broschur und Leder. Vergriffen
- Marcel Proust. Lesen und Schreiben. Herausgegeben von Edgar Mass und Volker Roloff. 1983. 220 Seiten. Engl. Broschur
- Marcel Proust. Werk und Lektüre. Zur Literarästhetik von Marcel Proust. Von Volker Roloff. 1984. 274 Seiten. Engl. Broschur und Leder
- Marcel Proust. Motiv und Verfahren. Herausgegeben von Edgar Mass. 1986. 148 Seiten. Engl. Broschur und Leder. Vergriffen
- Marcel Proust. Bezüge und Strukturen. Studien zu ›Les plaisirs et les jours‹. Herausgegeben von Luzius Keller unter Mitarbeit von André Oeschger. 1987. 204 Seiten. Engl. Broschur und Leder
- Sprache und Sprachen bei Marcel Proust. Herausgegeben von Karl Hölz. 1991. 196 Seiten. Engl. Broschur
- Marcel Proust. Schreiben ohne Ende. Prousts ›Recherche‹ im Spiegel ihrer textkritischen Aufarbeitung. Herausgegeben von Rainer Warning. 1994. 208 Seiten. Engl. Broschur
- Marcel Proust und die Philosophie. Herausgegeben von Ursula Link-Heer und Volker Roloff. 1997. 256 Seiten. Engl. Broschur. Vergriffen
- Marcel Proust und die Kritik. Herausgegeben von Dieter Ingenschay und Helmut Pfeiffer. 2000. 302 Seiten. Engl. Broschur. Vergriffen
- Marcel Proust und die Belle Époque. Her-

ausgegeben von Thomas Hunkeler und Luzius Keller. 2002. 202 Seiten. Engl. Broschur. Vergriffen
- Marcel Proust. Orte und Räume. Herausgegeben von Angelika Corbineau-Hoffmann. 2003. 230 Seiten. Engl. Broschur
- Marcel Proust und die Künste. Herausgegeben von Wolfram Nitsch und Rainer Zaiser. 2004. 328 Seiten. Engl. Broschur
- Marcel Proust: Die Legende der Zeiten im Kunstwerk der Erinnerung. Herausgegeben von Patricia Oster und Karlheinz Stierle. 2007. 300 Seiten. Engl. Broschur

- Proust und die Korrespondenz. 2008. 250 Seiten. Engl. Broschur

Marcel Proust und die Musik. 2012. 300 Seiten. Engl. Broschur

Proustiana. Mitteilungsblatt der Marcel Proust Gesellschaft
- I: 1984. 32 Seiten
- II/III: 1985. 64 Seiten
- IV/V: Marcel Proust – Kunst und Psyche. Symposion der Marcel Proust Gesellschaft 1985. 1987. 68 Seiten. Vergriffen
- VI/VII: Les plaisirs et les jours. Symposion der Marcel Proust Gesellschaft, Zürich 1987. 1988. 65 Seiten
- VIII/IX: Geschmack bei Proust. 1991. 72 Seiten
- X/XI: 1992. 80 Seiten. Vergriffen
- XII/XIII: 1993. 64 Seiten. Vergriffen
- XIV/XV: 1994. 48 Seiten. Vergriffen
- XVI/XVII: 1995. 44 Seiten. Vergriffen
- XVIII/XIX: 1997. 64 Seiten
- XX: 1998. 80 Seiten
- XXI: 2001. 244 Seiten. Vergriffen
- XXII: 2003. 230 Seiten
- XXIII: 2005. 255 Seiten
- XXIV: »Ein unerhörtes Glücksgefühl ...«. Von der Kunst des Genießens bei Marcel Proust. 2006. 204 Seiten. Vergriffen
- XXV: 2007. 152 Seiten. Vergriffen
- XXVI: 2010. 145 Seiten. Vergriffen
- XXVII/XXVIII: September 2012

Von diesem Buch erscheinen fünfhundert
nummerierte, für die Mitglieder der Marcel Proust
Gesellschaft bestimmte Exemplare.

Dies ist das Exemplar Nummer

390